RON ARAD

RON ARAD

ARCHITECTURE
PROJECTS & REALISATIONS

RON ARAD

ARCHITECTURE
PROJECTS & REALISATIONS

NATHALIE **PASQUA**
ELSA **LEMARIGNIER**
ENRICO **NAVARRA**

CONTENTS
SOMMAIRE

CYNTHIA **FLEURY**

The year is 1951. Wittgenstein dies. Camus's *The Rebel* is published. Mossadegh comes to power in Iran. The war in Indochina takes a new turn. And Ron Arad is born in Tel Aviv. Not the young Israeli lieutenant colonel executed decades later at the hands of a Lebanese militia, but a namesake whose creative work is an ongoing rejection of the idea of death. The works of Ron Arad are those of another being, born later, a man not of the Cold War —as if this creative artist had categorically refused to be the child of an unbearably harsh era. He is the son of tomorrow, of a gently luminous sky, of derision and a cradling glamour. Son of a reversible life, one beautiful on both sides. Like a Möbius strip.

A strip that would become the leitmotif of his work. Unless it's actually a wave, or a snake. In brief, the curve as a constantly recurring theme in the sculptural and architectural oeuvre. A curve expressive of inside become outside, intertwining to build more effectively, catching light the better to infiltrate the day, rearranging space into coils. Arad's works are shot through with reiterations and reminiscences, as if to make the world more familiar. After the curve comes the echo, for discovering and getting inside reality, and the "already known" for de-disquieting oneself. Arad's work is big-hearted in its forms and generous in its aesthetics —an aesthetics that is all sensitivity to others.

The projects intercommunicate. Pursue each other around the world. The reception area at the Hotel Duomo dialogues with the Maserati showroom in Modena. The horizontal traffic paths of the Upperworld Hotel intersect with the more vertical ones of Vallarta Towers. The staircase apartment on Place des Vosges in Paris is deconstructed on Zion Square, the better to be dispersed in the kitchen of a private house. The A.Y.O.R and OH. VOID pieces have become architectural pillars. They hold up the studio of mischief, that primal house, dance in Yohji Yamamoto's boutique and are redeployed in Ha-Yarkon Street.

Looking beyond these architectural refrains, there's always something exceptional —the new element, the new link in the creative chain. At Les Diablerets, who knows if this isn't mankind taking off in a hang-glider? With its surrealistic ergonomics this project pushes technology to its outer limits. And there too you find a curve,

CYNTHIA **FLEURY**

Année 1951. Wittgenstein s'éteint. L'Homme révolté paraît. La CECA fait ses premiers pas. Mossadegh accède au pouvoir. La guerre d'Indochine prend une nouvelle tournure. À Tel-Aviv-Jaffa naît Ron Arad. Non pas le jeune lieutenant-colonel israélien qui trouvera la mort des décennies plus tard après avoir été capturé par une milice libanaise, mais son homonyme, qui n'aura de cesse de refuser, par ses créations, l'idée de mort. Les œuvres de Ron Arad sont celles d'un être né après lui, d'un homme qui n'est pas celui de la guerre froide, comme si le créateur refusait absolument d'être l'enfant d'une époque trop dure. Il est le fils de demain, du ciel doux et lumineux, de la dérision et du glamour comme berceau. De la vie réversible : belle de tous côtés. Comme le ruban de Möbius.

Un ruban qui deviendra le leitmotiv de ses œuvres. À moins que ce ne soit une vague ou un serpent. En somme, toujours la courbe comme fil conducteur de l'œuvre sculpturale et architecturale. Une courbe qui dit l'intérieur devenu extérieur, qui enlace pour mieux bâtir, qui reçoit la lumière pour mieux infiltrer le jour, qui réorganise l'espace pour qu'il soit lovant. D'ailleurs, les réitérations et les réminiscences parcourent les aménagements d'Arad, comme pour rendre le monde plus familier. Après la courbe, l'écho pour pénétrer et découvrir la réalité, le « déjà connu » pour mieux se dés-inquiéter. Le travail d'Arad est bienveillant par ses seules formes, généreux par son esthétique. Une esthétique, toute de sensibilité à l'autre.

Entre eux, les projets communiquent. Et le jeu de piste est mondial. La réception de l'hôtel Duomo dialogue avec le showroom du siège de Maserati à Modène. Les voies de circulation, horizontales, de l'Upperworld Hotel project se croisent avec celles de Vallarta Towers, plus verticales. L'escalier-appartement de la place des Vosges s'est déconstruit sur Zion Square pour mieux se disséminer dans la cuisine d'une maison privée. Les pièces A.Y.O.R et OH. VOID sont devenus des piliers architecturaux. Elles soutiennent le studio des malices, maison originelle, dansent dans la boutique de Yohji, et se redéploient dans la Ha-Yarkon Street.

Au-delà des refrains architecturaux, il y a toujours l'exceptionnel, le nouvel élément, le nouveau maillon de la chaîne créatrice. Qui sait si aux Diablerets, ce n'est pas l'homme qui s'envole en deltaplane ! Le projet à

more rigid, admittedly, but delineating a perfect circle among those lofty peaks. And all rounded off with a restaurant out to give new meaning to the panorama.

Buildings always on the rim of the future. The video screen in the bedroom of the Grand Hotel Salone in Mexico City has almost metamorphosed into an aura, a wall of images taking over your entire visual field. Corian® makes light denser. The kitchen in the Millennium House is gravity free. Then there's the inverted dome for the Opéra Garnier restaurant project in Paris. And the elemental simplicity and evanescence of the Ohayon Villa, translucent walls redolent of the crackled *adama* of arid ground.

What if Ron Arad wanted to be for space what Roland Barthes is for language? What if both of them were reinventing the mythologies of the everyday, of personal experience and little happenings, the mythologies that surreptitiously civilise? No revolutions for these inventors of mediacultural semiotics. Just East-West peregrinations. The designer is a Cupid who can show us what there is to be loved. An artist who, by creating the object of desire, creates the desire that goes with it. An encounter can only be relished in the right place. Barthes' preference went to Le Palace. In it he saw a salvaged theatre, quintessentially familiar: a living room to chat in, a belvedere for observing, a bar for getting drunk. A place made purely of proximity, "a sensation system intended to make people happy". Ron Arad, or that extra touch of happiness.

Nothing surprising in Roland Barthes' being the designer's muse. Every designer is an unwitting semiologist. You could mistake Ron Arad's leitmotif —his spiral— for a letter, a giant sign written on the page of the world. The spiral entering the dance of signifier and signified. Seen from the sky, the future National Design Museum in Holon, Israel, bespeaks human infinity in its opening-up of the Möbius strip. A building that is all sign, a trace almost, a path un-realising the urban zone. Behind the sign, Barthes used to say, there are always three relationships with meaning. The first is virtual, symbolic: "It unites the sign with a specific stock of other signs." Symbolic consciousness, he went on, sees the sign in all its depth: "Geological depth, you could almost say." So what lies beneath the spiral? If "Christianity is *under* the cross, like a deep mass of beliefs, values and practices, one more or less disciplined in terms of its form", what of Arad's strip, that cross/curve? What muted beliefs does it symbolise? It's doubtless the sign of a receptive consciousness, a consciousness that believes, that dares to believe in life as others believe in the Devil. The second relationship with meaning has to do with the system —the paradigm— implicitly suggested by the sign. A system noted in its entirety on a sheet of paper torn —nonchalantly but knowingly— to produce the regular strips destined to become the outer structure of the museum. Nothing simpler than this gesture. Nothing harder to reproduce technologically.

l'ergonomie surréaliste pousse la technologie à son point limite. Et là encore, la trace d'une courbe, certes plus raidie, mais dessinant dans l'espace des cimes un cercle parfait. Au final, un restaurant qui réinventerait le panorama.

Des architectures, d'ailleurs, toujours à la pointe du futur... L'écran télévisuel de la chambre du Grand Hôtel Salone s'est presque mué en aura et le mur d'images vient se substituer intégralement au champ du regard. Le Corian® densifie la lumière. La cuisine de la Millenium House est en apesanteur. Sans parler de la coupole inversée du projet du restaurant de l'opéra Garnier. Comme à la pointe de la simplicité ou de l'évanescence, pour cette transparence murale de l'Ohayon Villa, qui rappelle l'adama craquelée des sols arides.

Et si Ron Arad voulait être à l'espace ce que Roland Barthes est à la langue ? Et si tous deux réinventaient les mythologies du quotidien, celles du vécu personnel et de la petite histoire, celles-là mêmes qui civilisent en clandestinité ? Pas de « Grand Soir » pour ces inventeurs de sémiotiques médiaculturelles. Simplement la ronde des levants et des ponants. Le designer est un cupidon qui sait nous montrer ce qu'il y a à aimer. Un artiste qui, tout en créant l'objet désirable, crée le désir qui l'accompagne. Pour savourer les rencontres, il faut des lieux. Le Palace avait les préférences de Barthes. Il y voyait un théâtre sauvé, familier par essence : salon pour bavarder, belvédère pour observer, bar pour se griser. Un lieu qui n'est fait que de proximité, « un dispositif de sensations destiné à rendre des gens heureux ». Ron Arad ou le supplément de bonheur.

Que Roland Barthes soit l'inspirateur du designer n'a rien d'étonnant. Tout designer est un sémiologue qui s'ignore. Le leitmotiv même de Ron Arad, sa spirale, ressemble à s'y méprendre à une lettre, un signe géant inscrit sur la feuille du monde. Et voilà la spirale rentrant dans la ronde du signifiant et du signifié. Le futur National Design Museum d'Holon, vu du ciel, dit l'infini de l'homme en ouvrant le ruban de Möbius. Une architecture tout signe, presque une trace, un tracé irréalisant la zone urbaine. Derrière le signe, déclarait Roland Barthes, il y a toujours trois relations au sens. La première est d'ordre virtuel, symbolique : « Elle unit le signe à une réserve spécifique d'autres signes. » La conscience symbolique, poursuivait-il, voit le signe dans sa dimension profonde. « On pourrait presque dire : géologique. » Qu'y a-t-il donc sous la spirale ? Si « le christianisme est sous la croix, comme une masse profonde de croyances, de valeurs et de pratiques, plus ou moins disciplinée au niveau de sa forme », qu'en est-il du ruban d'Arad, de cette croix du courbe ? Quelles sourdes croyances symbolise-t-elle ? Sans nul doute, le signe d'une conscience ouverte, d'une conscience qui croit, qui ose croire à la vie comme d'autres croient au diable. Le second plan de relation au sens renvoie au système, au paradigme évoqué en creux par le signe. Un système qui tient tout entier sur une feuille de

papier qu'on déchire – tant nonchalamment que consciencieusement – pour obtenir des bandes, régulières, appelées à devenir la structure externe du musée. Rien de plus simple que ce geste de la main. Rien de plus difficile à reproduire technologiquement. Troisième relation au sens, celle qui renvoie au plan du syntagme, à l'« association passagère mais signifiante ». Sans doute la relation au sens la plus « architecturale ». Ce n'est plus le sous de la spirale qui est interrogé mais ses à-côtés, l'unité fonctionnelle qu'elle forme avec ce qui l'entoure. Et le musée réapparaît : derrière la quasi-sculpture, le bâtiment ; derrière le designer, l'architecte. Derrière l'artiste, la municipalité d'Holon, la zone industrielle, le projet d'une cité pour se dire au monde.

Autre point de convergence entre le designer et l'architecte, le Corian®. Ron Arad ou l'invention de la surface, du translucide qui fait moule. Le Corian®, une affaire de malléabilité ou de luminosité ? Plus qu'une substance, le plastique, écrivait Barthes, est « l'idée même de sa transformation infinie, il est comme son nom vulgaire l'indique, l'ubiquité rendue visible ; et c'est d'ailleurs en cela qu'il est une matière miraculeuse : le miracle est toujours une conversion brusque de la nature. Le plastique reste tout imprégné de cet étonnement : il est moins objet que trace d'un mouvement ». Tel est sans doute aussi le cas du Corian®. Moins une surface que la trace de la lumière. Et à l'instar du plastique, son « frégolisme » est total. Le monde entier peut être corianisé. Il peut former aussi bien des sièges que des murs, un point de jonction absolu entre le dedans et le dehors. Le Corian® ou la matière qui n'est que vulve et lumière. Une matière où l'extérieur et l'intérieur réinventent leur dialectique. Une matière, transgenre, aux confins de la féminité et de la masculinité. Une surface qui, dans la chambre de l'hôtel Puerta America, joue à se confondre avec celle des écrans à cristaux liquides. Réinventer la surface pour mieux réinventer les images et la lumière. L'écran noir de la télévision dont la translucidité se fera, au final, et technologique et spirituelle. Une fantasmatique d'un genre nouveau où la lumière joue un rôle magistral.

L'acier corten, matériau avec lequel joue également Ron Arad, supplément d'architecture, est le fin mot de la surface. Qu'il filtre à travers les bandes du musée du Design d'Holon ou de la voûte du Zion Square Project... Et les sens symbolique, paradigmatique et syntagmatique de se réfléchir alors comme les miroirs qui habillent l'intérieur des cylindres. Les alvéoles livrant ainsi un kaléidoscope des plus fondamentaux, qui évoque par ses ombres projetées les dalles des murs de Jérusalem. Une surface, comme transpercée par la lumière, à l'instar d'une peau qui révélerait ses pores.

Pour cet amateur de Barthes, rien d'étonnant alors qu'apparaisse dans son cursus d'architecte la réalisation de boutiques. Mythologies de la mode et de la société de consommation obligent... Ces lieux ne pouvaient en

The third relationship has to do with the syntagm, with the "fleeting but significant association"; unquestionably the most "architectural" of the relationships. It is no longer the "under" of the spiral that is being investigated, but the "beside", the functional entity the sign forms with what is around it. And the museum reappears: behind the quasi-sculpture, the building; behind the designer, the architect. Behind the artist, the City of Holon, the industrial zone, a city's project for recounting itself to the world.

A further point of convergence between designer and architect: Corian®. Ron Arad or the invention of surface, of moulded translucency. Corian® —a matter of malleability or luminosity? More than a substance, Barthes wrote, plastic is "the very idea of its own infinite transformation; as its everyday name indicates, it is ubiquity made visible. And this is what makes it miraculous, a miracle always being an abrupt transformation of nature. Plastic remains imbued with this astonishment: it is not so much an object as the trace of a movement." The same is indubitably true of Corian®. Not so much a surface as the trace of light's passing. And as with plastic, its "Fregolism" is total. The whole world can be Corianised. As readily usable for seats as for walls, it offers an absolute point of junction between inside and outside. Corian®, or the substance that is all vulva and light. A substance in which interior and exterior reinvent their dialectic. A transgender substance, at the boundary between femininity and masculinity. A surface which, in the room in the Hotel Puerta America, plays at merging with that of the liquid crystal screens. Reinventing surface the better to reinvent images and light. The black TV screen whose ultimate translucence will be both technological and spiritual. A new kind of fantasticality in which light plays a commanding part.

Corten steel, an architectural additive Arad likes to play with, really is what surface is all about, whether making its way through the strips of the Holon design museum or the vault of the Zion Square project. With the symbolic, paradigmatic and syntagmatic meanings reflecting each other like the mirrors inside the tubes. With the cavities yielding a kaleidoscope as basic as you can get, and its cast shadows conjuring up the stones of the walls of Jerusalem. A surface seemingly penetrated by light, like a skin revealing its pores.

Hardly surprising, then, that the architectural path of this lover of Barthes should include boutiques. Given the philosopher's mythologies of fashion and the consumer society. Arad could hardly turn his nose up at them: too much movement of people and ideas involved, too many everyday transfigurations, too many messages to decipher, too many signs —yet again— to lay bare. Civilisation at stake, in spite of itself. A travesty of it, no doubt. Maybe its mask. Its avatars for sure. In the wake of the architect comes the designer, the returning grand master of avatars.

aucun cas être « snobés ». Il se joue là trop de circulation des hommes et des idées, trop de transfigurations ordinaires, trop de messages à décrypter, trop de signes – encore – à révéler. Il s'y joue la civilisation malgré elle. Sans doute son travestissement. Peut-être son masque... Ses avatars définitivement. Et c'est ainsi que revient, derrière l'architecte, le designer, grand maître des avatars. Les 350 m de longueur de la galerie commerciale de Médiacité ont tout du hamac improbable.

Ou serait-ce un filet à provision, entièrement autoportant, dont les tiges d'acier s'entrelacent pour mieux tisser leur maillage ? Non, impossible, diront les vrais snobs. La structure est le fruit sensé d'une collaboration entre Ron Arad Associates et le bureau d'ingénierie Happold. Un corset métallique, qui rappelle ceux d'un Jean-Paul Gaultier. Une finition, une haute couture impeccable. Mais voilà, au loin, ou au creux de l'édifice, veille l'inconscient aradien... et son sens de la dérision. Alors du maillage au corset, du corset au filet... ? On ne sait. Mais de ce doute, aucune leçon à tirer... Ici, l'on joue. Si Ron Arad est si contemporain, c'est aussi parce qu'il est un player. Jouer est une modalité de sa citoyenneté, de son être à la ville et au monde.
2003, et Ron Arad Associates vient co-brander la boutique de Yohji Yamamoto Inc. Au cœur de Tokyo, 570 m^2 dévolus à la transformation constante. En guise de penderie des colonnes, masquées par des éléments spiraux, flanquées sur des plateaux tournants des parkings tokyoïtes. Pas moins de trente-quatre boucles d'aluminium tubulaires pour rattacher le sol au plafond et reconfigurer l'environnement. Nuit et jour, le décor pivote, plus ou moins continûment, si bien qu'un vulgaire lieu d'avoir devient un lieu d'expérimentation sensorielle. Faire son shopping ... et réapprendre l'espace-temps.

Il faut ces boutiques, ces chambres d'hôtel, ces restaurants, pour apprécier combien le travail de Ron Arad est précis, attentionné envers chaque détail. Rien n'est laissé au hasard de la forme. Tout est pensé, projeté, spiralisé. Ce n'est pas l'univers de la métaphore mais celui de la métonymie. Une poignée de porte doit pouvoir refléter l'édifice tout entier. Une cabine d'essayage, ne pas s'extraire de l'univers architectural... si bien qu'elle apparaît de façon spontanée, au détour de parois incurvées rendant superflue la présence de portes. Dans ces lieux extrêmement ajourés, il n'y a pas de reste. Tout est création artistique. Tout sait aussi cohabiter avec l'existant. Créer c'est parfois coexister. Dans un lieu tel que l'opéra Garnier, impensable, inimaginable, de ne pas se frayer un espace dans l'espace. Là, inventer ce serait s'infiltrer. La spirale pour mieux pénétrer, faire écho aux structures de départ... La spirale devra ainsi laisser sa place à la géométrie circulaire propre à Garnier. Les arches existantes seront fermées grâce à des vitrages semi-cyclindriques et,

The 350-metre length of the Médiacité shopping mall in Belgium looks like nothing so much as an improbable hammock. Or could it be a wholly self-supporting string shopping bag, whose steel ribbons interweave to ensure the soundness of the mesh? No, the real snobs will reply, impossible. The structure is the utterly logical upshot of a collaboration between Ron Arad Associates and the Happold engineering consultancy. A metal corset reminiscent of Jean-Paul Gaultier's. Impeccable, haute-couture finish. But there in the distance, or in the hollow of the building, lurks the old Arad unconscious —and sense of mockery. So, from mesh to corset, from corset to string bag? You can't tell. But there's no lesson to be drawn from this uncertainty. What's going on here is play: if Ron Arad is so contemporary, it's because he's a player. Play is a modality of his civic-mindedness, of his way of being in the city and in the world.

2003, and Ron Arad Associates have come to co-brand the Yohji Yamamoto Inc. boutique. In the heart of Tokyo, 570 square metres dedicated to ceaseless change. For hanging rails there are columns masked with spirals and set on turntables from Tokyo parking lots. No fewer than thirty-four tubular aluminium loops joining floor to ceiling and permanently restructuring the environment. With the decor turning night and day, more or less continuously, a vulgar temple to *having* metamorphoses into a theatre for sensory experimentation. Go shopping —and get a fresh slant on space-time.

These boutiques, hotel rooms and restaurants are vital to an appreciation of the sheer precision of Ron Arad's work, of its attention to every detail. Formally nothing is left to chance. Everything is thought out, calculated, *spiralled.* This is the world not of metaphor but of metonymy. A door handle must be able to reflect the whole building. Fitting rooms must not stand out from the architectural whole, so they materialise spontaneously behind curving partitions aligned to make doors superfluous. No waste in these radically openworked spaces, either. Everything is art.

And everything can fit with what came before. Creation sometimes means coexistence. Unthinkable, unimaginable, in a place like the Opéra Garnier, not to make a space within the space. Here, to invent is to infiltrate. The spiral for better access, and for echoing the original structures, the same spiral that will respect Garnier's typically circular geometry. The existing arches will be closed off with semi-cylindrical glazing, and slipped under the dome will be the inverted dome. With the patina of the new additions echoing that of the monument's history.

To savour Ron Arad's architecture is also to free oneself from the consensual hierarchies, to abandon public/private rivalries. Whether offered to a private individual or a public institution, the gift and the talent remain the same. As does the aspiration to originality and transcendence. The Ohayon Villa has nothing in common with a private home in the classical sense. On the ground the alignments of sunshine and shade delineate the livable strip of land the Ohayon family will inhabit as a version of the diaspora. A sort of deconstructed riad, it presents the light of Morocco as a national heritage. Light variations are the main building material here, with the screen wall springing out of the blend of tradition and technical sophistication.

And lastly, to appreciate Ron Arad's work is also to plunge into the sketches, videos and 3D images —the media in all their variety, each voicing a special relationship with the oeuvre. The videos often yield the concept. And more readily the flow, the movement, the gentle kinetics that pervades his housing. To study Arad's use of media is also to understand his bond with other artists. Many of his sketches remind us of Cy Twombly's *Roman Notes* – manifestly in the Olympic Bridge project. Behind Arad's spiral with its strokes of colour is the more evanescent Twombly version, with its carbon-paper hue. Take a look at Arad's blueprint. As Barthes puts it, "It's…absolutely not the substance of the drawing that we see; it's the meaning, which is quite independent of the technician's skill." And so, he goes on, "We see nothing, except a kind of intelligibility.

Now let's drop down a degree in graphic terms: looking at handwriting, it's still the intelligibility of the signs that we're consuming." Twombly or the "ultimate state of painting, its base level." Cy's graphic stroke is bare of all aggressiveness. It's "tact" through and through. And it's most definitely here that it dialogues with Ron's. Three thousand metres up, it took a typographer's temerity to take on the topography of the Western Alps. It took the freedom and simplicity of the sketch to dare to imagine this impossible building. It took 3D images to try to convince the doubting Thomases. True, up there on the ridge the revolving structure seems unreal. And yet the precise reality of technology will make the project operational. The sketch might be poetic, but the realisation has its roots in the real. One dreams of the night when the building will compete with the stars.

Cynthia **Fleury**

sous le dôme de l'Opéra, viendra se loger le dôme inversé. La patine même des structures nouvelles rappellera celle, historique, du monument.

Goûter l'architecture de Ron Arad, c'est aussi s'extraire des hiérarchies consensuelles, laisser là la rivalité du public et du privé. Que ce soit à l'attention d'un individu ou d'une institution, le don et le talent sont les mêmes. Tout comme le désir de dépassement et d'originalité. L'Ohayon Villa n'a rien d'une demeure privative au sens classique du terme. Les axes d'ensoleillement et d'ombrage dessinent sur la terre le bandeau vivable et la famille Ohayon s'y logera comme l'ersatz de la diaspora. Sorte de riad déconstruit, il met en scène la lumière marocaine comme un patrimoine national. La variation de la lumière y est le matériau principal. Et le claustra jaillit du télescopage de la tradition avec la sophistication technique. Apprécier le travail de Ron Arad, c'est enfin se saisir des croquis, des vidéos, des images en 3D. C'est se saisir des supports, de leur variété, car chacun d'entre eux dit un rapport privilégié à l'œuvre. Dans les vidéos se saisit souvent le concept. Et plus aisément la circulation, le mouvement, la cinétique douce qui imprègne les habitats d'Arad. Observer ces différents supports, c'est comprendre aussi la relation qui unit Ron Arad aux autres artistes. Nombre de croquis rappellent les Roman Notes de Cy Twombly. Évident pour l'Olympic Bridge Project. Derrière la spirale d'Arad et ses traits de couleur, celle plus évanescente encore de Twombly et sa couleur carbone. Prenons l'épure d'Arad. « Ce n'est [...] nullement la matérialité du graphisme que nous voyons ; c'en est le sens, tout à fait indépendant de la performance du technicien. » En sorte, poursuit Barthes, « nous ne voyons rien, sinon une sorte d'intelligibilité. Descendons maintenant d'un degré dans la matière graphique : devant une écriture tracée à la main, c'est bien encore l'intelligibilité des signes que nous consommons. » Twombly ou le « dernier état de la peinture, son plancher ». Le trait graphique de Cy est sans agressivité aucune. Il est tout entier « tact ». Et c'est sans doute là qu'il converse avec celui de Ron.

Et, à trois mille mètres d'altitude, il fallait bien l'audace d'un typographe pour s'attaquer à la topographie des Alpes de l'Ouest. Il fallait bien la liberté et la simplicité du croquis pour oser imaginer l'édifice impossible. Il fallait bien les images en 3D pour tenter de convaincre les plus sceptiques. Il est vrai que sur la crête, la structure tournante semble irréelle. Pourtant l'exacte réalité de l'industrie technologique rendra ce projet opérant. Si le croquis est poétique, la réalisation, elle, s'enracine dans le réel. On rêve de cette nuit où l'édifice concurrencera les étoiles.

Cynthia **Fleury**

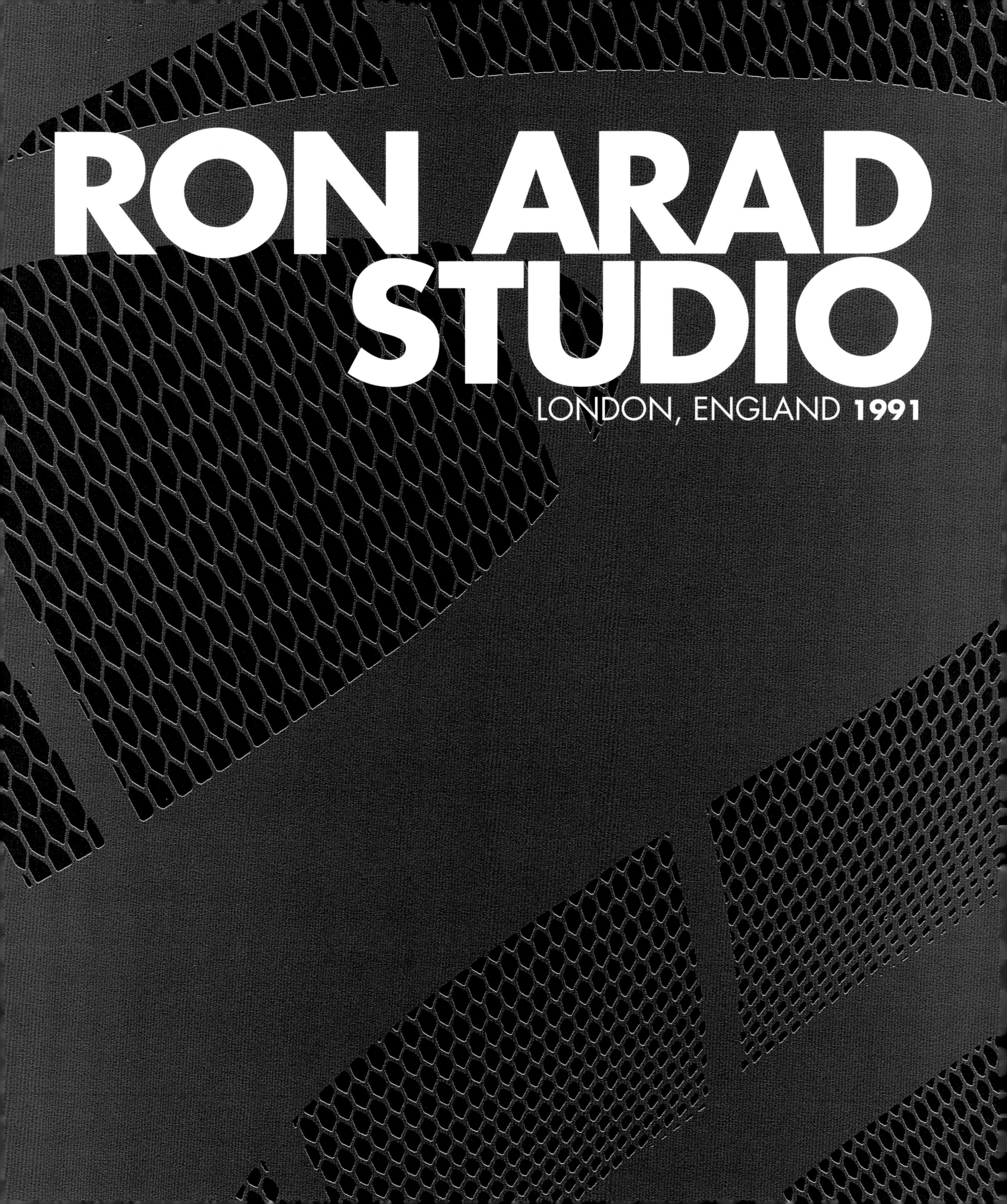

RON ARAD STUDIO

LONDON, ENGLAND **1991**

RON ARAD STUDIO 1991
CHALK FARM, LONDON, ENGLAND

PROJECT ARCHITECT / *ARCHITECTE DU PROJET* : **ALISON BROOKS**
PROJECT OBJECTIVES / *OBJECTIFS* : **CREATING A NEW STUDIO FOR RON TO DESIGN IN, INCLUDING AN IMPRESSIVE SHOWROOM, AS WELL AS SUITABLE WORKSHOP AND STORAGE SPACE**
BUILDING AREA / *SUPERFICIE CONSTRUITE* : **APPROXIMATELY 300M²**

Brief

Conversion of a derelict two-storey warehouse/courtyard building into gallery, architecture studio and workshops in North-West London.

From these dilapidated sheds we produced our furniture while carrying on with our other projects, designing the new studios and workshops from within. The result is a physical metaphor for the studio's creative process, which is expressed by a continuity between the workbench and the drawing board. Both workshop and architectural studio are in the same volume of space, literally under the same winged roof, separated only by a layer of transparent, flexible PVC.

Designing our own space not only gave us the opportunity, but obliged us to experiment with every new element of the scheme: landscaped floor, expanded metal and fabric roof, soft windows made of PVC, "calligraphic" columns designed around a 1m radius for pivoting windows, and bridge that is also an air-conditioning duct. In contrast to this, existing parts of the building were left almost unchanged from their derelict state.

Contexte

Dans le nord-ouest de Londres, conversion d'un hangar-bâtiment sur deux niveaux en fond de cour en galerie d'exposition, ateliers et agence d'architecture.

À l'abri de ces hangars décrépits, nous menions de front la fabrication de nos meubles et le développement de notre autre projet : la conception de l'intérieur de nos nouveaux studios et ateliers. Le produit de cette réflexion est une métaphore du processus créatif de l'agence, exprimé par la continuité entre l'établi et la table à dessin. L'atelier et l'agence d'architecture se trouvent dans le même volume, littéralement sous le même toit, séparés par une simple couche de PVC flexible et transparent.

Concevoir notre propre espace nous a fourni l'occasion – et mieux encore, l'obligation – d'en expérimenter chaque nouvel élément : sol « paysagé », toit en tissu et métal expansé, fenêtres en PVC souple, colonnes « calligraphiques » conçues sur 1 m de rayon pour permettre le maniement de fenêtres pivotantes, passerelle servant aussi de canalisation d'air conditionné. En revanche, certaines parties du bâtiment ont été laissées en l'état.

General view / *Vue générale*
© Christoph Kicherer

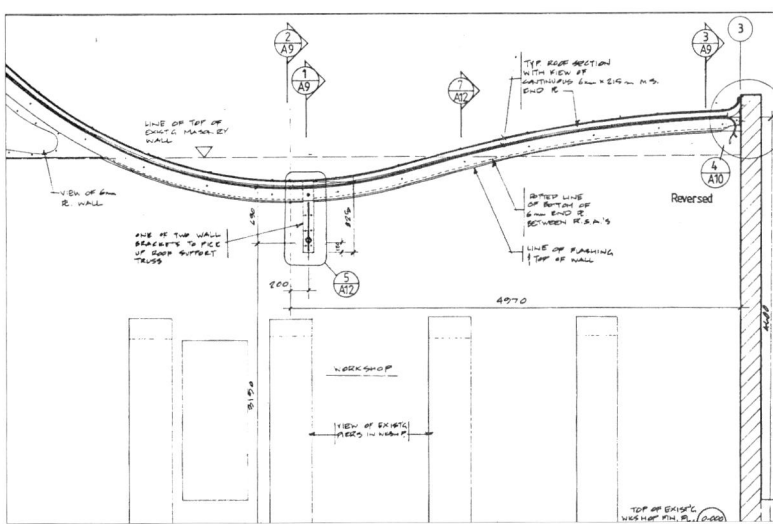

Roof section at beam / *Coupe longitudinale sur le toit*

Section at roof support / *Coupe sur la charpente*

Sketch / *Croquis*

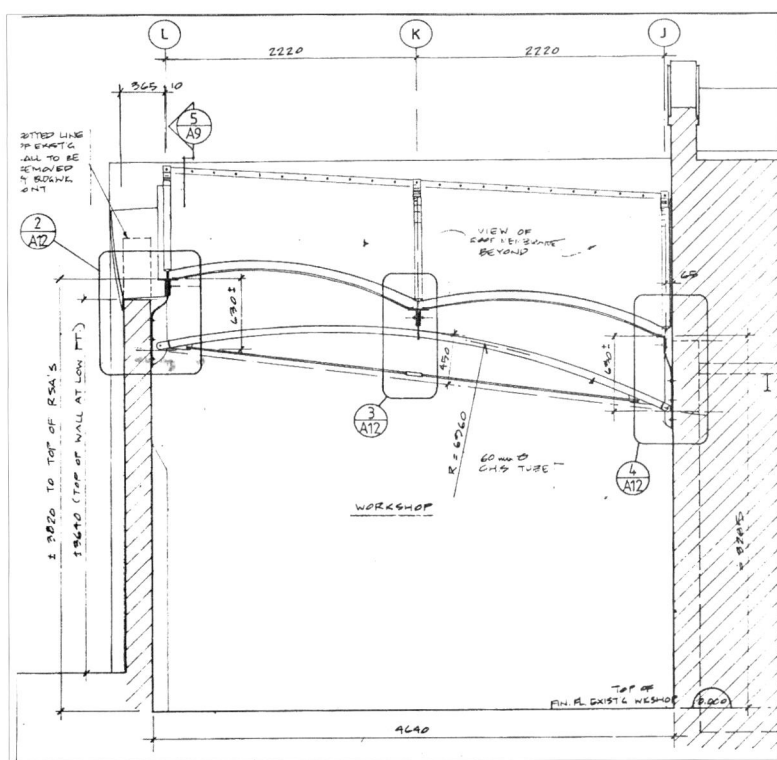

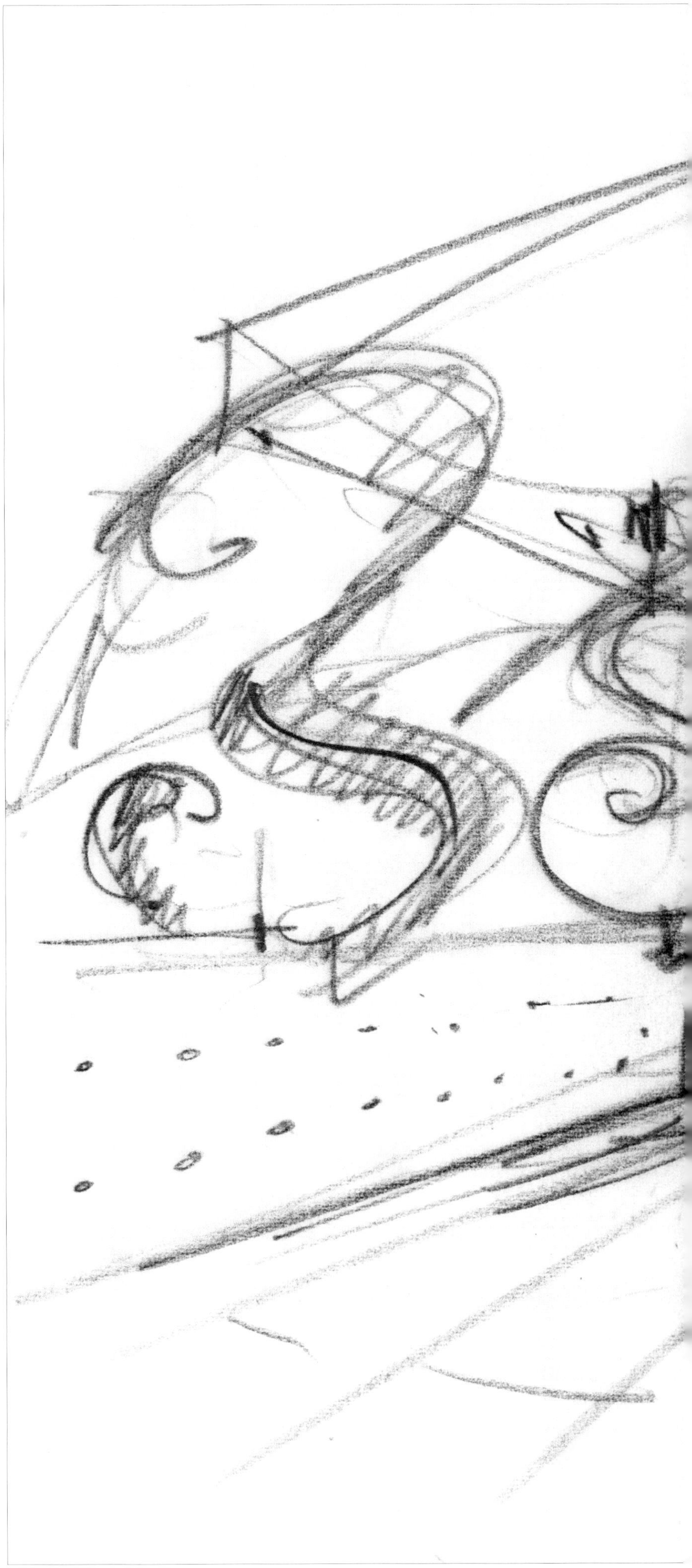

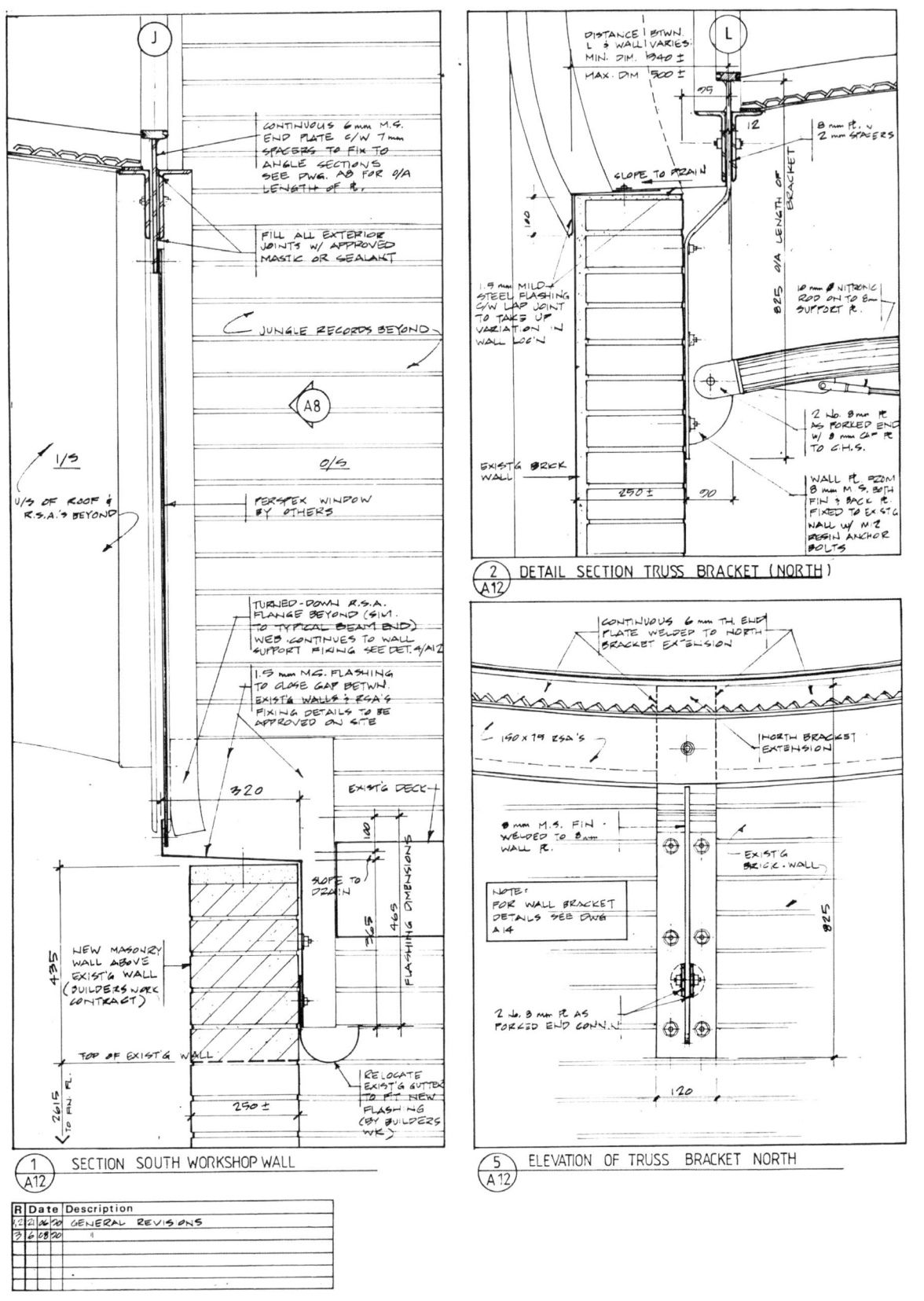

1. Section South workshop wall / *Coupe sur le mur sud*
2. Section truss bracket north (detail) / *Coupe sur la poutre nord*
5. Elevation of truss bracket north / *Élévation de la poutre*

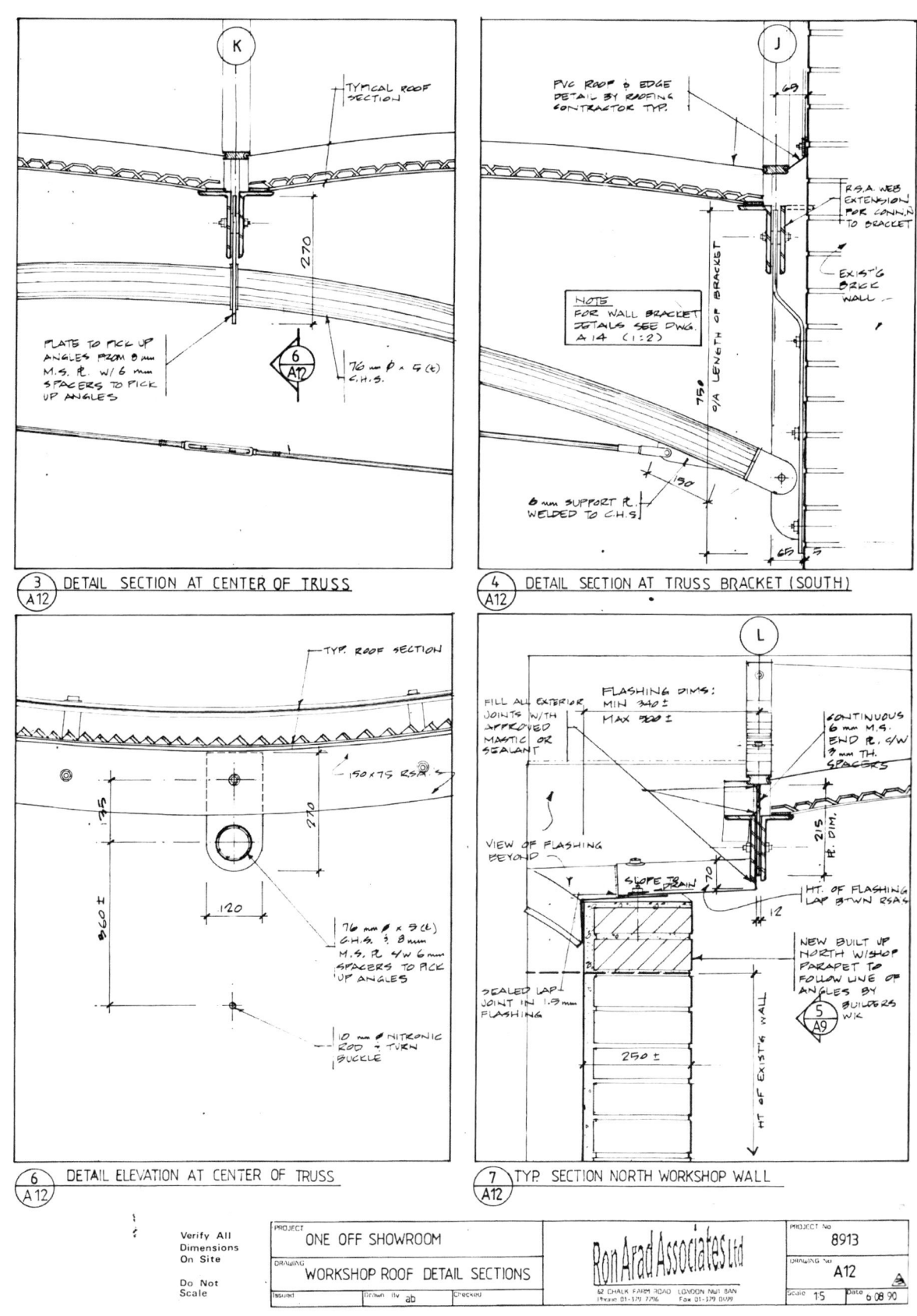

3. Section at center of truss (detail) /
Coupe sur la partie centrale de la poutre (détail)

4. Section at truss bracket (detail) /
Coupe sur l'équerre de la poutre (détail)

6. Elevation at center of truss /
Elévation de la partie centrale de la poutre

7. Section North workshop wall /
Coupe sur le mur nord

The showroom

One Off and Ron Arad Associates (RAA) camped in Chalk Farm like refugees. The workshop, with its heavy load of equipment, raw materials and precious junk, had moved from Worthington Street. The contents of the showroom had been packed up and stored in the derelict shed on the first floor. The architecture office had moved into a tittle room by the workshop which became the site office. Work on the Tel Aviv Opera had been temporarily shelved, so the new studio became the office's main project. Other small residential projects carried on and the workshop quickly slipped into its busiest period regardless of the squalor all around. Noise and fumes competed with each other, but dirt was the winner.

We huddled next to the long, empty, dilapidated, asbestos-clad ex-sweatshop —full of patterns, sewing machines and dust— that was going to be "One Off 3". The first One Off in Neal Street had already been bastardized by a clothes shop; the Shelton Street One Off had been carefully packed up and shipped out to the Vitra Design Museum in Germany. For a short time we convinced ourselves that the move from Covent Garden in the centre of London meant we didn't need a spectacular showroom at all. Being tucked away, hidden from the street, we would do the minimum. But the long, narrow space kept winking at us, seducing us to do more. Soon the responsible approach was abandoned and we could confess that any attempt to keep within a budget had gone too. We don't get clients like us every day!

Le showroom

Les membres de One Off (l'atelier de design de prototypes) et de Ron Arad Associates (RAA, l'agence d'architecture) campaient à Chalk Farm comme des réfugiés. L'atelier avait été déménagé de Worthington Street avec ses tonnes d'équipements et de matériaux et son précieux bric-à-brac. Le contenu du showroom avait été emballé et entreposé au premier étage du hangar abandonné. Et le studio d'architecture avait migré dans une petite pièce à côté de l'atelier que nous avions promu au rang de bureau. Notre travail sur l'opéra de Tel-Aviv ayant été momentanément interrompu, le nouveau studio est devenu notre projet prioritaire. Ce qui n'empêcha pas nos petits projets résidentiels de se poursuivre, si bien que l'atelier aborda bientôt sa période la plus active, et ce malgré la pauvreté de son environnement. Le bruit et les émanations rivalisaient d'intensité, mais c'est encore l'impression de saleté qui dominait.

Nous nous étions entassés près de l'ex-fabrique – une longue ruine tapissée d'amiante, remplie de patrons, de machines à coudre et de poussière –, qui allait devenir le siège n° 3 de One Off. Le siège n° 1, sur Neal Street, avait été dénaturé par un magasin de mode ; et celui de Shelton Street avait été soigneusement emballé et expédié au Vitra Design Museum, en Allemagne. Pendant une courte période, nous nous sommes convaincus que notre départ de Covent Garden pour le centre de Londres nous dispenserait d'avoir un showroom spectaculaire. Situés à l'écart, cachés loin de la rue, nous nous contenterions du minimum vital. Mais le long et étroit espace continuait de nous narguer et de nous tenter. Bientôt, l'approche rationnelle fut abandonnée, et avec elle toute tentative de respecter le budget. Des clients comme nous ne se trouvent pas tous les jours...

Front façade / *Façade principale*
© Christoph Kicherer

Façade and court / *Façade et cour*
© Christoph Kicherer

Section / *Coupe*

Plan / *Plan*

Following pages / *Pages suivantes* : Entrance / *Entrée*
© Christoph Kicherer

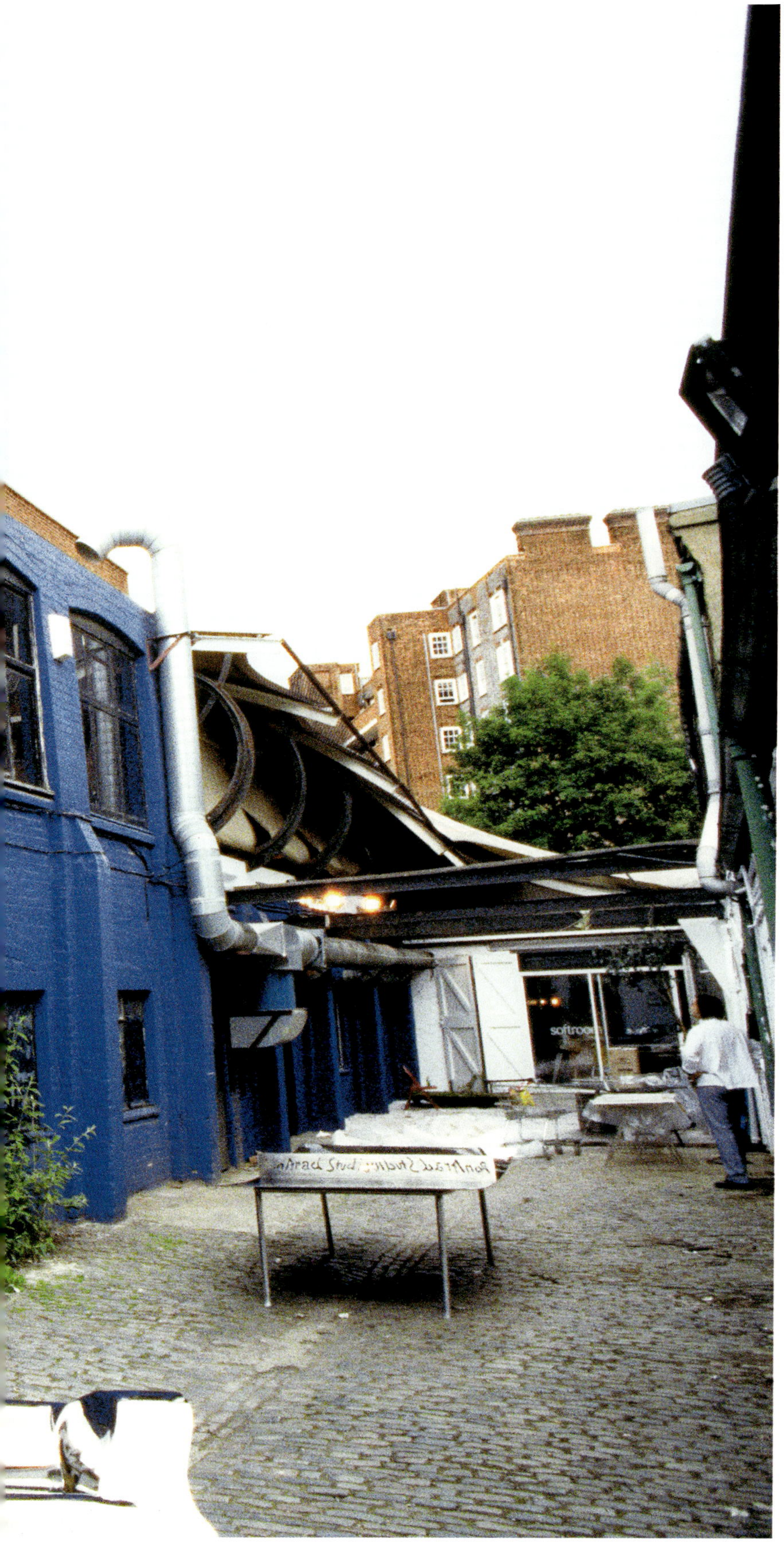

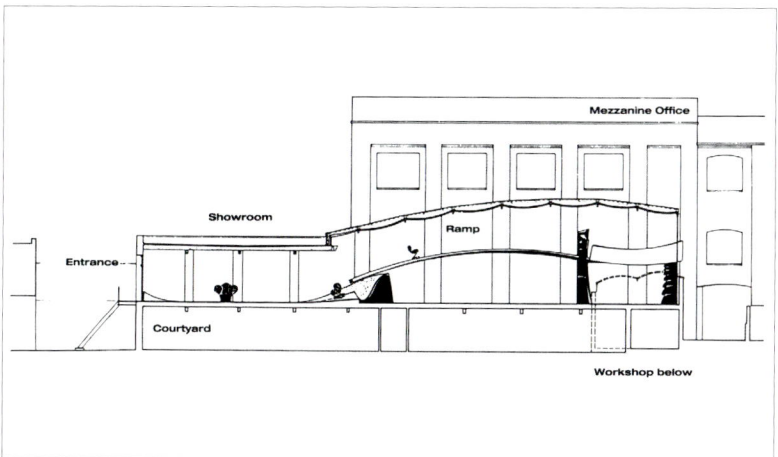

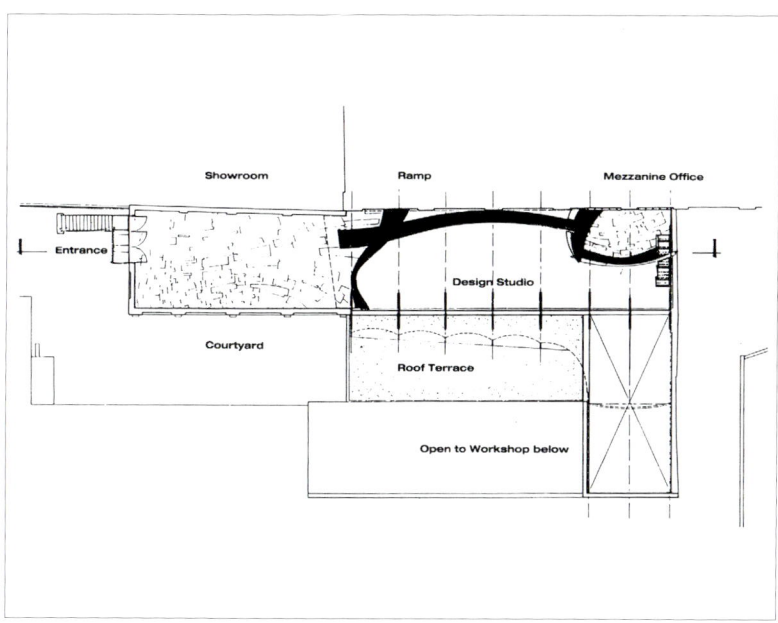

Ramp with furniture / *Rampe avec meubles*
© Christoph Kicherer

Studio / *Studio*
© Christoph Kicherer

Studio / *Studio*
© Christoph Kicherer

Studio / *Studio*
© Christoph Kicherer

The space did not want to be divided or partitioned (now, two years later, we wish there was a room), yet there needed to be some allocation of spaces to functions. The studio had to be bright and open, the display area free from daylight. One of the first decisions was to block the windows of the front area and leave untouched the timber roof structure. Demarcation between this space and the office would be achieved with a landscaped floor which was also to become a springboard for a bridge to the mezzanine.

L'espace ne se prêtait guère à une division ou à un cloisonnement (aujourd'hui, deux ans plus tard, nous aimerions bien avoir une pièce séparée). Pour pouvoir fonctionner correctement, une distribution intérieure était néanmoins indispensable. Le studio devait être lumineux, ouvert, et la zone d'exposition protégée du soleil. L'une de nos premières décisions fut d'obturer les fenêtres à l'avant du bâtiment et de laisser telle quelle la structure en bois du toit. Un sol paysagé, qui serait aussi un tremplin pour le pont desservant la mezzanine, servirait de démarcation entre cette zone et le bureau.

Metal skeleton / *Ossature métallique*
© Christoph Kicherer

While the front of the building was freestanding, the back had a very tall party wall for the roof to lean against. This immediately suggested a larger volume and, in some way, a roof structure that would hover above the old building and overlap the courtyard. It was quickly established that the front space would get its character from the floor and the back space would get its expression from its roof.

In conversation, words like "shell", "wing", and "soft" were used in the search for an identity for the roof.

The first sketches showed an armadillo-like roof of changing curvatures. A single repeating radius in the roof section didn't seem enough to provide the variety of space we were after. A roof to match the landscaped floor had to be contoured. We started considering the skeleton as an element with converging rhythm and progression of space.

The skeleton webbed with expanded metal came into its own when the engineer harnessed it to serve as a structural shell element in conjunction with a tensile roof membrane.

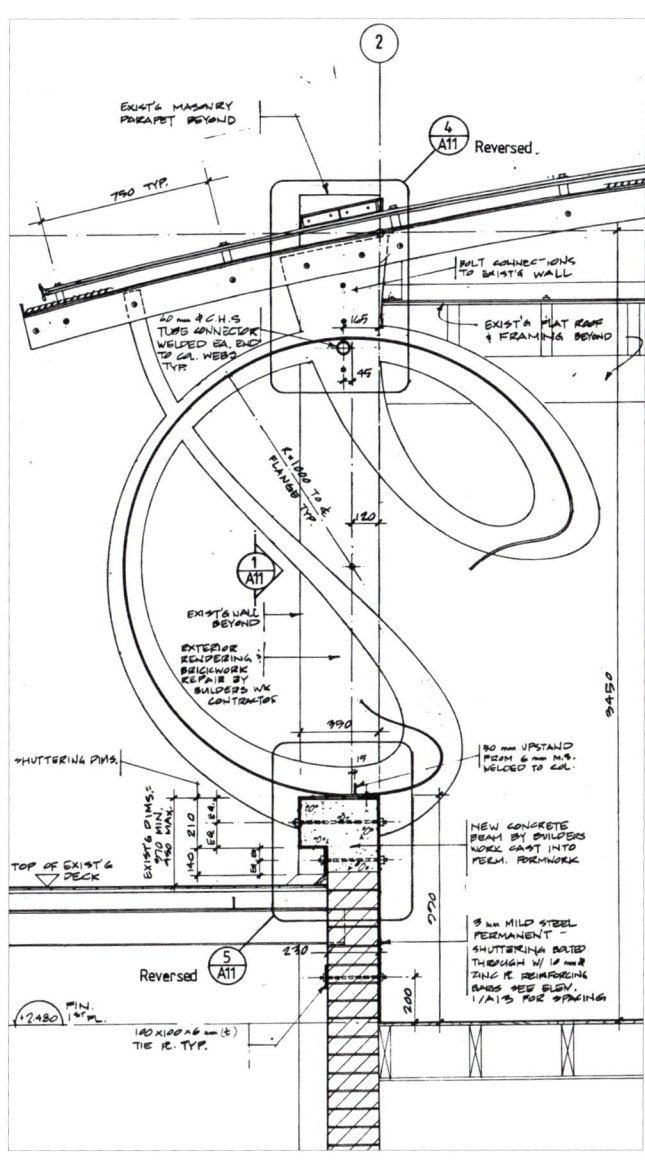

Metal skeleton / *Ossature métallique*
© Christoph Kicherer

Sketch of skeleton / *Croquis de l'ossature*

Alors que la façade avant du bâtiment était entièrement nue, l'arrière comportait un très haut mur de séparation supportant la toiture. Cette disposition suggéra immédiatement la création d'un volume plus important et d'une toiture qui couvrirait le vieux bâtiment et s'étendrait sur la cour. Nous sommes rapidement parvenus à la conclusion que la devanture du bâtiment tirerait son caractère du plancher et que c'est le toit qui donnerait son expression à la partie arrière.

Pendant que nous réfléchissions au caractère à donner à la toiture, des mots comme « coquille », « aile » et « doux » revenaient sans cesse dans la conversation. Les premières esquisses montraient un toit avec des courbes différentes de type « tatou ». De toute évidence, la répétition du même rayon de courbure dans le profil de la couverture ne pouvait produire le volume varié que nous souhaitions. Le toit devait rappeler le traitement paysagé du sol.

Nous avons commencé à imaginer le squelette de la toiture comme un élément de progression de l'espace animé d'un rythme convergent. Cette ossature, associée à une grille de métal expansé, prit toute sa dimension à partir du moment où l'ingénieur chargé de la structure décida de l'utiliser comme élément structurel de la coque en conjonction avec une membrane tendue.

We had to overcome some reluctance to use a tensioned membrane roof structure, or, rather, it was clear to us from the start that we had to steer clear of rehearsed high-tech tent images while enjoying all the advantages —mainly the translucency and the lighter structure. We had an image of the studio space as a kind of light box, and thought about using external lighting through the membrane at night to create 24-hour daylight.

After resolving the over-all form of the roof, with a wing-tip extending over the workshop, the project focused itself around the mechanics of construction and the invention of a language for the new forms that elements like columns, beams and windows would take. Although the columns might appear whimsical and calligraphic, they were actually designed around circular tracks to guide rotating windows, in addition to their role as triangulated props for the roof frames. Maybe it is an achievement that people don't recognize this "alphabet" as structure carrying the main load of the roof. Or is it a failure? In essence, the columns are fabricated T sections, but, where the structure allowed, we let the flange and the web be free from each other. We used the same device at the high end of the roof beams to lighten their anchoring.

The steel wall at the back of the space actually replaces a column and is stiffened by a squiggly flange welded across it. The web of the column before this wall escapes into the workshop.

There were two stages to the design of the studio. First came the enclosure, designed and detailed to a high degree of accuracy and contracted out.

The mesh panels had to be cut according to computer-generated patterns, each subtly varying from a rectangle. The PVC roof membrane was later cut and welded into the same pattern, resulting in identical layers —one in tension and one in compression.

En premier lieu, nous devions dépasser nos a priori à l'égard des structures tendues. Plus exactement, il nous est apparu évident qu'il fallait éviter les poncifs de la tente high-tech tout en exploitant ses avantages – principalement sa translucidité et sa légèreté. L'atelier que nous avions à l'esprit ressemblait à une boîte lumineuse et nous avons eu l'idée de l'éclairer la nuit depuis l'extérieur, à travers la structure textile, afin de créer une lumière « diurne » 24 heures sur 24.

Une fois définie la forme globale de la toiture – avec une extrémité de l'aile se déployant au-dessus de l'atelier –, le projet se concentra sur l'aspect mécanique de la construction et l'invention d'un langage formel pour les éléments tels que les colonnes, les poutres et les fenêtres. Le dessin des colonnes (aujourd'hui fixes) peut sembler purement fantaisiste et calligraphique. Pourtant, elles ont été conçues dès l'origine pour commander l'ouverture des fenêtres rotatives sur des guides circulaires et ont en outre un rôle d'éléments de triangulation pour la charpente. Le fait que les non-initiés ne reconnaissent pas d'emblée la fonction structurelle de cet « alphabet » est peut-être le signe de sa réussite... ou de son échec ! Les colonnes sont essentiellement des poutrelles aux profils en T, mais nous avons déconnecté les parties horizontale et verticale des T chaque fois que cela était possible du point de vue structurel. Nous avons eu recours au même procédé pour les terminaisons hautes des poutres de la toiture afin d'alléger leur ancrage. Le mur d'acier à l'arrière remplace de fait une colonne et est rigidifié par un raidisseur ondulé soudé en travers. La partie horizontale de la colonne située devant ce mur se prolonge dans l'atelier.

La conception de l'atelier s'est faite en deux temps. Nous avons d'abord dessiné l'enveloppe du bâtiment jusqu'à atteindre un niveau de détail et de précision tel que nous puissions sans crainte en déléguer la réalisation. Les panneaux de grillage ont été découpés selon des motifs générés par ordinateur, chacun représentant une subtile variation sur un rectangle. La membrane en PVC de la couverture a ensuite été découpée et soudée sur le même patron, produisant des strates identiques – l'une en tension, l'autre en compression.

Metal skeleton and roof /
Ossature métallique et toit
© Christoph Kicherer

Following pages / *Pages suivantes* : Studio / *Studio*
© Christoph Kicherer

1.

1. 2. 3.
Studio : construction / *Studio en construction*
© Christoph Kicherer

Metal skeleton / *Ossature métallique*
© Christoph Kicherer

Metal skeleton / *Ossature métallique*
© Christoph Kicherer

Metal skeleton / *Ossature métallique*
© Christoph Kicherer

Metal skeleton / *Ossature métallique*
© Christoph Kicherer

Metal skeleton / *Ossature métallique*
© Christoph Kicherer

The second stage (eight months after the first, and done in a weatherproof environment) allowed more scope for improvization, a rare luxury. Metalwork was done by the One Off workshop, so decisions could be taken as we went along. We could stand back and decide on the skyline of the hill and consider the view it framed on the spot. The profile and puncturing of the wall that carries thé mezzanine were drawn directly on the waiting steel. The bridge was positioned by eye and the timber floor pattern was decided on site. The mezzanine structure was sketched, delivered and erected within a few days.

The "soft" PVC windows were installed as a temporary solution, but now we are totally converted to them. We grew to like not only the way they roll open, but also their distorted reflections and approximate view to the outside. When we finished the building we were too scared to use it —forgetting it was to be an architectural office, ail the desks were squeezed under the mezzanine while the furniture spread itself luxuriously around the studio. But soon the drawing tables started to multiply and the furniture inched back over the hill into its designated territory. Now we feel at home here!

Ron Arad and Alison Brooks, 2 February 1993

La deuxième étape (réalisée hors d'eau huit mois plus tard) a laissé plus de marge à l'improvisation – un luxe rare. Les travaux de métallurgie ont été effectués par l'atelier One Off, ce qui nous a permis de faire nos choix au fur et à mesure. Nous avons ainsi pu prendre du recul pour décider du profil du plancher paysagé et réfléchir à la vue qu'il cadrerait. Le profil et le percement du mur porteur de la mezzanine ont été dessinés directement sur la tôle d'acier en attente. La passerelle a été positionnée à l'œil et le dessin du parquet déterminé sur place. La structure de la mezzanine a été ébauchée, réalisée et montée en quelques jours.

Les fenêtres en PVC souple ont été installées à titre provisoire, mais aujourd'hui, nous les avons totalement acceptées. Nous avons appris à aimer la façon dont elles s'enroulent pour s'ouvrir, leurs reflets déformés et la manière dont elles transforment la vue sur l'extérieur. À la fin des travaux, nous étions trop intimidés pour utiliser ce bâtiment censé être notre agence d'architecture. Tous les bureaux furent empilés sous la mezzanine tandis qu'une profusion de meubles ceinturait l'atelier. Puis les tables à dessin ont commencé à se multiplier et l'ameublement a progressivement investi le territoire qui lui était dévolu. Aujourd'hui, nous nous sentons complètement chez nous !

Ron Arad et Alison Brooks, 2 février 1993

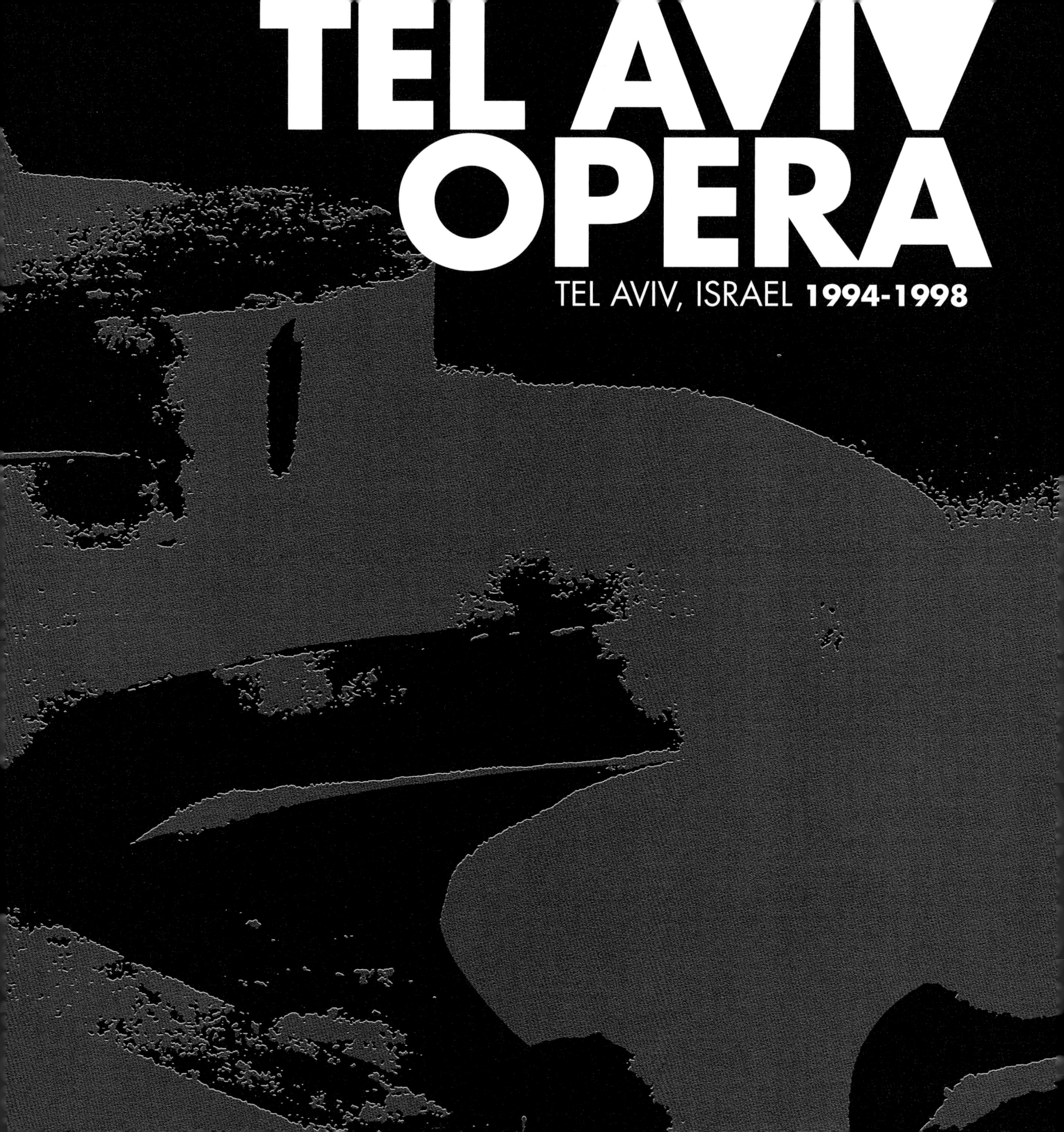

TEL AVIV
OPERA

TEL AVIV, ISRAEL 1994-1998

TEL AVIV OPERA 1994-1998
TEL AVIV, ISRAEL

PROJECT ARCHITECT / *ARCHITECTE DU PROJET* : **ALISON BROOKS**
TEAM MEMBERS / *ÉQUIPE* : **OLIVER SALWAY, ALEX MEITLIS,
MONIQUE VAN DEN HURK, CHARLES WALKER, CHRISTOPHE EGERT**
BACKER / *COMMANDITAIRE* : **TEL AVIV PERFORMING ARTS CENTRE**
PROJECT OBJECTIVES / *OBJECTIFS* : **FOYER ARCHITECTURE, TEL AVIV OPERA**
DESIGN / *DESIGN* : **1994**
TERM OF CONSTRUCTION / *RÉALISATION* : **1998**
BUILDING AREA / *SUPERFICIE CONSTRUITE* : **1000 M²**

Background

Ron Arad Associates won the commission for the architecture of the public spaces in Tel Aviv's new Opera by limited competition in 1988. The scheme was developed alongside the project of Yacov Rechter, architect of the Opera and Performing Arts Centre, and opened in October 1994.

Our strategy to accommodate all the elements of the programme and make the foyer a unique and festive place within the Performing Arts complex was to inhabit it with a series of autonomous structures/buildings, each performing a different function, creating a new spatial quality amongst themselves and with the main building.

Contexte

À la suite d'un concours clos en 1988, Ron Arad Associates a été chargé de concevoir les espaces publics du nouvel opéra de Tel-Aviv. Ces derniers ont été élaborés parallèlement à la conception de l'opéra par l'architecte Yacov Rechter et sont ouverts au public depuis octobre 1994.

Notre stratégie, pour mettre en place tous les éléments du programme et créer un lieu unique et festif dans ce centre des arts de la scène, consista à y loger des structures autonomes. Chaque module remplit une fonction propre et introduit une qualité spatiale distincte dans le groupe architectural et, plus largement, dans le bâtiment principal.

Stairs / *Escalier*
© Yael Pincus

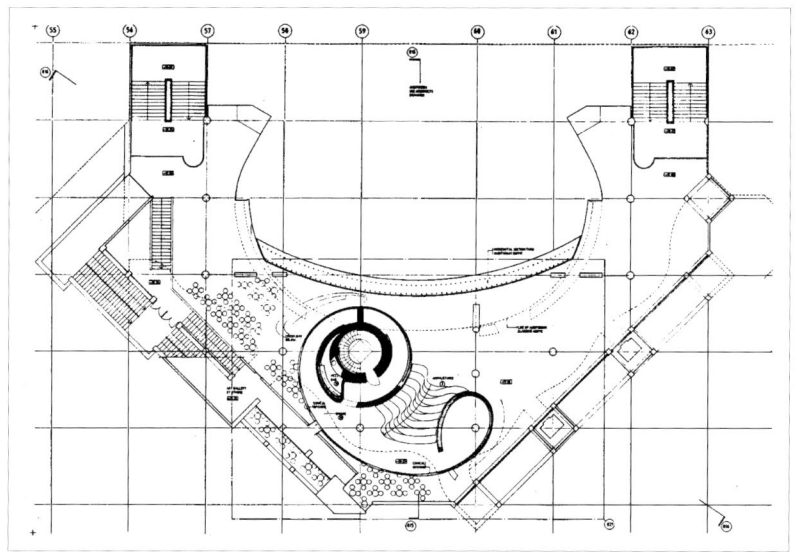

Mezzanine level plan / *Plan de la mezzanine*

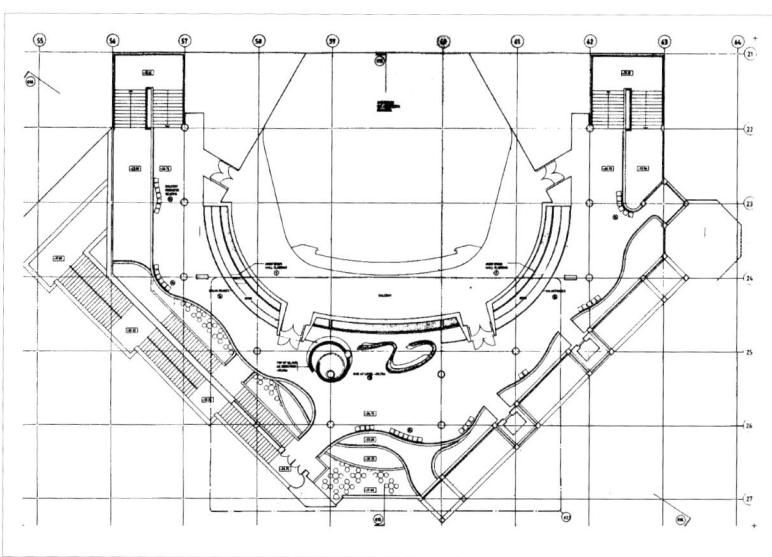

2nd floor plan / *Plan du 2e étage*

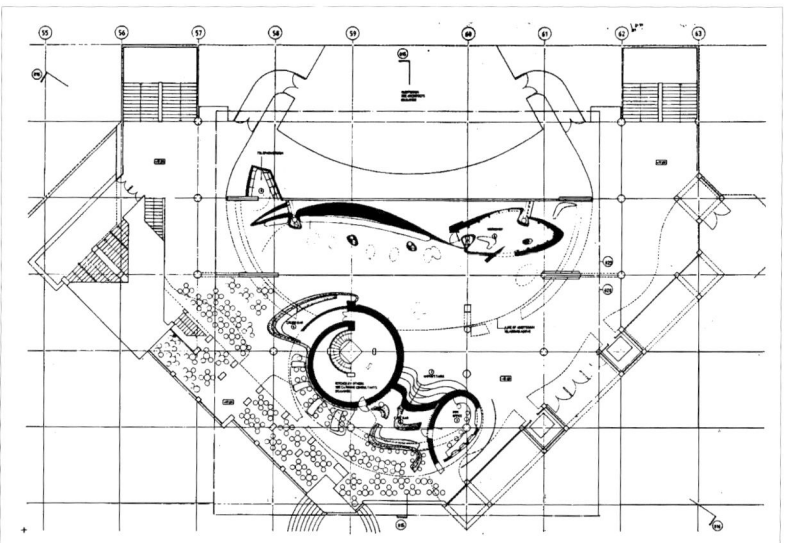

Ground floor plan / *Plan du rez-de-chaussée*

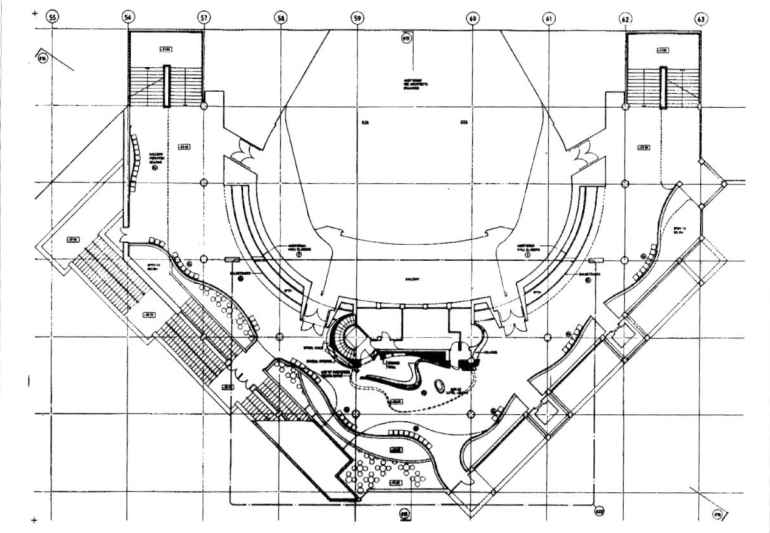

1st floor plan / *Plan du 1er étage*

Stairs / *Escalier*
© Yael Pincus

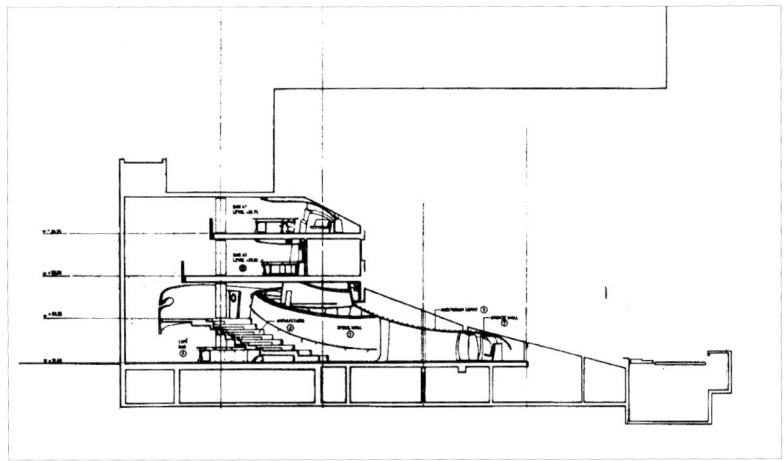

Section stairs / *Coupe sur l'escalier*

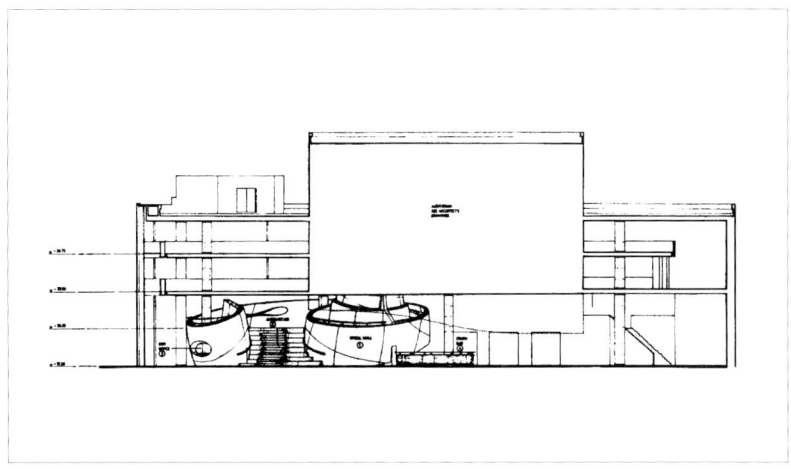

Section stairs / *Coupe sur l'escalier*

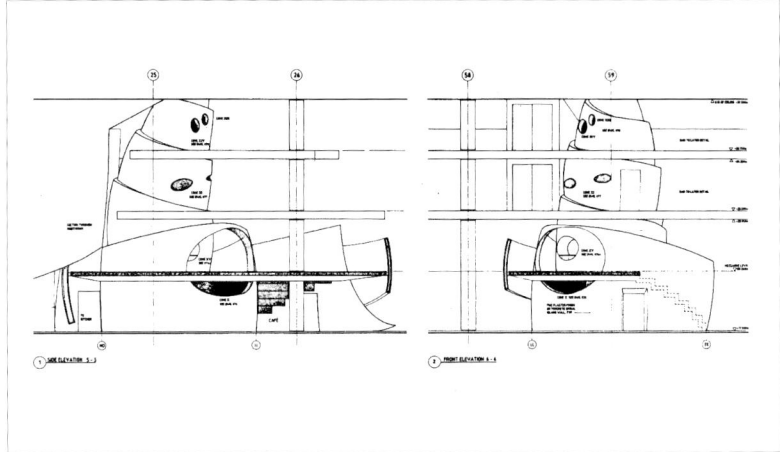

Elevation stairs structure / *Élévation de la structure de l'escalier*

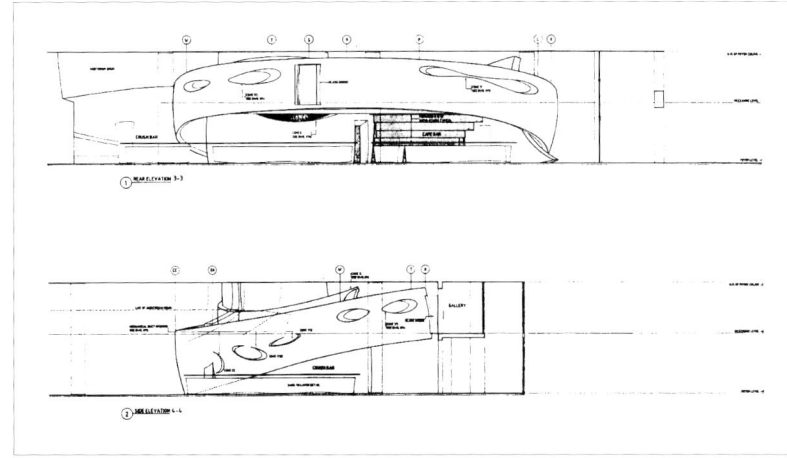

Elevation stairs structure / *Élévation de la structure de l'escalier*

Construction stairs structure / *Structure de l'escalier en construction*
© R.R. / D.R.

Stairs structure / *Structure de l'escalier*
© R.R. / D.R.

Construction stairs structure (detail) / *Structure de l'escalier en construction (détail)*
© R.R. / D.R.

The Bronze Wall – The Bookshop

Opposite the "Island" at the foyer entrance level a sinuous wall made of bronze rods forms a jewel-like counterpoint to the foyers' concrete volumes. This wall defines a circulation router to the far side of the building and frames a waiting area for latecomers. The bronze wall begins as a screen that wraps a column, folds its section into a bench, then becomes a wall again to make an enclosure for the opera bookshop. This forms a "digitalised" backdrop for the main level latecomers' area.

Le mur de bronze – la librairie

En face de l'îlot formé par l'escalier, au niveau de l'entrée du foyer, un mur ondulant réalisé avec des tiges de bronze, aussi précieux qu'un bijou, offre un contrepoint aux volumes en béton du foyer. Il articule la circulation vers l'extrémité du bâtiment et définit une salle d'attente. Le mur prend d'abord l'aspect d'un écran enveloppant une colonne, se ploie ensuite pour se muer en banquette, redevient mur pour enclore la librairie de l'opéra, et offre à la zone des retardataires du niveau principal une toile de fond d'aspect facetté.

Stairs structure (detail) /
Structure de l'escalier (détail)
© R.R. / D.R.

1.

2.

1. 2. 3. Hall / *Foyer*
© Yael Pincus

3.

Hall / Foyer
© Yael Pincus

Hall / *Foyer*
© Yael Pincus

Hall / *Foyer*
© Yael Pincus

Sketch / *Croquis*
© Ron Arad

AMIGA HOUSE

PROJECT

LONDON, ENGLAND **1997**

AMIGA HOUSE PROJECT 1997
HAMPSTEAD, LONDON, ENGLAND

PROJECT ARCHITECT / *ARCHITECTE DU PROJET* : **BARNABY GUNNING**
TEAM MEMBERS / *ÉQUIPE* : **GEOFF CROWTHER**
BACKER / *COMMANDITAIRE* : **MR ET MRS AMIGA**
PROJECT OBJECTIVES / *OBJECTIFS* : **PRIVATE RESIDENCE**
DESIGN / *DESIGN* : **1997-1998**

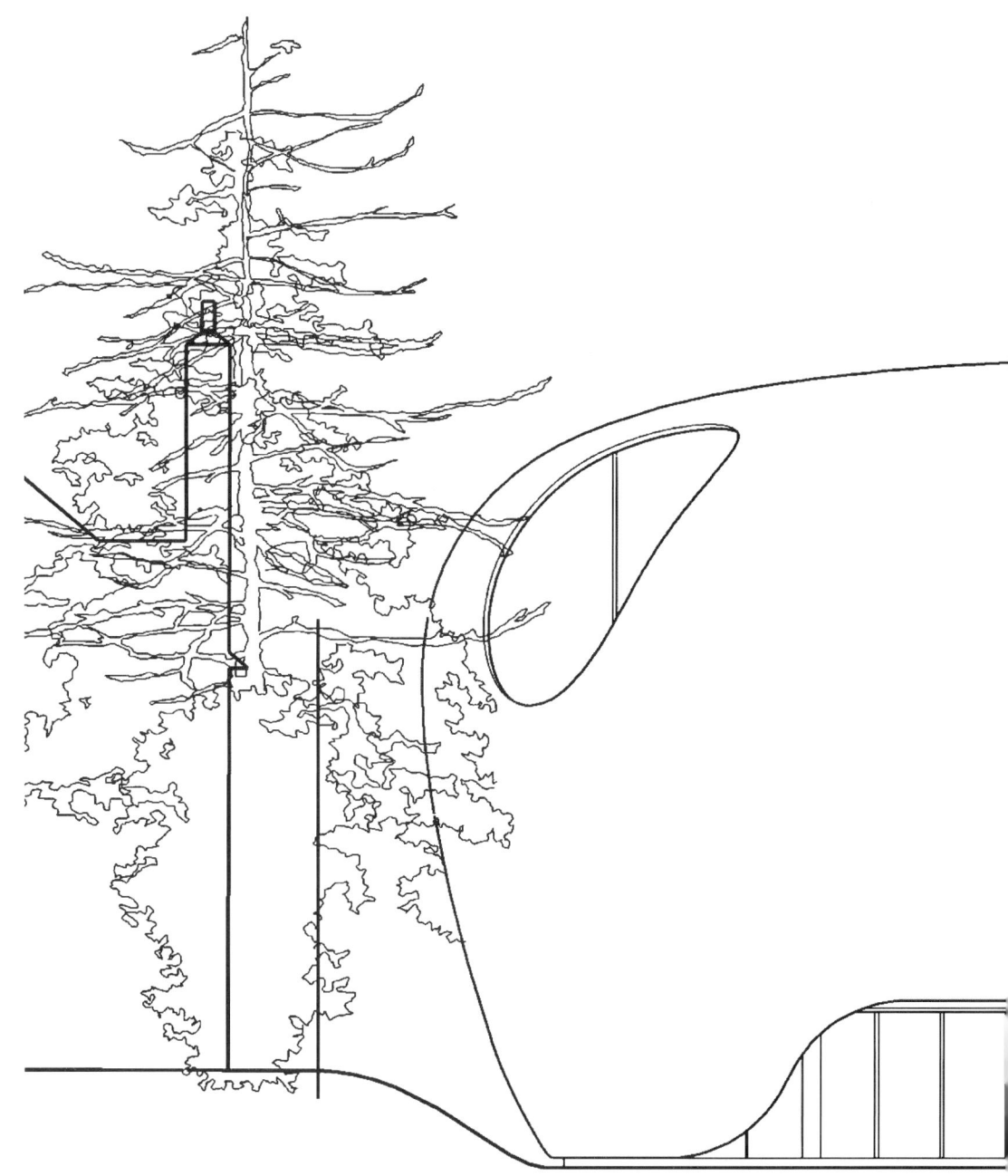

Description

Located in a private, suburban street, this large family home is created by the overlap of two sheltering enclosures with an undulating terrace, which extends the garden into the living rooms. The shells provide privacy while also allowing a view through to the garden. The spaces are locked between the rectangular concrete structure and the free form shell. The uninterrupted slab at ground level allows a double height space under the lower shell and extends as a terrace, partially covering the swimming pool. The taller shell contains the dining area, and a "box" of two bedrooms with the main bedroom above it.

North elevation / *Élévation nord*

Description

Cette vaste maison de famille située sur une voie privée suburbaine est formée par l'imbrication de deux enveloppes protectrices et d'une terrasse aux contours onduleux qui fait entrer le jardin dans les salles de séjour. Les coques offrent une intimité tout en ouvrant la vue sur le jardin. Les espaces sont « verrouillés », s'inscrivant entre la structure de béton rectangulaire et la coque de forme libre. La dalle ininterrompue du rez-de-chaussée ménage un volume sur double hauteur sous la coque la plus basse et se prolonge en une terrasse qui recouvre en partie la piscine. La coque la plus haute abrite la salle à manger et une « boîte » de béton comprenant deux chambres, la chambre principale étant située au niveau supérieur.

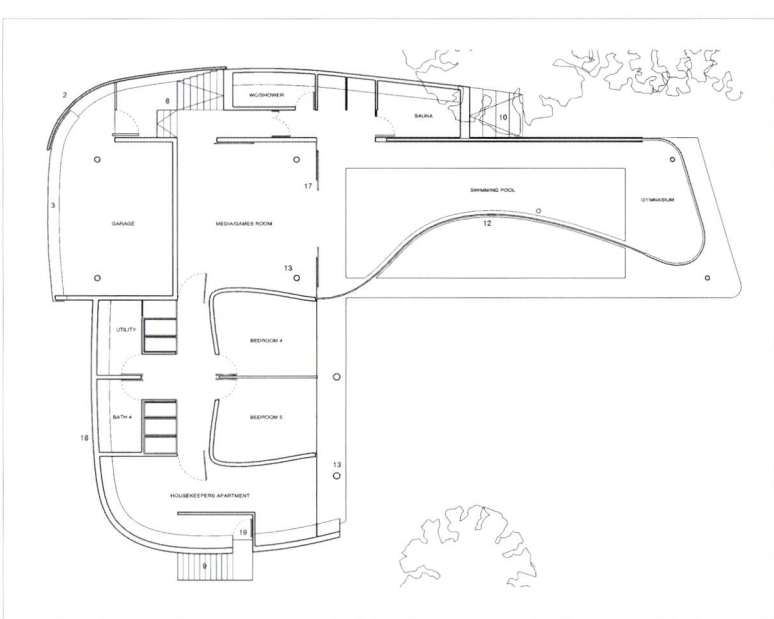

1st floor plan / *Plan du 1er étage*

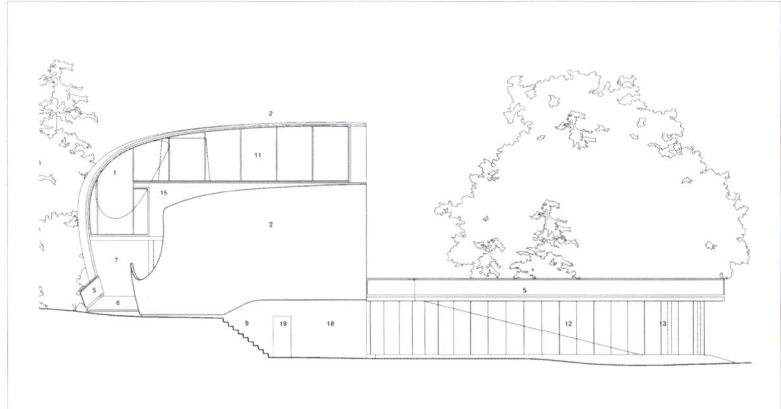

West elevation / *Élévation ouest*

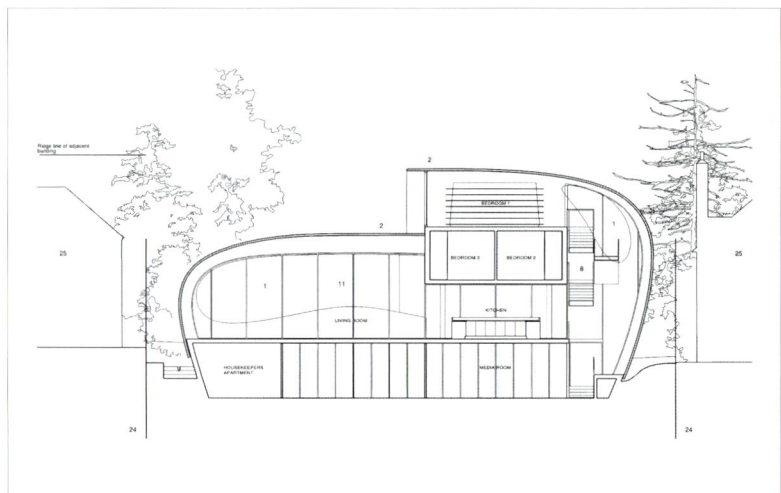

Short section / *Coupe latérale*

Model / *Maquette*
© R.R. / D.R.

Model / *Maquette*
© R.R. / D.R.

Model / *Maquette*
© R.R. / D.R.

Model front view /
Maquette (vue de la façade)
© R.R. / D.R.

GRAND HOTEL SALONE

PROJECT

MILANO EXHIBITION, ITALY **2001-2002**

GRAND HOTEL SALONE PROJECT 2001-2002
MILANO EXHIBITION, ITALY

PROJECT ARCHITECT / *ARCHITECTE DU PROJET* : **ASA BRUNO**
TEAM MEMBERS / *ÉQUIPE* : **MANEL TAVORA**
BACKER / *COMMANDITAIRE* : **COSMIT, MILANO**
PROJECT OBJECTIVES / *OBJECTIFS* : **INTERNATIONAL DESIGN EXHIBITION
FOR HOTEL ROOM OF THE FUTURE**
DESIGN / *DESIGN* : **2001-2002**

The hotel room is not a home away from home, but an exile from home. Most hotel rooms try to peddle fake class, that is at best tolerated, but most often it is not. I travel a lot, and have spent many nights in hotels. These are usually booked and selected by other well wishers. What would please me most in a hotel is not someone else's idea of chic, elegance or style, but rather comfort, clarity, and ease of access to information, entertainment and ambience.

L'hôtel n'est pas un « chez soi loin de chez soi », mais constitue bel et bien un lieu d'exil. La plupart des chambres cherchent à « en imposer » et n'y parviennent que rarement. Voyageant énormément, j'ai passé de nombreuses nuits à l'hôtel, généralement dans des chambres choisies et réservées par des tiers animés de bonnes attentions. Et force est de constater que ce n'est pas l'idée qu'un autre se fait du chic, de l'élégance ou du style qui me séduit dans ces lieux, mais le confort, la clarté, la facilité d'accès aux informations, les loisirs et l'atmosphère.

Sketch / Croquis
© Ron Arad

3D image bedroom / *Image 3D de la chambre*

 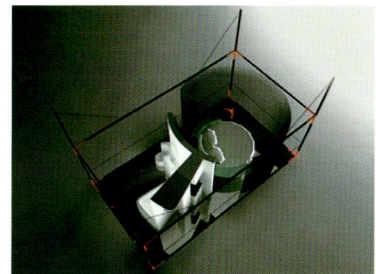 

1.   2.   3.

1. 2. 3.
3D images bedroom / *Images 3D de la chambre*

Comfort is simple, entertainment is in abundance, and it is not the future —it is ahead of us.

Comfort is mainly centered around the bed, the space around it, and most importantly —good plumbing and drainage. Entertainment on offer needs to be filtered fast and presented in high quality (size matters and so does sound and resolution). It knows no boundaries, and is not limited to a small screen, keyboard or telephone.

Un confort simple, des distractions nombreuses. Une telle volonté ne relève pas de la science-fiction : c'est ce qui nous attend dans un avenir proche.

Le confort d'une chambre d'hotel s'élabore essentiellement autour du lit, de l'espace qui l'entoure et des éléments essentiels que sont la plomberie et l'évacuation des eaux. Les équipements de loisirs doivent être de qualité supérieure (la taille de l'écran de télévision, le son et la résolution de l'image sont importants). Les programmes doivent être rapidement sélectionnables, sans restriction, et non pas limités à un petit écran, clavier ou téléphone.

3D image screen / *Image 3D de l'écran*

Working within a confined area such as the allocated space in the Grand Hotel Salone leads to the clarity of this proposal: the circular bed, with its orbital/nesting "furniture" (bed head, bedside table and desk), are the centre of an inverted "pill box" billboard. The round shell is all screens. A central, suspended omni-directional projection device will display information such as city maps, messages, travel data, multi-channel entertainment, total ambient environment, links to other live transmissions (from other hotels of the chain), video conferencing, and whatever else is dreamt of or imagined by anyone. Needless to say, the control, movement and orientation of the output, is computer led —there are no limits.

Notre réflexion sur cet espace confiné du Grand Hotel Salone a permis d'aboutir à une proposition claire : le lit circulaire et son mobilier orbital (tête de lit, table de chevet et bureau) forment le centre d'une sorte d'îlot central cerclé d'un panneau d'affichage inversé.

La coquille ronde est constituée d'écrans. Un appareil de projection multidirectionnel, suspendu au centre de l'espace, délivre des informations – plans de villes, messages, renseignements utiles pour le voyage, large choix de programmes télévisés, liens vers d'autres transmissions en direct (depuis d'autres hôtels de la chaîne), vidéo-conférences, milieu ambiant… le choix est immense. Naturellement, le contrôle, le mouvement et l'orientation de ce flot de données sont dirigés informatiquement, et illimités…

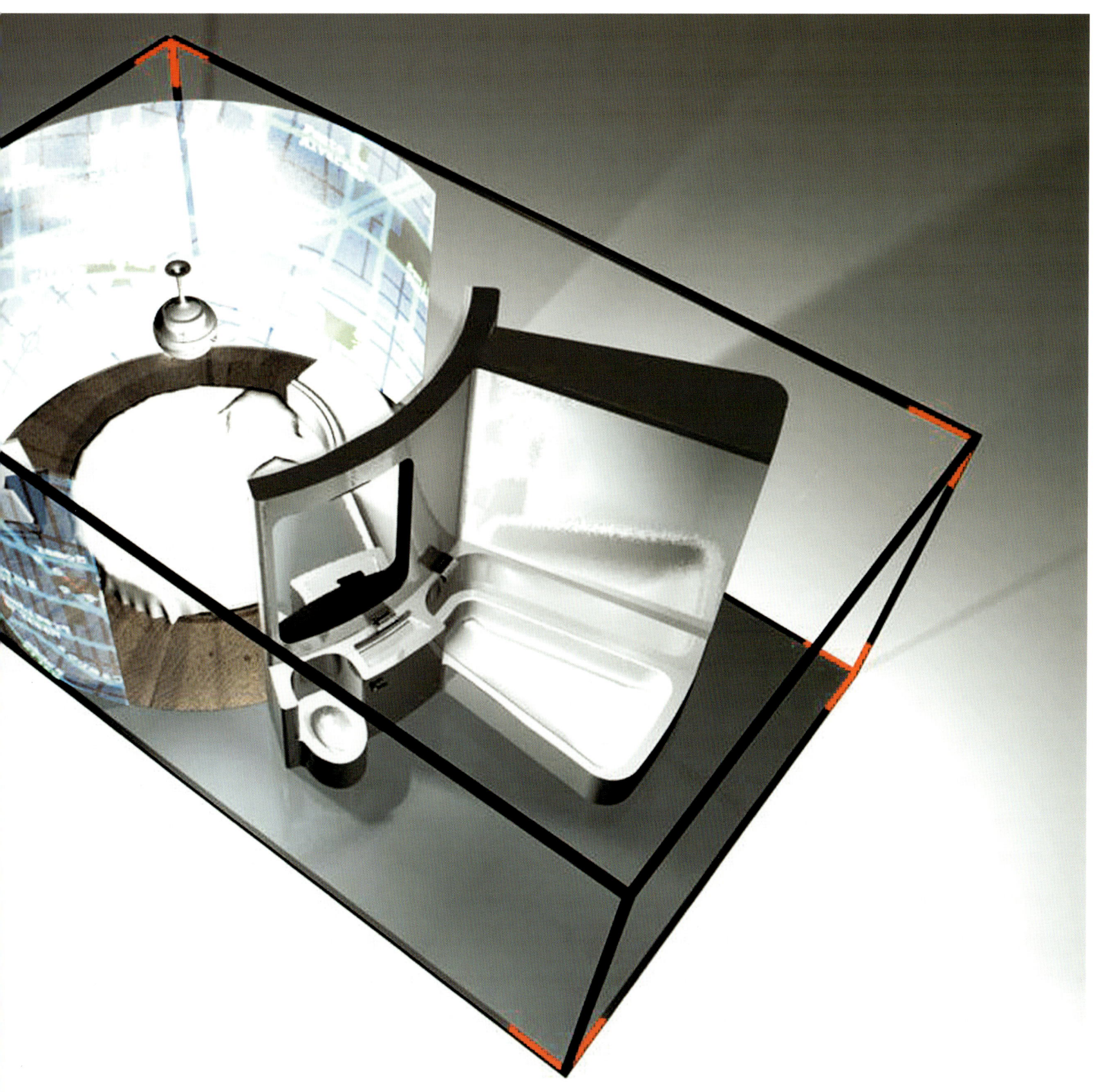

3D image screen / *Image 3D de l'écran*

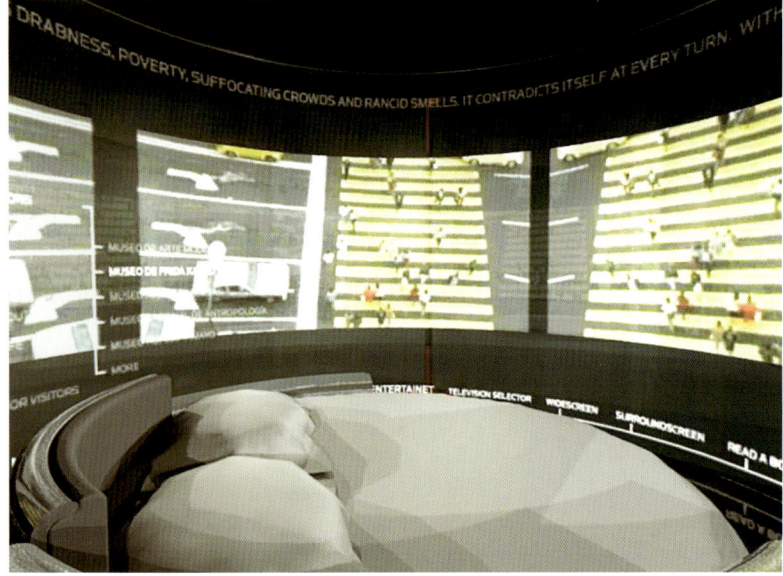

1.

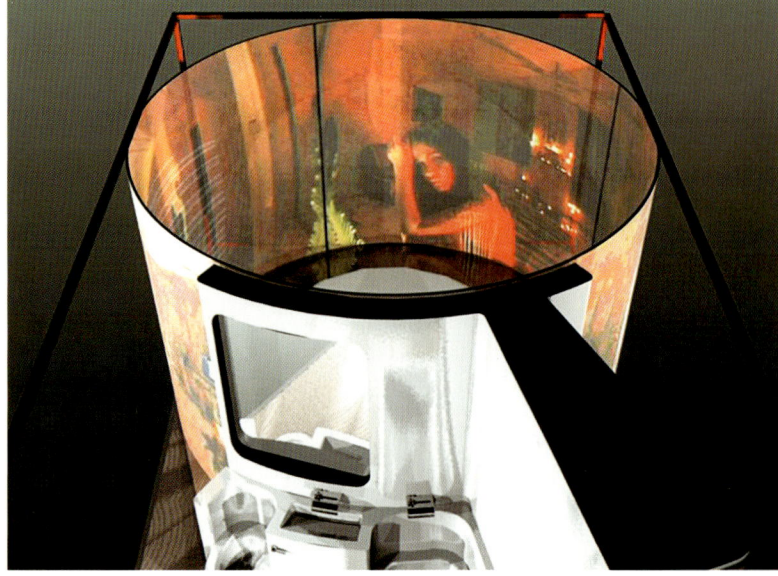

2.

3.

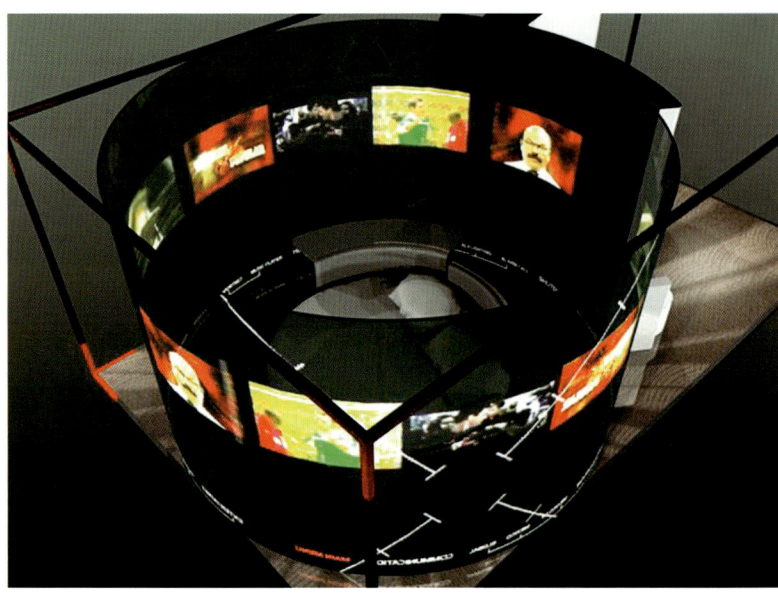

4.

1. 2. 3. 4.
3D images screen / *Images 3D de l'écran*

In the exhibition (rather than in a "real" hotel), no perimeter walls exist around the rectangular space (7,5 x 4,3 x 2,85 m), but just a steel frame marking its edges. The "pill box" is fabricated as curved acrylic panels, clad in a special film (Lumistytm) to allow frontal vision only, while everything else becomes misty —visitors to the Grand Hotel Salone exhibition are able to view all of the projected images inside the pill box "correctly", and the reversed images from the outside.

Sur le site de l'exposition, aucun mur ne délimite l'espace rectangulaire (7,5 x 4,3 x 2,85 m), dont les contours ne sont définis que par un cadre d'acier. L'« îlot central » est constitué de panneaux incurvés en acrylique revêtus d'un film spécial (Lumistytm) qui permet uniquement une vision frontale ; le reste du panneau devient flou (les visiteurs peuvent voir toutes les images projetées correctement lorsqu'ils sont à l'intérieur; de l'extérieur, celles-ci sont inversées).

3D image screen / *Image 3D de l'écran*

3D image bedroom and bathroom / *Image 3D de la chambre et de la salle de bains*

Beyond the "pill box" in the remaining space of the rectangle, a "monoblock" sanitary unit on one side and a wardrobe unit on the other form the division between the entry and the bathroom. The bathroom's mirror itself can convert from transparent to translucent and to opaque (a 3M product) allowing information and entertainment to be viewed from the bathroom.

3D image bedroom / *Image 3D de la chambre*

Derrière l'« îlot central », dans l'espace restant du rectangle, un sanitaire monobloc et une penderie situés de part et d'autre forment un cloisonnement. Le miroir (un produit 3M) qui surplombe le lavabo peut devenir transparent, translucide ou opaque, permettant de visionner les informations ou les programmes de divertissement depuis la salle de bains.

Following pages / *Pages suivantes :*
Room with Cappellini bed / *Chambre avec lit Cappellini*

MASERATI HEADQUARTERS SHOWROOM

MODENA, ITALY **2002-2003**

MASERATI HEADQUARTERS SHOWROOM 2002-2003
MODENA, ITALY

PROJECT ARCHITECT / *ARCHITECTE DU PROJET* : **ASA BRUNO**
TEAM MEMBERS / *ÉQUIPE* : **GEOFF CROWTHER, EGON HANSEN, ELLIOTT HOWES**
BACKER / *COMMANDITAIRE* : **MASERATI (FERRARI SPA)**
PROJECT OBJECTIVES / *OBJECTIFS* : **MAIN FLAGSHIP SHOWROOM AT MASERATI HQ**
DESIGN / *DESIGN* : **MARCH 2002 - JUNE 2002**
TERM OF CONSTRUCTION / *RÉALISATION* : **JULY 2002 - SEPTEMBER 2003**
PROJECT AREA / *SUPERFICIE* : **760 M²**

Sketch / Croquis
© Ron Arad

The name Maserati for us represents two complementary things: a glorious heritage (a fantastic past) and a cutting edge technology (a better future). When we were appointed to design the new flagship showroom for Maserati, we saw our task as dealing with both these notions: appropriately displaying some of this heritage, while at the same time creating a dynamic and racy set-piece for current and future production cars.

Maserati have a fantastic production line, a short walking distance from the showroom, which is more spectacular than any stage set we could come up with, and it's real.

Le nom de Maserati évoquait pour nous deux notions complémentaires : un héritage prestigieux (un passé fabuleux), une technologie d'avant-garde (un avenir meilleur). Quand le constructeur automobile nous a chargés de créer le nouveau showroom de son siège à Modène, notre réflexion s'est articulée autour de ce double concept. Il s'agissait de présenter intelligemment une partie du patrimoine de la marque tout en concevant un écrin dynamique et audacieux pour sa production actuelle et à venir.

Maserati possède à quelques minutes du showroom une chaîne de production magnifique, plus spectaculaire que n'importe quel décor sorti de notre imagination, mais bien réelle.

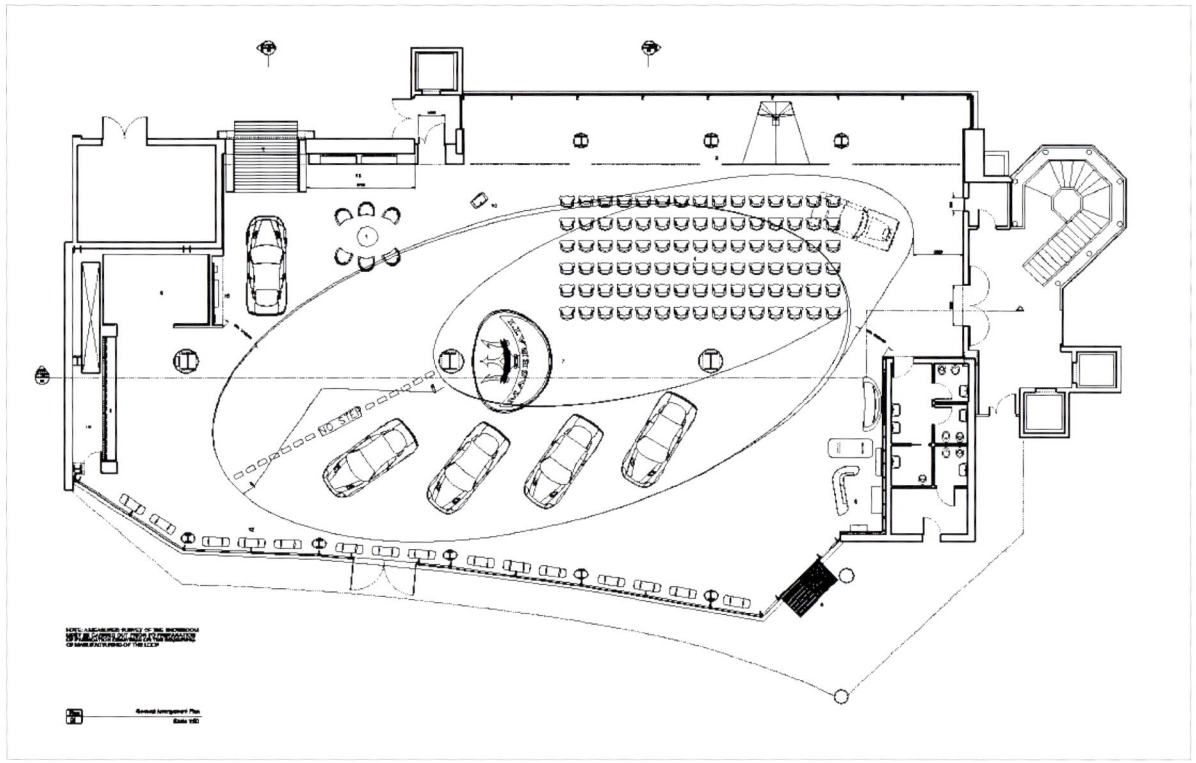

General plan / *Plan d'ensemble*

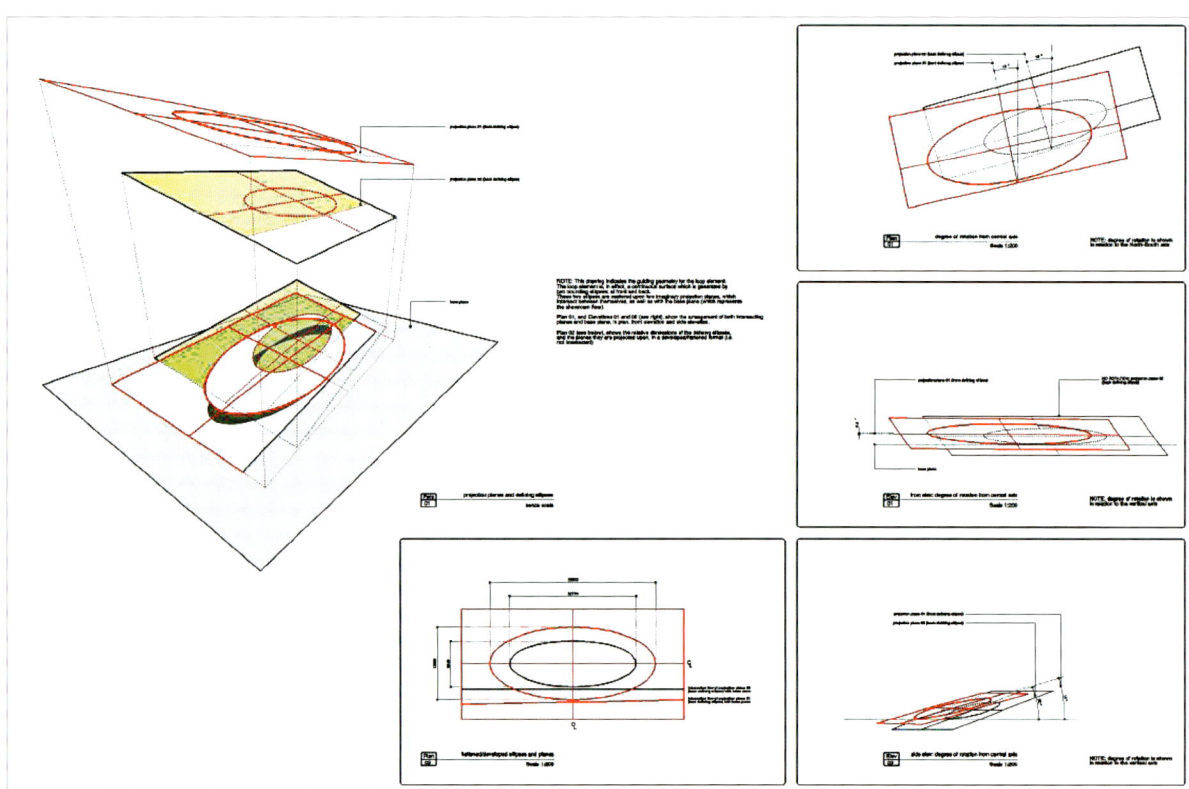

Loop's computer modeling / *Modélisation de la rampe*

3D image of the loop / *Image 3D de la rampe*

This is perhaps what drove us to conjure an acrobatic loop-like object that is in itself a product of cutting edge technology: The origination of the morphology and structure of the loop was developed using advanced computer modeling software, and was implemented by composites specialists whose project experience includes aerospace, hydro-nautical and motor-racing applications. The intricate skeleton of the loop is made of hundreds of components created via computer numeric control (CNC) guided cutting machines, leaving no room for loss of precision.

We also had to accommodate the more "normal" car showroom functions, such as personalization features, conference area, and reception, to name a few.

The upper sweep of the loop structure serves also as a canopy overhanging an ad hoc conference area, which can be stacked away at other times to allow additional car display.

In the personalization area, we used car body color samples and leather swatches in a way which celebrates the rich variety offered by Maserati, as well as creates a unique feature for the showroom on its own right. This is manifested via a decorative wall that accommodated 198 doughnut-like samples, whose magnitude is reflected and expanded infinitely by the four mirrors that surround them.

De là provient sans doute l'idée d'une « boucle » au dessin acrobatique, produit à part entière d'une technologie d'avant-garde. Elle a été élaborée sur un logiciel de modélisation avancé et réalisée par des spécialistes des matériaux composites aguerris dans l'aérospatiale, l'hydronautique et l'automobile de compétition. Son ossature sophistiquée comprend des centaines de composants fabriqués sur des machines à commande numérique (CNC) ne laissant aucune place à l'imprécision.

Nous devions en outre aménager des espaces où prendraient place les différentes fonctions du showroom : personnalisation des véhicules, conférences, réception, etc. La partie supérieure de la boucle forme un dais surplombant la zone de conférence, dont les sièges peuvent être déplacés pour agrandir la salle d'exposition. Dans l'espace de personnalisation, nous avons illustré le choix très varié offert par Maserati avec des échantillons de cuir et de peinture automobile, qui forment un élément décoratif unique : un mur incrusté de 198 pastilles colorées, sorte de palette d'échantillons démultipliés et reflétés à l'infini par quatre miroirs.

Ramp construction / *Montage de la rampe*
© Ron Arad Associates

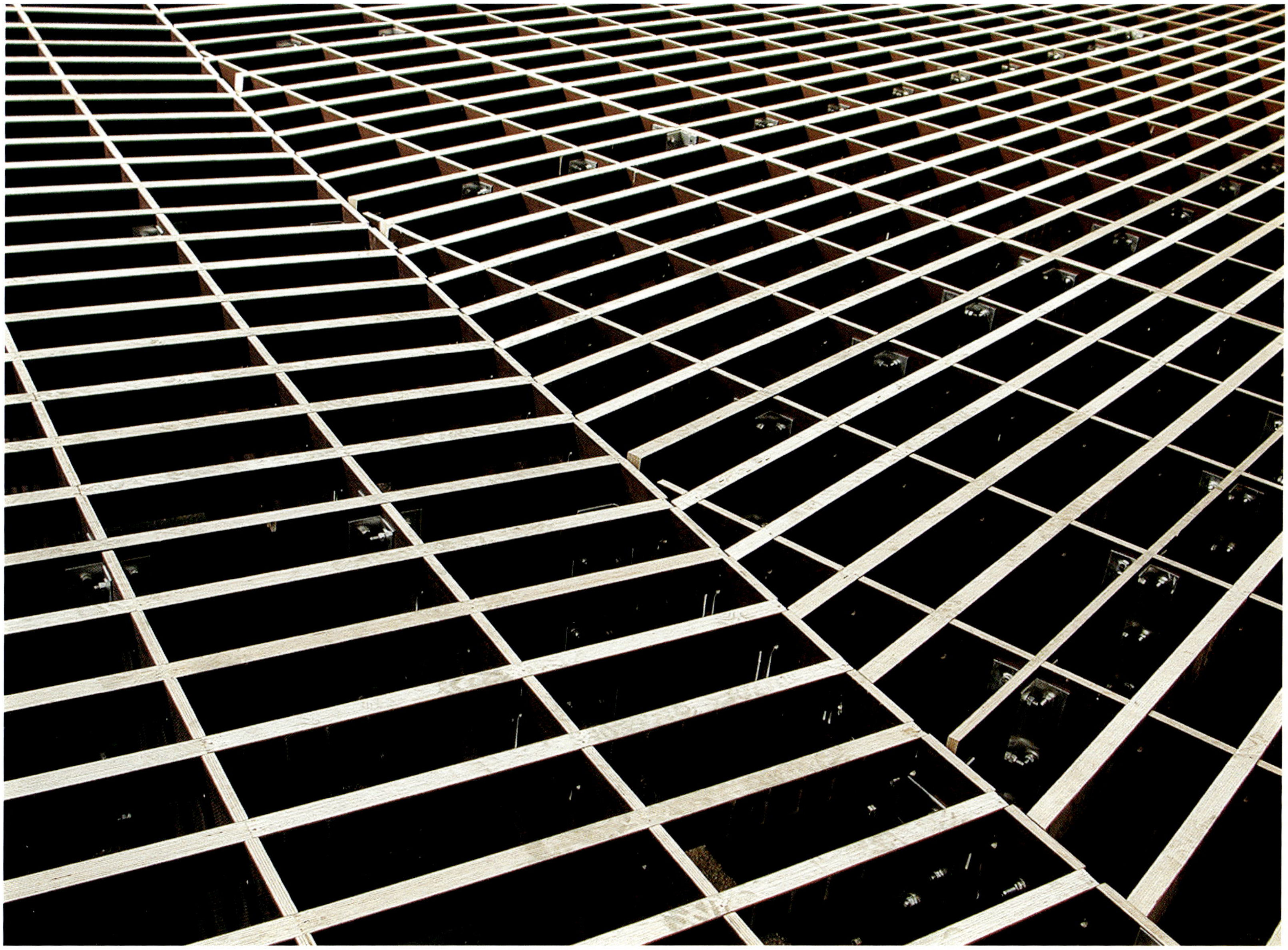

Structure (detail) / *Structure (détail)*
© Ron Arad Associates

Ramp construction / *Montage de la rampe*
© Ron Arad Associates

Following pages : color guide of body car and saddlery / *Pages suivantes : gammier pour la carrosserie et la sellerie*
© Ron Arad Associates

Showroom
© Maserati SpA

There is also a ritualized way out of the showroom through a curved car port that opens mechanically as you drive a new
car out, the ramp becoming a road hump almost as a way of saying "good luck and bye bye" to a new driver...

The Maserati logo is celebrated in a number of ways throughout the showroom, whether as embossed patterns on the
leather samples, or as a backlit entrance sign. It also acts as a road mark at the showroom entrance —each tip of the floor
inset logo's trident pointing to alternative directions within the showroom as part of a mock roadmap. The ceiling has an
anamorphic pattern, i.e. a distorted and inverted spread-out logo that is corrected to a perfect logo in the reflection on
the cylindrical stainless steel column casings.

This is further enhanced by the Vintage car grilles which are displayed in recessed showcases along the back wall as a
reminder of the company's rich heritage.

Nous avons aussi imaginé une manière ritualisée de sortir du showroom, une façon de dire « Au revoir et bonne chance »
à l'acheteur et à son nouveau véhicule. Ils s'éloignent via un carport incurvé qui s'ouvre automatiquement devant eux, la
rampe se muant en ralentisseur.

Le logo Maserati est célébré de différentes façons : estampé sur les échantillons de cuir, ou encore monté sous forme
d'enseigne rétro-éclairée à l'entrée, où il est aussi utilisé comme signalisation (le trident incrusté dans le sol fait penser à
une carte routière, chaque pointe indiquant une direction). Le logo qui s'étale sur le plafond est anamorphique, c'est-à-dire
déformé et inversé de telle sorte que son image soit réfléchie et corrigée par les caissons cylindriques en inox enveloppant
les colonnes. L'effet général est renforcé par les calandres de voitures anciennes exposées dans des niches le long du mur
arrière : un coup de chapeau au riche passé de la marque automobile.

Following pages / Pages suivantes :
Showroom
© Maserati SpA

MILLENNIUM HOUSE PROJECT

DOHA, QATAR **2002**

MILLENNIUM HOUSE PROJECT 2002
DOHA, QATAR

PROJECT ARCHITECT / *ARCHITECTE DU PROJET* : **GEOFF CROWTHER**
TEAM MEMBERS / *ÉQUIPE* : **EGON HANSEN, PAUL GIBBONS**
BACKER / *COMMANDITAIRE* : **SHEIKH SAUD AL-THANI OF QATAR**
PROJECT OBJECTIVES / *OBJECTIFS* : **DESIGN FOR MAIN LIVING SPACE WITHIN SHEIKH'S VILLA**
DESIGN / *DESIGN* : **COMPLETED 2002**

This is an installation in an Arata Isozaki designed villa for Sheikh Saud Al-Thani of Qatar. The villa is in fact more of a village than a villa —different architects and artists were commissioned to design different parts of the "village", including Achille Castiglioni (gym), David Hockney (swimming pool), Ettore Sottsass (formal reception), among others. Ron Arad was commissioned to design the living room with the family dining room attached.

Il s'agit d'une installation dans une villa conçue par Arata Isozaki pour le sheikh Saud Al-Thani du Qatar. La villa est plutôt un village qu'une maison. Plusieurs artistes et architectes ont été chargés d'en concevoir les différentes parties, dont Achille Castiglioni (le complexe sportif), David Hockney (la piscine) et Ettore Sottsass (la réception). Ron Arad a reçu commande du séjour et de la salle à manger familiale adjacente.

3D image living-room / *Image 3D du salon*

  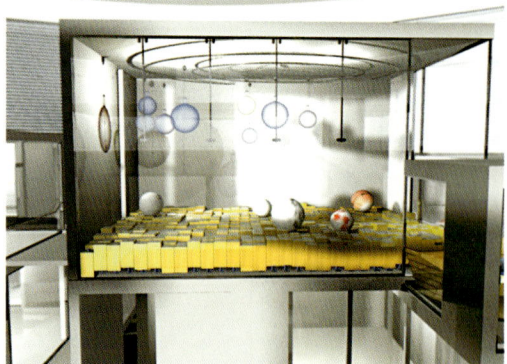

3D images living-room / *Images 3D du salon*

The project is primarily a programmable floor that can be instructed to either move in a certain pattern or to be frozen in any given landscape. The lighting system constellation is made of spheres that can be located anywhere in space and at any chosen size and colour. The dining room is an amphitheatre "pit", the transparent seats move freely around and the server can walk into the middle of the horse-shoe table.

  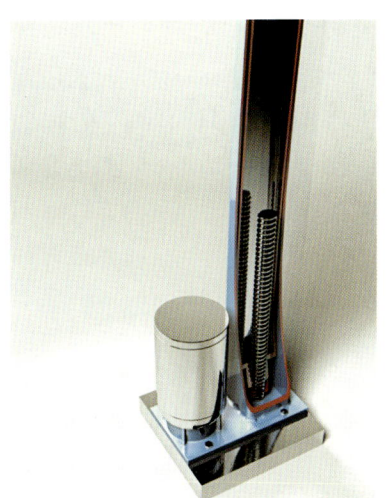

Study for floor piston mechanism /
Système de piston du plancher

Le projet consiste essentiellement en un plancher programmable pour lequel on peut définir une séquence animée qu'on figera sur le paysage de son choix. Le système d'éclairage est une constellation de sphères pouvant être positionnées n'importe où dans l'espace et déclinées dans n'importe quelle taille ou couleur. La salle à manger forme une « fosse » en amphithéâtre, les sièges transparents se déplacent librement tout autour et le personnel peut se glisser au centre de la table en fer-à-cheval pour assurer le service.

System of lighting / *Système d'éclairage*

System of lighting / *Système d'éclairage*

117

3D image dining-room / *3D image de la salle à manger*

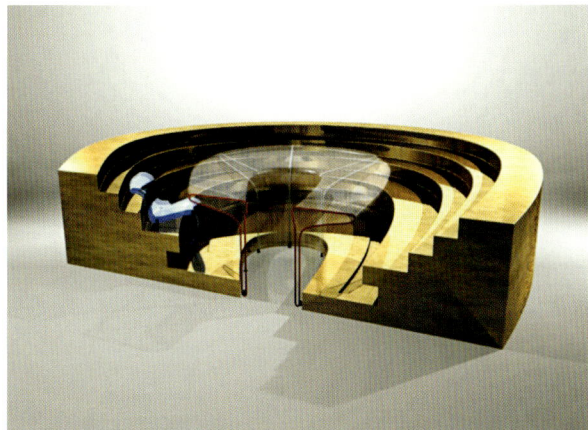
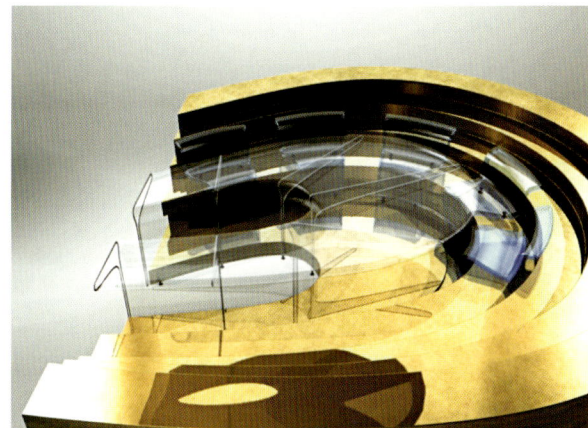
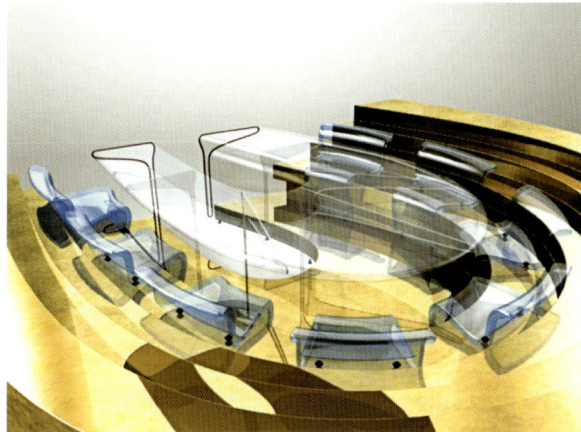
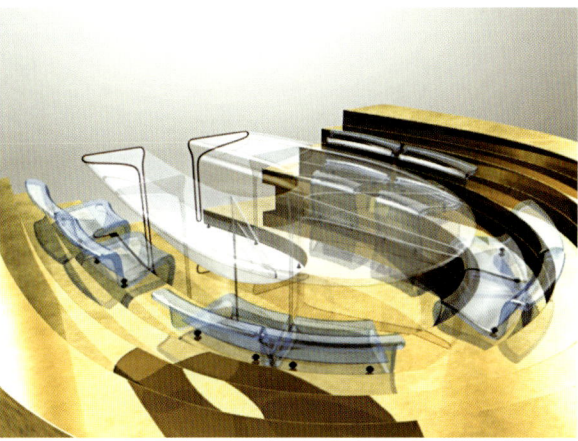

Study for dining table and mobile chairs / *Système de déplacement des chaises*

VALLARTA TOWERS PROJECT 2002
GUADALAJARA, MEXICO

PROJECT ARCHITECT / *ARCHITECTE DU PROJET* : **GEOFF CROWTHER**
TEAM MEMBERS / *ÉQUIPE* : **ASA BRUNO, DJORDJE STOJANOVIC, PAUL GIBBONS**
BACKER / *COMMANDITAIRE* : **JVC CENTER**
PROJECT OBJECTIVES / *OBJECTIFS* : **COMPETITION WINNING SCHEME,**
DUE TO START ON SITE IN GUADALAJARA LATE 2005
DESIGN / *DESIGN* : **2002**
BUILDING AREA / *SUPERFICIE CONSTRUITE* : **20 000 M² (GROSS AREA)**

Description

Limited international competition for a thirty storey building to include special penthouses on three levels.

Lofts originated from conversions, domestic dwellings reclaimed from industrial floors. The loft offered freedom from the norms and habits of the apartment. Uninterrupted floor space where options are left opened for the imagined desired lifestyle. The door of the industrial lift opens directly to a different dream on every floor.

When building a new tower of lofts one has not only to emulate the potential of the converted industrial space but also to extend it with the possibilities of the brand new and to edit out some of the inherited drawbacks of the old. The majority of lofts are slices and sections, carves of thick buildings. It is very common for them to have only one direction of glazing to the outside world. By building a tower of lofts one can achieve a plot in the sky windowed to all directions.

Description

Concours international pour un immeuble de trente étages construit pour accueillir des appartements sur trois niveaux.

Les lofts sont à l'origine des reconversions en logements d'espaces industriels. Ils offrent une grande liberté par rapport aux normes en usage pour les appartements, et leurs surfaces de plancher ininterrompues laissent toutes les options ouvertes pour projeter son mode de vie idéal. La porte de l'ascenseur industriel donne sur un rêve différent à chaque étage.

La construction d'une nouvelle tour de lofts doit non seulement exploiter au mieux le potentiel offert par la reconversion d'espaces industriels, mais aussi enrichir ce potentiel avec les possibilités d'une construction neuve tout en corrigeant les défauts hérités de l'ancien. La plupart des lofts sont en fait des tranches et des coupes prises dans des bâtiments épais. Il est donc très courant qu'ils n'aient qu'une seule façade vitrée. En construisant une tour de lofts, on peut en revanche réaliser un plot aérien oblong, vitré dans toutes les directions.

Elevation and section /
Élévation et coupe

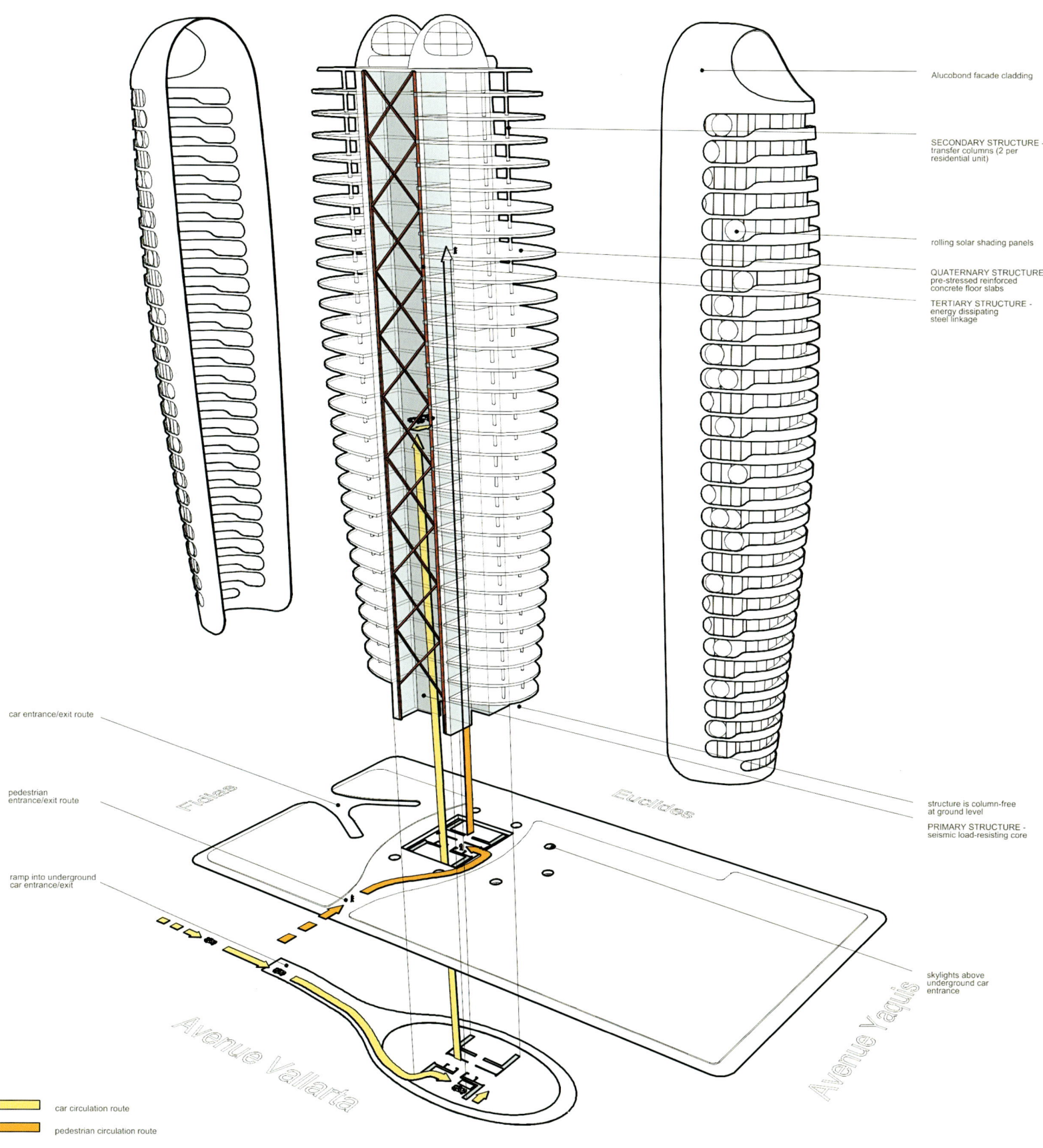

Alucobond facade cladding

SECONDARY STRUCTURE -
transfer columns (2 per
residential unit)

rolling solar shading panels

QUATERNARY STRUCTURE -
pre-stressed reinforced
concrete floor slabs

TERTIARY STRUCTURE -
energy dissipating
steel linkage

car entrance/exit route

pedestrian
entrance/exit route

ramp into underground
car entrance/exit

structure is column-free
at ground level

PRIMARY STRUCTURE -
seismic load-resisting core

skylights above
underground car
entrance

Euclides

Euclides

Avenue Yaquis

Avenue Vallarta

car circulation route

pedestrian circulation route

123

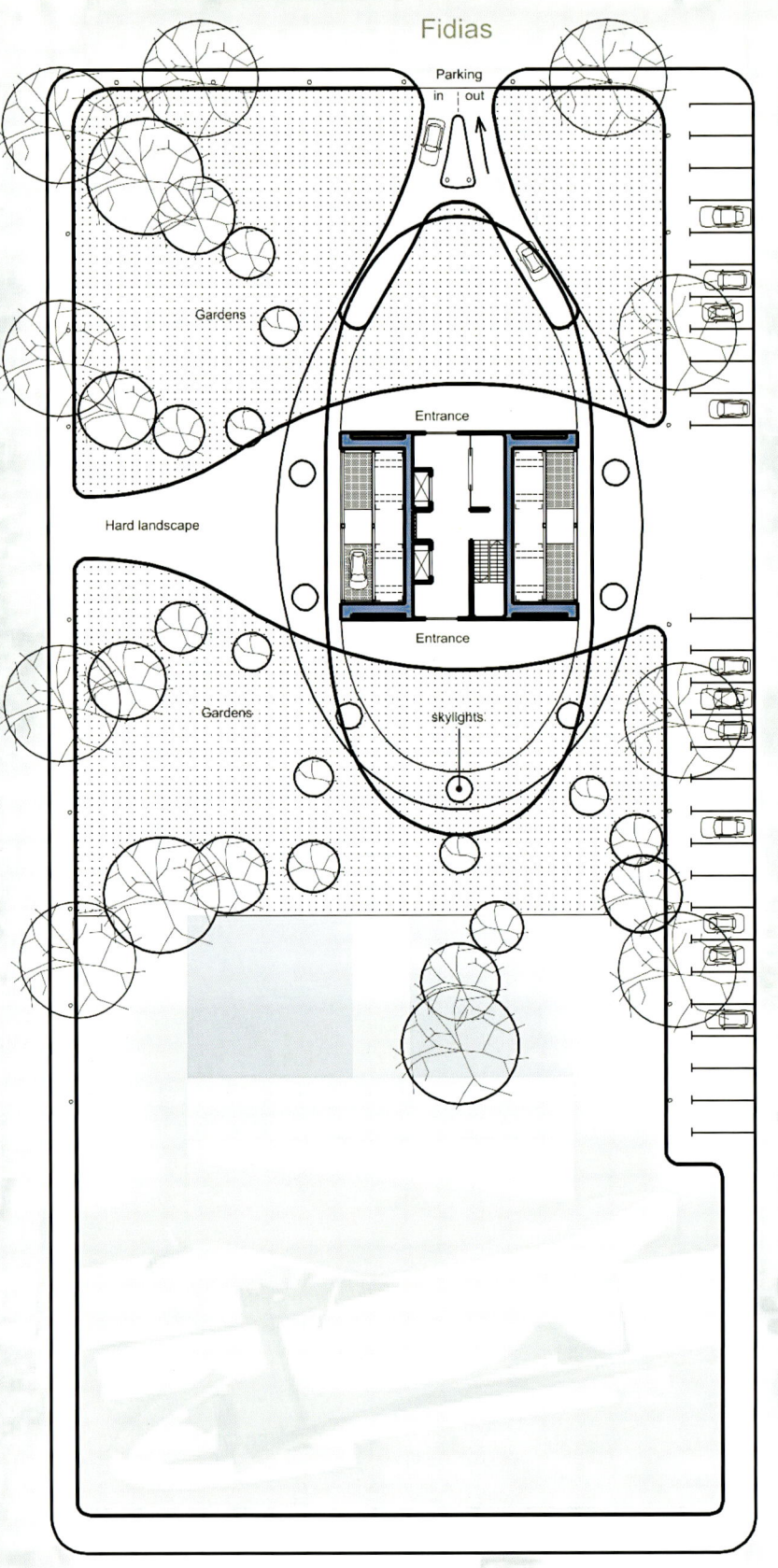

Fidias

Parking
in   out

Gardens

Entrance

Hard landscape

Entrance

Gardens

skylights

Avenue Vallarta

Euclides

Avenue Yaquis

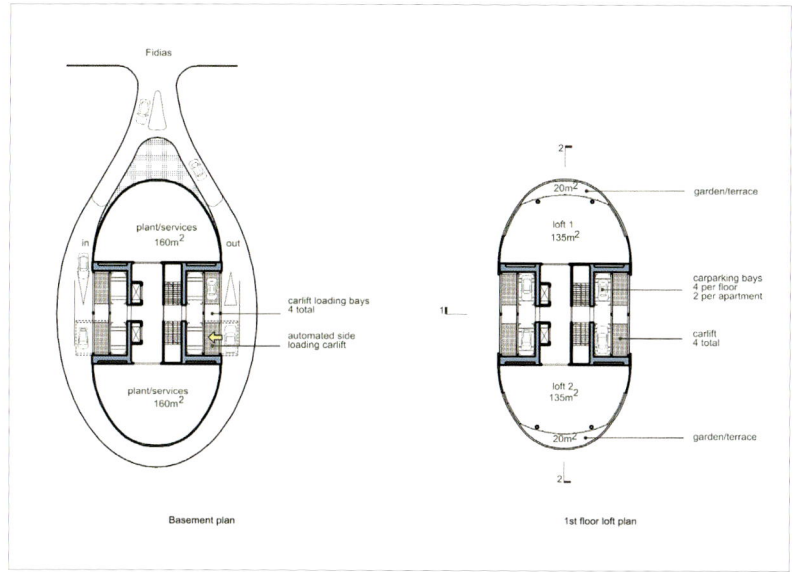 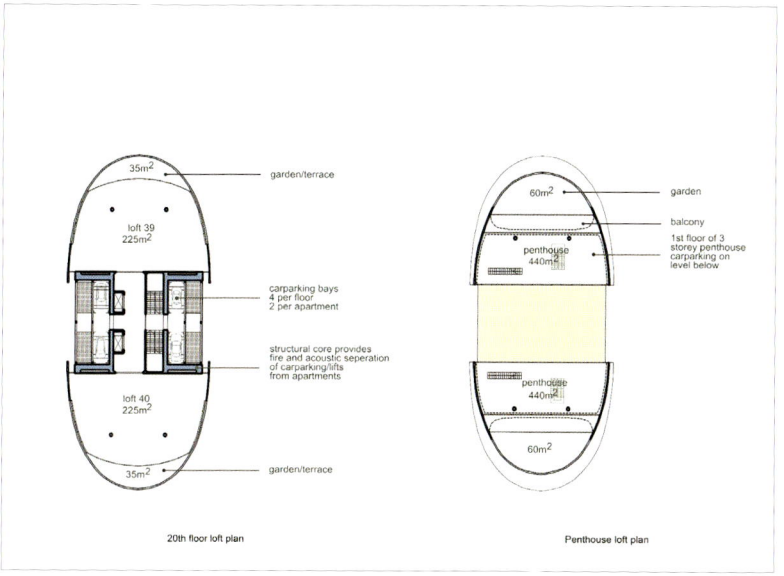

Basement and 1st floor plans /
Plans du rez-de-chaussée et du 1er étage

20th floor and penthouse plans /
Plans des 20e et dernier étages

This proposal takes this idea to an extreme: a small footprint, a high building of two wings and lofts occupying the full floor area of a wing. This design of a central core and two wings on either side offers an elastic system —in other words if for some reasons (planning limitations, building regulations, budget/construction constraints, etc.), the tower ought to be lower than in our proposal and the need to accommodate the same number of units remains, it would be possible to maintain the principles of the design within different proportions. However the penalty would be the division of some of the larger floor levels into two units. We have chosen to show the un-compromised slim tall version for the following obvious reasons: Each loft occupies an entire wing i.e. there are no negotiations with neighbouring apartments, no party walls and omni-directional visibility.

Notre projet pousse à l'extrême cette idée : une base étroite, un bâtiment haut constitué de deux ailes, et des lofts qui occupent la totalité du plancher dans chaque aile. Ce concept d'un noyau central distribuant deux ailes offre un système élastique – en d'autres termes, si pour une raison quelconque (règlement d'urbanisme ou de construction, contraintes budgétaires, etc.), la tour devait être plus courte que dans notre projet tout en accueillant le même nombre d'appartements, il serait possible de garder les mêmes principes de conception en les adaptant à des proportions différentes. En contrepartie, il faudrait diviser certaines grandes surfaces en deux unités. Nous avons choisi de présenter la version intégrale, « grand modèle » du projet pour ces raisons évidentes : chaque loft occupe donc une aile entière, ce qui élimine le besoin de négocier avec les appartements voisins et de cloisonner l'espace, et permet une visibilité dans toutes les directions.

Ground floor plan/
Plan du rez-de-chaussée

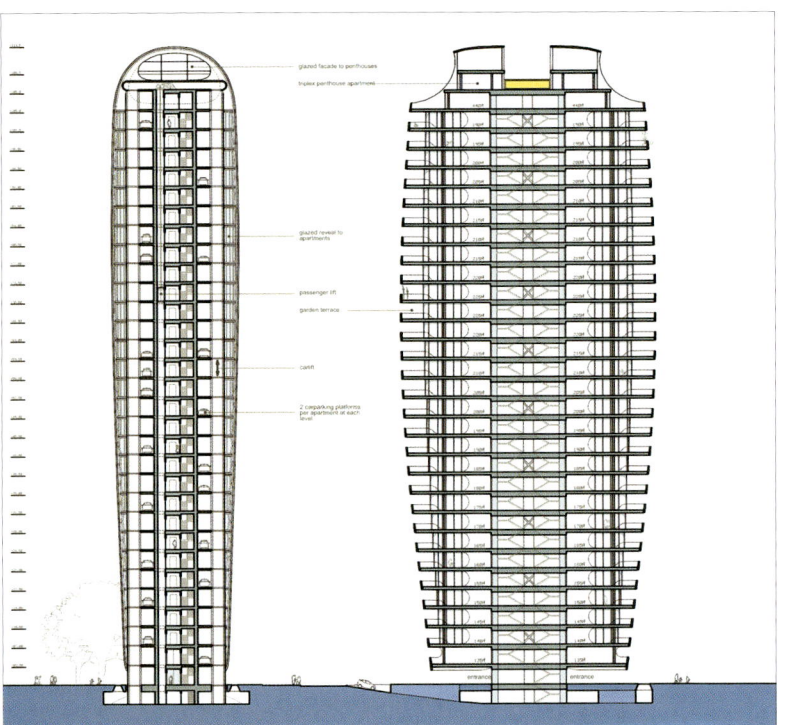

Short and long Sections / *Coupes latérale et longitudinale*

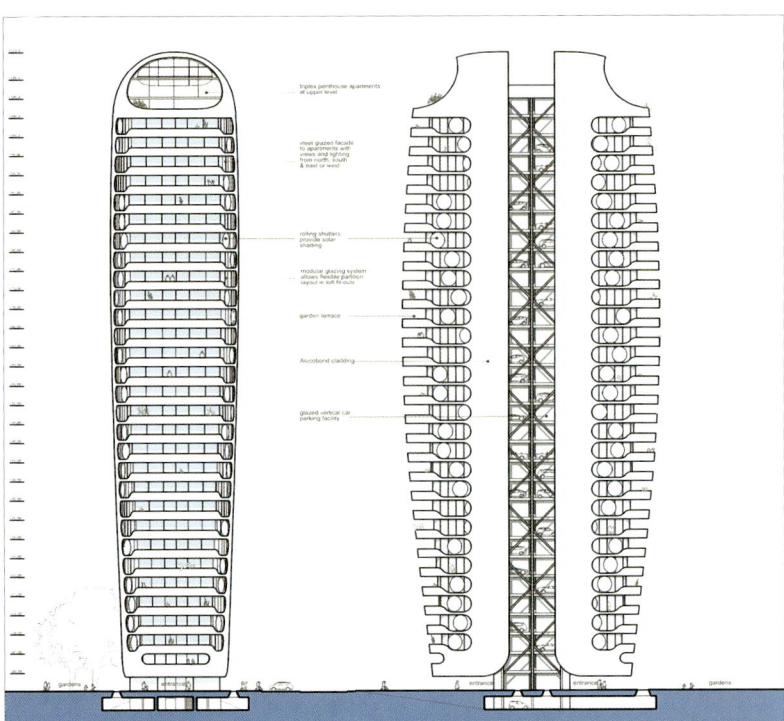

External elevations / *Élévations exterieures*

Each loft enjoys views and daylight from the south, north and east or west. The small column-less footprint of the building takes less of the plot and enjoys a bigger breathing space, leaving room for communal gardens and landscaping at ground level. The slimness and height of the building creates a bold landmark and enhances the tower experience.

As the structural service core is located between the two wings, this leaves the floor slabs at each level free to accommodate whatever internal layout is desired. Each apartment has its own spacious and special garden/balcony.

The Lofts

The brief asked for variations in apartment sizes. Rather than divide and break a floor plan into different shapes and apartment sizes we have achieved this variety by subtly "swelling" the tower.

The slight curves of the building's outline achieve a surprising variety in floor sizes with small lofts literally half the size of the big ones.

3D image general view / *Image 3D de la vue d'ensemble*

Chaque loft bénéficie de la lumière et du panorama au sud, au nord, à l'est et à l'ouest. La semelle, étroite et dépourvue de colonnes du bâtiment, libère de la surface sur la parcelle. On peut ainsi offrir à la tour un plus grand espace de respiration et agrandir les jardins et les espaces verts de la copropriété au niveau du sol. La minceur et la hauteur du bâtiment créent un édifice visuellement marquant et renforcent les qualités propres à la tour.

Le noyau central qui regroupe l'ensemble des services étant situé entre les deux ailes, les dalles de plancher à chaque niveau peuvent être aménagées de manière très libre. Chaque appartement dispose de son propre balcon-jardin.

Les lofts

Le cahier des charges stipulait que les appartements devaient être de tailles variées. Plutôt que de diviser un plan d'étage en appartements de formes et de surfaces différentes, nous avons répondu à la commande en déformant subtilement la tour. Les courbes légères décrivant la silhouette du bâtiment permettent d'obtenir une diversité surprenante dans la surface des planchers, les petits lofts couvrant pratiquement la moitié de la surface des plus grands.

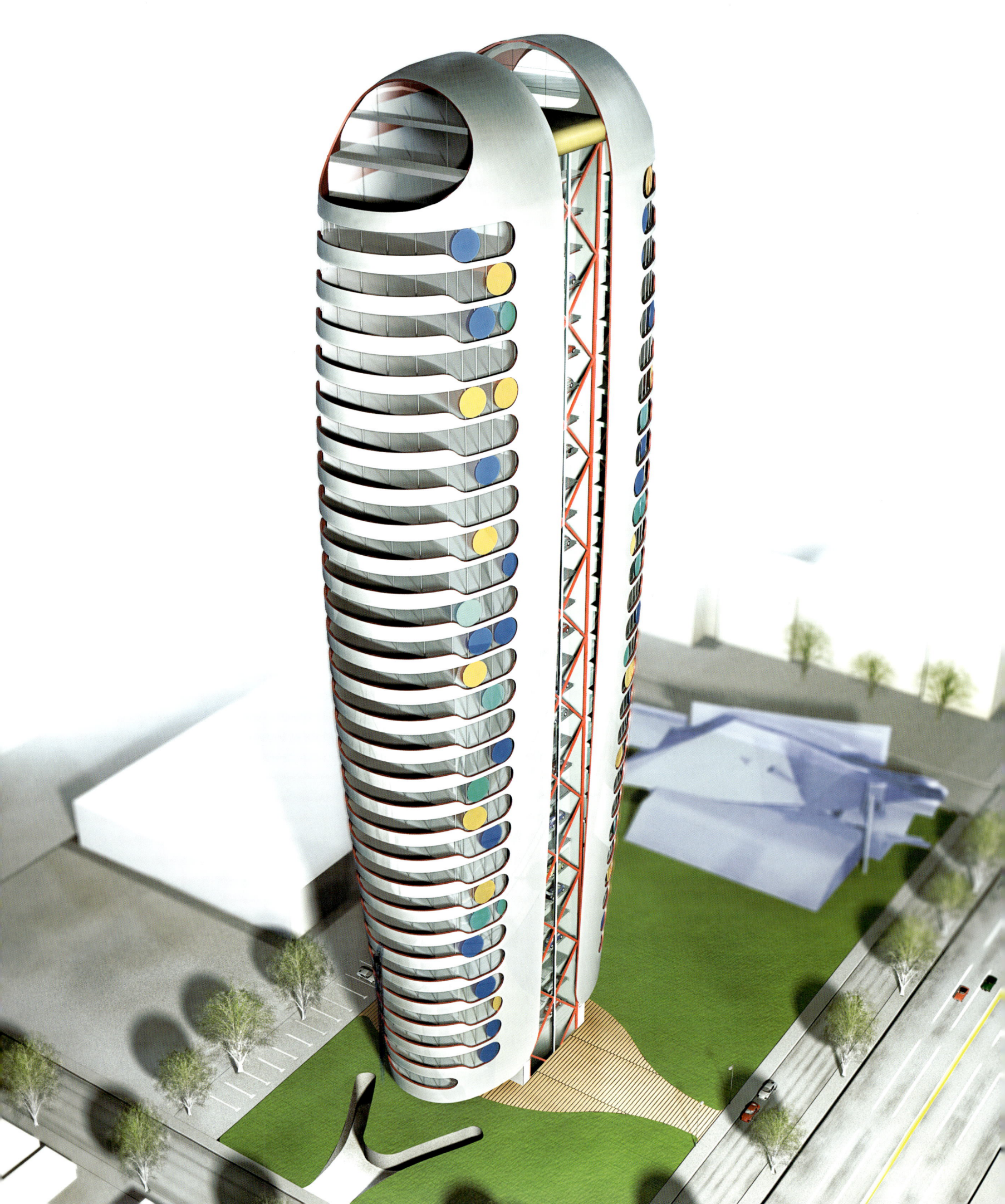

Apartment sizes vary in range from 130m² to 225 m² with 2 upper level triplex penthouses each of 440 m². Each apartment has a garden terrace ranging in size from 20 m² to 35 m² with a 60 m² terrace reserved for the penthouses. Refer to the sections and plans for area distribution.

There are 30 levels including the special penthouses that occupy three levels. Each loft has three sides of glazing; the front is totally operable so that the garden terrace can be annexed to the living space.

The skin enveloping the wings will most likely be fabricated from Alucobond incorporating an insulated lightweight sandwich composite.

Vertical Parking Facility

Our proposal also tackles one of the main problems of dwellings in a tower block —the parking. In accordance with the brief requirement, we propose a vertical parking facility to provide the space for two cars per apartment. As there is insufficient space on the site for surface parking, the only other possibility would of course be multi-level underground parking. Underground car parks have not only become notoriously dangerous places but are also very inconvenient. A journey to the comfort of one's home need not include a stop underground and a walk from the car to the lift.

Taking your car and luggage up to the floor level by means of an external vertical car lift seems a lot more appealing. Computer controlled high-rise car park facilities are tried and tested propositions —what we propose in our scheme is a car parking space at each level with four cars per level, two cars per wing. Parking at your front door.

La dimension des appartements varie de 130 à 225 m², les deux triplex des derniers étages occupant chacun une surface de 440 m². Chaque appartement bénéficie d'une terrasse-jardin dont la surface varie de 20 à 35 m² et atteint 60 m² pour les triplex (pour la distribution des surfaces, voir les coupes et plans).

Il y a trente étages au total, y compris ceux accueillant les triplex. Chaque loft bénéficie de trois faces vitrées ; la façade, complètement mobile, permet d'annexer la terrasse à l'espace habitable. Le revêtement des ailes sera vraisemblablement réalisé en Alucobond incluant des panneaux isolants en composite léger.

Parking verticaux

Notre projet répond également à l'un des principaux problèmes rencontrés dans les tours d'habitation : le parking. En accord avec le cahier des charges, nous proposons un parking vertical qui permette de garer deux voitures par appartement. L'espace de la parcelle n'étant pas assez grand pour aménager un parking en surface, la seule autre possibilité serait de réaliser un parking souterrain sur plusieurs niveaux. Or, ces parkings sont non seulement dangereux, mais aussi très peu pratiques. On ne devrait pas être obligé de débarquer sous le niveau du sol puis de marcher jusqu'à l'ascenseur pour retrouver le confort de son appartement.

Amener sa voiture et ses bagages jusqu'à l'étage où l'on vit au moyen d'un ascenseur extérieur nous a paru beaucoup plus séduisant. Les parkings gérés par ordinateur constituent des solutions éprouvées. Nous proposons donc un espace pour garer les voitures à chaque étage, avec quatre places par niveau, c'est-à-dire deux places par aile – soit un parking devant chaque porte d'entrée.

3D image general view /
Image 3D de la vue d'ensemble

Preliminary studies show that time-wise our proposal is comparable to the typical 4-5 minute journey from front door to parking exit in conventional subterranean car parking. A decision will have to be made as to whether cars should be allowed to travel in the lift with passengers or just sent unmanned to the required level. In both cases no driving will be required in the tower. The computerised system employs automatic sliding palettes to transport the car from the lifts to the parking spaces. It will be possible to make a booking for cars to be taken out automatically or to be taken by a valet to a waiting bay (off Euclides Avenue). (We are corresponding with quite a number of potential eager suppliers worldwide).

Although the automatic vertical parking is one of the central ideas of this scheme, the scheme by no means depends on it. If for some reason we were forced to abandon this idea, and resort to conventional underground parking, then the space between the wings, around the lifts and the fire escapes, would change in character to become a front garden-porch area for every loft with an accompanying reduction in overall building plan area.

Les études préliminaires montrent que la durée du trajet serait équivalente aux quatre ou cinq minutes nécessaires pour aller de la porte d'entrée à la sortie sur rue dans un parking souterrain traditionnel.

Il faudra décider si les voitures emprunteront ou non les ascenseurs avec leurs passagers. Dans tous les cas, conduire à l'intérieur de la tour sera inutile, car le système robotisé utilisera des palettes glissantes automatiques pour déplacer la voiture de l'ascenseur jusqu'à sa place de stationnement. On pourra en outre prendre une réservation pour faire sortir son véhicule et l'amener soit automatiquement, soit par un voiturier jusqu'à un emplacement d'attente sur l'avenue Euclides (nous négocions actuellement avec de nombreux fournisseurs potentiels dans le monde, tous extrêmement intéressés).

Le système de parking vertical est l'une des propositions centrales du projet, sans que ce dernier en soit pour autant tributaire. Si nous devions renoncer à cette idée pour nous tourner vers une solution classique de parking souterrain, l'espace entre les ailes, autour des ascenseurs et des escaliers de secours changerait d'aspect et serait aménagé en jardin d'entrée pour chaque loft, avec une réduction correspondante de la surface en plan du bâtiment.

3D image general view /
Image 3D de la vue d'ensemble

HOTEL DUOMO

RIMINI, ITALY **2003-2006**

HOTEL DUOMO 2003-2006
RIMINI, ITALY

PROJECT ARCHITECT / *ARCHITECTE DU PROJET* : **JULIAN GILHESPIE**
TEAM MEMBERS / *ÉQUIPE* : **GEOFF CROWTHER, ASA BRUNO, JAMES FOSTER, TAISHI KANEMURA**
BACKER / *COMMANDITAIRE* : **PIERPAOLO BERNARDI**
PROJECT OBJECTIVES / *OBJECTIFS* : **NEW LUXURY BOUTIQUE HOTEL FOR RIMINI**
DESIGN / *DESIGN* : **2003**
TERM OF CONSTRUCTION / *RÉALISATION* : **2006**
BUILDING AREA / *SUPERFICIE CONSTRUITE* : **2700M²**

Street perspective with new bronze façade /
Perspective depuis la rue avec façade en bronze
© R.R. / D.R.

Polish stainless steel colums of first floor terrace /
Colonnes en acier inoxydable, terrasse du 1er étage
© R.R. / D.R.

The Duomo Hotel has existed in the historic centre of Rimini, one of Italy's established seaside resorts, unchanged for many years, until 2003 when Ron Arad Associates were asked to redesign it as way to address the changing demand in the area and attract a younger clientele. The hotel is situated in a narrow street, typical of Emilia-Romagna area, with a wide façade and in close proximity to the façade of the building opposite. This condition suggested that the articulation of the façade and the carving of its new identity into the fabric of the existing building would be a successful means of connecting the hotel to the street and would be the first important step in the design process.

The existing façade is wrapped in a new skin of bronze which meanders its way inside the building, forming the back wall of the bar and terminating in the profile of a bench seat. In this way the interior and the street are connected.

L'hôtel Duomo, situé dans le centre historique de Rimini, une station balnéaire réputée du nord de l'Italie, resta égal à lui-même pendant de nombreuses années. Jusqu'au jour de 2003 où Ron Arad Associates fut chargé de le reconfigurer pour l'adapter à une demande en pleine évolution et renouveler sa clientèle. L'hôtel se trouve dans une rue étroite typique de l'Emilie-Romagne et sa large façade est très proche du bâtiment en vis-à-vis. De ce fait, l'articulation de la façade et la création de sa nouvelle identité dans le tissu du bâtiment existant nous semblèrent un excellent moyen de relier l'édifice à la rue et constituèrent la première étape du processus de conception.

La façade d'origine a été enveloppée dans une nouvelle « peau », un « épiderme » de bronze qui serpente jusque dans l'hôtel et constitue le mur du fond du bar, où ses ultimes ondulations forment une banquette. L'intérieur et l'extérieur sont ainsi connectés visuellement.

Bench, principal façade /
Banc de la façade principale
© R.R. / D.R.

Hotel entrance / *Entrée de l'hôtel*
© Photo Simon Tegala, Courtesy Pierpaolo Bernard

Reception desk / *Bureau de réception*
© Photo Simon Tegala, Courtesy Pierpaolo Bernard

Interior of bar / *Intérieur du bar*
© R.R. / D.R.

Reception desk and bar / *Bureau de réception et bar*
© Photo Simon Tegala, Courtesy Pierpaolo Bernard

The entrance to the hotel is through giant pin-ball-flipper-like doors framing the view to the reception desk which becomes the focal point of the hotel. The desk takes the form of a tapering stainless steel ring dramatically leaning at an angle against a polished steel column. Shelves are imbedded into the ring expressing the horizontal topography of the desk. The wall behind is formed using a series of aluminum fins allowing natural daylight to flood the space and enabling a filtered view into the office behind.

On pénètre dans l'hôtel par des portes de style « flipper » qui guident la vue jusqu'au bureau de réception. Ce spectaculaire anneau d'inox aux lignes effilées, reposant contre une colonne en acier inoxydable, devient ainsi le point focal d'un rez-de-chaussée tout en perspective. Des étagères intégrées contribuent à souligner l'horizontalité des lieux. Le mur du fond est constitué d'une série de colonnettes d'aluminium qui permettent à la lumière naturelle d'inonder l'espace tout en filtrant la vue sur la réception.

Interior of bar / *Intérieur du bar*
© Photo Simon Tegala, Courtesy Pierpaolo Bernard

The bar / *Le bar*
© Photo Simon Tegala, Courtesy Pierpaolo Bernard

The bar itself is a large island with fjord-like scoops routed out of it for the patrons to eat and drink at. The bar top is formed in bronze and its sides are finished in mirror polished stainless steel, creating distorted reflections which highlight the activity in the bar. In summer, three glass roller shutters at ground floor disappear into the façade opening the bar up to the street.

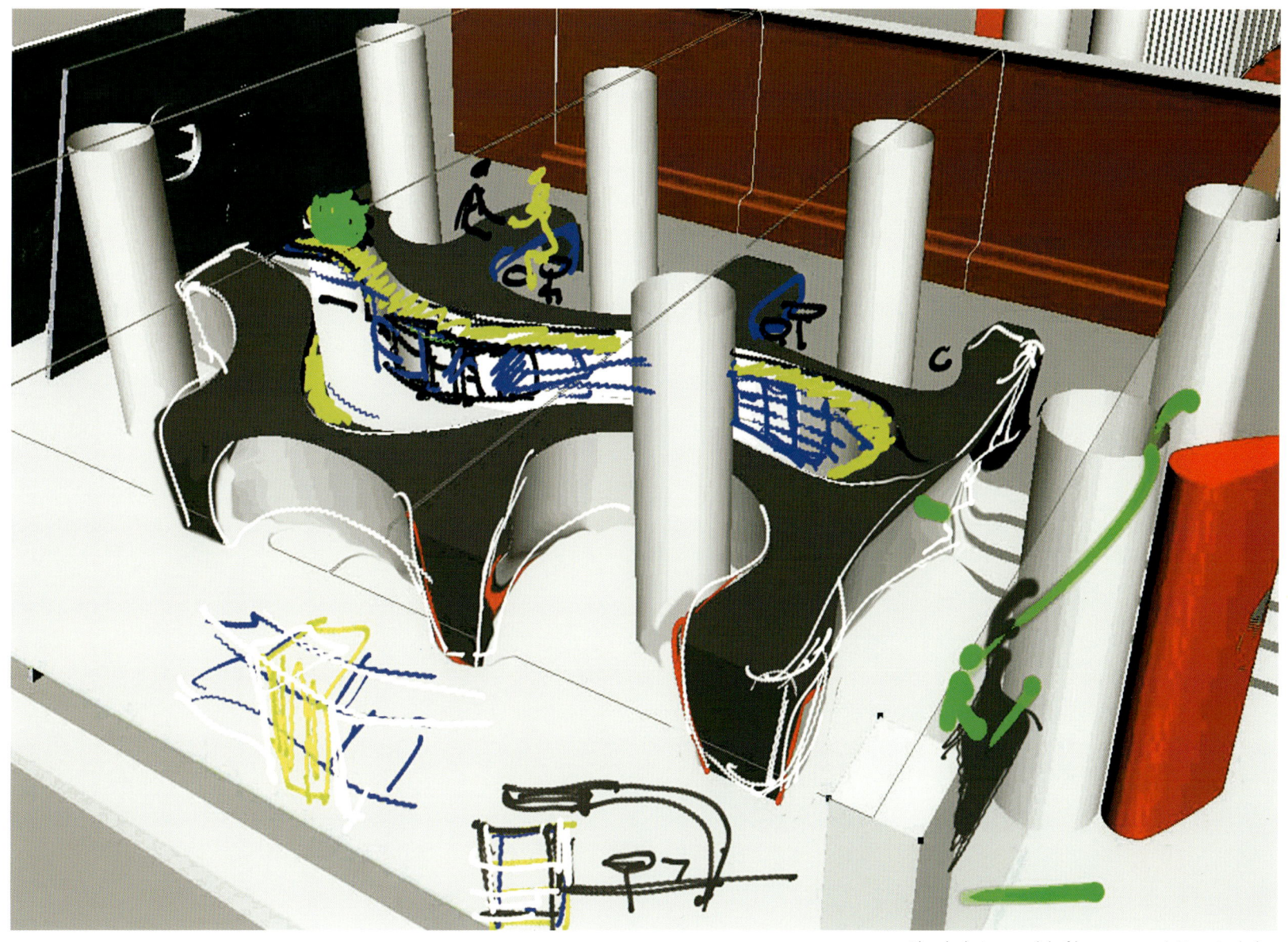

Sketch design model of bar counter / *Croquis du bar*

Le comptoir du bar évoque un large îlot creusé de fjords où les clients peuvent boire et se restaurer. Sa partie supérieure est en bronze et ses parties latérales, recouvertes d'un inox poli réfléchissant et déformant, reflètent et soulignent l'activité de la salle. En été, trois volets roulants en verre s'effacent dans la façade du rez-de-chaussée, ouvrant l'espace sur la rue.

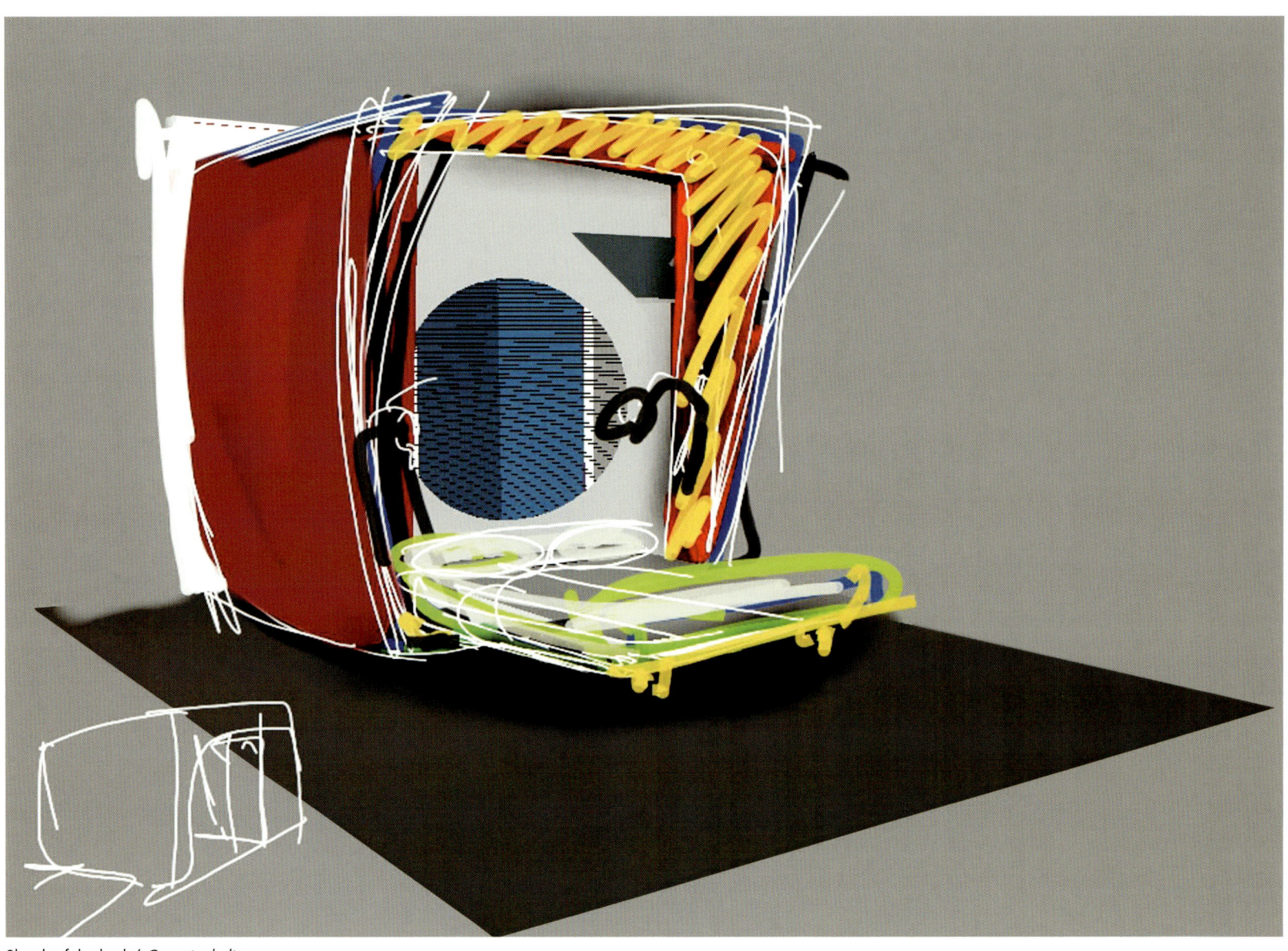

Sketch of the bed / *Croquis du lit*

The hotel bedrooms are uniquely designed in such a way that individually Corian® bathroom pods form the backdrop to the sleeping area. Each pod is a wet room with a teak slatted timber floor and has a large circular glazed window which lets natural light into the space, the exterior of which forms the bed head.

Through a careful choice of materials and attention to detail, from the door handles to custom designed furniture, the hotel combines to create an unconventional and exciting design.

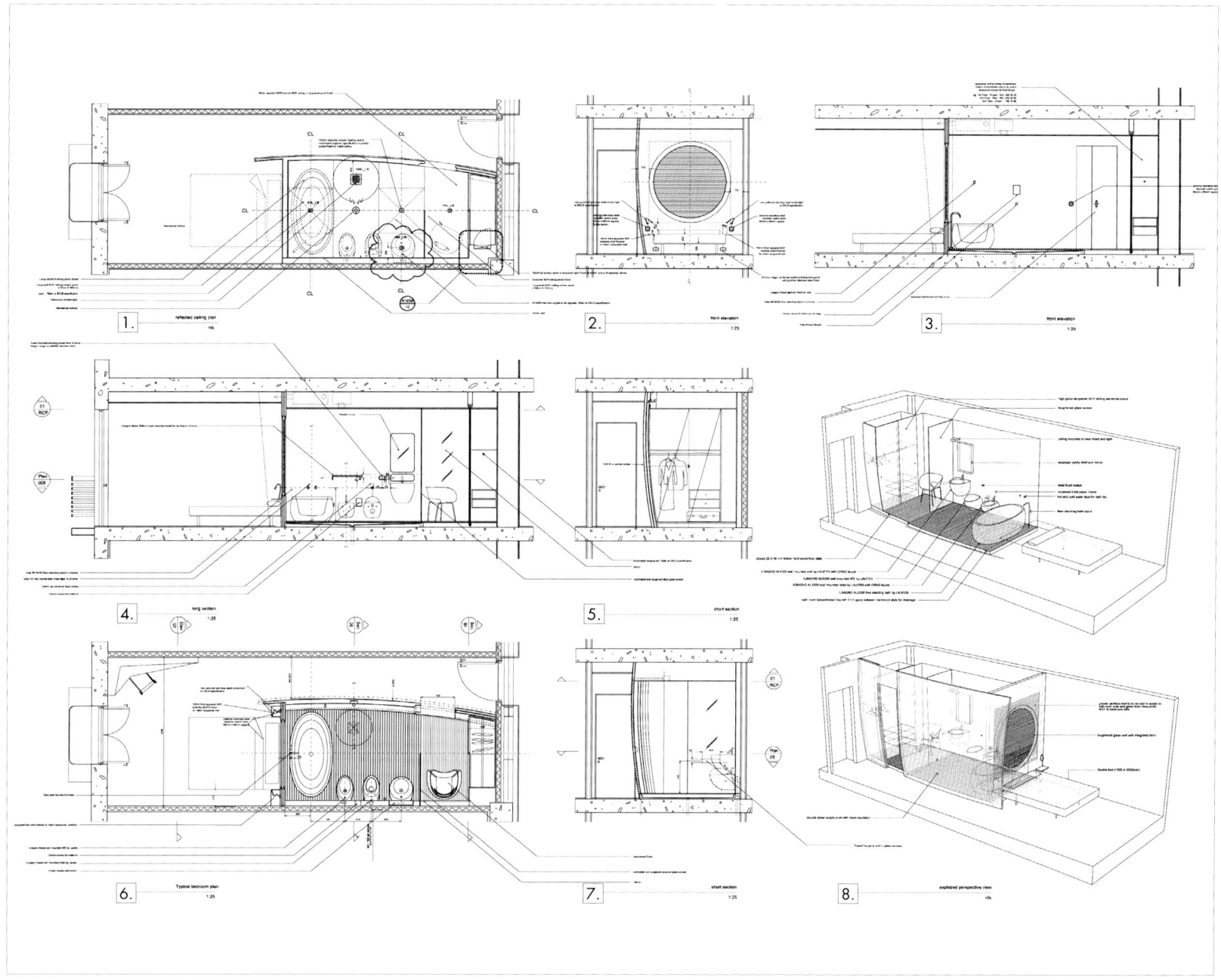

1. Reflected ceiling plan / *Plan du plafond réfléchissant*
2. Elevation of bathroom window / *Élévation de la fenêtre de la salle de bains*
3. Section. Front elevation / *Coupe. Élévation de la façade*
4. Elevation. Long section / *Élévation. Coupe longitudinale*

5. Elevation of wardrobe / *Élévation de l'armoire*
6. Typical bedroom plan / *Plan d'une chambre*
7. Section through bathroom / *Coupe sur la salle de bains*
8. Isometric views of bathroom envelope and room / *Vues isométriques de la salle de bains et de la chambre*

Dans les chambres, les modules en Corian des salles de bains servent de toile de fond à la zone de sommeil. Chaque module comprend un sol en lames de teck et un large hublot qui laisse pénétrer la lumière, et sa façade latérale forme la tête de lit côté chambre. Grâce à un choix de matériaux judicieux et à un aménagement soigné dans le moindre détail – poignées de porte élaborées, meubles sur mesure… –, le Duomo parvient à être aussi original que captivant.

Bathroom / *Salle de bains*
© R.R. / D.R.

208 - 217

Room / *Chambre*
© R.R. / D.R.

Room / *Chambre*
© R.R. / D.R.

Room entrance / *Entrée de la chambre*
© Photo Simon Tegala, Courtesy Pierpaolo Bernard

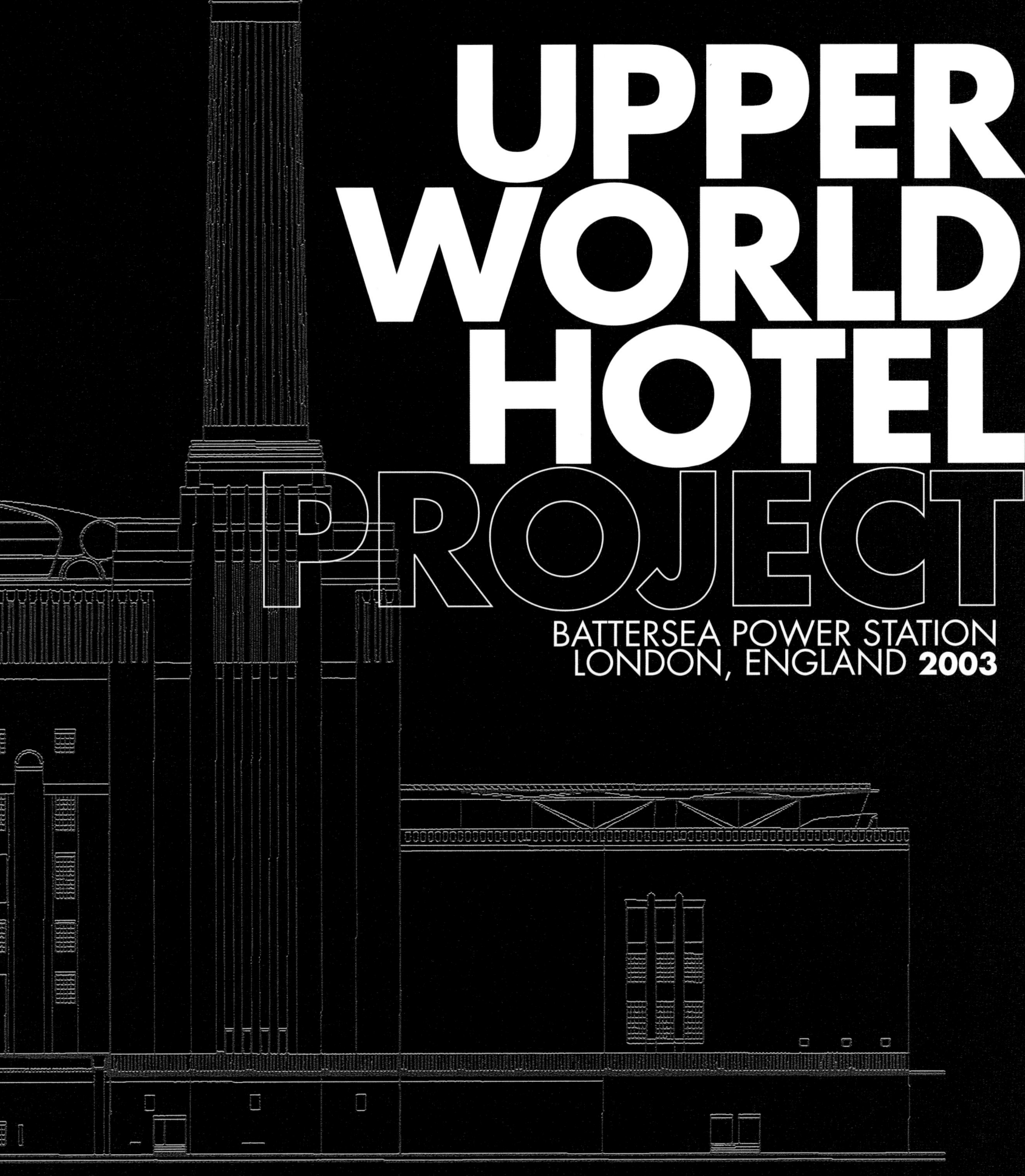

UPPER WORLD HOTEL PROJECT

BATTERSEA POWER STATION
LONDON, ENGLAND **2003**

UPPERWORLD HOTEL PROJECT 2003
BATTERSEA POWER STATION, LONDON, ENGLAND

PROJECT ARCHITECT / *ARCHITECTE DU PROJET* : **GEOFF CROWTHER**
TEAM MEMBERS / *ÉQUIPE* : **ASA BRUNO, EGON HANSEN, JAMES FOSTER, NICOLA HAWKINS**
BACKER / *COMMANDITAIRE* : **PARKVIEW INTERNATIONAL**
PROJECT OBJECTIVES / *OBJECTIFS* : **LUXURY 44-ROOM HOTEL OCCUPYING THE 3 TOP LEVELS OF THE REDEVELOPMENT OF BATTERSEA POWER STATION**
DESIGN / *DESIGN* : **2003**
BUILDING AREA / *SUPERFICIE* : **GROSS AREA 11000M²**

Background

The unique location of the Upperworld hotel demands a unique design, concept and style of operation. The prospective clientele are either public figures or high wealth private individuals who expect total luxury and the opportunity for refuge from the public gaze. The Upperworld occupies the most privileged zone atop the Power Station, creating an outpost from which to overlook and within which to retreat. Yet its very position on top of a public monument, belonging to all Londoners, democratically implies that it is accessible to all. It is a prerequisite therefore that a mix of activities will exist at this level alongside the exclusivity of the Hotel. Furthermore, whilst the Upperworld is explicitly separated from the remainder of its parent building, it is also a requirement and an operational necessity that it is connected with it and benefits from the wider spectrum of activities it has to offer. The design must seek to blend and support these somewhat contradictory requirements through careful orientation and positioning of functions, optimising access and maximising views, whilst protecting privacy.

Contexte

L'hôtel Upperworld doit bénéficier d'une conception et d'un design aussi exceptionnels que son implantation. Sa clientèle potentielle est constituée de personnalités connues et d'individus fortunés pour qui ce type d'établissement doit offrir une immersion dans le luxe et une évasion loin du regard du public. L'hôtel occupe l'espace le plus privilégié de la centrale électrique – son toit – et forme un avant-poste d'où l'on domine la ville tout en lui échappant. Sa position unique au sommet d'un monument public appartenant à l'ensemble des Londoniens implique néanmoins qu'il reste accessible à tous. La cohabitation réussie entre le caractère luxueux de cet hôtel et le principe démocratique du bâtiment qui l'abrite est donc une condition première du programme architectural. De plus, bien qu'explicitement dissocié du reste de la centrale, l'hôtel doit être en relation avec elle comme avec toute la gamme de ses activités, entre autres pour des raisons opérationnelles. La conception doit s'efforcer d'intégrer ces exigences contradictoires en soignant l'orientation et le positionnement des espaces fonctionnels, et en optimisant les accès et les vues tout en préservant l'intimité des clients.

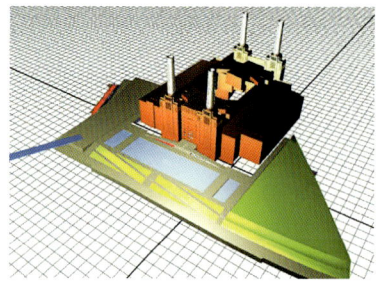 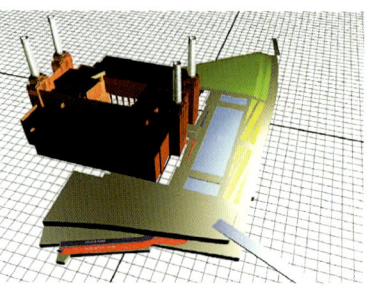

Video : access and entrance /
Vidéo : accès et entrée

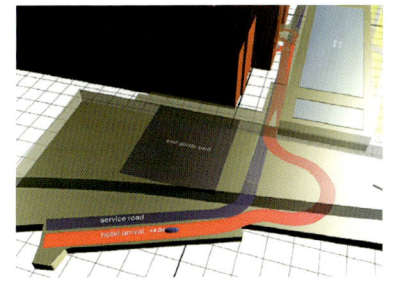

Sketch entrance / *Croquis de l'entrée*

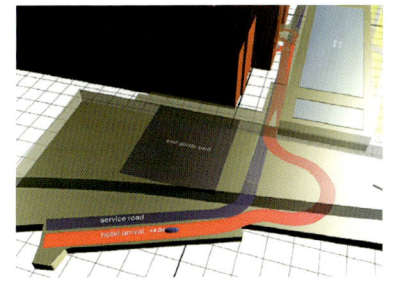

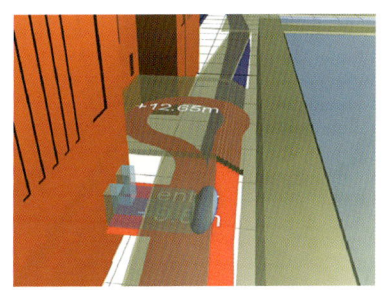
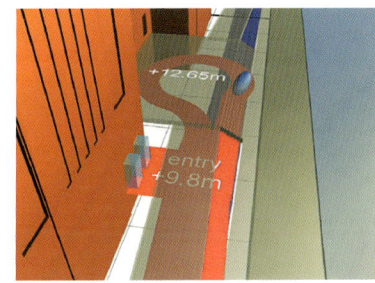

Sketch. Hotel on top of the Boiler House / *Croquis de l'hôtel au sommet de la Boiler House*
© Ron Arad

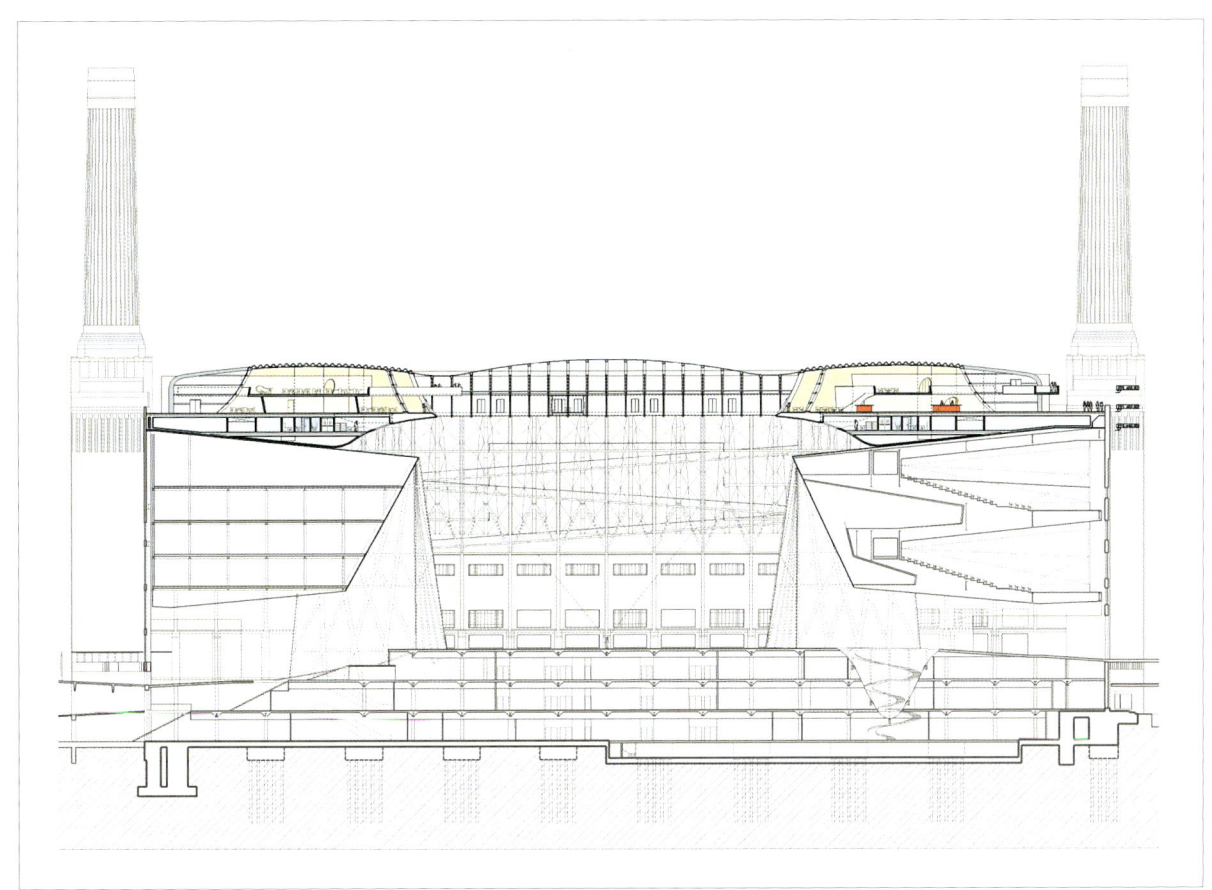

Long section through hotel / *Coupe longitudinale sur l'hôtel*

Design Vision

The power station, one of London's most prominent landmarks, has been occupying people's imagination progressively less for its past glory as a symbol of power and increasingly more as a monumental empty giant, imposing a very clear iconic form; an indispensable part of London's omni-directional skyline. "To do something" with Battersea Power Station seems an impossible task with in-built contradictions; it cannot be restored, it cannot be touched, it does not need chimneys —yet its identity is in the four chimneys.

The inspired idea to build a hotel on top of the Boiler House means that the Power Station will have a "lived-in" skyline. Rather than accepting the building as a given box containing the various new functions hidden within it, the Upperworld will create a new (a)live horizon at the feet of the four chimneys. A spectacular outpost enjoying outward views of London and inward views into the Power Station Space and Life.

Conception

La centrale électrique de Battersea, l'un des signaux architecturaux les plus remarquables de Londres, est de moins en moins perçue comme le symbole d'un glorieux passé, et de plus en plus comme un colosse déserté, une icône architecturale, un élément indissociable de l'horizon londonien. Tirer parti de ce bâtiment semble irréaliste tant les contradictions inhérentes au projet sont nombreuses. On ne peut ni restaurer ni transformer la centrale ; elle n'a plus besoin de ses quatre cheminées, mais ce sont elles, précisément, qui définissent son identité dans le paysage urbain.

La construction d'un hôtel au-dessus de la chaufferie centrale, une idée inspirée, implique que la ligne des toits de l'édifice sera « habitée ». Au lieu de traiter la centrale électrique comme une boîte abritant et dissimulant différentes nouvelles fonctions, on lui offre un horizon vivant au pied de ses cheminées. La nouvelle construction forme un avant-poste spectaculaire ouvert sur l'extérieur comme sur l'intérieur, avec d'une part un panorama sur Londres, et de l'autre, des vues plongeantes sur les espaces internes et la vie de la centrale électrique.

Pink Floyd, *Animals* album cover, 1977 / *Pink Floyd, couverture de l'album* Animals, *1977*
© Pink Floyd / CBS Records

The design of the Upperworld respects and addresses the iconic architecture of the Power Station, but by no means attempts to mimic or blend with it. It offers a forward looking architecture to join the outline of the glorious historic landmark and to interact with the new architecture and events within it. The Upperworld is tied to the Power Station experience by animated movements and opened views.

Le projet respecte l'architecture emblématique de la centrale électrique ; il dialogue avec elle sans tenter de l'imiter ni s'y insérer au point de disparaître. Son architecture avant-gardiste s'associe donc à la silhouette de ce monument historique, intéragit avec les nouvelles constructions et les événements qu'il accueille. L'Upperworld est connecté à l'existence de la centrale électrique par des points de vue largement ouverts et par ses flux et ses mouvements divers. La structure principale de l'hôtel s'étend sur toute la longueur du bâtiment.

3D image project / *Image 3D du projet*

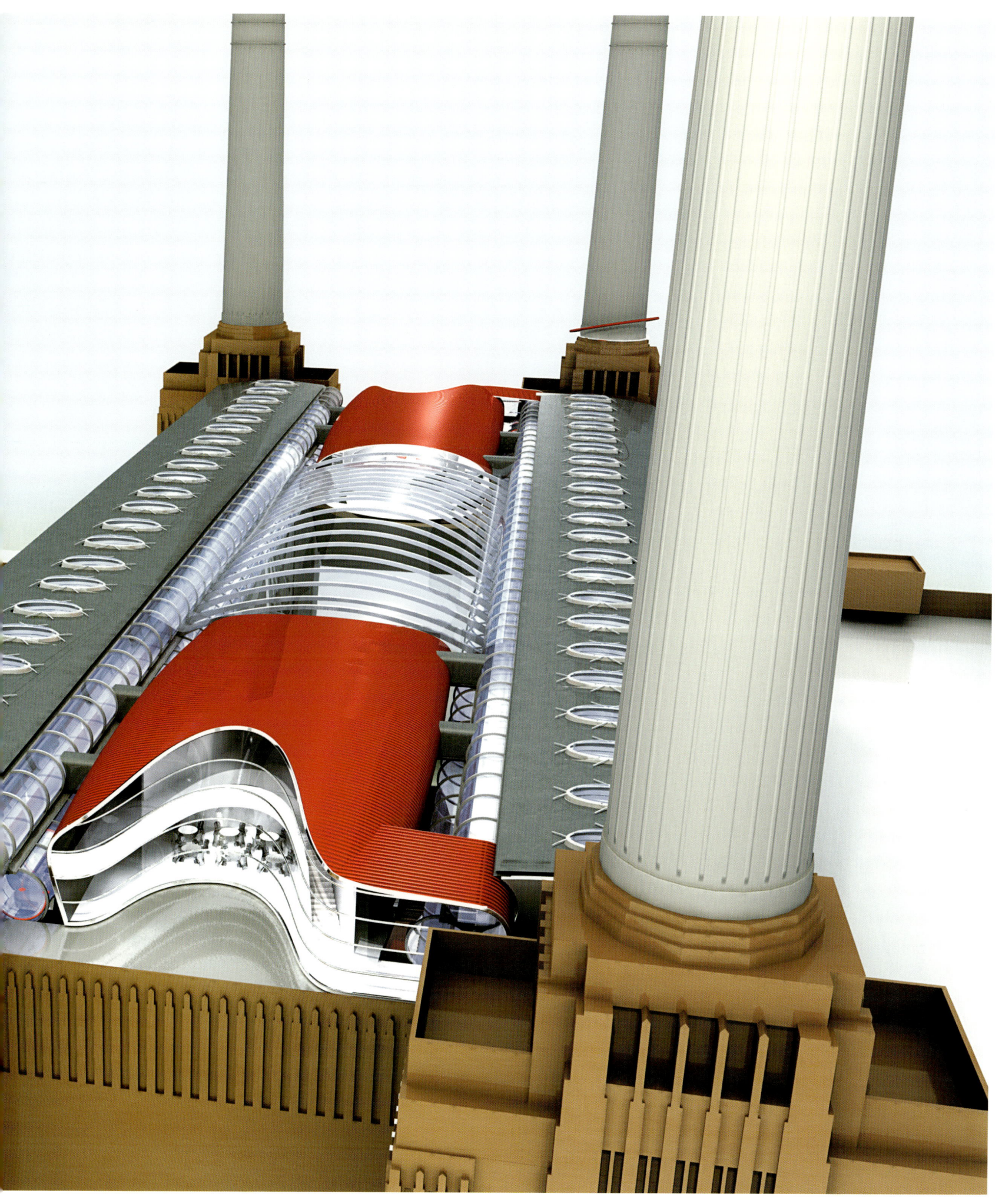

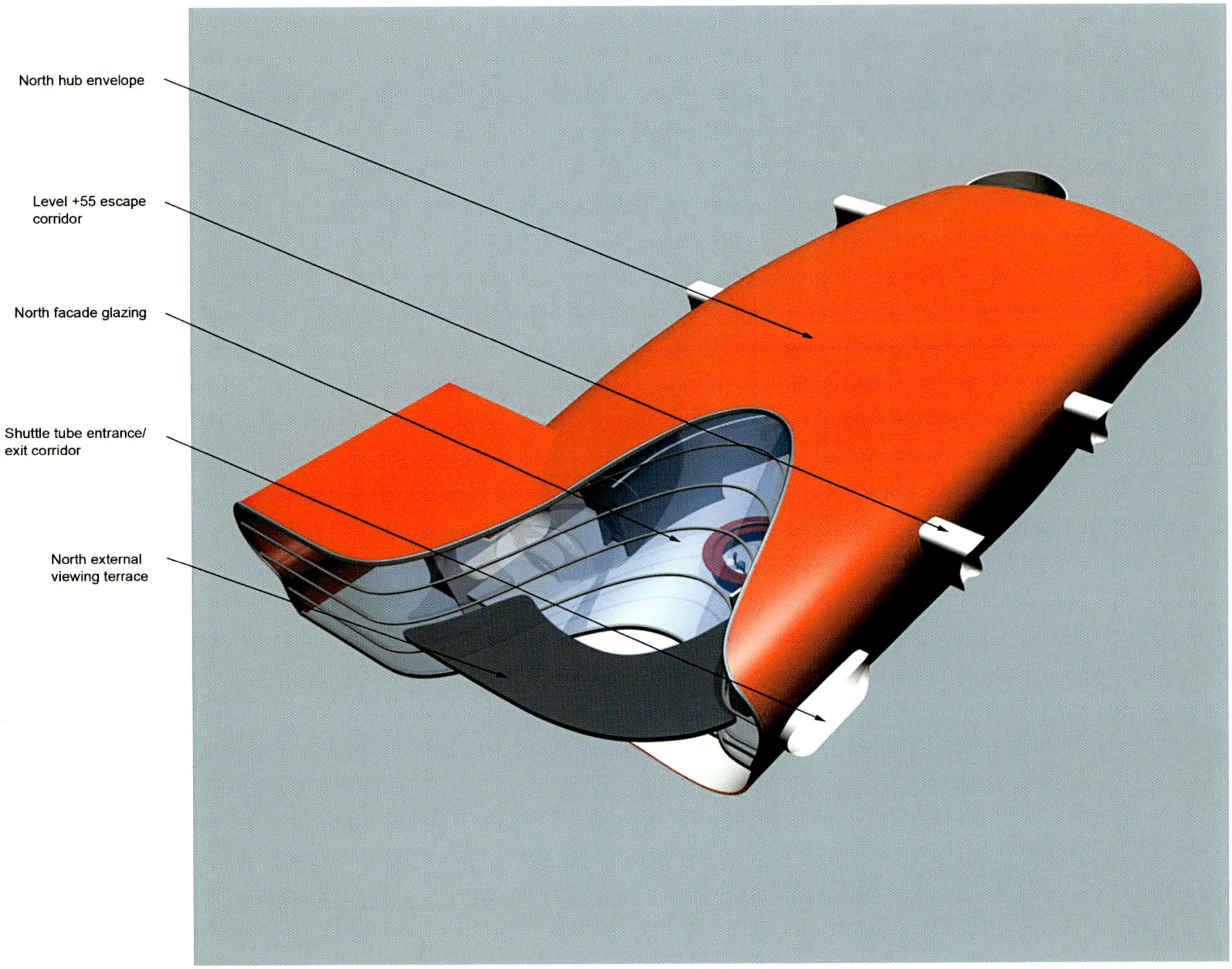

North hub envelope

Level +55 escape
corridor

North facade glazing

Shuttle tube entrance/
exit corridor

North external
viewing terrace

3D image central structure / *Image 3D de la structure centrale*

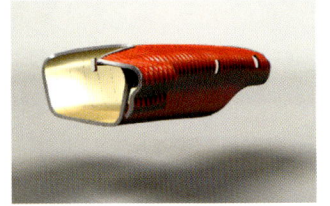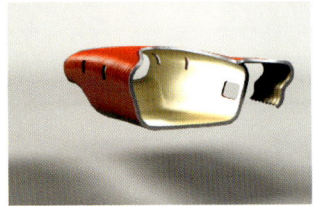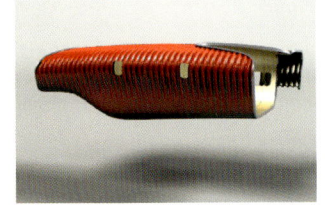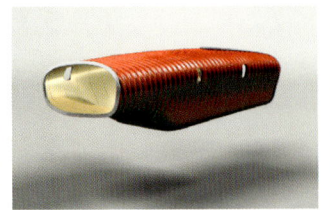

Video: central structure / *Vidéo : structure centrale*

3D image reception desk / *Image 3D du bureau de réception*

3D image reception desk and view on the restaurant /
Image 3D du bureau de réception et vue sur le restaurant

3D image restaurant / *Image 3D du restaurant*

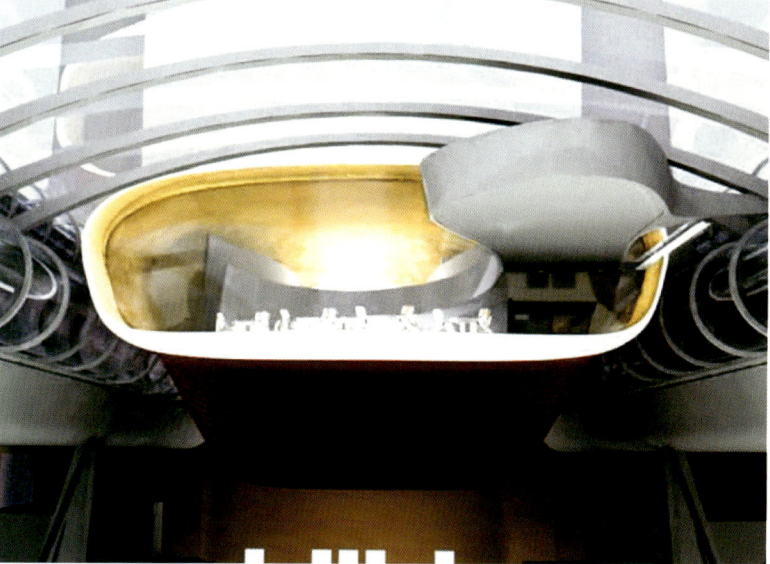

3D image window of the restaurant / *Image 3D de la fenêtre du restaurant*

Sketch: elevator system of circulation /
Croquis du système de circulation de l'ascenseur

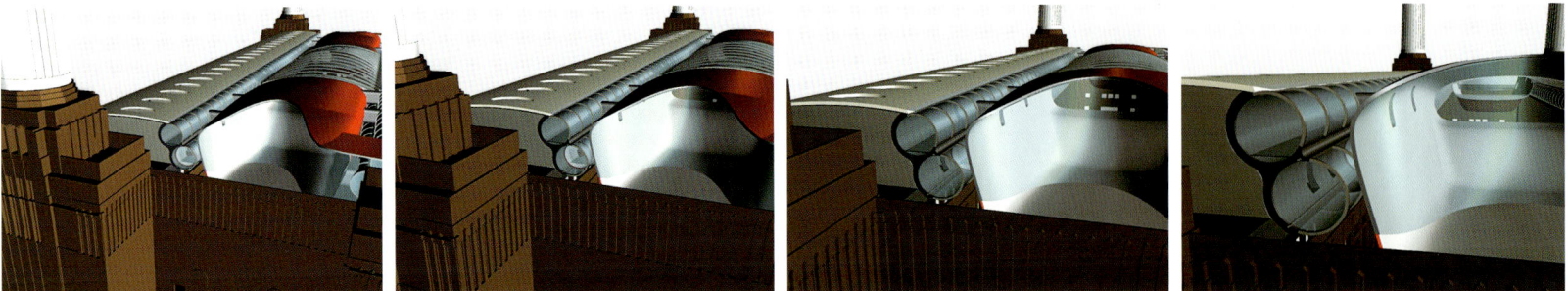

Video: elevator system of circulation / *Vidéo : système de circulation de l'ascenseur*

The main structure of the Upperworld runs the length of the building - two long trusses are crossed and punctuated to their outer side by fins to form slices of structure containing the hotel rooms and on their inner side by roof ribs to carry the glazed roof over the central boiler house.

The hotel layout enjoys the legibility and clarity of the diagram; it has a double spine of horizontal circulation tubes linked at both the north and the south ends by two autonomous hubs. The north hub accommodates the hotel public areas with the reception, bar, restaurant and function rooms whilst the south hub accommodates facilities open to non residents.

Both are independent double height envelopes layered with three levels of opened floors and minimal crossing partitions that would otherwise interrupt the views, which are opened between the north and the south hubs. The hubs are an integral part of the main public space of the Power Station below. The horizontal tubes and the hubs frame the vertiginous void below and the sky above.

Ses deux longues « fermes » structurelles, situées de part et d'autre du corps central, sont ponctuées sur leur face externe par les « ailerons » qui découpent la structure en « tranches » contenant les chambres, et sur leur face interne par une ossature portant la toiture en verre au-dessus de la chaufferie centrale.

Le plan a la lisibilité et la clarté d'un diagramme. L'hôtel possède une double colonne vertébrale, chaque colonne la constituant étant formée par deux tubes de circulation horizontaux reliés aux extrémités nord et sud par les deux noyaux autonomes. Le noyau nord accueille les espaces « publics » réservés à la clientèle de l'hôtel : réception, bar, restaurant, pièces de service ; le noyau sud abrite les équipements ouverts aux non-résidents. Tous deux forment des « enveloppes » indépendantes sur double hauteur, organisées sur trois niveaux de plan libre, avec un minimum de cloisonnements pour ne pas interrompre les vues. Ces dernières sont optimales dans l'espace intermédiaire entre noyau sud et noyau nord, qui font partie intégrante du principal espace public de la centrale électrique, au niveau inférieur. Les deux noyaux et les quatre tubes horizontaux encadrent le vide vertigineux, en dessous, et le ciel, au-dessus.

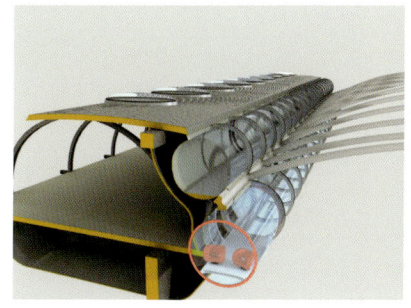

Sketch: section of the room / *Croquis de coupe sur la chambre* © Ron Arad

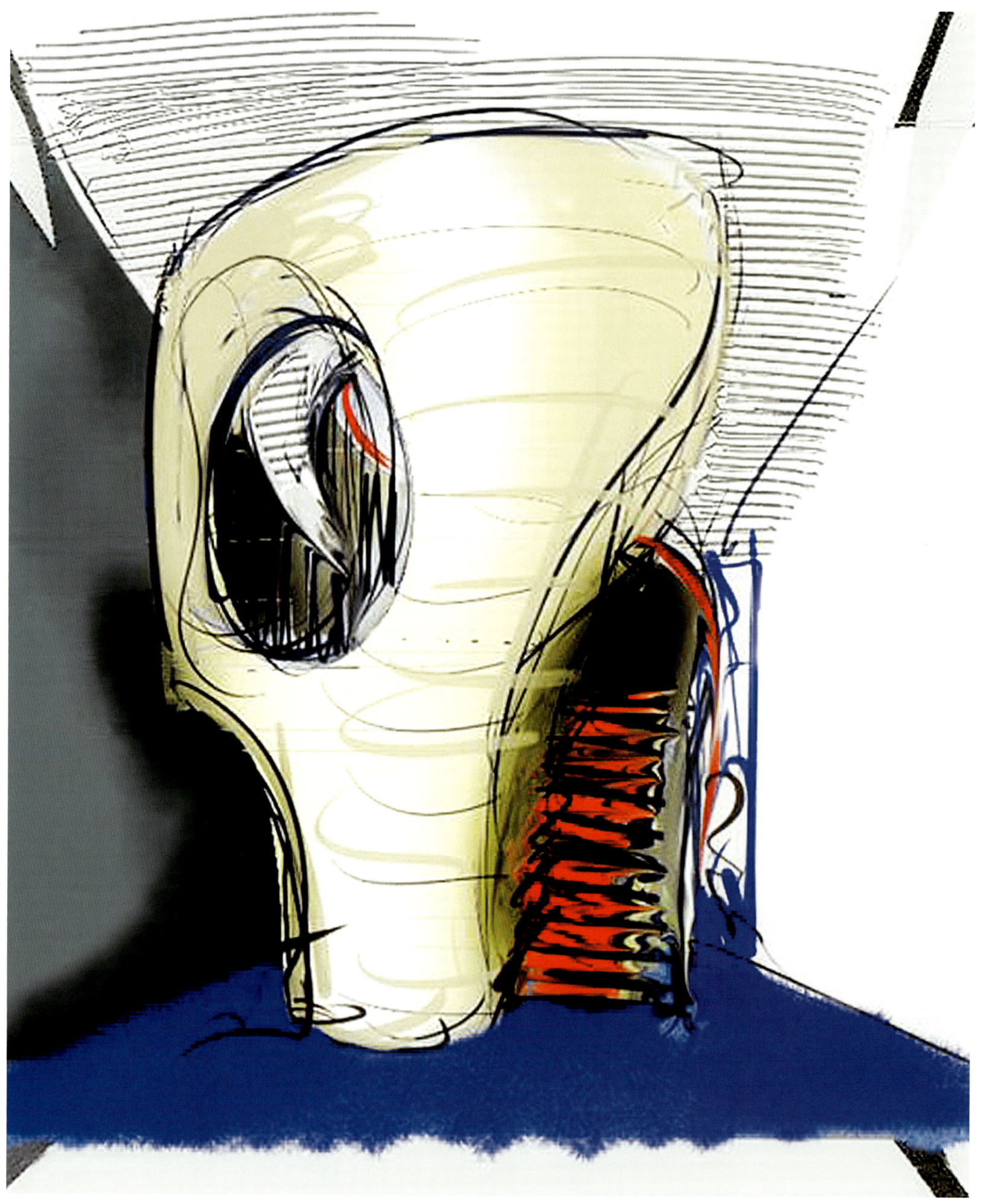

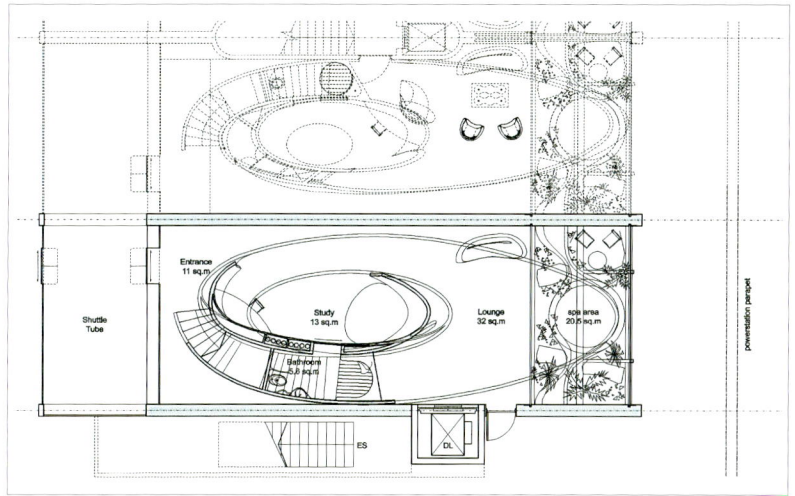

Bedroom plan / *Plan d'une chambre*

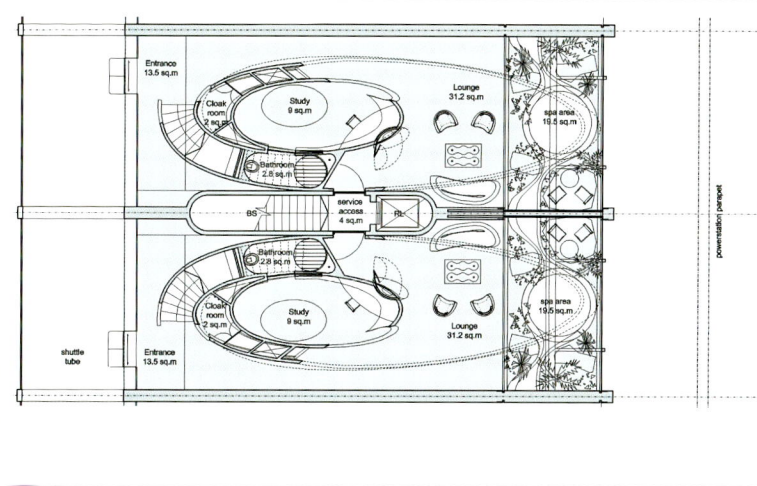

Bedrooms plan / *Plan des chambres*

Within the lower tube is an automated shuttle transporting guests to their rooms. The visible movements back and forth of the shuttles and the people in them, animate the life of the Upperworld, and their layer of transparency buffers the guarded privacy of the rooms.

The chimneys are kept visible as much as possible. Being in the Upperworld evokes the unusual sensation of being above a void or at a cliff edge but when one looks up one is always reminded of being at the feet of the mythical chimneys.

The top of Power Station is definitely an unusual place for a hotel. Not only is it a prime location and a unique outpost, it is also part of a unique new spatial experience and a centre of events. The accommodation has to match the excitement.

Dans les tubes inférieurs, une navette vitrée automatique amène les clients à leurs chambres. L'hôtel est animé par le spectacle de leurs allers-retours et de leurs passagers, mais l'intimité des chambres est jalousement préservée.

Les mythiques cheminées ont été laissées aussi visibles que possible. On est au-dessus du vide, comme au bord d'une falaise, mais il suffit de regarder en l'air pour qu'elles se rappellent à notre souvenir.

Le toit de la centrale électrique est indiscutablement une implantation inhabituelle. L'Upperworld est non seulement un lieu unique aux vues panoramiques, mais aussi un centre d'activité, porte ouverte sur une nouvelle expérience spatiale. L'aménagement intérieur devra se montrer à la hauteur de l'extérieur.

Sketch: stairs module / *Croquis du module de l'escalier*
© Ron Arad

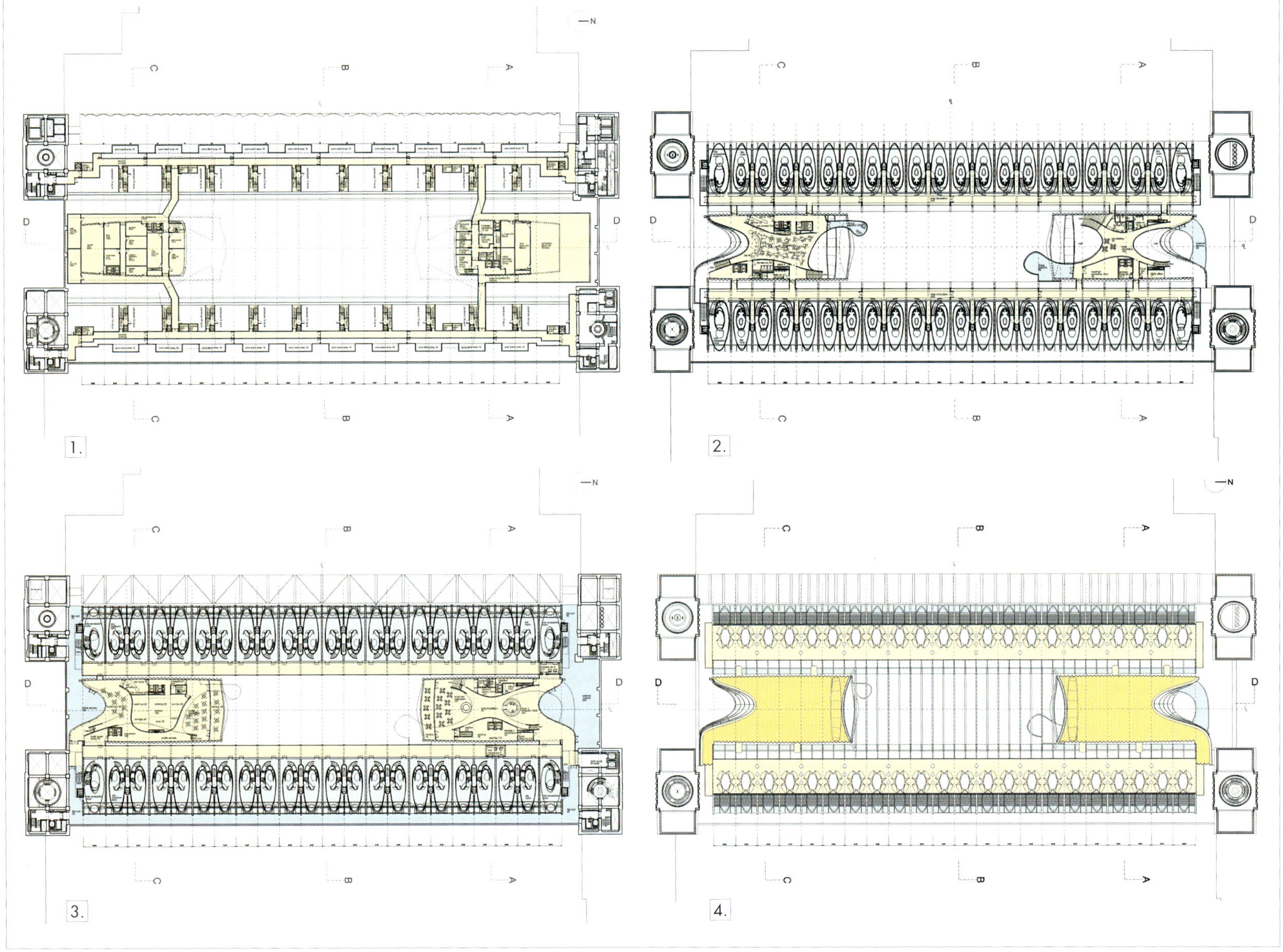

1. Level +49.00 m (service floor) / *49ᵉ étage (étage de service)*
3. Level +52.00 m (1ˢᵗ floor) / *52ᵉ étage (1ᵉʳ étage de l'hotel)*

2. Level +55.00 m (2ⁿᵈ floor) / *55ᵉ étage (2ᵉ étage de l'hotel)*
4. Level +58.00 m (roof) / *58ᵉ étage (toit)*

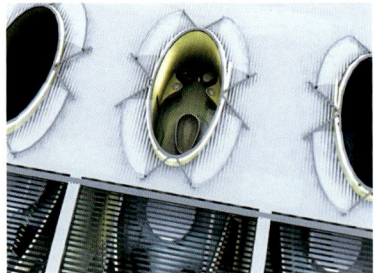

3D images bathroom roof / *Images 3D de la toiture de la salle de bains*

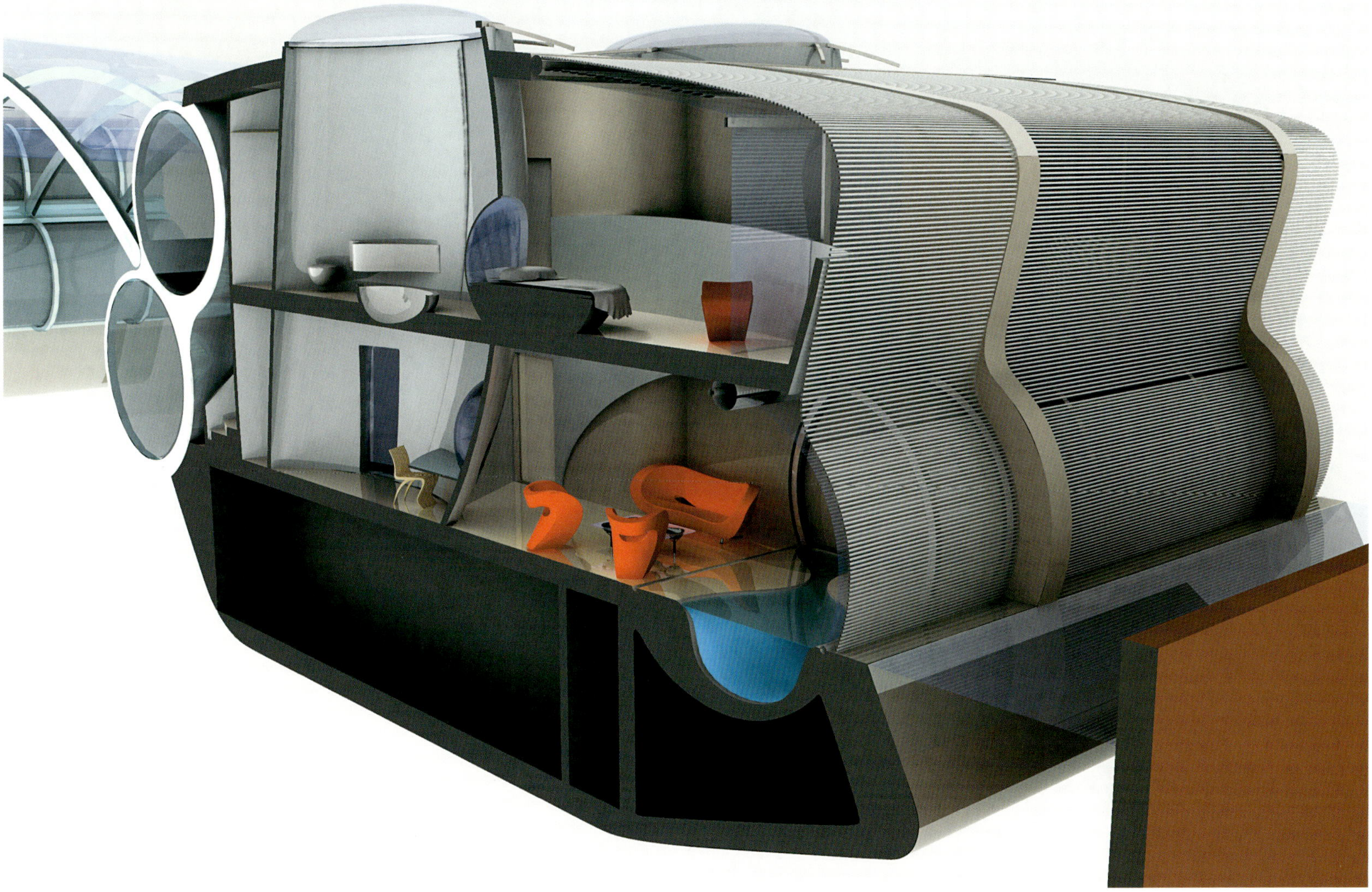

3D image bedroom / *Image 3D de la chambre*

3D image desk / *Image 3D du bureau*

Y's

ROPPONGI HILLS, TOKYO
JAPAN **2003**

Y's 2003
ROPPONGI HILLS, TOKYO, JAPAN

PROJECT ARCHITECT / *ARCHITECTE DU PROJET* : **ASA BRUNO**
TEAM MEMBERS / *ÉQUIPE* : **JAMES FOSTER**
BACKER / *COMMANDITAIRE* : **YOHJI YAMAMOTO INC.**
PROJECT OBJECTIVES / *OBJECTIFS* : **FLAGSHIP TOKYO STORE FOR YAMAMOTO'S PRÊT-A-PORTER RANGE**
DESIGN / *DESIGN* : **APRIL 2003 - JUNE 2003**
TERM OF CONSTRUCTION / *RÉALISATION* : **AUGUST 2003 - DECEMBER 2003**
BUILDING AREA / *SUPERFICIE CONSTRUITE* : **APPROXIMATELY 570 M²**

Ron Arad Associates were approached by Yohji Yamamoto Inc. early in 2003, to design the new flagship store for their *prêt-à-porter* range —Y's—, to be situated within the new prestigious Roppongi Hills development in the heart of Tokyo. The store occupies a 570 m² area, more or less centrally divided by three large structural columns.

From early on in the design phase, RAA decided to mask these columns in such a way as to create the illusion of lightness and movement within the space. Strong reference was drawn from the mechanical automobile parking turntables prevalent in Tokyo, and it was decided that four such turntables would be embedded within the floor (three "real" columns and a "fake" one), to allow the main design elements within the space to pirouette gently, transforming the space constantly. The revolving store entrance door is adorned with four layers of coloured glass pieces forming a freehand Y's logo, which when the door is spun, shimmer and change colour.

Début 2003, Yohji Yamamoto Inc. chargeait Ron Arad Associates de concevoir le nouveau magasin amiral de sa ligne de prêt-à-porter, Y's. Cet espace, situé dans le récent et prestigieux ensemble immobilier des collines de Roppongi, au cœur de Tokyo, occupe une surface de 570 m² divisée plus ou moins centralement par trois larges colonnes porteuses. Dès le début de la conception, RAA décida de masquer ces colonnes en créant une illusion de légèreté et de mouvement. Sa référence principale lui fut fournie par les plateaux tournants des parkings tokyoïtes. Quatre plateaux de ce type sont encastrés dans le sol (portant trois vraies colonnes et une factice) pour permettre aux principaux éléments du décor de pivoter doucement et de modifier l'espace de façon continue. Sol et plafond semblent tenus à distance par ces éléments sculpturaux en constante métamorphose, et le magasin entier peut être reconfiguré le temps qu'un client fasse son shopping. La nuit, la vitesse de rotation augmente et rend la transformation spatiale plus sensible encore.

Window / *Vitrine*
© Photo Nacasa & Parteners

Following pages / *Pages suivantes* :
Aluminum tubular loops / *Boucles d'aluminium*
© Photo Nacasa & Parteners

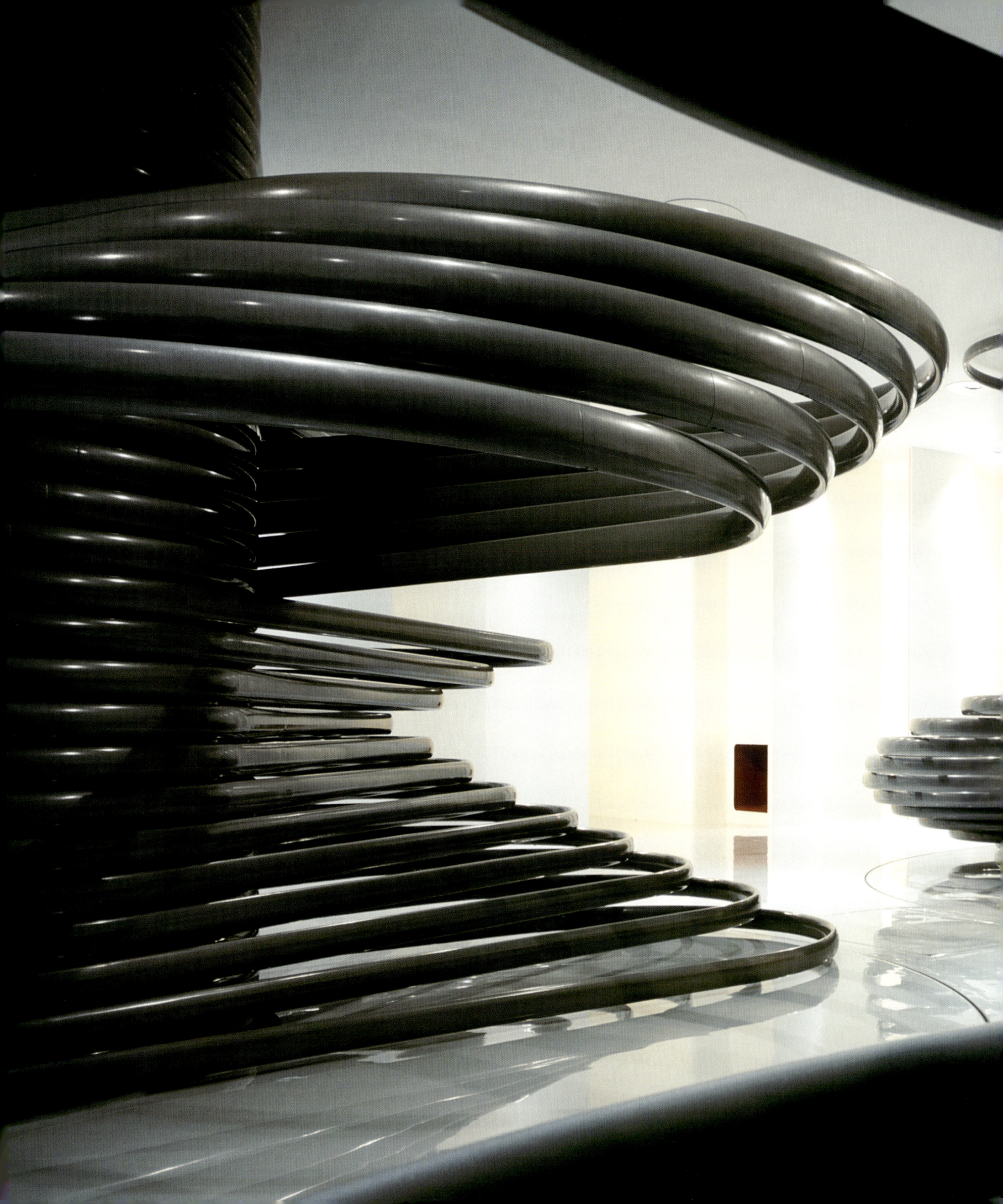

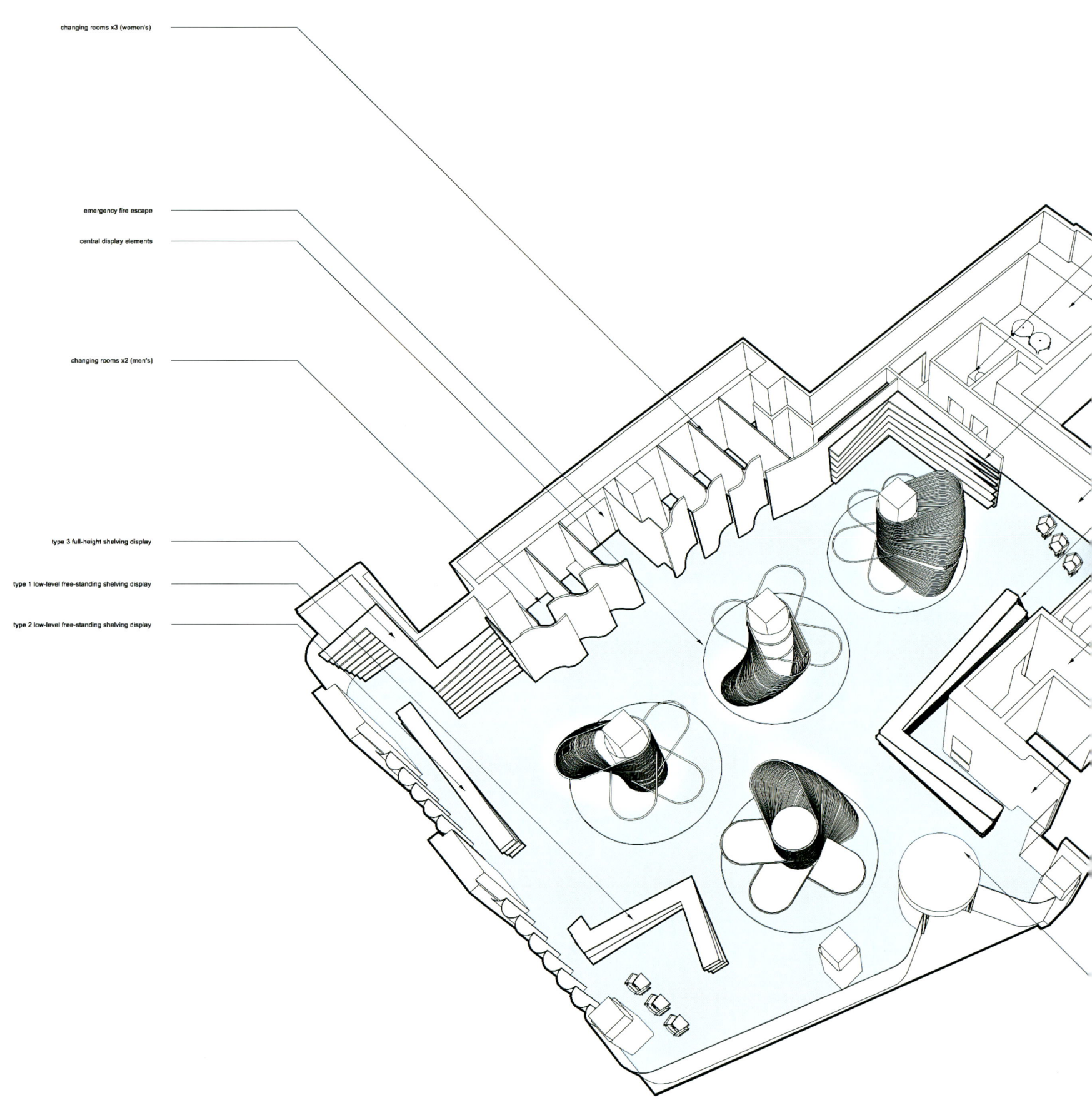

changing rooms x3 (women's)

emergency fire escape

central display elements

changing rooms x2 (men's)

type 3 full-height shelving display

type 1 low-level free-standing shelving display

type 2 low-level free-standing shelving display

Store general layout perpective view /
Vue générale du magasin

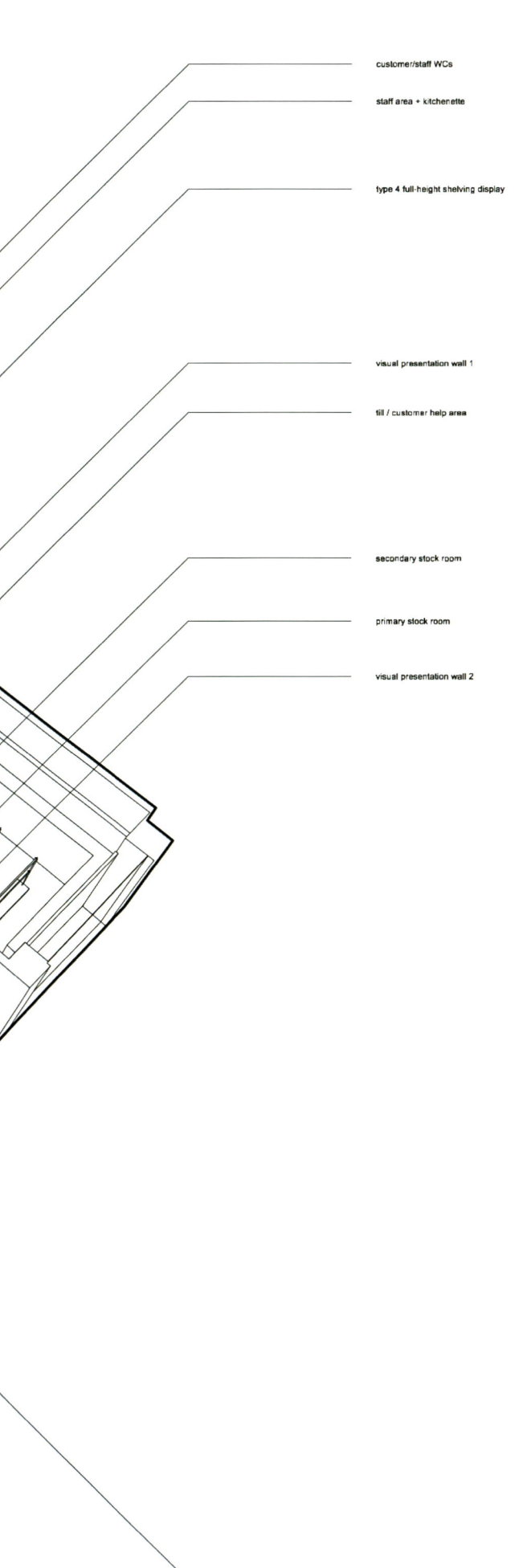

customer/staff WCs

staff area + kitchenette

type 4 full-height shelving display

visual presentation wall 1

till / customer help area

secondary stock room

primary stock room

visual presentation wall 2

NABCO revolving door
store entrance

staff area + kitchenette

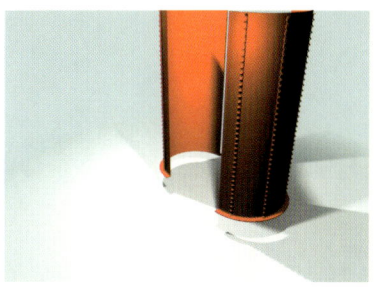

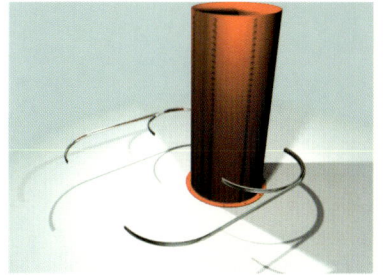

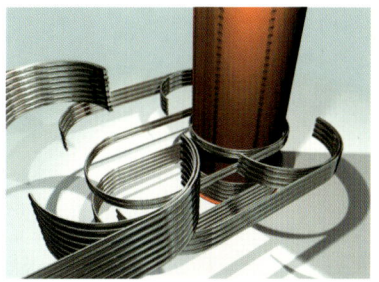

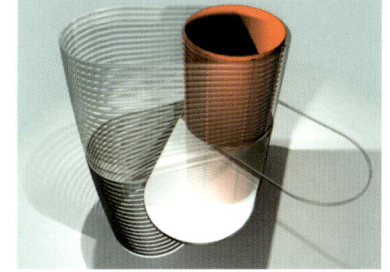

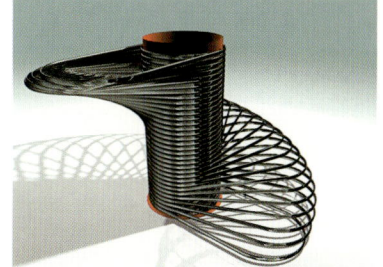

Video: rotation of aluminum tubular loops /
Vidéo : système de rotation des boucles d'aluminium

Aluminum tubular loops / *Boucles d'aluminium*
© Photo Nacasa & Parteners

In this way, the store's ceiling and floor seem to be held apart by four ever-changing sculptural elements. The store reconfigures itself during the course of an average shopping visit. At night, the speed of rotation quickens, making the transformation of the space more palpable.

Each of these rotating "sculptures" is in fact made of 34 aluminum tubular loops, stacked to occupy the entire distance between floor and ceiling around steel column casings. Each of these loops can be rotated a full 360°, thus accommodating an infinite number of spatial arrangements. The loops are used as hanging rails for Y's clothes, and can be transformed into wide shelves using special customized "plug-in" units.

Ces « sculptures rotatives » sont constituées de trente-quatre boucles d'aluminium tubulaires qui s'empilent du sol au plafond et enveloppent des colonnes encastrées dans des caissons d'acier. Chaque boucle tourne à 360°, offrant un nombre infini de combinaisons dans l'espace. Elles servent aussi de rails de suspension pour l'accrochage des vêtements et peuvent faire office de larges rayonnages lorsqu'on leur ajoute des unités intégrables sur mesure.

La présentation des modèles est en outre facilitée par une série d'étagères angulaires en plastique renforcé de fibre de verre (GRP) qui peuvent être emboîtées pour former des rayonnages indépendants ou encastrées dans le mur arrière. Des plaques angulaires identiques, rappel à la fois des rayonnages et des sculptures rotatives, composent la topographie du comptoir.

Aluminum tubular loops / *Boucles d'aluminium*
© Photo Nacasa & Parteners

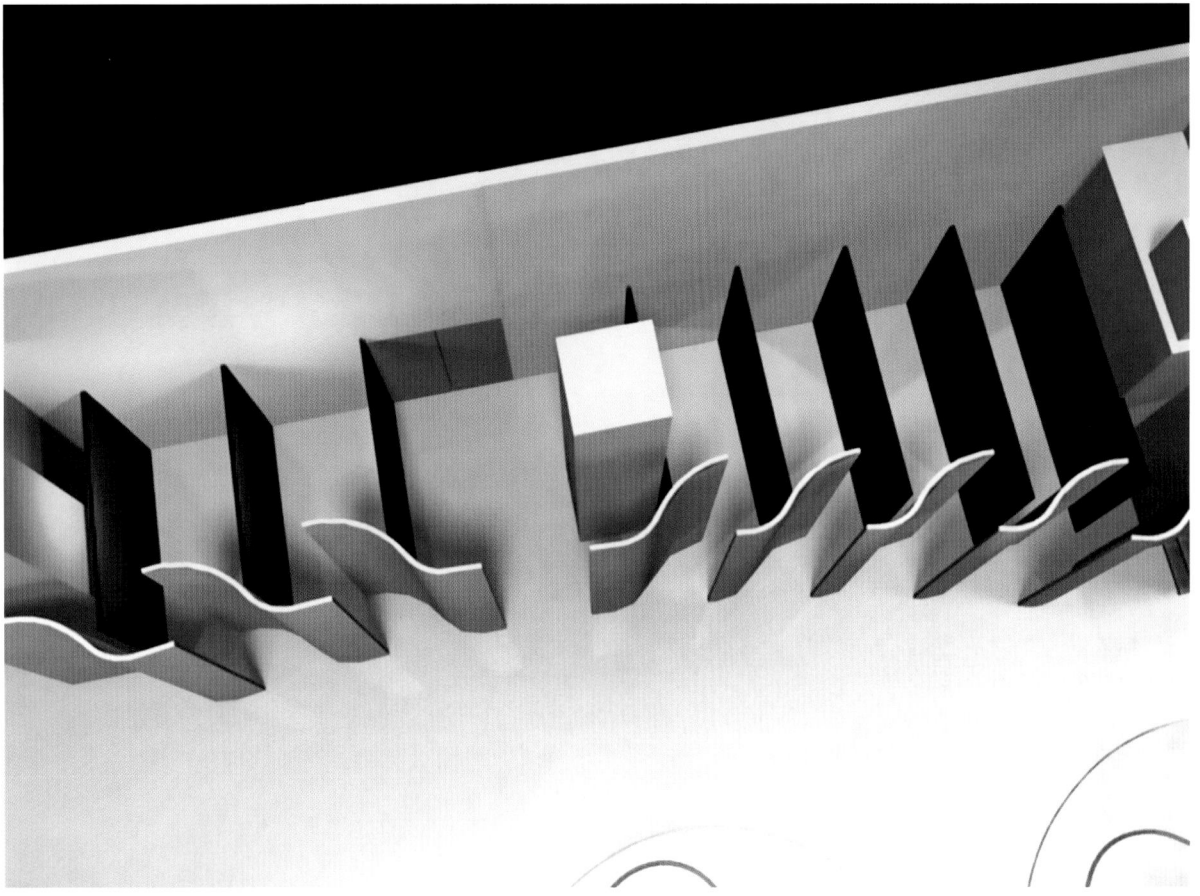

3D image locker rooms / *Image 3D des cabines d'essayage*

Additional product display is facilitated through a series of angular glass-fibre-reinforced-plastic (GRP) shelves which can "dock" into each other to form free-standing shelf stacks, or into slats in the wall behind. The till unit is formed of a topography of displaced identical angular plates, mimicking both the shelves, and the rotating loops.

The store's changing rooms form the backdrop to the loop stacks, and are sited behind gill-like curved walls which negate the need for sheltering doors or screens. Coloured LED lights signify from the outside whether a room is occupied or not. The street-facing façade is composed of an array of curved glass panels, forming a refractory glass "corduroy", distorting and stretching the contents of the store from the outside.

Les cabines d'essayage, à l'arrière-plan des colonnes, se cachent derrière de fines parois incurvées qui rendent superflues l'utilisation de portes ou d'écrans occultants. Les LED colorées disposées à l'extérieur des cabines signalent quand celles-ci sont libres ou occupées.

La façade côté rue est composée d'une succession de panneaux de verre incurvés, sorte de « velours » vitré et réfractaire sur lequel le contenu du magasin s'étire et se déforme sous le regard des passants. Le logo « Y's » qui orne la porte tambour de l'entrée est formé de quatre couches de verre coloré qui scintillent et changent de couleur quand la porte se met en mouvement.

Locker room / *Cabines d'essayage*
© Photo Nacasa & Parteners

Door entrance silkscreen / *Porte d'entrée sérigraphiée*
© Photo Nacasa & Parteners

Reception counter / *Comptoir d'accueil*
© Photo Nacasa & Parteners

Following pages / *Pages suivantes* : Aluminum tubular loops / *Boucles d'aluminium*
© Photo Nacasa & Parteners

HOTEL PUERTA AMERICA

MADRID, SPAIN **2003-2005**

HOTEL PUERTA AMERICA 2003-2005
MADRID, SPAIN

PROJECT ARCHITECT / *ARCHITECTE DU PROJET* : **EGON HANSEN**
TEAM MEMBERS / *ÉQUIPE* : **MARTA GRANDA, DJORDJE STOJANOVIC**
BACKER / *COMMANDITAIRE* : **SILKEN HOTEL GROUP**
PROJECT OBJECTIVES / *OBJECTIFS* : **LEVEL 7 OF LUXURY DESIGNER HOTEL**
DESIGN / *DESIGN* : **2003**
TERM OF CONSTRUCTION / *RÉALISATION* : **2005**
BUILDING AREA / *SUPERFICIE CONSTRUITE* : **1200M²**

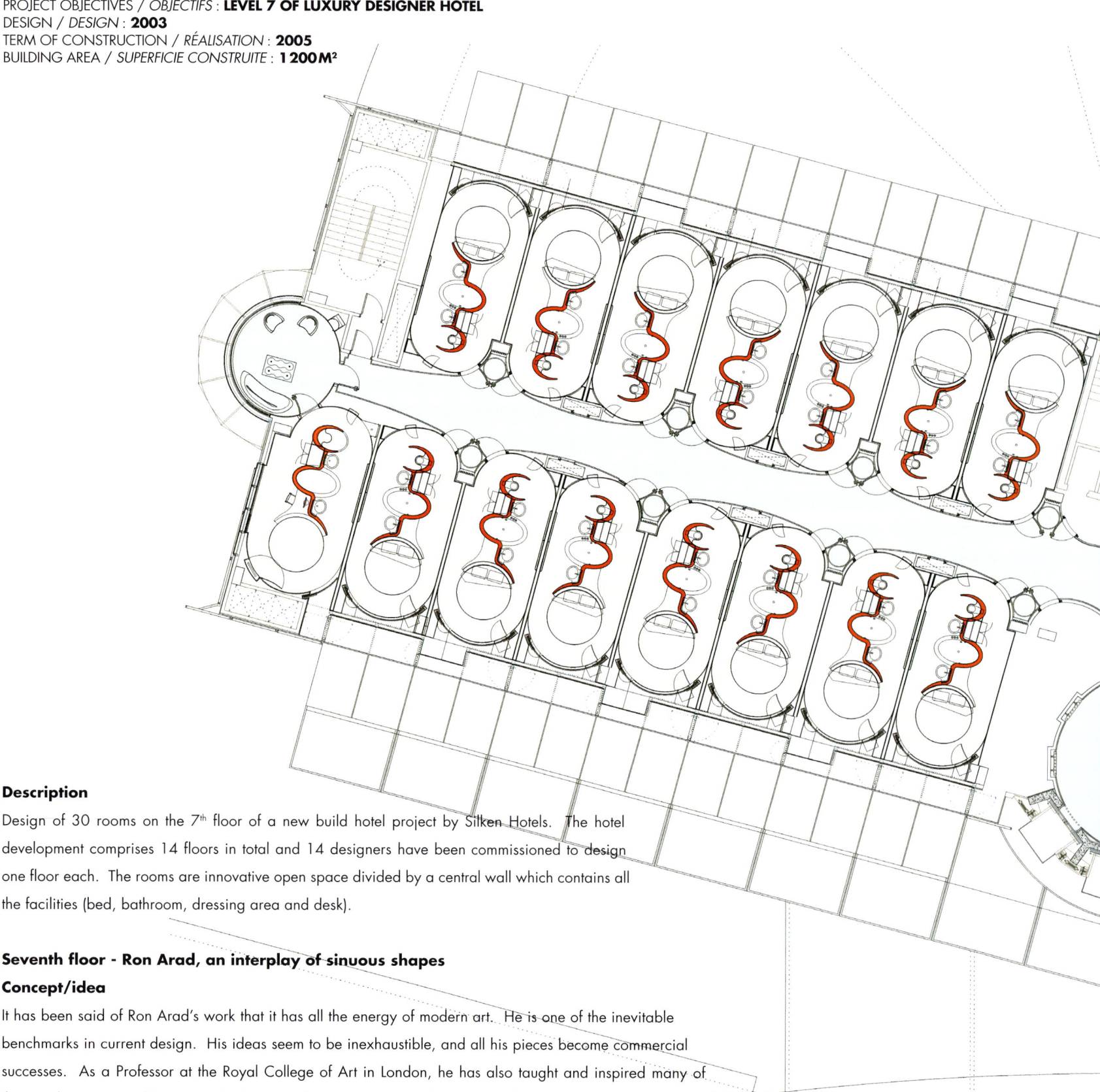

Description

Design of 30 rooms on the 7ᵗʰ floor of a new build hotel project by Silken Hotels. The hotel
development comprises 14 floors in total and 14 designers have been commissioned to design
one floor each. The rooms are innovative open space divided by a central wall which contains all
the facilities (bed, bathroom, dressing area and desk).

Seventh floor - Ron Arad, an interplay of sinuous shapes
Concept/idea

It has been said of Ron Arad's work that it has all the energy of modern art. He is one of the inevitable
benchmarks in current design. His ideas seem to be inexhaustible, and all his pieces become commercial
successes. As a Professor at the Royal College of Art in London, he has also taught and inspired many of
the top designers working now. At the Hotel Puerta América, he has designed a sinuous space with eminently
luxurious details.

General arrangement plan / *Plan général*

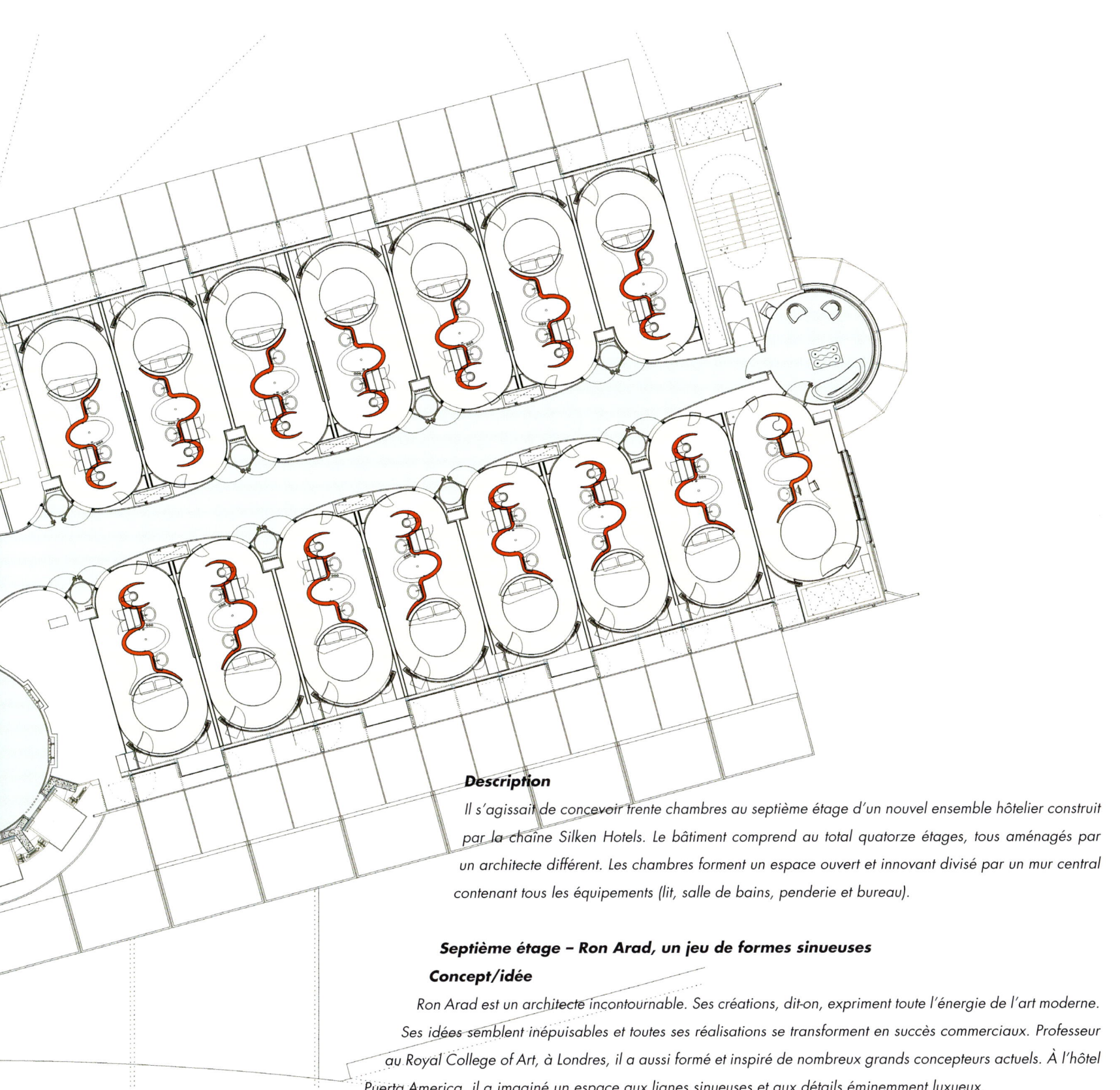

Description

Il s'agissait de concevoir trente chambres au septième étage d'un nouvel ensemble hôtelier construit par la chaîne Silken Hotels. Le bâtiment comprend au total quatorze étages, tous aménagés par un architecte différent. Les chambres forment un espace ouvert et innovant divisé par un mur central contenant tous les équipements (lit, salle de bains, penderie et bureau).

Septième étage – Ron Arad, un jeu de formes sinueuses
Concept/idée

Ron Arad est un architecte incontournable. Ses créations, dit-on, expriment toute l'énergie de l'art moderne. Ses idées semblent inépuisables et toutes ses réalisations se transforment en succès commerciaux. Professeur au Royal College of Art, à Londres, il a aussi formé et inspiré de nombreux grands concepteurs actuels. À l'hôtel Puerta America, il a imaginé un espace aux lignes sinueuses et aux détails éminemment luxueux.

Lobby 7th floor / *Hall du 7e étage* © Rafael Vargas

Red bathroom / *Salle de bains rouge*
© Rafael Vargas

Lobby and hallway

Ron Arad's rounded, sinuous shapes can be glimpsed in the lobby, which boasts a circular sofa made of reflective fibreglass, foam and Alcantara in anthracite grey. On the walls are large LCD screens where different images can be viewed. The floor of both areas is made of elastic resin, and the ceiling curves downwards, seeming to swoop over the guest, although in reality it manages to creative a cosier, more modern space.

Rooms

Ron Arad suggests a concept of room in which bulbous, rounded shapes characteristic of his way of designing prevail. A curved, continuous wall, white in some rooms and bright red in others, acts as a central divider separating the different uses of the space. Ron Arad creates a circuit in which guests gradually discover each of the spaces: first the entryway, then the bed, then the bathroom, the sink, the toilet. Everything bit by bit. The round bed is by the Italian design firm Capellini and is placed towards the back of the room. It is highly provocative but comfortable.

Hall d'entrée

Les formes arrondies et sinueuses si chères à Ron Arad s'imposent dès le hall d'entrée, qui comprend un canapé circulaire constitué de fibre de verre brillante et de mousse revêtue d'alcantara anthracite. Sur le mur, une succession d'images s'affiche sur de larges écrans à cristaux liquides. Le sol des deux espaces est réalisé en résine élastique. Le plafond, courbé vers le bas, donne l'impression de tomber sur le visiteur, mais confère en réalité un caractère d'intimité et de modernité au lieu.

Chambres

Ron Arad a élaboré un concept de chambre où dominent les formes bulbeuses et arrondies caractéristiques de son style. Un mur continu et incurvé, blanc ou rouge brillant selon les chambes, fait office de séparation centrale entre les différentes fonctions de la pièce. Ron Arad a créé un circuit qui permet de découvrir progressivement chaque sous-espace : l'entrée, puis le lit, la salle de bains, le lavabo et enfin les toilettes. Le lieu se dévoile peu à peu. Le lit rond, réalisé par le bureau de design italien Capellini, a été placé vers le fond de la chambre. C'est un meuble extrêmement provocateur mais confortable.

Red room / *Chambre rouge*
© Rafael Vargas

White room / *Chambre blanche*
© Rafael Vargas

There are no limits; it is like a dream world. The television is actually a large screen that unfolds from the ceiling. There is no doubt that for many people, the luxury of having a gigantic screen right in front of the bed will be the best feature of Ron Arad's design.

The headboard is part of the LG Hi-Macs piece which has been directly soldered onto the wall to achieve a feeling of continuous space, of a circuit which has neither beginning nor end.

On se trouve ici dans un univers sans limite, onirique. La télévision, gigantesque, se déploie à partir du plafond. Pour la plupart des clients, cet écran surdimensionné, installé juste en face du lit, sera sans nul doute un objet de luxe et le point fort du projet.

La tête de lit fait partie de l'élément en LG Hi-Macs qu'on a directement soudé au mur pour produire un sentiment d'espace continu, une sorte de circuit sans début ni fin.

Desk / *Bureau*
© Rafael Vargas

In the bathroom, each space is made independent of the next by means of a wall divider. Despite the continuity, the logical independence is not forsaken. The shower and toilet have stainless steel ceilings. Ron Arad seamlessly blends both materials, achieving an extremely modern space with a touch of high technology. Across is a huge swath of glass, which in the case of the toilet not only provides a distorted reflection of the guest, but also visually enlarges the space. The chairs at the desk are Fantastic Plastic Elastic designed by Ron Arad for the firm Kartell, also sinuous and suggestive. Their lightness entices the guest to sink into them, to submerge himself in a different design concept. The guest moves about the space continually surprised, as if attempting to find new shapes in every corner.

Dans la salle de bains, un cloisonnement rend autonomes les différents espaces. En dépit de leur continuité, leur indépendance logique n'est pas compromise. Le plafond de la douche et des toilettes est traité en acier inox. En associant sans rupture cette matière et le LG Hi-Macs, Ron Arad produit une impression d'extrême modernité relevée d'une pointe de haute technologie. Une large surface vitrée s'étire face aux équipements. Au niveau des toilettes, celle-ci reflète et déforme l'image des utilisateurs tout en agrandissant visuellement l'espace. Les fauteuils du bureau, tout aussi sinueux et suggestifs, sont des modèles Fantastic Plastic Elastic conçus par Ron Arad pour la société Kartel. Leur légèreté invite le visiteur à s'y couler et à s'immerger dans un concept de mobilier entièrement différent. Chacun de ses déplacements amène une surprise, comme s'il explorait le moindre recoin en quête de nouvelles formes.

White bathroom / *Salle de bains rouge*
© Rafael Vargas

Living room / *Salon*
© Rafael Vargas

Materials

Bolidt resin floor in a light grey color (lobby and rooms).

Central wall in red Corian (rooms).

Glass reinforced plastic and timber bed (rooms).

White painted walls separating the rooms, with mirror stripes (rooms).

Ceiling in textile membrane deformed by a concealed central light (lobby).

LCD screens installation in the walls (lobby).

Central sofa and low table made of high gloss fiber glass, foam and alcantara outercover (lobby).

Matériaux

Planchers en résine Bolidt gris clair (hall d'entrée et chambres).

Mur central en Corian rouge (chambres).

Lit en bois et fibre de verre (chambres).

Murs de séparation peints en blanc avec bandes réfléchissantes (chambres).

Plafonds traités en membrane textile déformée par une lampe centrale dissimulée (hall d'entrée).

Écrans à cristaux liquide dans les murs (hall d'entrée).

Sofa central et table basse en fibre de verre hyper brillante, couverture en mousse et alcantara (hall d'entrée).

Screen / *Écran*

MAGIS
COMPANY
PROJECT
HEADQUARTERS

TREVISO, ITALY **2004**

MAGIS COMPANY HEADQUARTERS PROJECT 2004
TREVISO, ITALY

PROJECT ARCHITECT / *ARCHITECTE DU PROJET* : **GEOFF CROWTHER**
TEAM MEMBERS / *ÉQUIPE* : **PAUL MADDEN, JULIAN GILHESPIE**
JOSEPH HUBER, TOM FOULSHAM, MARTA GRANDA
BACKER / *COMMANDITAIRE* : **MAGIS**
PROJECT OBJECTIVES / *OBJECTIFS* : **NORTH ITALIAN HQ OFFICES AND FACTORY**
FOR LEADING ITALIAN FURNITURE MANUFACTURER MAGIS
DESIGN / *DESIGN* : **2004**
PROJECT AREA / *SUPERFICIE* : **100 000 M² MASTER PLAN**
PLUS 5 000 M² BUILDING IN 2 PHASES

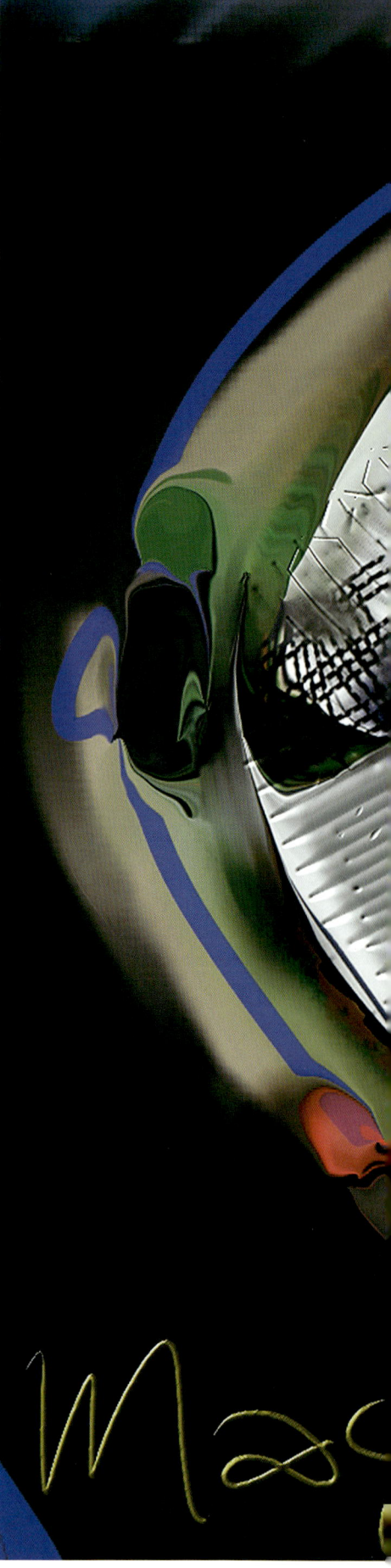

Development of 100 000 m² site for headquarters of a leading Italian furniture manufacturer, incorporating 15 000 m² prefabricated warehouse, offices, showroom, design studios, meeting hall and employees facilities. The development will take place in 2 stages starting with the essential functions, to be followed by recreational landscaping in the second stage.

Création d'un site de 100 000 m² pour le siège d'un grand fabricant de mobilier italien. Il comprendra un entrepôt de 15 000 m², des bureaux, un showroom, des studios de design et une salle de réunion préfabriqués, ainsi que des aménagements pour les employés. La construction aura lieu en deux temps : d'abord les bâtiments d'ordre fonctionnel, ensuite la partie paysagée et récréative.

Sketch / *Croquis*
© Ron Arad

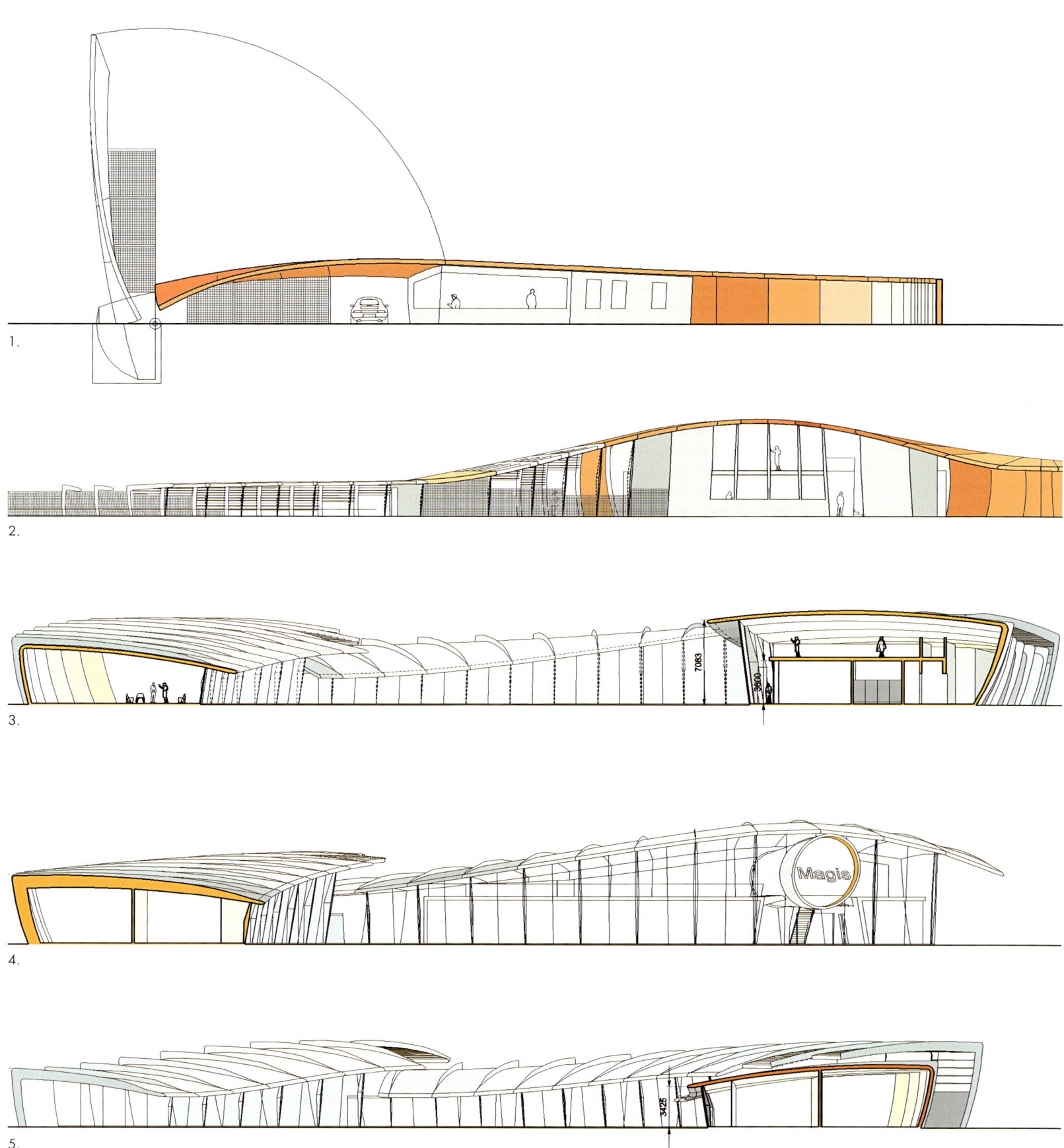

1. Elevation of guardhouse / *Elévation du poste de surveillance*
2. Elevation of gatehouse / *Elévation de la maison du gardien*
3. Section through offices and showroom / *Coupe sur les bureaux et le showroom*
4. 5. Section through R&D building / *Coupe sur le bâtiment de R&D*

The device of dealing with the dominance of the enormity of the warehouse is not to accompany it by a single building that is doomed to be dwarfed next to it but rather to create a village-like cluster of small buildings connected to each other locking a central courtyard and linking the giant warehouse via a conical bridge. The small gaps between the buildings create secondary outdoor spaces and an individual access to each of the buildings.

La meilleure façon de maîtriser l'ampleur de l'entrepôt et sa présence écrasante dans le paysage n'est pas de le flanquer d'un bâtiment unique qui paraîtrait nécessairement minuscule en comparaison, mais plutôt de créer une sorte de village, un groupe de petits édifices reliés les uns aux autres, fermant une cour centrale et connectés à l'entrepôt par un pont conique. Les petits espaces vides entre les bâtiments permettent d'aménager des espaces secondaires en plein air et un accès individuel à chaque bâtiment.

3D images project / *Images 3D du projet*

The cluster of the buildings is opaque to the periphery and transparent inwardly to the courtyard. As it is a relatively low-cost project, the buildings are made of a repeating structural L-shaped beam. The sculptural nature of the complex is achieved by varying the angle of the beams in section and their position in the plan. Each of the curved tapering buildings is low on the short side of the taper and rises on the big side of it. They meet each other on the overlap the roofs, i.e., the low part of one building penetrates the tall side of the next.

Le groupe de bâtiments est opaque à la périphérie et transparent vers l'intérieur de la cour. Comme il s'agit d'un projet relativement économique, les structures s'appuient sur la répétition d'une poutre en L. L'aspect sculptural du complexe est obtenu en variant les angles des poutres en section et leur position sur le plan. Les bâtiments sont incurvés, de forme effilée, et plus bas sur leur côté le plus court. Leur jonction se fait au niveau de la superposition des toits : la partie basse de l'un pénètre la partie haute de son voisin.

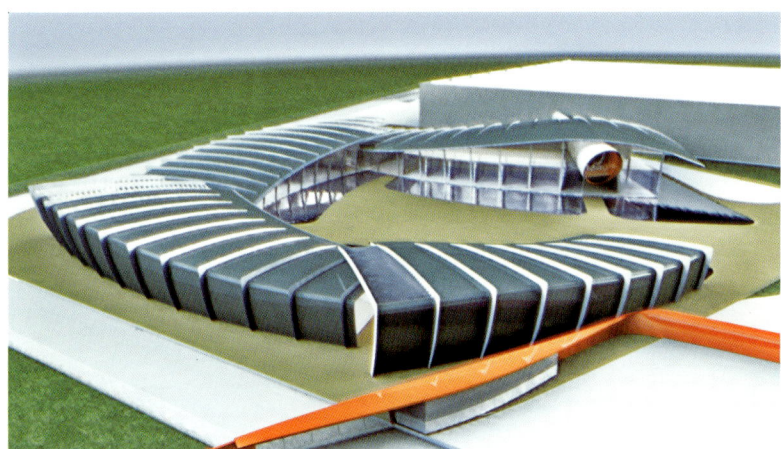

NATIONAL DESIGN MUSEUM HOLON

HOLON, ISRAEL **2004-2008**

NATIONAL DESIGN MUSEUM HOLON 2004-2008
HOLON, ISRAEL

PROJECT ARCHITECT / *ARCHITECTE DU PROJET* : **ASA BRUNO**
TEAM MEMBERS / *ÉQUIPE* : **JAMES FOSTER, MARTA GRANDA**
BACKER / *COMMANDITAIRE* : **HOLON MUNICIPALITY**
PROJECT OBJECTIVES / *OBJECTIFS* : **FIRST NATIONAL MUSEUM DEDICATED TO DESIGN AND ARCHITECTURE IN ISRAEL**
DESIGN / *DESIGN* : **2004**
TERM OF CONSTRUCTION / *RÉALISATION* : **2008**
BUILDING AREA / *SUPERFICIE CONSTRUITE* : **3 200 M² (NET AREA)**

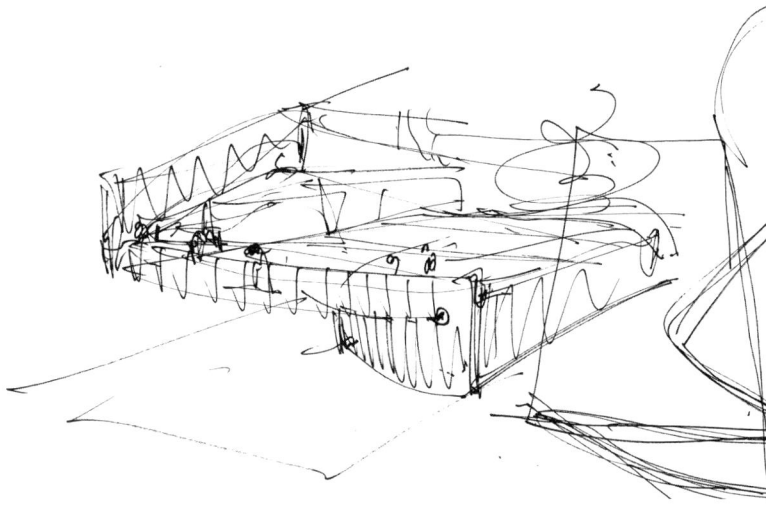

Sketch / *Croquis*
© Ron Arad

Early in 2003, Ron Arad Associates were invited by the Municipality of Holon to design and develop a new design museum to be situated in a newly developed area of the city designated to become a new cultural and educational hub for central Israel, a few miles south of Tel Aviv.

The city of Holon's Municipality has, over the past several years, been energetically investing in the development of Holon's cultural identity and impact on a national level, and as part of a series of urban development projects, identified the potential for creating the first Israeli museum dedicated to design. The municipality commissioned RAA to design a museum, which is to be of an international standard, and with the important role of promoting the appreciation of design in Israel, and of Israeli design both in Israel and abroad. The proposed design was presented to and approved by the Holon Municipality in February 2005.

Début 2003, la municipalité d'Holon invitait Ron Arad Associates à concevoir un musée du design dans sa nouvelle zone urbaine, située à quelques kilomètres de Tel-Aviv et destinée à devenir un foyer de culture et d'éducation pour la région centrale d'Israël.

Depuis plusieurs années, la municipalité s'efforçait de donner une stature nationale à la ville et s'investissait énergiquement dans la définition de son identité culturelle. La possibilité de créer le premier musée du design israélien émergea dans le cadre d'une série de projets urbanistiques. Le musée, de niveau international, aurait pour responsabilité de promouvoir le design en Israël et de défendre le design israélien à l'étranger comme dans le cadre national. Le projet de RAA a été approuvé en février 2005.

Situation sketch / *Croquis de situation*
© Ron Arad

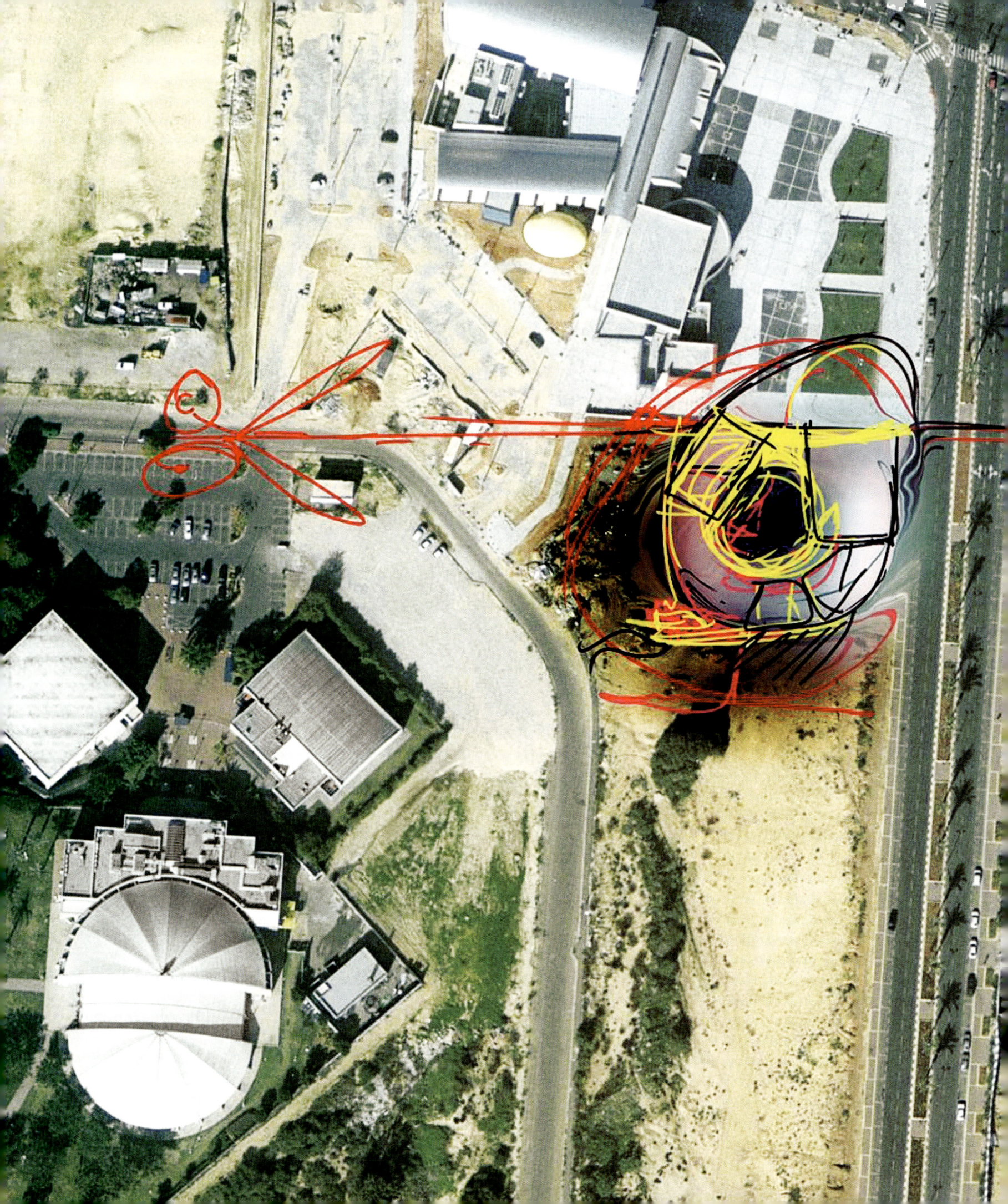

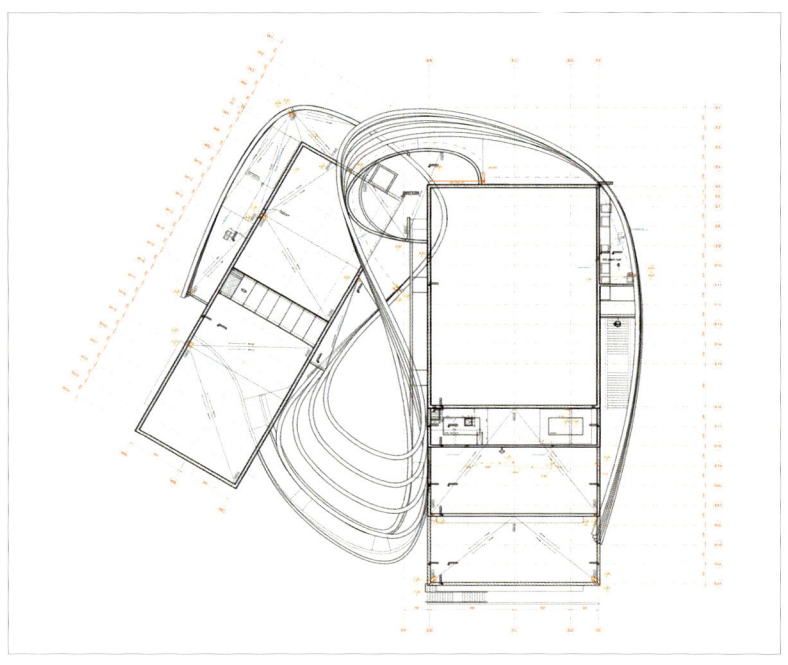

Roof plan / *Plan du toit*

1^{rst} floor plan / *Plan du 1er étage*

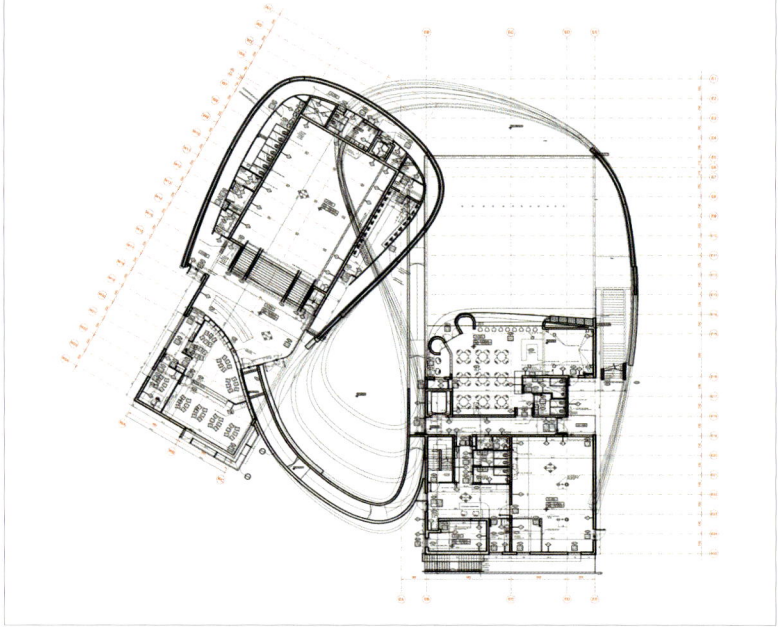

Ground floor plan / *Plan du rez-de-chaussée*

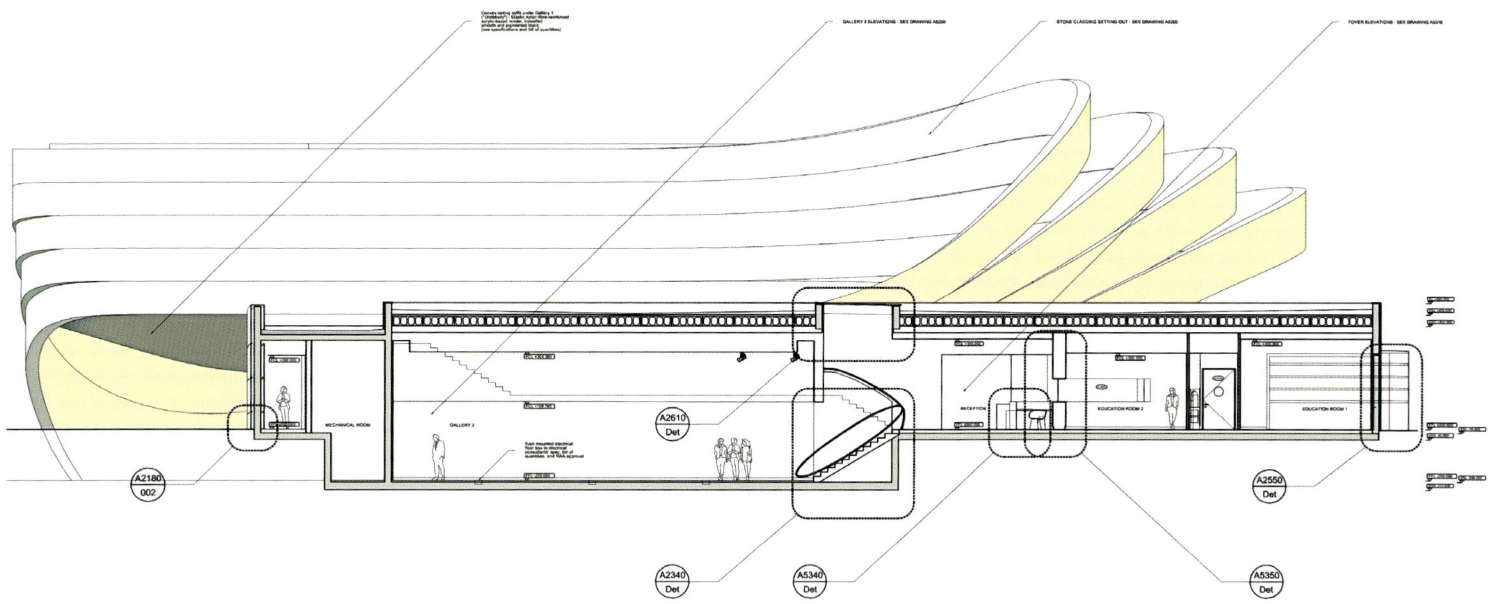

Long section through west wing / *Coupe longitudinale sur l'aile ouest*

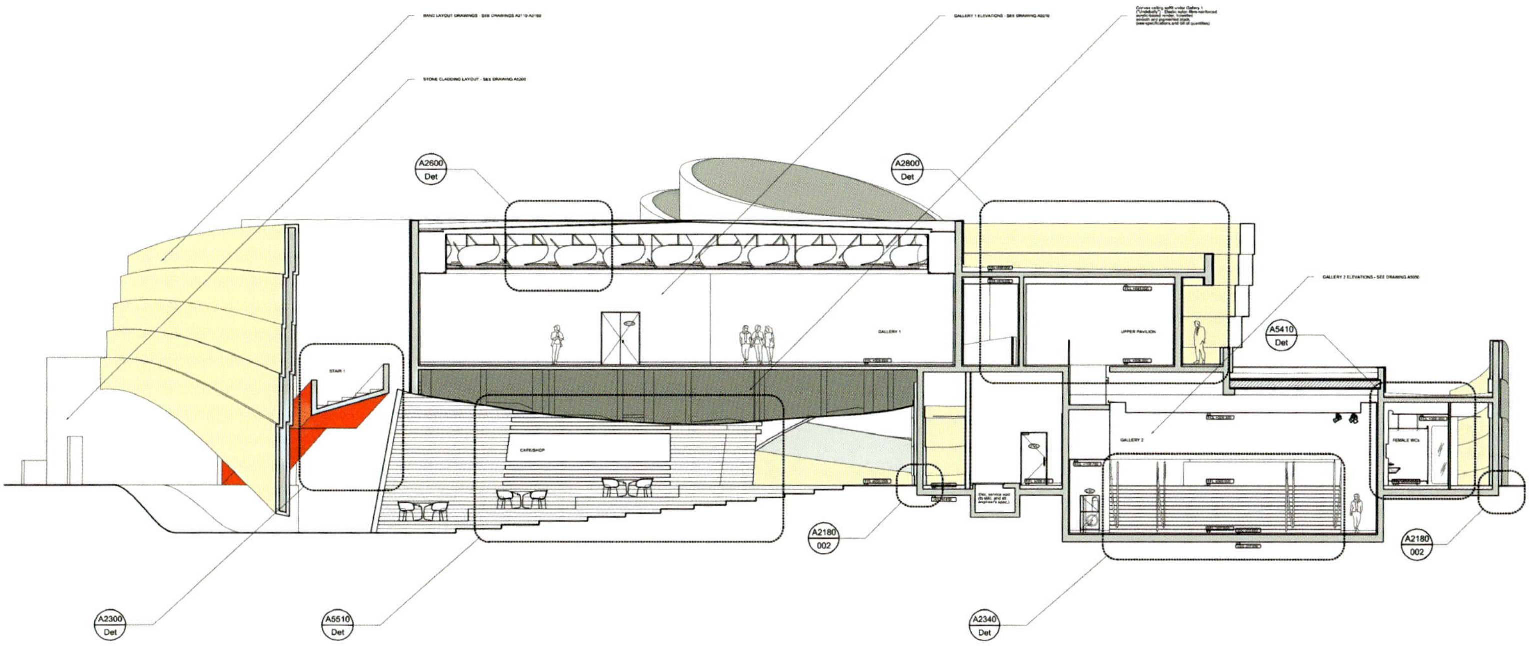

Cross section through both wings / *Coupe transversale sur les deux ailes*

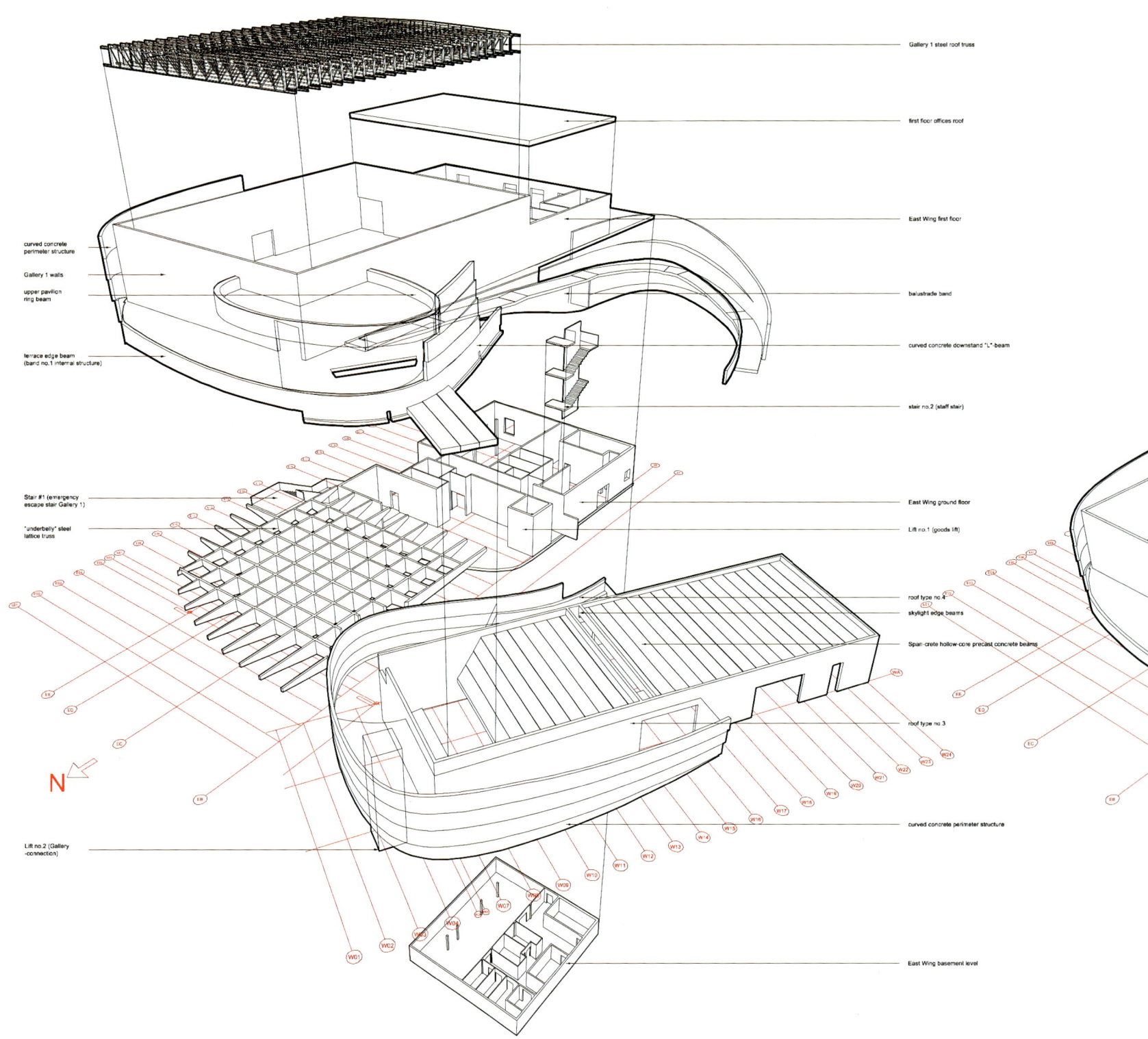

Gallery 1 steel roof truss

first floor offices roof

East Wing first floor

balustrade band

curved concrete downstand "L"-beam

stair no.2 (staff stair)

East Wing ground floor

Lift no.1 (goods lift)

roof type no.4
skylight edge beams

Span-crete hollow-core precast concrete beams

roof type no.3

curved concrete perimeter structure

East Wing basement level

curved concrete perimeter structure

Gallery 1 walls

upper pavilion ring beam

terrace edge beam (band no.1 internal structure)

Stair #1 (emergency escape stair Gallery 1)

"underbelly" steel lattice truss

Lift no.2 (Gallery-connection)

N

Exploded views of structural elements /
Vues d'éléments structurels

The Design Museum Holon (DMH) project faces the challenge of successfully catering to a diverse range of visitor type, from school children and pupils in educational institutions, to industrial bodies, design professionals, and the general museum-going public. It is to become the national platform for the presentation of design, the creation of a significant exhibit collection, the reflection of Israeli design in the context of world design and the endorsement of the importance of design in an emerging state.

The site designated for the museum occupies a 3700 m² (net area) lot, orientated in a more or less rectangular arrangement on the east-west axis, and is flanked on the eastern side by Hankin Avenue —one of Holon's main north-south arteries. The site's prime north aspect faces a large new public plaza which forms the courtyard to the adjacent recently built Mediatech complex. The western flank of the site borders the Mediatech's dedicated access road and car park, and the south flank borders an empty site currently designated for future housing development.

Le Design Museum Holon (DMH) avait à relever un défi de taille : s'adresser à un très large échantillon de population qui irait du grand public aux industriels et aux professionnels du design en passant par les écoliers et les universitaires. Mais l'institution devait également élaborer une collection significative, devenir la plateforme nationale du design, refléter la création israélienne dans le contexte mondial et affirmer l'importance du design dans un État émergent.

Le site sélectionné pour la construction occupe une parcelle de 3700 m², orientée sur un axe est-ouest selon un plan plus ou moins rectangulaire et flanquée à l'est par l'avenue Hankin, l'une des grandes artères nord-sud de la ville. La façade principale, orientée au nord, surplombe une large place publique de construction récente qui sert de cour à la toute nouvelle médiathèque adjacente. À l'ouest, le site longe la voie d'accès et le parking de la médiathèque; au sud, il borde un terrain dévolu à de futurs logements d'habitation.

Video: concept explained by Ron Arad / *Vidéo : concept présenté par Ron Arad*

3D image exterior structure / *Image 3D de la structure extérieure*

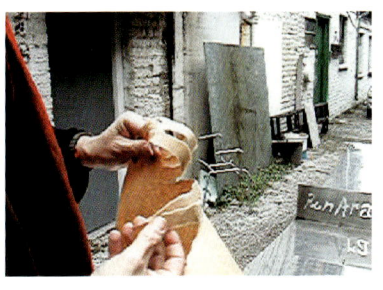

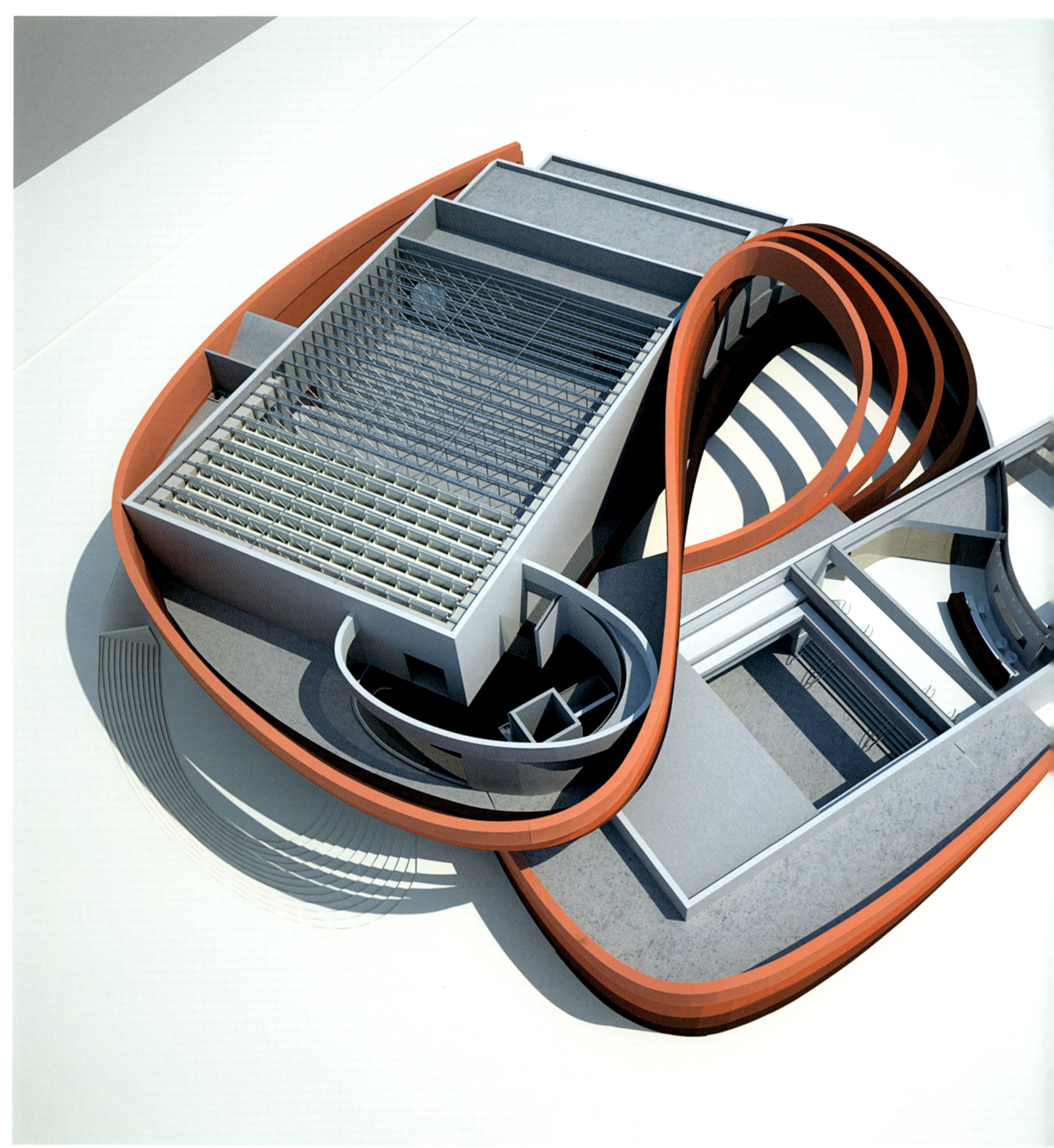

3D image model / *Image 3D de la maquette*

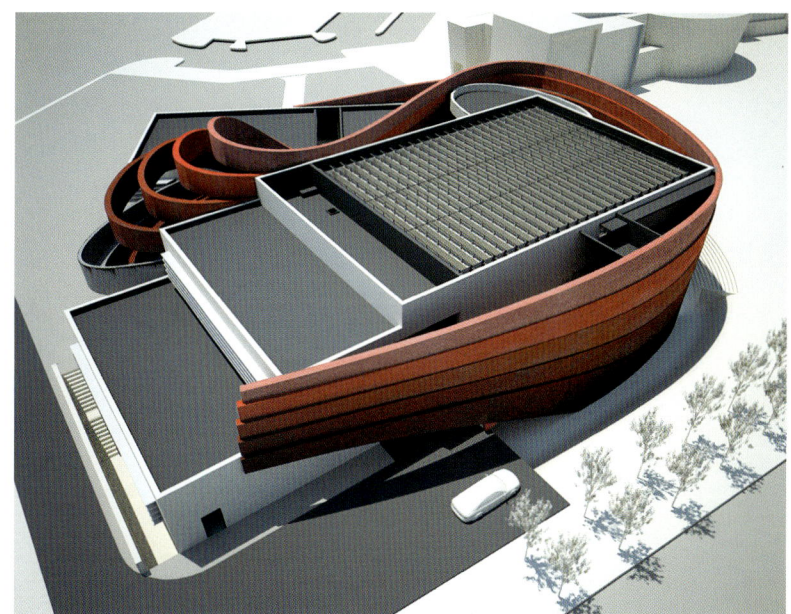

3D image model / *Image 3D de la maquette*

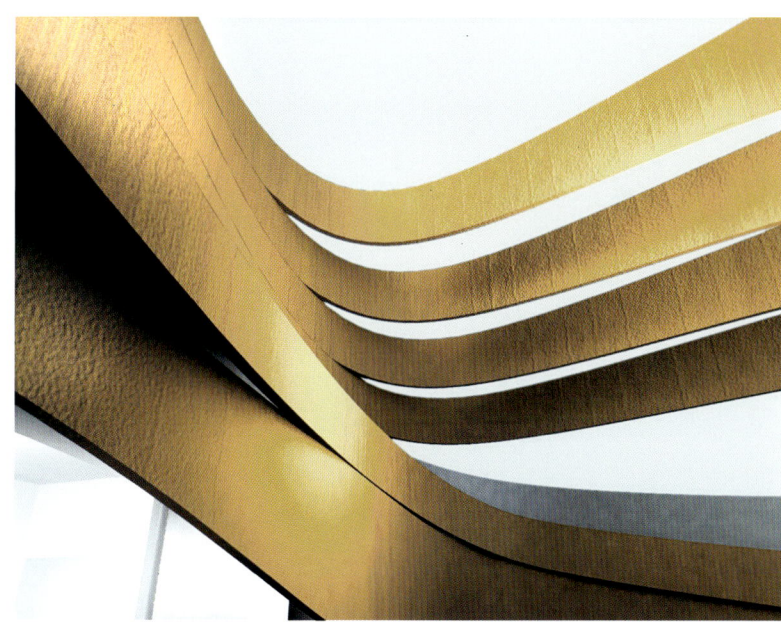

3D image exterior structure / *Image 3D de la structure extérieure*

3D image exterior structure / *Image 3D de la structure extérieure*

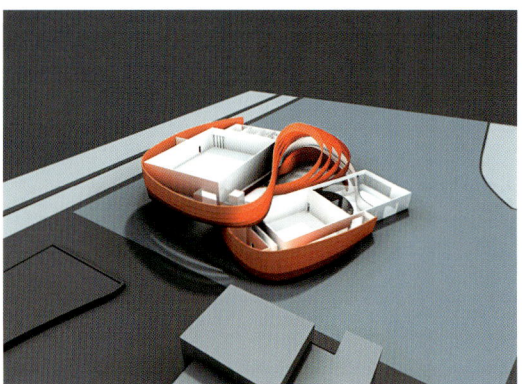
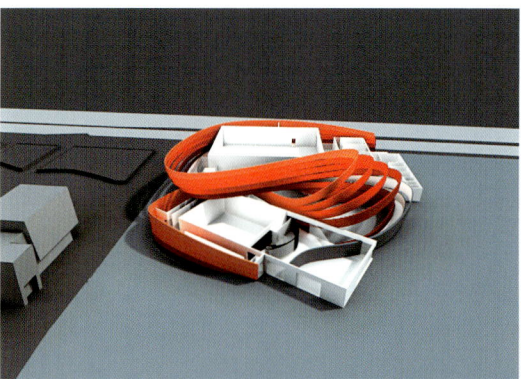

3D image external structure / *Image 3D de la stucture externe*

The notion of creating and exploiting the tension between an internal arrangement of efficient box-like spaces, and the dynamic and curvaceous external envelope, became the guiding design principle for the entire museum.

The greater part of the museum's external appearance (from all but the south façade) is shrouded by five dominant bands of weathering-steel (Corten) clad structure which undulate and meander their way in, out and around the museum's internal volumes, at times in unison, at others apart; at times enclosing space, and at times, notionally defining it. The weathering-steel-clad bands, act as a spine for the building —both supporting it structurally and dictating its posture in relation to its surroundings. The horizontality of the bands layout is further accentuated by a gentle and natural patination of the weathering steel over the lifetime of the building, both of which echo the topographic notion of the open Israeli terrain in the urban context.

La création d'une tension entre un aménagement intérieur efficace constitué d'une succession de « boîtes », et une enveloppe extérieure aux lignes courbes et dynamiques, s'est imposée comme le principe de la construction. À l'extérieur, la majeure partie du musée (sauf sa façade sud) est enveloppée par cinq grands rubans revêtus d'acier autopatinable (Corten) dont les méandres s'étirent dans, autour et en-dehors des volumes intérieurs, à l'unisson ou séparément, clôturant l'espace ou le définissant symboliquement. Ces rubans font office de colonne vertébrale, supportent structurellement l'édifice et déterminent son orientation. Leur horizontalité et la patine naturelle qui les recouvrira au fil du temps feront écho, dans ce contexte urbain, au paysage désertique typiquement israëlien.

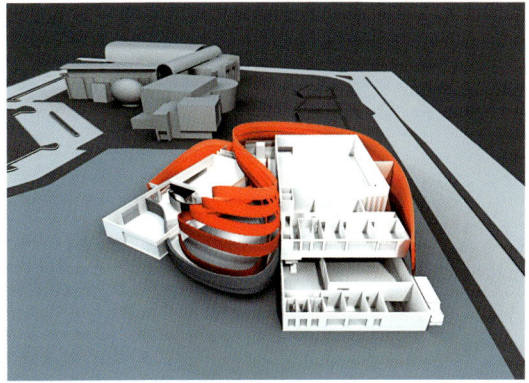 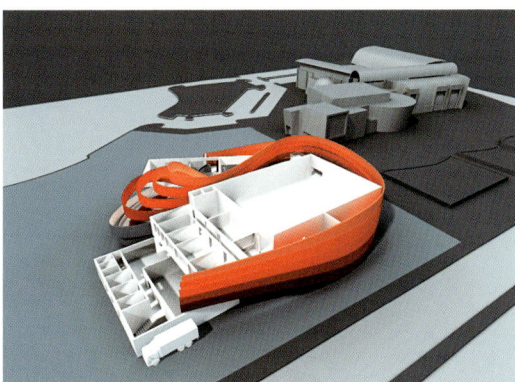 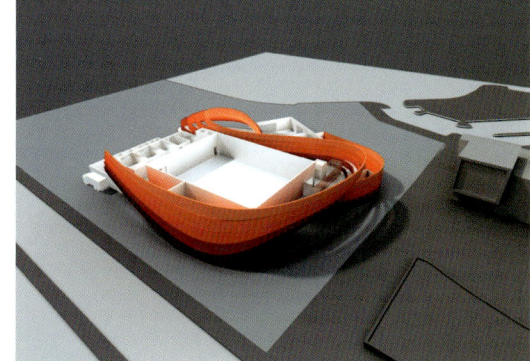

3D image exhibition room and light treatment /
Image 3D de la salle d'exposition et du traitement de la lumière

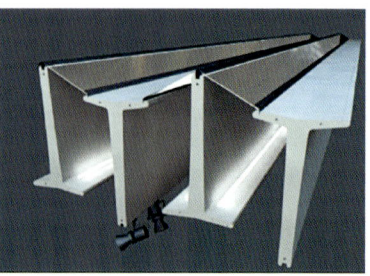

Video: light system /
Vidéo : système de traitement de la lumière

From a very early stage in the 3 100 m² Museum's design development process, it was envisaged that two prime gallery spaces would encompass its main exhibition facility, and take the form of two independent architectural entities. The relation between the two wings that contain these galleries would inscribe the Museum's circulation arteries and define the arrangement of its various other facilities, such as the educational wing, staff, office, and visitor facilities.

The generous public plaza to the north of the site was naturally conceived of as an appropriate introductory public space and entrance route to the Museum. The gentle plateau-like topography of the site was to be articulated by the arrangement of the museum facilities over two staggered levels, connected by a main circulation route, in the form of a sculptural ramp. In this way, the route through the Museum becomes more experiential, prolonged and meaningful, as it leads the visitor through a series of dramatic internal views across the Museum's own internal courtyard situated in the zone between the two wings.

As the structural bands encircle the Museum's west wing and reach the inner courtyard, they begin to splay apart and project vertically beyond the upper edge of the first floor main gallery, spanning the entire plaza in mid-air, only to re-unite over the circulation ramp and proceed to frame the main gallery and support it at a 7 m height over the ground below. The bands' apparent acrobatics serve to provide partial shading and notional enclosure across the inner courtyard during the hottest hours of the day.

Dès le début de la conception, les architectes envisagèrent la création de deux galeries qui formeraient le principal espace d'exposition de ce musée de 3 100 m² et se présenteraient comme deux entités architecturales séparées. Les voies de circulation et l'organisation des autres installations – aile pour les activités éducatives, bureaux, espaces pour le personnel et les visiteurs – découleraient de la relation entre ces deux parties.

La vaste place publique au nord parut tout indiquée pour devenir la voie d'accès du musée. La topographie du terrain, un plateau au relief peu marqué, serait rythmée par l'aménagement des différentes installations sur deux niveaux décalés, connectés par une rampe sculpturale qui ferait fonction d'artère principale. La traversée du musée s'en trouverait prolongée et deviendrait d'autant plus concrète et significative pour le visiteur, conduit à travers une succession de vues spectaculaires sur la cour intérieure, entre les deux ailes.

Après avoir encerclé l'aile ouest du musée et atteint la cour intérieure, les bandes commencent à s'écarter et à se projeter verticalement au-delà du bord supérieur de la principale galerie du premier étage, surplombant toute la superficie de la place pour finalement se réunir au-dessus de la rampe de circulation, encadrer la galerie principale et la porter à 7 m du sol. Grâce à ce design acrobatique, la cour intérieure dispose d'une fermeture symbolique et d'un ombrage partiel aux heures les plus chaudes.

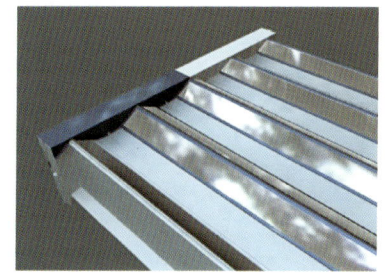

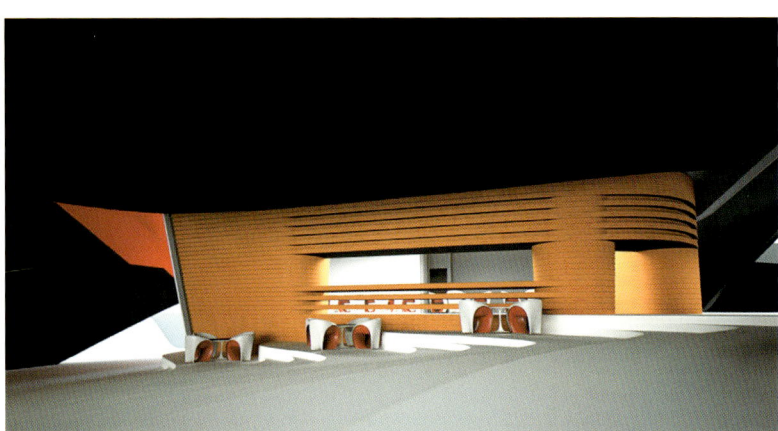

3D image cafeteria / *Image 3D de la cafétéria*

3D image ramp, floor and stairs / *Image 3D de la rampe, du palier et de l'escalier*

External structure production / *Fabrication de la structure externe*

External structure production / *Fabrication de la structure externe*

Musée en construction / *Museum in construction*

The Museum's two prime galleries provide a polar and diverse canvas for curatorial activity —the main 480 m² gallery will harness Israel's consistent natural lighting potential and be lit via a "corduroy" of light reflectors in the ceiling, and the smaller 200 m² gallery will provide a *carte blanche* box— allowing for both intimacy, and flexibility. Additional exhibition opportunities will be provided along the Museum's circulation routes, and in the external spaces encompassed by the bronze bands.

The diversity of the Museum's user groups is addressed by a range of circulation routes which in turn respond to the curving steel bands. While the circulation routes and the bands at times departfrom one another, the bands are never entirely obscured from the visitor's sight, and act as a visual key to one's position within the Museum.

The Museum's north façade provides a wide protected opening under the overhanging first floor gallery, which serves as a catchment area for visitors and staff arriving either from the north plaza, or from the western car park / drop-off area. A gently landscaped slope leads visitors through an amphi-theatrical staircase which accompanies the main accessway into the museum complex. To the left, the Museum Café spills onto the wide stairs against the backdrop of the sunlit inner courtyard behind. The generous 360m² internal courtyard provides the first glimpse of the Museum's internal character, as the bands above separate to allow sunshine through, and visitors can gather and walk around this majestic open-air exhibition space. The Museum's main entrance is situated to the right (western side of courtyard), where a glazed set of double-doors invites the visitors into the west wing.

Construction began in August 2006, and the Design Museum is due to open to the public by the end of 2008.

Les deux galeries principales fournissent un canevas à l'activité curatorielle : la plus vaste (480 m²) exploite le riche potentiel offert par la lumière naturelle de la région et est éclairée par un « tissu » de réflecteurs au plafond ; alors que la plus petite (200 m²), une simple boîte, laisse libre cours à l'inspiration et offre intimité et flexibilité. Le musée présente d'autres possibilités d'exposition le long de ses voies de circulation et dans les espaces extérieurs délimités par les bandes structurelles.

La diversité du public est prise en compte par une palette de voies de circulation qui dialoguent avec les bandes d'acier structurelles. Ces dernières ne disparaissent jamais tout à fait du champ de vision du visiteur, même s'il leur arrive de s'en éloigner. Servant de clé visuelle, elles lui indiquent sa position à l'intérieur du musée. Sur la façade nord, un vaste espace ouvert, protégé par la galerie en surplomb du premier étage, sert de « bassin de drainage » aux personnes arrivant de la place au nord ou du parking à l'ouest. Une pente paysagée les conduit doucement au sein du complexe via un escalier en amphithéâtre. À gauche, le café du musée déborde sur les larges marches dont la cour intérieure, inondée de soleil, forme la toile de fond. Cette dernière s'étend généreusement sur 360 m² et constitue un préambule qui annonce l'intérieur du musée. Les bandes en surplomb s'écartent pour laisser le soleil filtrer sur cette majestueuse salle d'exposition en plein air où les visiteurs peuvent flâner et se regrouper. L'entrée principale se trouve sur la droite, où une série de doubles portes vitrées les invite à pénétrer dans l'aile ouest.

La construction a débuté en août 2006. Design Museum Holon ouvrira au public d'ici la fin 2008.

External structure / *Structure externe*

SWAROVSKI HOTEL PROJECT

WATTENS, AUSTRIA **2004**

SWAROVSKI HOTEL PROJECT 2004
WATTENS, AUSTRIA

PROJECT ARCHITECT / *ARCHITECTE DU PROJET* : **GEOFF CROWTHER**
TEAM MEMBERS / *ÉQUIPE* : **ASA BRUNO, JAMES FOSTER, EGON HANSEN**
BACKER / *COMMANDITAIRE* : **PARKVIEW INTERNATIONAL**
PROJECT OBJECTIVES / *OBJECTIFS* : **GUEST ACCOMMODATION FOR VISITORS TO CRYSTALWORLD**
DESIGN / *DESIGN* : **2004**
BUILDING AREA / *SUPERFICIE* : **9000 M²**

Background

Ron Arad Associates were appointed by Swarovski to develop a hotel in Wattens adjacent to the Crystal World. The unique location of the Swarovski Hotel alongside the Crystal World, demands a unique design. The prospective clientele are businessmen and women, visitors to the Crystal World and guests of Swarovski. The hotel must therefore provide for both the needs of the travelling business persons and simultaneously stand as an impressive "destination" hotel in which Swarovski can accommodate their guests in luxury. As a partner of the Crystal World, the Hotel must exist comfortably as its extension.

The alpine scenery, the crystal context, the landscaped giant within Crystal World and Swarovski's aspirations supplementing the developers brief for a 4 star hotel, all led to the initial notional ideas which in turn implied further decisions in the process of the development —namely: select the orientation of the rooms so they frame-edit the alpine views, give all rooms the same orientation placing all rooms on the same side of the corridor. This one-sidedness implies a narrow, wide and tall building a flat "screen". This screen is made exclusively of the bedrooms, the rest of the hotel's functions are accommodated in the subterranean space of the soft landscaped mound below.

Contexte

La société Swarovski a confié à Ron Arad Associates le soin de concevoir un hôtel à côté de sa célèbre attraction de Wattens, le Kristallwelten (ou « monde du cristal »). À cette localisation unique doit correspondre un édifice tout aussi exceptionnel. Les utilisateurs potentiels de l'hôtel sont des hommes d'affaires, des visiteurs du Kristallwelten et des touristes. L'établissement doit donc pourvoir aux besoins d'une clientèle de professionnels tout en s'imposant comme un cadre de luxe et une destination touristique à part entière. Il doit aussi assumer son caractère d'extension du Kristallwelten, son partenaire.

L'environnement alpin, la valeur symbolique et esthétique du cristal, le géant paysagé à l'intérieur du Kristallwelten et les desiderata de Swarovski, qui souhaitait construire un hôtel du niveau « quatre étoiles », ont inspiré à RAA ses concepts de base, d'où découlent les décisions suivantes : déterminer l'orientation des chambres de façon à encadrer les vues sur la montagne, leur donner à toutes la même orientation en les plaçant du même côté d'un corridor. Cette dernière particularité impliquait l'érection d'un bâtiment haut, très développé sur la largeur mais peu épais, une sorte d'écran plat. Cet « écran » renferme exclusivement les chambres. Les autres fonctions du bâtiment sont logées dans l'espace souterrain d'un tertre paysagé et vallonné situé sous l'édifice.

Sketch / *Croquis*
© Ron Arad

227

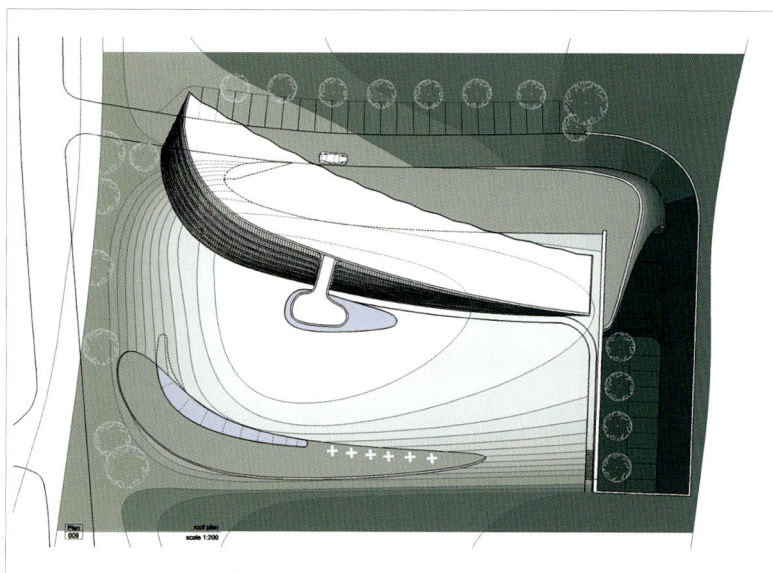

Roof plan / *Plan du toit*

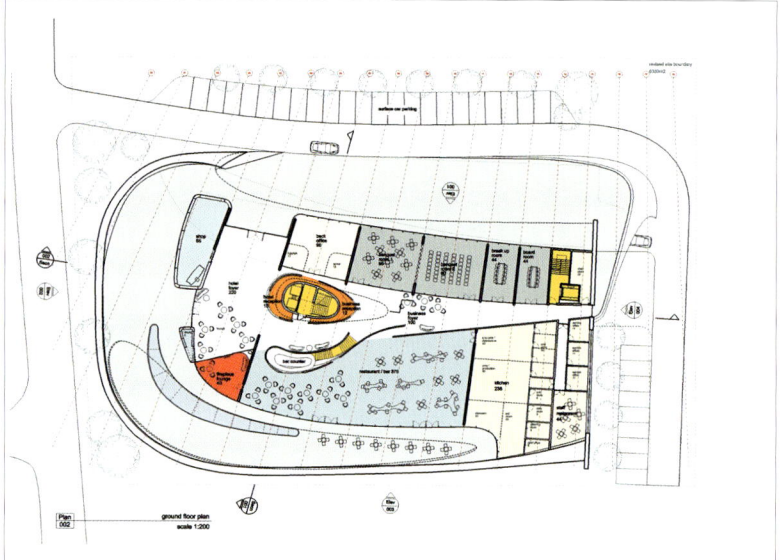

Ground floor plan / *Plan du rez-de-chaussée*

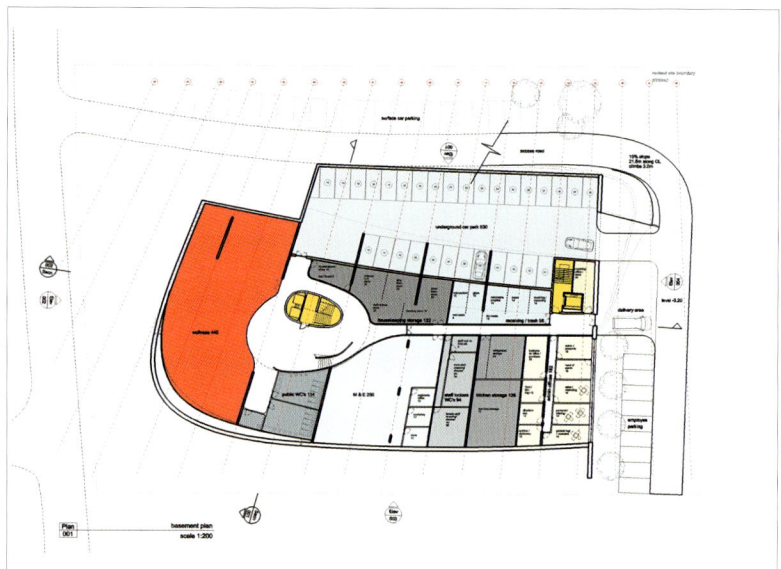

Basement plan / *Plan du sous-sol*

3D image façade / *Image 3D de la façade*

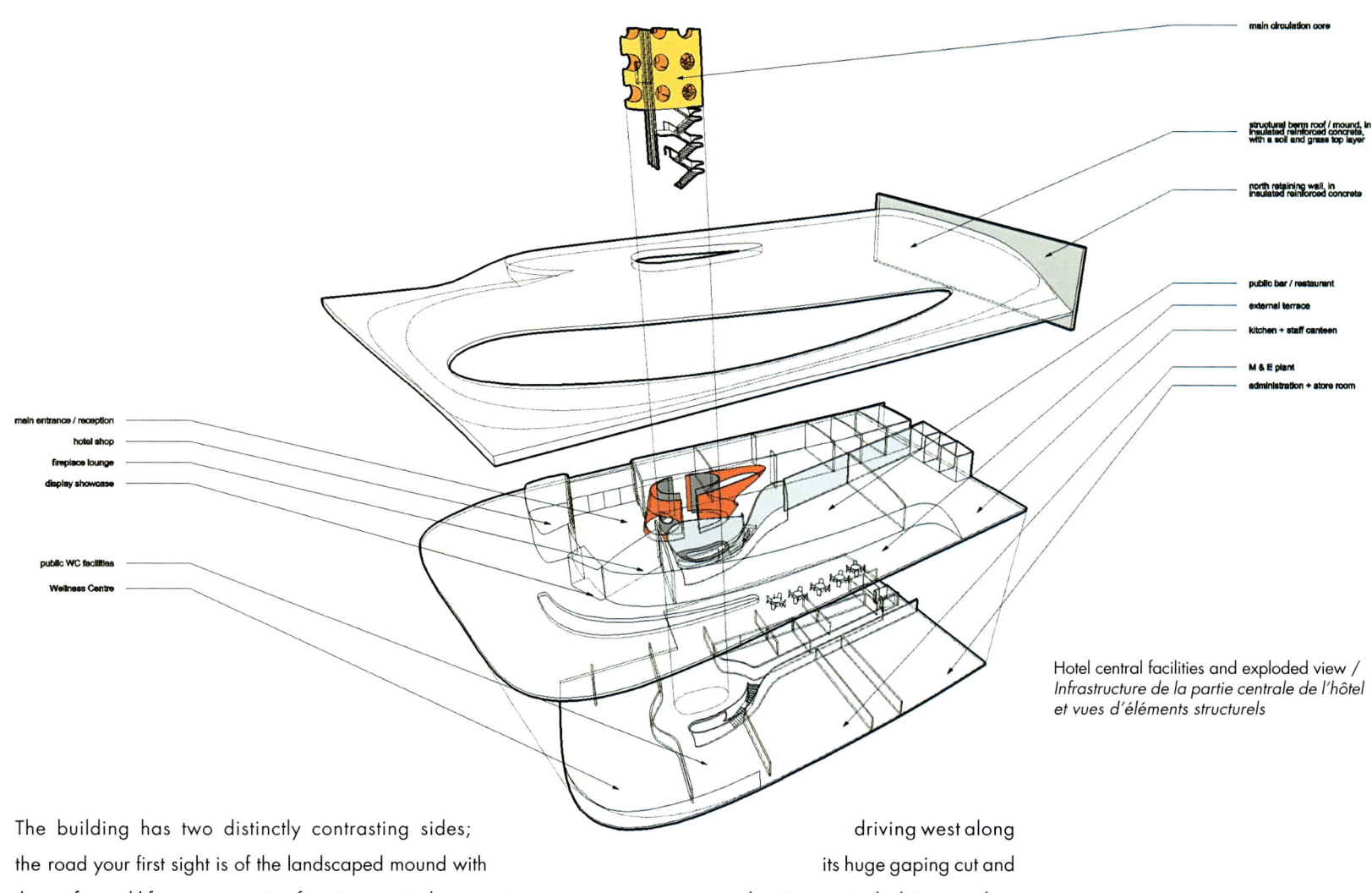

main circulation core

structural berm roof / mound, in insulated reinforced concrete, with a soil and grass top layer

north retaining wall, in insulated reinforced concrete

public bar / restaurant

external terrace

kitchen + staff canteen

M & E plant

administration + store room

main entrance / reception

hotel shop

fireplace lounge

display showcase

public WC facilities

Wellness Centre

Hotel central facilities and exploded view /
*Infrastructure de la partie centrale de l'hôtel
et vues d'éléments structurels*

The building has two distinctly contrasting sides; driving west along the road your first sight is of the landscaped mound with its huge gaping cut and the perforated lift tower sprouting from it, seemingly supporting a leaning vertical alpine garden. Driving on, the crystal façade of the screen is revealed. The rooms are glazed in mirrored glass in a faceted crystal formation. Each crystal reflects, in equal measures with hard edged divisions, the sky, the Alps, the village, the factory and the fields. The screen perches on the very edge of the mound, separated from it, leaning and curving westwards, overhanging the entrance to the Hotel lobby below. Seven storeys high and with eleven rooms per storey the screen accommodate a total of 77 rooms. Each floor-plate is identical, rotating incrementally at each rise in level about a pivot located on the north western corner of the building.

L'hôtel montre deux aspects très distincts : l'automobiliste qui remonte la route à l'ouest aperçoit d'abord le tertre paysagé, largement entaillé, d'où jaillit la tour perforée de l'ascenseur qui supporte apparemment un jardin alpin vertical. La « façade de cristal » de l'« écran » ne se révèle qu'ensuite. Les vitrages des chambres sont réfléchissants et facettés comme des cristaux. Chaque cristal reflète de façon fragmentée le ciel, les Alpes, le village, la cristallerie et les champs.
L'écran est perché à l'extrême bord du tertre, dont il est indépendant. Il s'incline et ondule vers l'ouest, fait saillie sur l'entrée du lobby et accueille sept niveaux de onze chambres chacun, soit 77 chambres au total. Les planchers, identiques, sont décalés les uns par rapport aux autres selon un mouvement de rotation progressif qui s'effectue à chaque niveau autour d'un pivot situé dans l'angle nord-ouest du bâtiment.

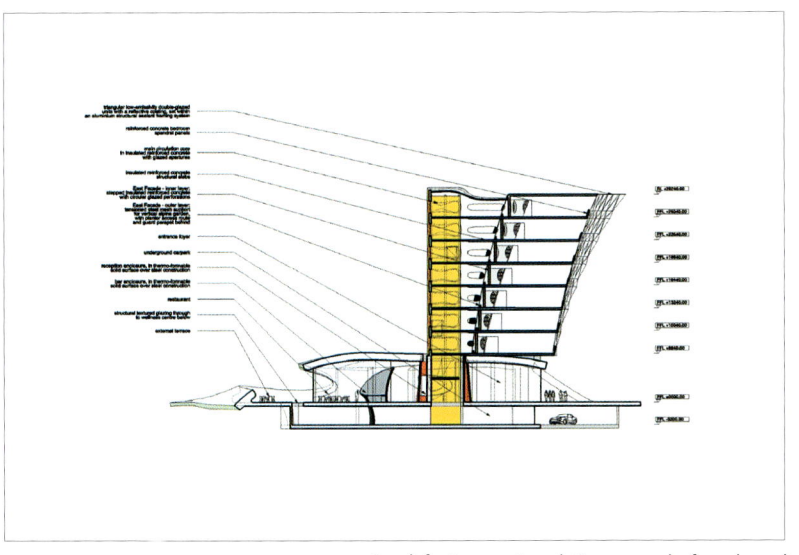

South-facing section / *Coupe sur la façade sud*

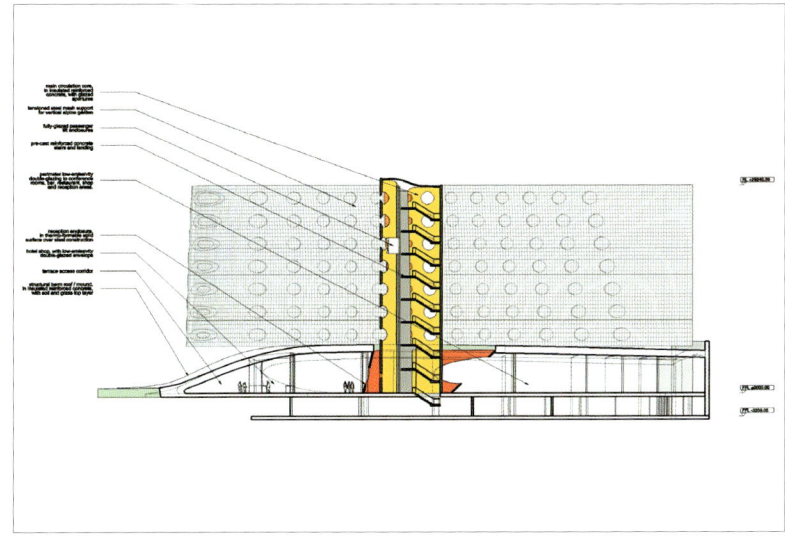

West-facing section / *Coupe sur la façade ouest*

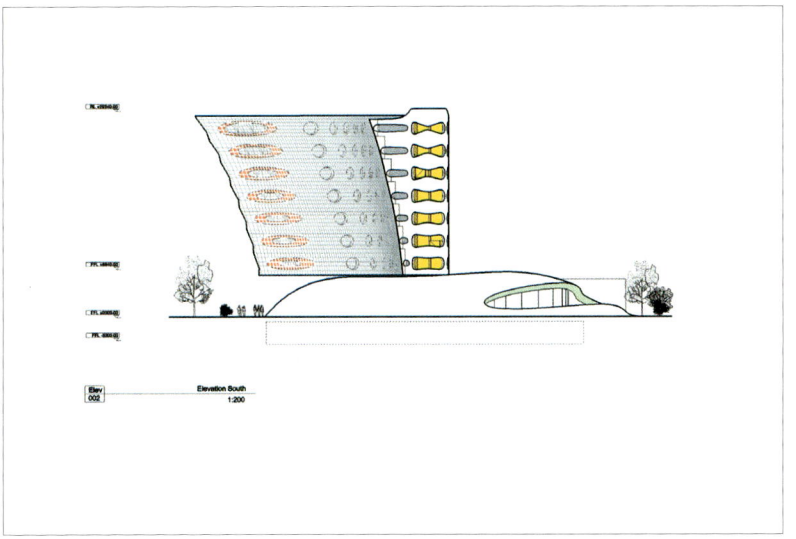

Elevation South / *Élévation de la façade sud*

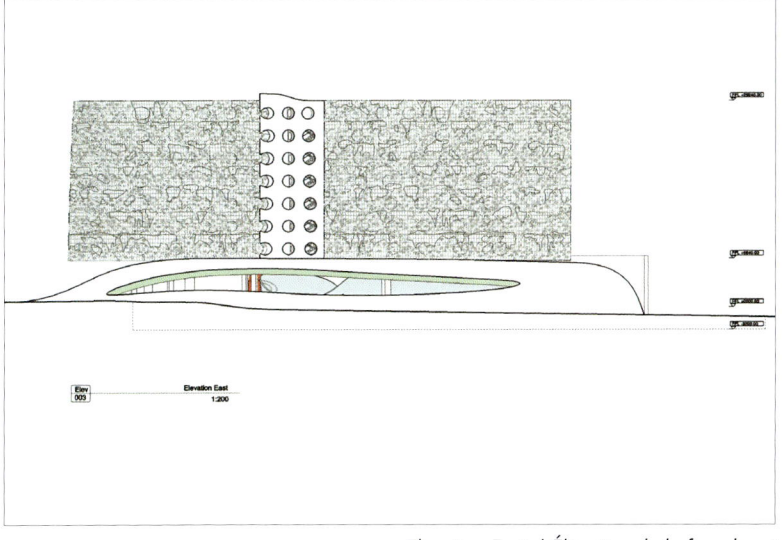

Elevation East / *Élévation de la façade est*

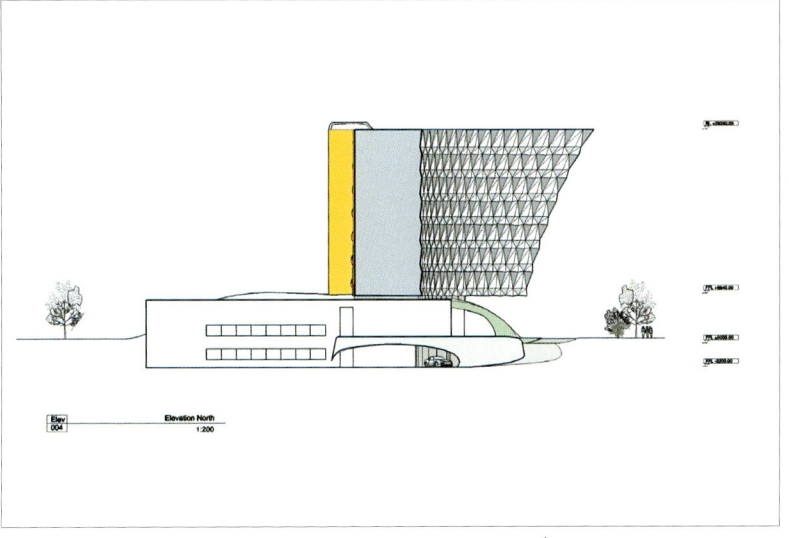

Elevation North / *Élévation de la façade nord*

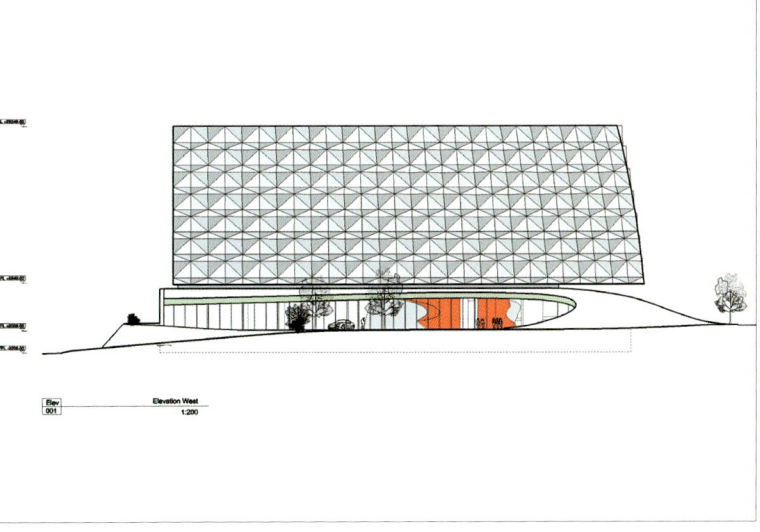

Elevation West / *Élévation de la façade ouest*

3D image façade / *Image 3D de la façade*

3D image terrace / *Image 3D de la terrasse*

The room divisions are stacked vertically in-line with the radial grid, forming the vertical structural members at approximate 5 m intervals. Of the 11 rooms per floor, 9 are standard rooms with one Junior-Suite and one Suite at the southern tip. On the top level the Junior-Suite and Suite merge to create one Larger Executive Suite.

The 3-dimensional form of the screen and the floor-plate rotation results in a slight variation to the room plans at each level. This implies that the design solution for the interior of the rooms has to be modular allowing it to re-fit within the variable of the plan. The bathroom partition is a prefabricated modular element —the variation between room forms is taken up by the glass end panel that connects the partition to the main bedroom wall.

All of the exterior elements of the building have a direct implication on the hotel's interior life. Each room has a crystal section of the façade, through which the glorious landscape can be viewed. The concrete structure forms an angular shallow "indoor balcony" to each room. One piece of the crystal is hinged as an operable window.

The eastern façade is double layered. The stepped inner layer forms the building envelope constructed from insulated reinforced concrete. The outer steel mesh layer is stretched over the parapets forming a smoothed sloped eastern façade over which hardy climbers will grow. The stepping creates walkways on which planters for the foliage are located and providing a servicing route for the plants. The glazed perforations of the east façade, forms the outer wall of the bedroom corridor, allowing light to filter in through the framed foliage of the vertical garden.

Les murs des chambres, empilés selon la grille radiale, forment les éléments structurels verticaux de l'édifice, situés à environ 5 m d'intervalle. Aux neuf chambres standard par étage s'ajoutent une Junior-Suite et une Suite à l'extrémité sud. Au dernier étage, la Junior-Suite et la Suite fusionnent pour former une vaste Executive Suite.

La forme tri-dimensionnelle de l'écran et la rotation des planchers altèrent légèrement le plan des chambres à chaque niveau. De ce fait, leur design intérieur doit être modulable pour permettre un réajustement dans la variable du plan. La cloison de la salle de bains est un élément préfabriqué modulaire ; les variations de formes des chambres sont « gommées » par le panneau de verre qui réunit la cloison au mur principal de la chambre.

Tous les éléments extérieurs de l'édifice ont une implication directe sur la vie interne de l'hôtel. À chaque chambre correspond un « cristal » de la façade, d'où l'on peut contempler le paysage, et un balcon intérieur angulaire et peu profond intégré à la structure de béton. Chaque cristal comprend dans une de ses facettes une fenêtre sur gonds qu'on peut ouvrir ou fermer.

La façade est composée de deux strates. La strate interne, aménagée en terrasses, forme l'enveloppe de l'édifice, en béton armé isolé. La strate externe, une grille d'acier, s'étire sur les parapets, formant une façade en pente douce où pousseront des plantes grimpantes. Les terrasses sont autant de sentiers où l'on disposera les jardinières et qu'on empruntera pour entretenir la tenture végétale. Les perforations vitrées de la façade est constituent le mur extérieur du couloir des chambres et laissent entrer la lumière, filtrée par la verdure du jardin vertical.

3D image rooms / *Image 3D des chambres*

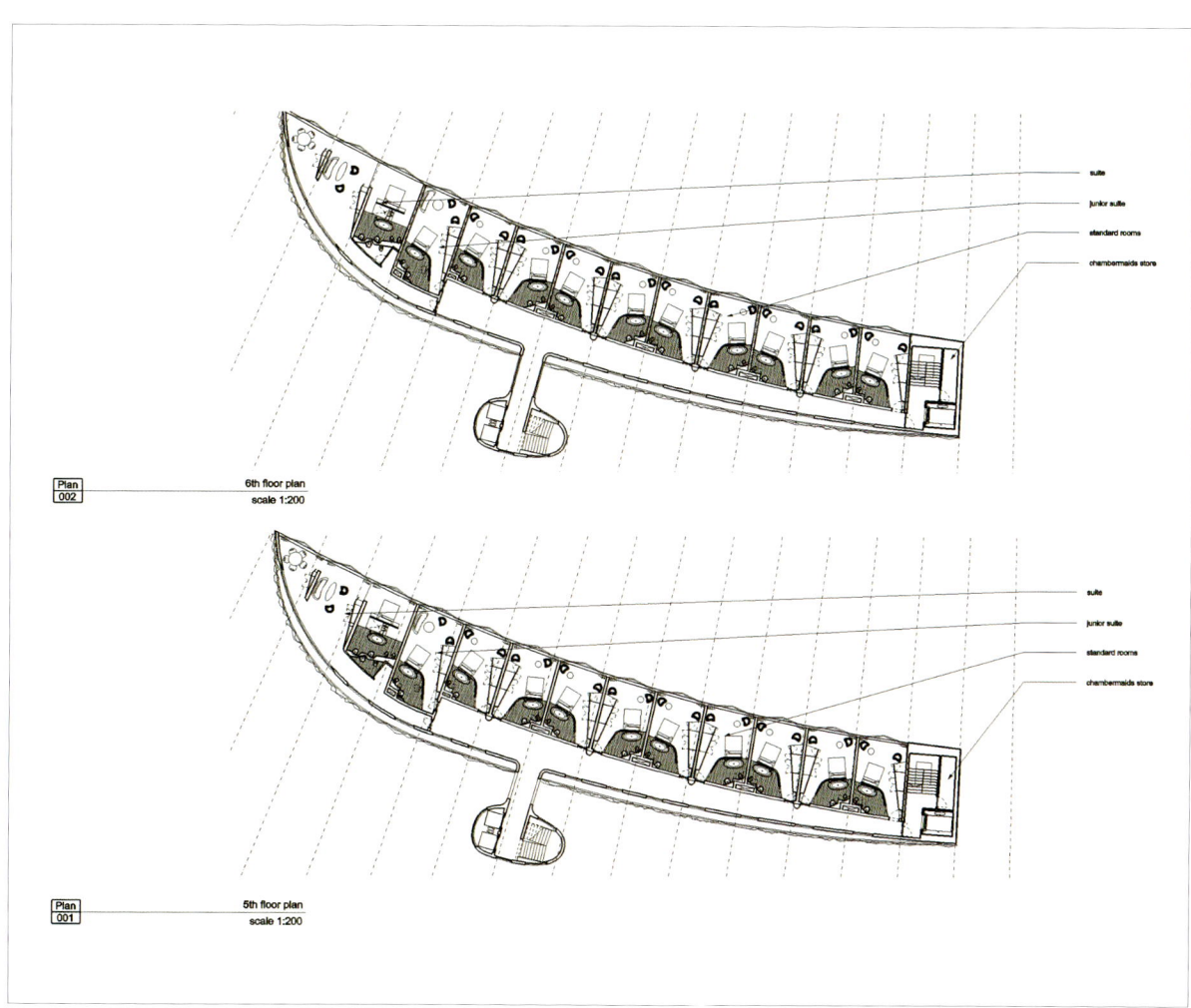

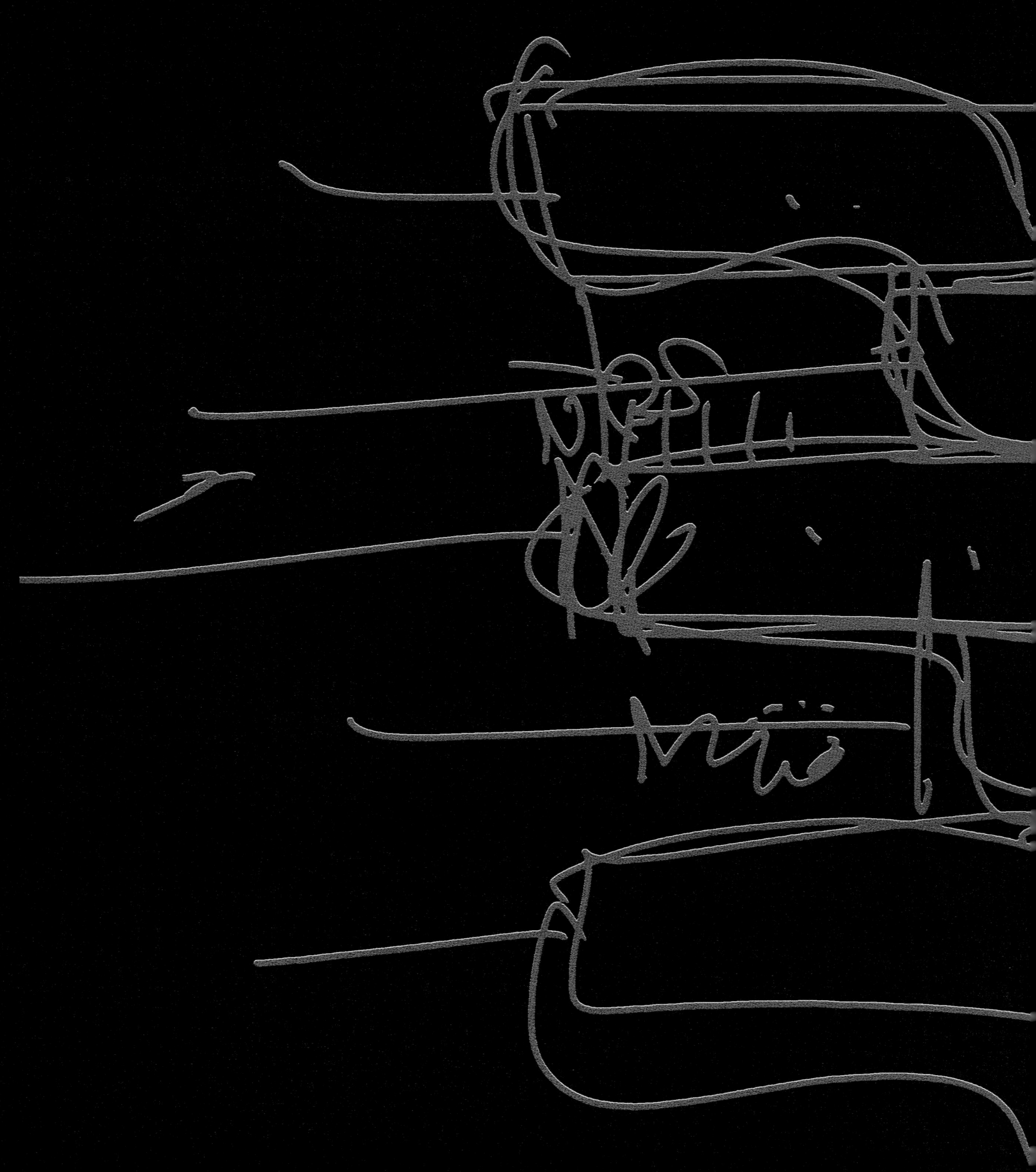

HA YARKON STREET

TEL AVIV, ISRAEL **2006-2010**

HA YARKON STREET 2006-2010
TEL AVIV, ISRAEL

PROJECT ARCHITECT / *ARCHITECTE DU PROJET* : **ASA BRUNO**
TEAM MEMBERS / *ÉQUIPE* : **JULIAN GILHESPIE**
BACKER / *COMMANDITAIRE* : **MR. SAMI MARZIANO, PARIS**
PROJECT OBJECTIVES / *OBJECTIFS* : **LUXURY RESIDENTIAL PROJECT ON TEL AVIV'S BEACH PROMENADE**
DESIGN / *DESING* : **2006**
TERM OF CONSTRUCTION / *RÉALISATION* : **CURRENTLY IN PLANNING. COMPLETION EARLY 2010**
BUILDING AREA / *SUPERFICIE CONSTRUITE* : **1900 M² (NET)**

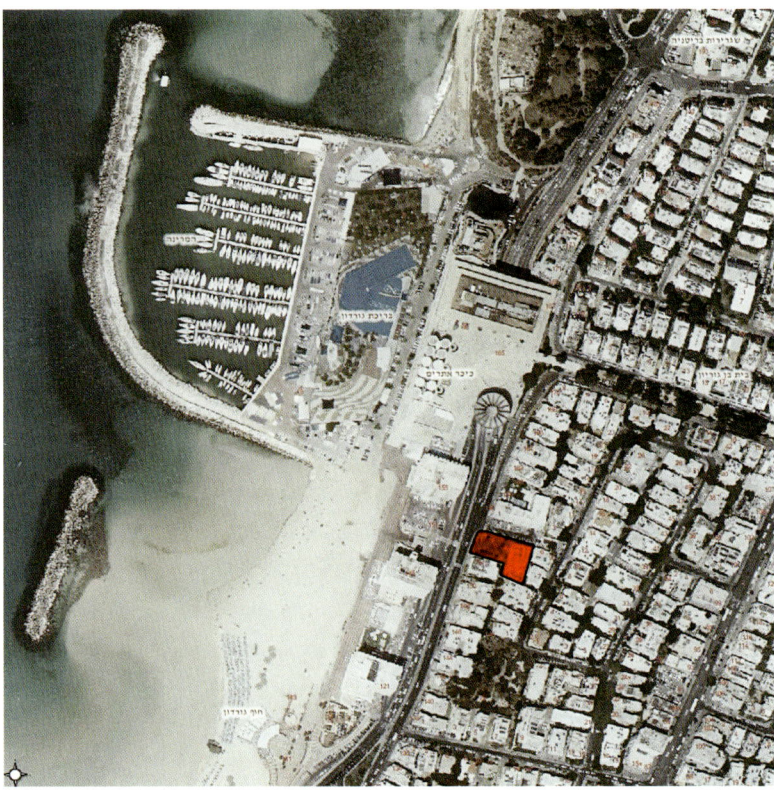

General view / *Vue générale*

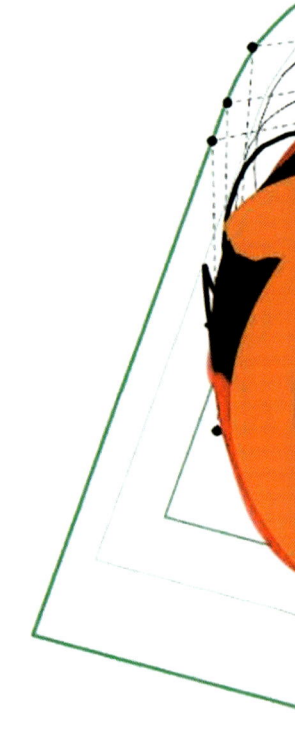
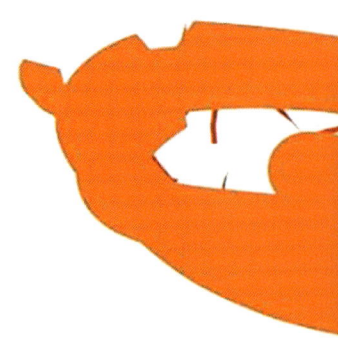

Ron Arad Associates were invited to design and develop a new luxury apartment building to be situated along the northern reaches of the seafronting Ha-Yarkon street in Tel Aviv.

From a very early stage in the building's design, it was clear that one of the biggest challenges would be to preserve and maximise the sea-facing façade for each individual apartment, in order to secure an unsurpassed view of the sea, even from the lower floors. In order to achieve this, it was decided that no two apartments would share the front (west) façade, and that each and every apartment, as well as the building as a whole would be designed in such a way as to celebrate the potential and individuality of each apartment.

Ron Arad Associates a été invité à concevoir et développer un immeuble d'appartements de luxe situé à l'extrémité nord de la rue Ha-Yarkon, à Tel Aviv, et faisant face à la mer.

Dès le début du projet, il apparut clairement que notre principal défi serait d'optimiser la façade sur la mer des appartements afin de préserver cette vue incomparable, y compris pour les étages les moins élevés. Dans cet objectif, il a été décidé que chaque appartement s'étendrait sur toute la largeur de la façade principale (ouest) et que l'ensemble de la construction serait conçu pour célébrer le potentiel et l'individualité de chacune de ces unités.

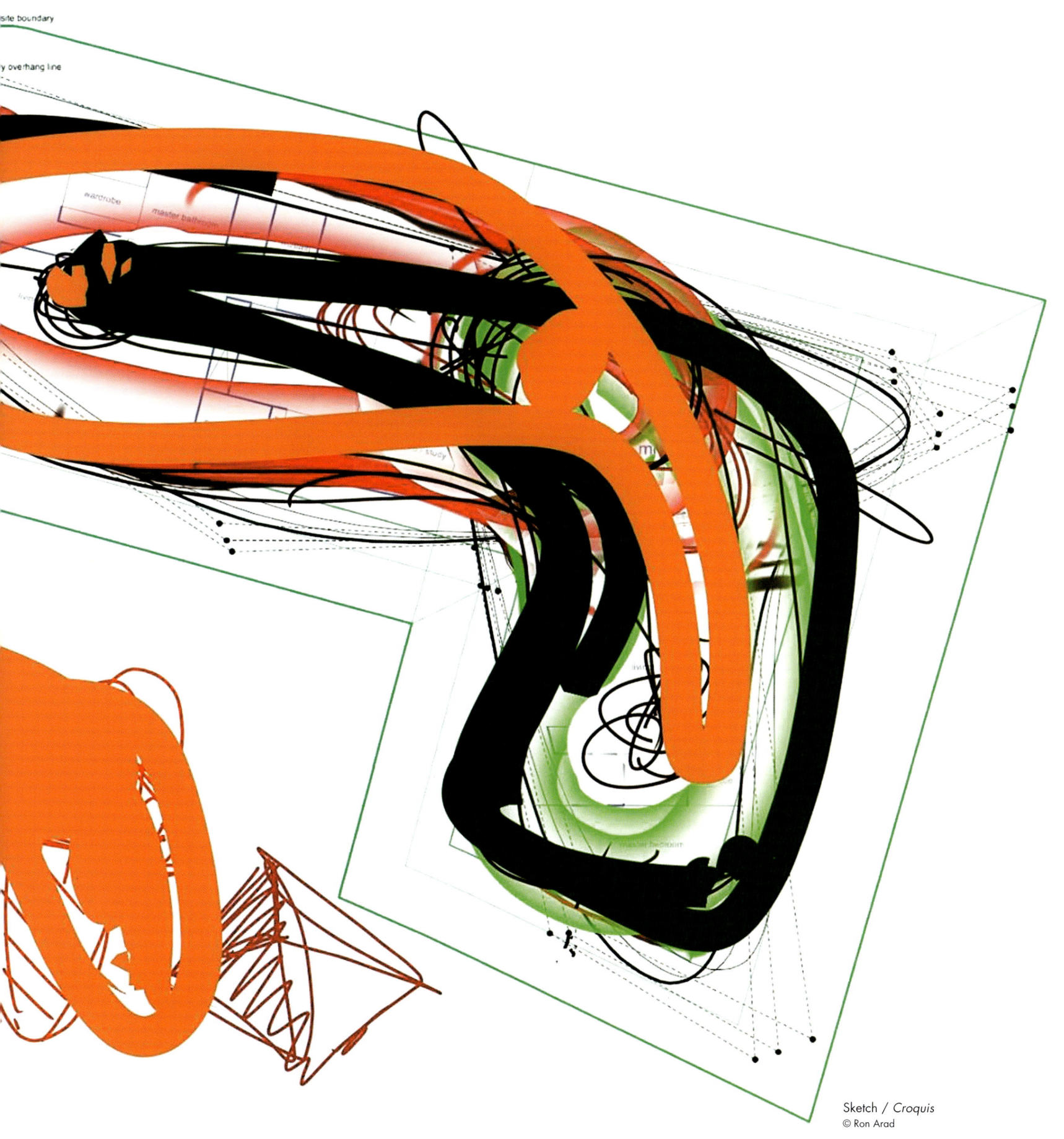

Sketch / *Croquis*
© Ron Arad

South elevation / *Élévation sud*

West elevation / *Élévation ouest*

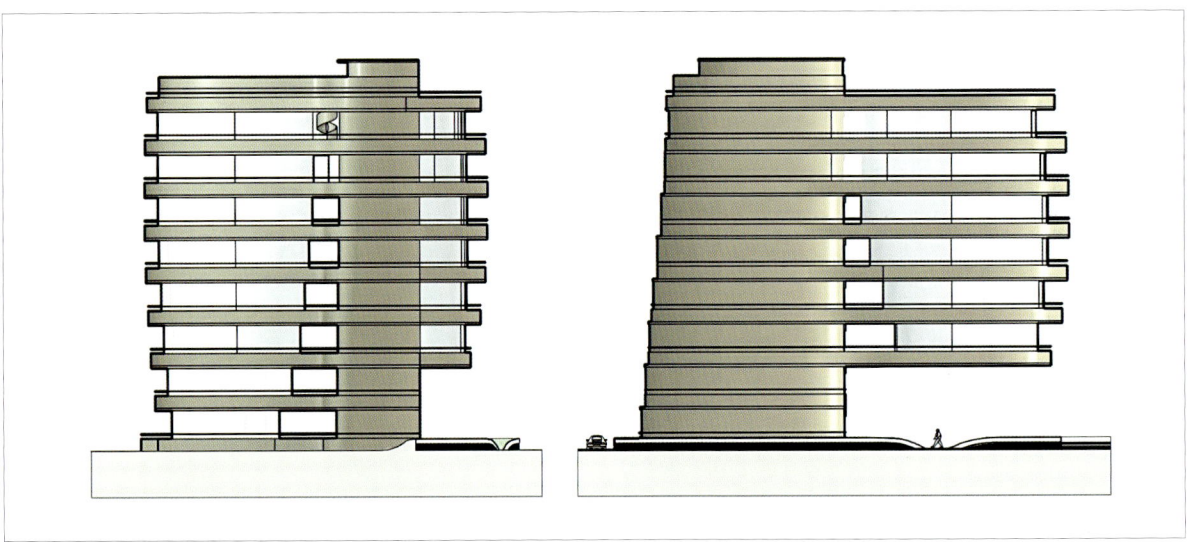

East elevation / *Élévation est*

North elevation / *Élévation nord*

The arrangement of the building initially took the form of a column of alternating/staggered volumes, each providing either a sea-facing terrace, or a sea-facing accommodation, and in such a way granting every apartment full enjoyment of the site. While this arrangement utilised the site's contextual potential, this proved to be less economic in its use of the available floor area for development. The conceptual development of the design then went through various interpretations and permutations of the initial scheme, finally to arrive at the current "3-cone scheme".

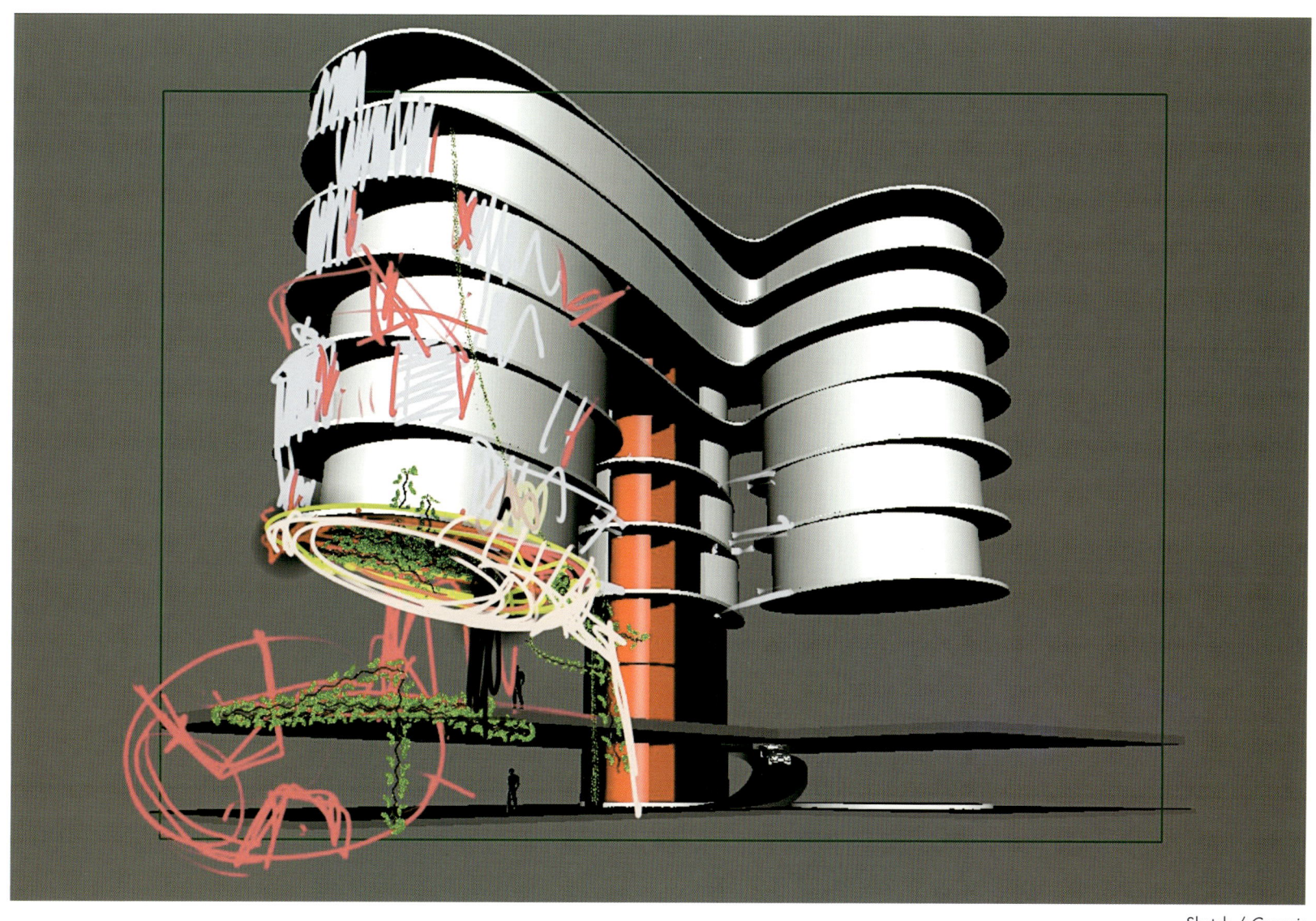

L'organisation du bâtiment a d'abord pris la forme d'une colonne de volumes alternés/superposés, chacun pourvu soit

d'une terrasse soit d'une pièce face à la mer, de façon que chaque appartement puisse pleinement jouir du site.

Cette structure tirait parti du potentiel contextuel du site. En revanche, elle s'est avérée peu économe en matière de surface

au sol disponible.

Le développement conceptuel du projet est alors passé par plusieurs interprétations et permutations du schéma initial pour

aboutir finalement au schéma « 3-cônes » actuel.

Following pages / *Pages suivantes* :
Façade / *Façade*

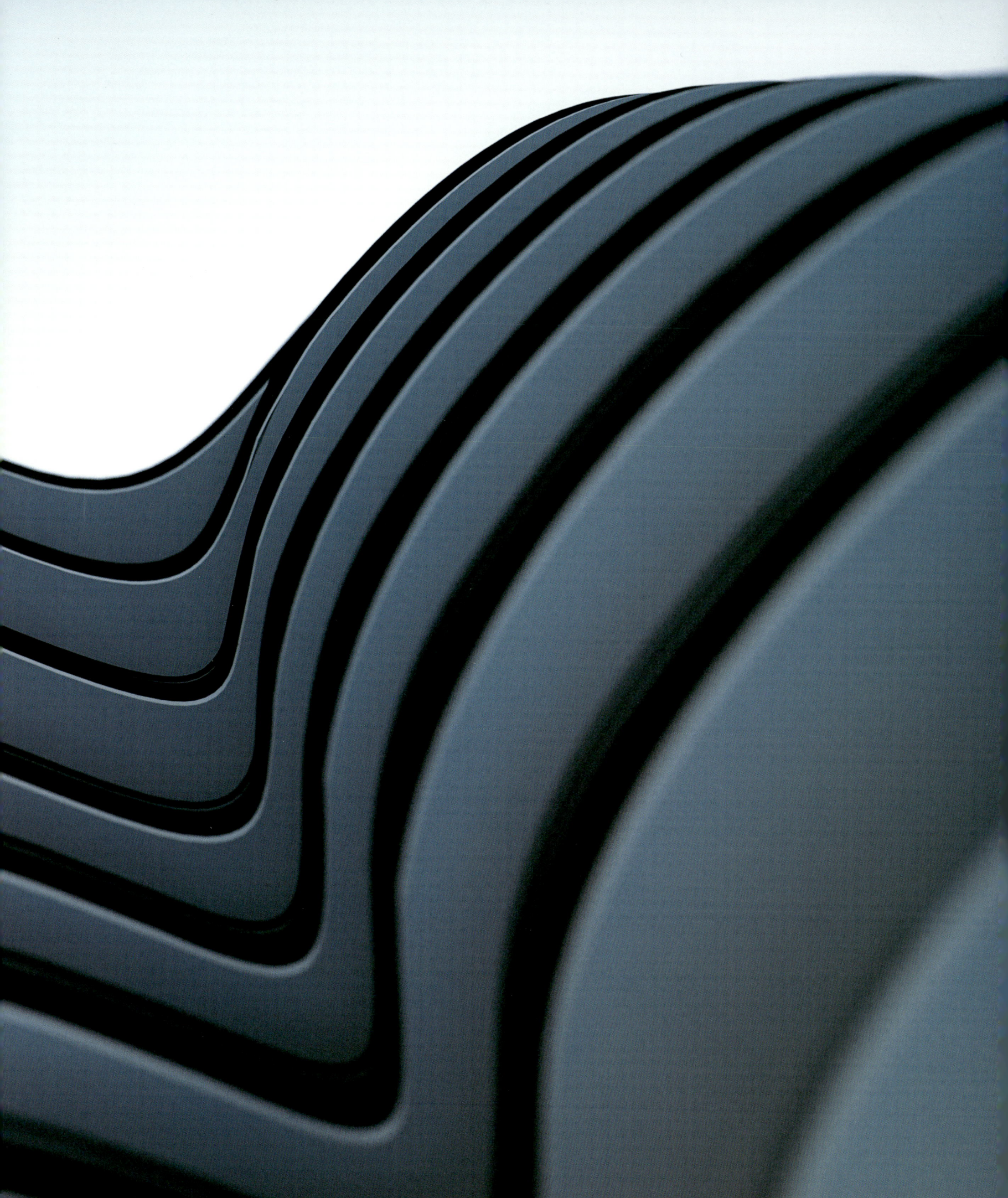

3D image façade / *Image 3D de la façade*

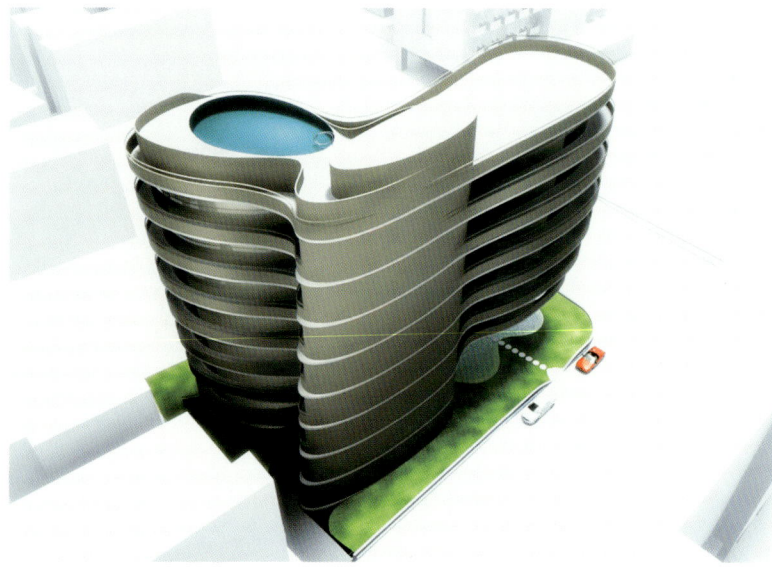

3D image swimming pool / *Image 3D de la piscine*

3D image garden / *Image 3D du jardin*

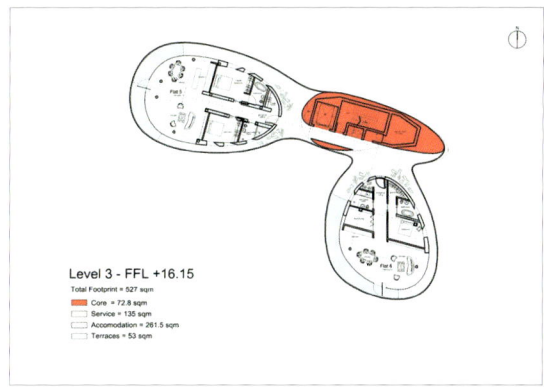

Level 3 - FFL +16.15

Total Footprint = 527 sqm

■ Core = 72.8 sqm
□ Service = 135 sqm
□ Accomodation = 261.5 sqm
□ Terraces = 53 sqm

Mezzanine - FFL +04.15

Total Footprint = 193.3 sqm

■ Core = 76.2 sqm
□ Service = 117 sqm
□ Accomodation = 90 sqm

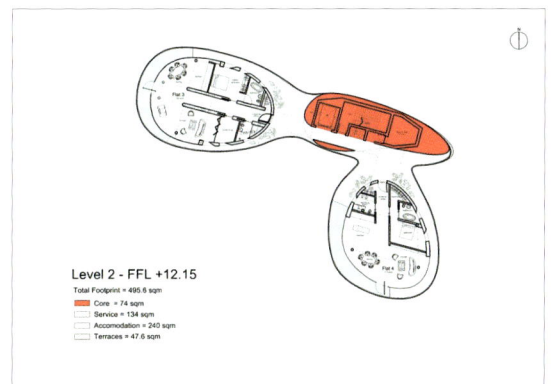

Level 2 - FFL +12.15

Total Footprint = 495.6 sqm

■ Core = 74 sqm
□ Service = 134 sqm
□ Accomodation = 240 sqm
□ Terraces = 47.6 sqm

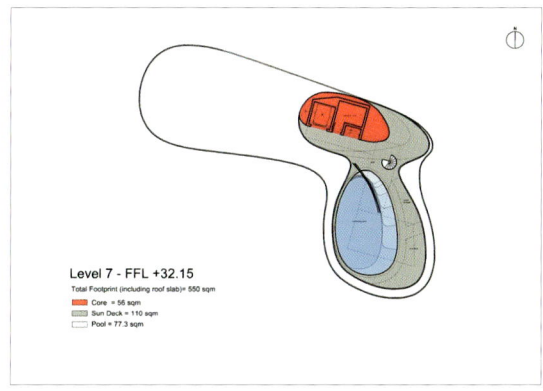

Level 7 - FFL +32.15

Total Footprint (including roof slab)= 550 sqm

■ Core = 56 sqm
□ Sun Deck = 110 sqm
□ Pool = 77.3 sqm

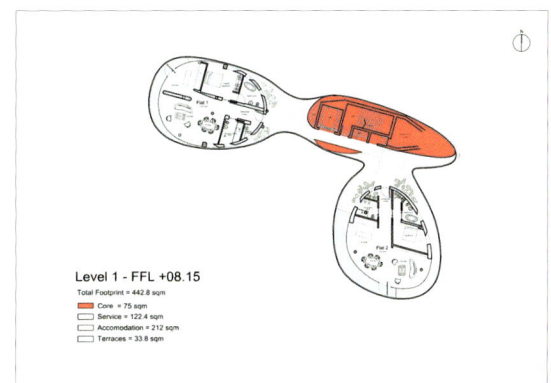

Level 1 - FFL +08.15

Total Footprint = 442.8 sqm

■ Core = 75 sqm
□ Service = 122.4 sqm
□ Accomodation = 212 sqm
□ Terraces = 33.8 sqm

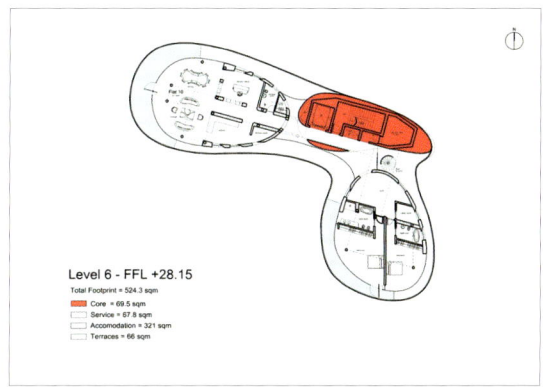

Level 6 - FFL +28.15

Total Footprint = 524.3 sqm

■ Core = 69.5 sqm
□ Service = 67.8 sqm
□ Accomodation = 321 sqm
□ Terraces = 66 sqm

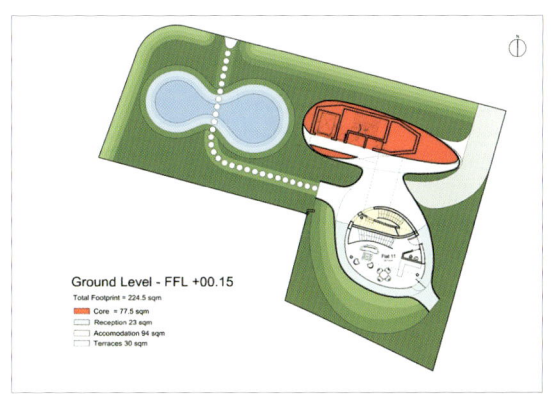

Ground Level - FFL +00.15

Total Footprint = 224.5 sqm

■ Core = 77.5 sqm
□ Reception 23 sqm
□ Accomodation 94 sqm
□ Terraces 30 sqm

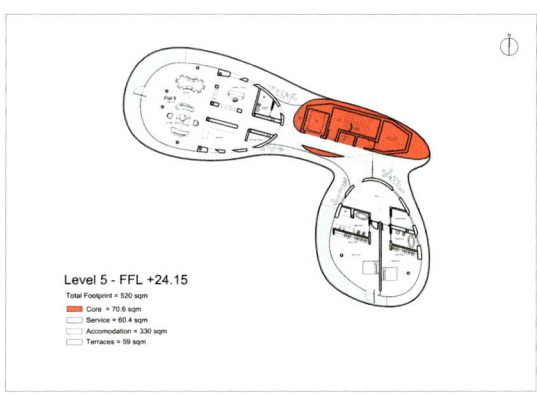

Level 5 - FFL +24.15

Total Footprint = 520 sqm

■ Core = 70.6 sqm
□ Service = 60.4 sqm
□ Accomodation = 330 sqm
□ Terraces = 59 sqm

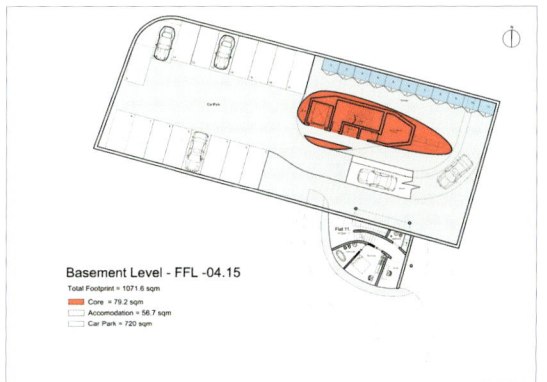

Basement Level - FFL -04.15

Total Footprint = 1071.6 sqm

■ Core = 79.2 sqm
□ Accomodation = 56.7 sqm
□ Car Park = 720 sqm

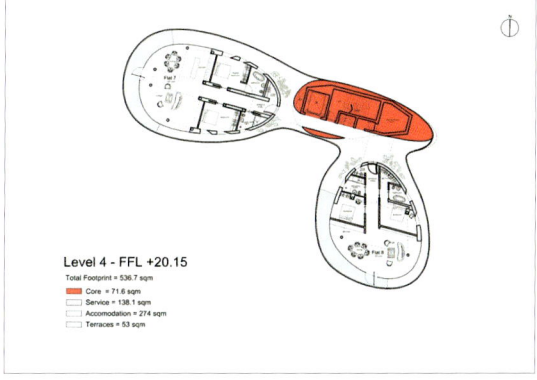

Level 4 - FFL +20.15

Total Footprint = 536.7 sqm

■ Core = 71.6 sqm
□ Service = 138.1 sqm
□ Accomodation = 274 sqm
□ Terraces = 53 sqm

Levels plans /
Plans des différents niveaux

245

3D image living room / *Image 3D du salon*

3D image dining room / *Image 3D du salon*

3D image kitchen / *Image 3D de la cuisine*

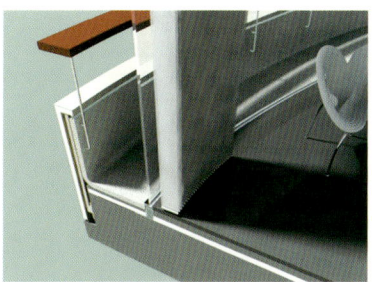

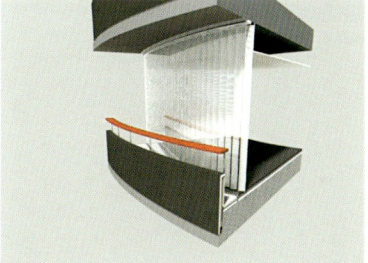

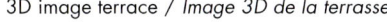

3D image terrace / *Image 3D de la terrasse*

3D image window shade system /
Image 3D du système de store

This proposal, as the name suggests, draws it's organisational and structural principles from the formation of three connected and inverted conical volumes, two of which anchor and support the third, cantilevered cone, to the ground. The so-called "cones" are expressed through a series of undulating slabs and perimeter balustrades which highlight the building's topographical nature. This arrangement elegantly juxtaposes the weight and tall proportions of the building with the seemingly impossible feat of supporting the entire front side of the building in the air. The first floor slab rises 8 m above street level, lending a cavernous and dramatic air to the entrance approach to the building from Ha-Yarkon Street.

Cette proposition, comme son nom l'indique, tire ses principes d'organisation et de structure de trois volumes coniques inversés et connectés, dont deux supportent et ancrent au sol le troisième, en porte-à-faux. Les « cônes » sont soulignés par les ondulations des dalles et des balustrades périphériques qui soulignent la nature topographique de l'édifice. Cette organisation juxtapose élégamment le poids et les proportions élevées de l'immeuble avec l'extraordinaire « suspension » de la façade principale dans les airs. La dalle du premier niveau s'élève 8 m au-dessus de la rue, donnant un aspect à la fois caverneux et spectaculaire à l'entrée sur la rue Ha-Yarkon.

3D image façade / *Image 3D de la façade*

3D image façade / *Image 3D de la façade*

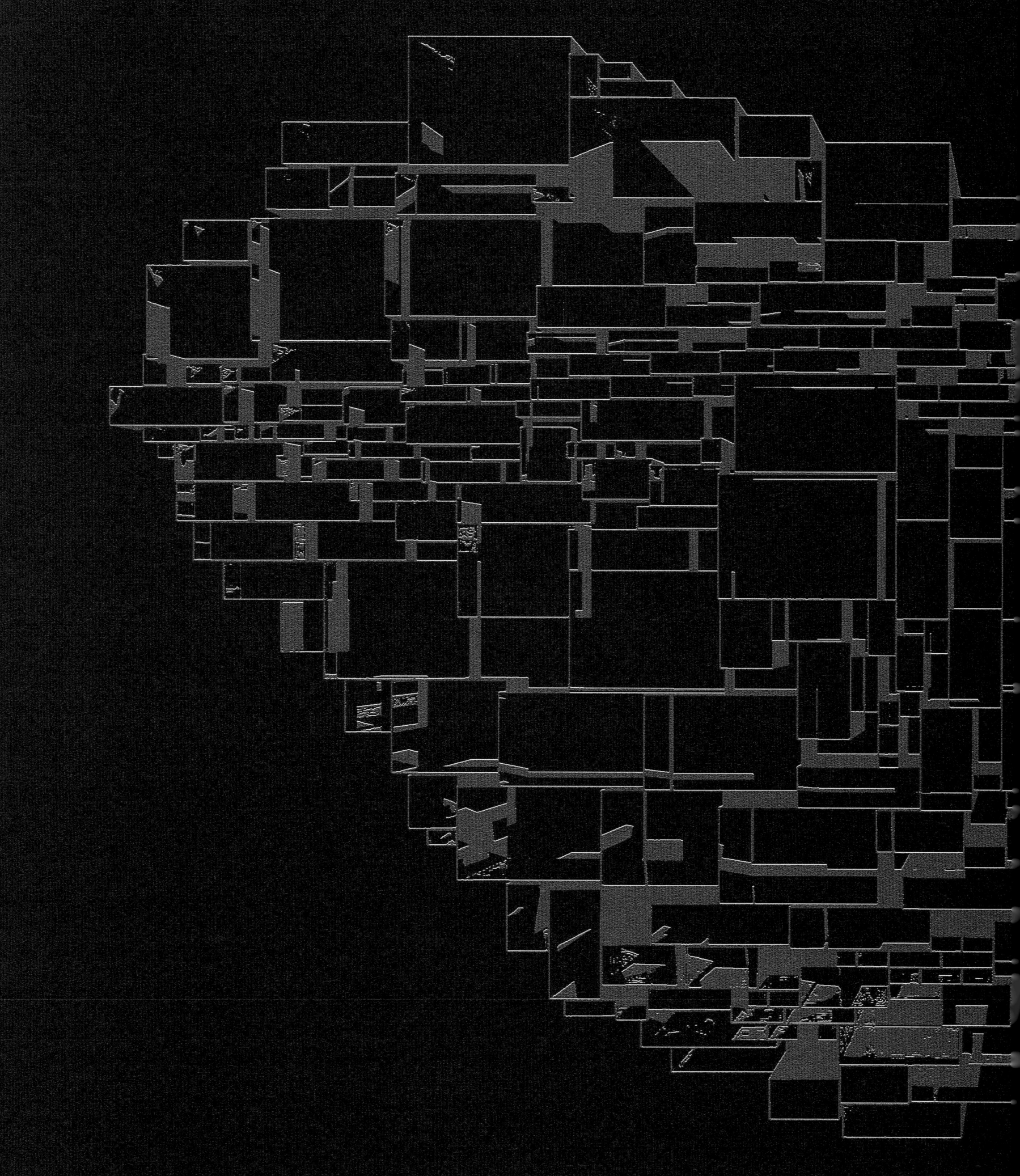

ZION SQUARE PROJECT

JERUSALEM, ISRAEL **2006**

ZION SQUARE SCULPTURE PROJECT 2006
JERUSALEM, ISRAEL

PROJECT ARCHITECT / *ARCHITECTE DU PROJET* : **ASA BRUNO**
TEAM MEMBERS / *ÉQUIPE* : **PAUL MADDEN**
BACKER / *COMMANDITAIRE* : **THE JERUSALEM FOUNDATION**
PROJECT OBJECTIVES / *OBJECTIFS* : **PUBLIC SPACE AND SCULPTURE FOR JERUSALEM LANDMARK SQUARE**
DESIGN / *DESIGN* : **2006**
PROJECT AREA / *SUPERFICIE* : **350M²**

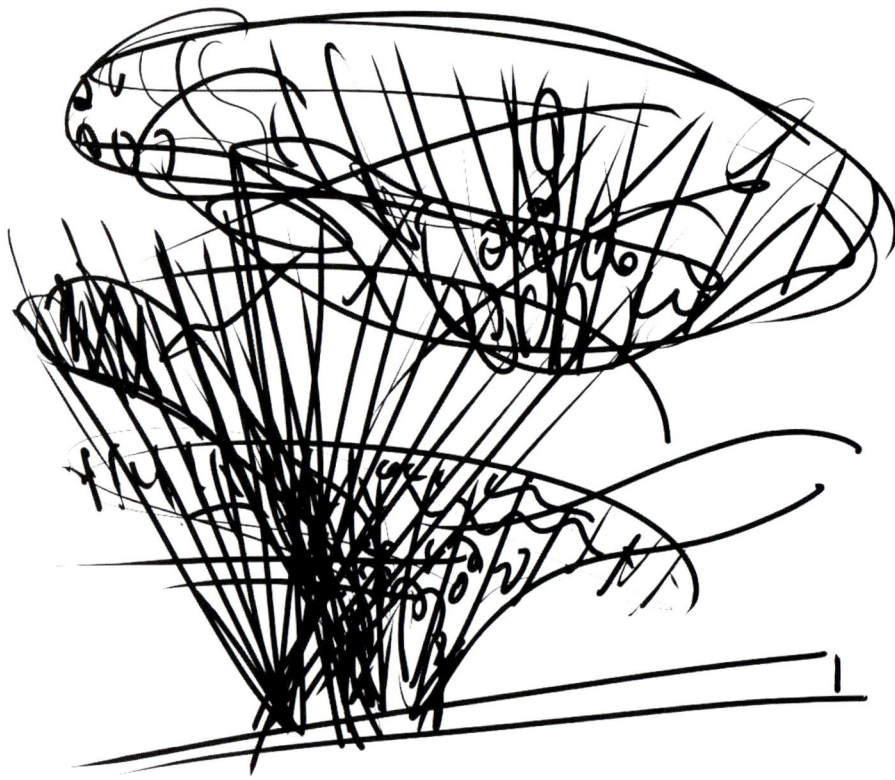

Sketch / *Croquis*
© Ron Arad

At the beginning of 2006, Ron Arad Associates were invited by the Jerusalem Foundation and the Municipality of Jerusalem to propose a landmark public sculpture for Zion Square, as part of a series of high-profile commissions for the redevelopment of key squares along Jerusalem's main east-west artery —Jaffa Road. This commission is to coincide with the proposal to transform the busy Jaffa Road into a more inviting and accessible pedestrian and light railway route, scheduled for completion in 2008.

Début 2006, la fondation de Jérusalem et la municipalité de Jérusalem ont invité Ron Arad Associates à soumettre un projet de sculpture pour la place de Sion. Celui-ci s'inscrit dans une série de commandes à forte visibilité qui contribueront à la réhabilitation des places « stratégiques » situées le long de la route de Jaffa, l'artère principale reliant l'est et l'ouest de Jérusalem. Il doit aussi coïncider avec un projet qui vise à faire de la route encombrée de Jaffa une voie de communication plus accueillante, accessible aux piétons et à un tramway prévu pour 2008.

Sketch / *Croquis*

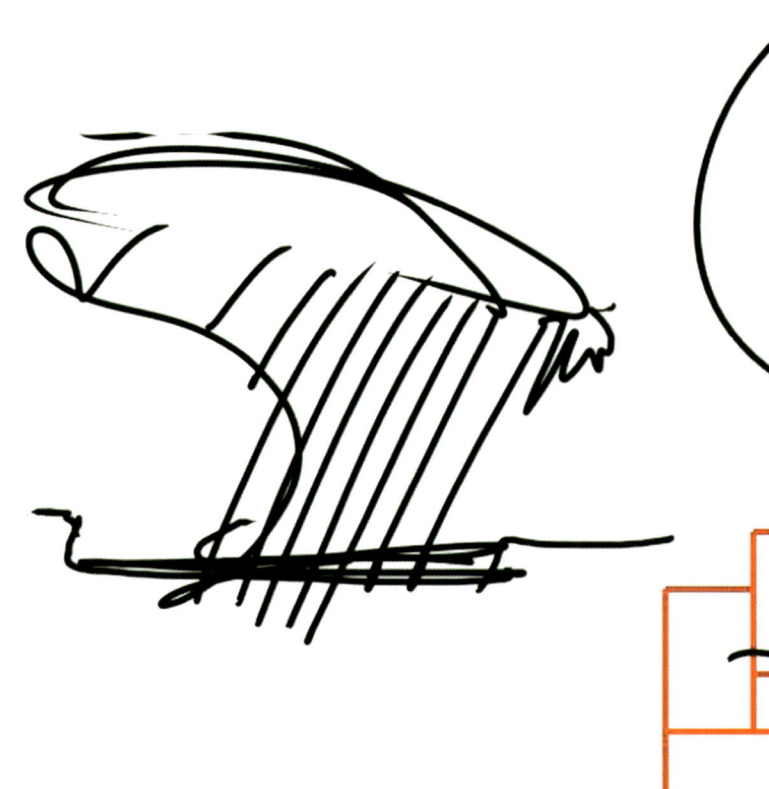

Zion Square lies in the heart of secular Jerusalem, at the intersection between Jaffa Road, Ben-Yehuda Street, Shamai and Salomon streets, and has seen a tumultuous history of public demonstrations, suicide bombings, dramatic architectural interventions, all of which have left their scars on the square. The turn-of-the-century architectural relics that surround the once beautiful square are now covered in grime, and opportunistic, and often chaotic, signage.

The brief given by the Jerusalem Foundation called for the introduction of a new landmark to adorn the central space of the square —a sculpture which would address the context of Zion Square, as well as provide a focal point for gathering, and a visual key to the multiple axes facing on to it.

La place de Sion se trouve au cœur de la Jérusalem ancienne, à l'intersection de la route de Jaffa et des rues Ben-Yehuda, Shamai et Salomon. Elle a connu un passé tumultueux et porte encore les cicatrices d'interventions architecturales dramatiques, mais aussi des manifestations et des attentats suicides dont elle a été le théâtre. Les reliques architecturales fin de siècle qui entourent ce lieu autrefois magnifique sont aujourd'hui couvertes de saletés et de fléchages utiles mais souvent chaotiques.

Le cahier des charges de la fondation de Jérusalem demandait l'érection d'un nouveau monument pour orner l'espace central de la place – une sculpture qui corresponde au contexte architectural tout en fournissant un point de rassemblement et une clef visuelle pour les multiples axes convergeants.

Sketch / *Croquis*
© Ron Arad

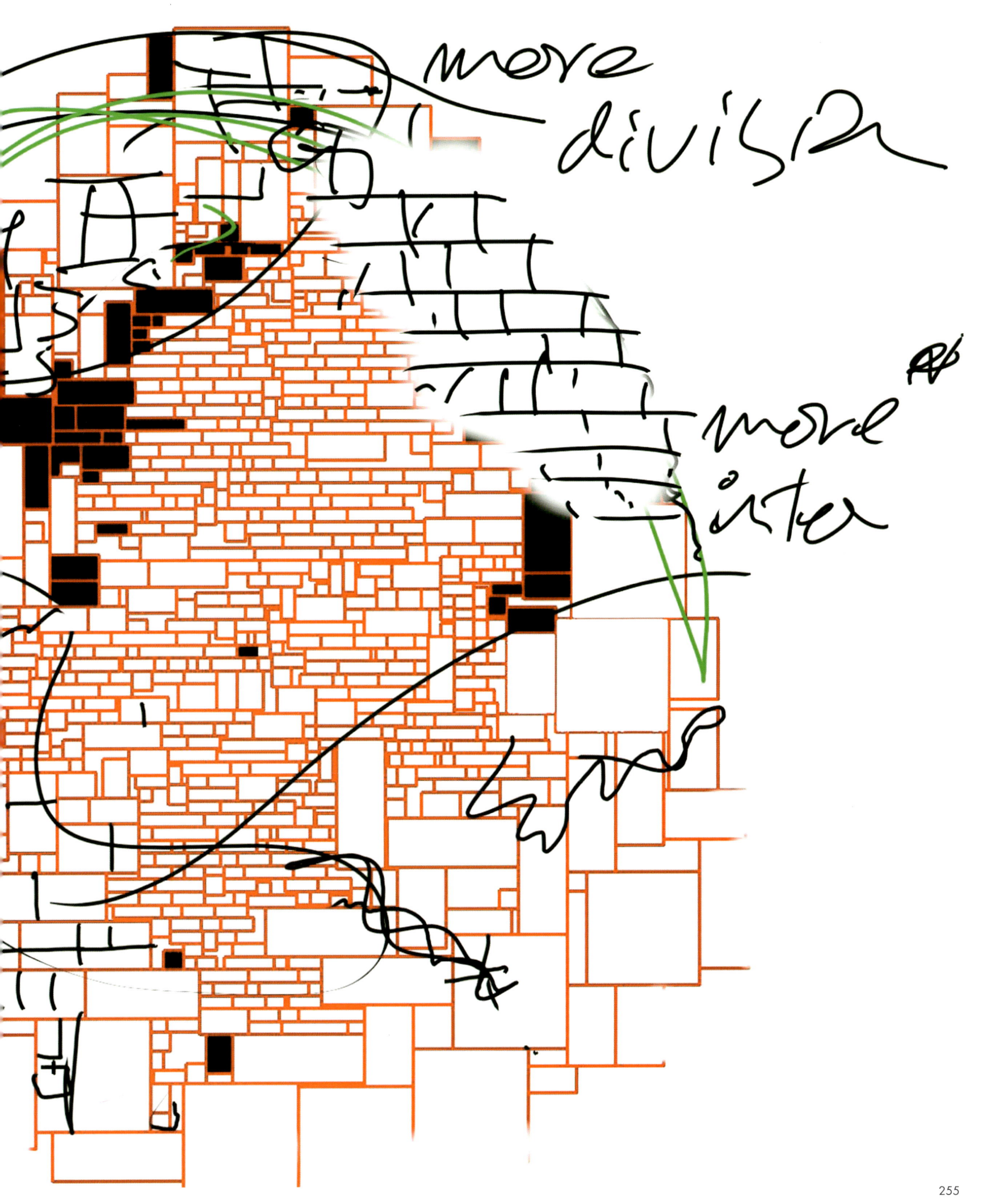

more divisor

more
inter

Section / *Coupe*

RAA created a canopy-like structure comprising of 400-odd rectangular cylinders of various cross-sectional sizes and lengths, clustered together to form a fanning cellular sheaf. The individual cylinders or cells, are made of weathering steel (or Corten as it is commercially known), and clad on the inside in mirror-polished stainless steel. This material juxtaposition between the warm-coloured patina of the Corten and the cold metallic sheen of the stainless steel renders the sculpture earthy, solid, quite heavy from the outside, but reveals a dramatically different view when the visitor steps towards and under the sculpture: the shiny honeycomb collects slivers of sky and surrounding buildings, into a kaleidoscope of colour and light. This effect is further enhanced by the shadows cast on the ground beneath and around the sculpture —conjuring the flagstone layout of Jerusalem Stone which, since British Mandatory times, was stipulated as the solely permissible building cladding material for the capital.

RAA a créé une structure en voûte constituée d'environ 400 cylindres rectangulaires de sections et de longueurs variées, assemblés pour former un faisceau de cellules en éventail. Ces cylindres, ou cellules, sont réalisés en acier patiné (connu dans le commerce sous le nom de Corten) et habillés à l'intérieur d'un acier inoxydable poli et brillant. La juxtaposition du Corten, à la patine chaleureuse, et de l'acier poli d'une froideur métallique confère à la sculpture son aspect terrien, solide, assez pesant vu de l'extérieur. Mais la vue est complètement différente quand le visiteur s'approche de la sculpture et la voit par en-dessous : les alvéoles brillantes captent des éclats du ciel et l'image fragmentée des bâtiments alentour, et livrent un véritable kaléidoscope de couleurs et de lumière. Cet effet est accentué par les ombres portées sur le sol sous et autour de la sculpture – évoquant l'agencement des dalles des murs de Jérusalem qui, depuis l'époque du mandat britannique, sont le seul revêtement autorisé pour les bâtiments de la capitale.

The sculpture is experienced differently from every angle: reminiscent of a cathedral apses opening up towards the sloping approach from the pedestrianised Ben-Yehuda street, enclosed and foreboding towards the eastern reaches of Jaffa Road, light and elegant when seen from the north and western sides of Jaffa Road. These differences complement the variety of approaches into the site, as well as the dynamic views of the square to be offered by the future light railway. As part of the project, RAA are also orchestrating the cleaning of the buildings facing onto the square and the resurfacing of the entire piazza. A subtle fissure in the ground, loosely following the contours of the stone paving layout, and evoking hints of the square's turbulent past.

The project is scheduled for completion by the end of 2007.

La sculpture est perçue différemment suivant l'angle de vue : montrant une succession d'absides de cathédrale qui s'ouvrent sur la pente conduisant à la rue piétonne Ben-Yehuda ; fermée et menaçante vers les accès est de la route de Jaffa ; légère et élégante vue des côtés nord et ouest de la route de Jaffa. Ces différences parachèvent la variété des accès au site et s'inscriront dans les vues dynamiques qu'on aura depuis le futur tramway.

Pour compléter le projet, RAA orchestre également le ravalement des bâtiments de la place et la restauration de son revêtement. Une légère fissure au sol suit de façon approximative les contours des pavés, référence au passé mouvementé du lieu.

La livraison du projet est programmée pour fin 2007.

Video: passing light / *Vidéo : variations de la lumière*

3D image structure / *Image 3D de la structure*

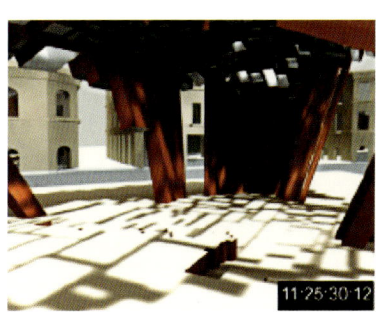

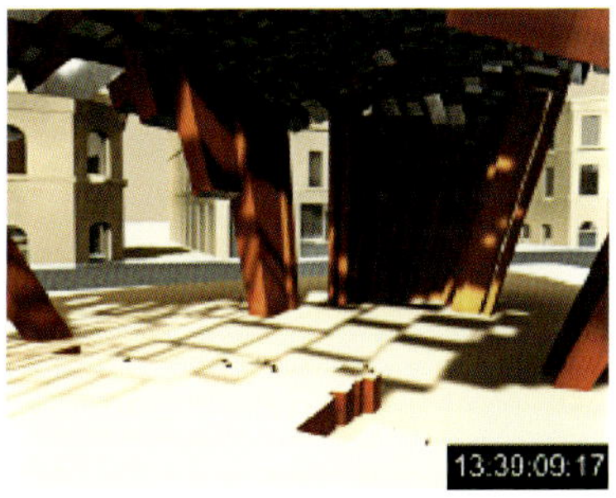

3D image structure / *Image 3D de la structure*

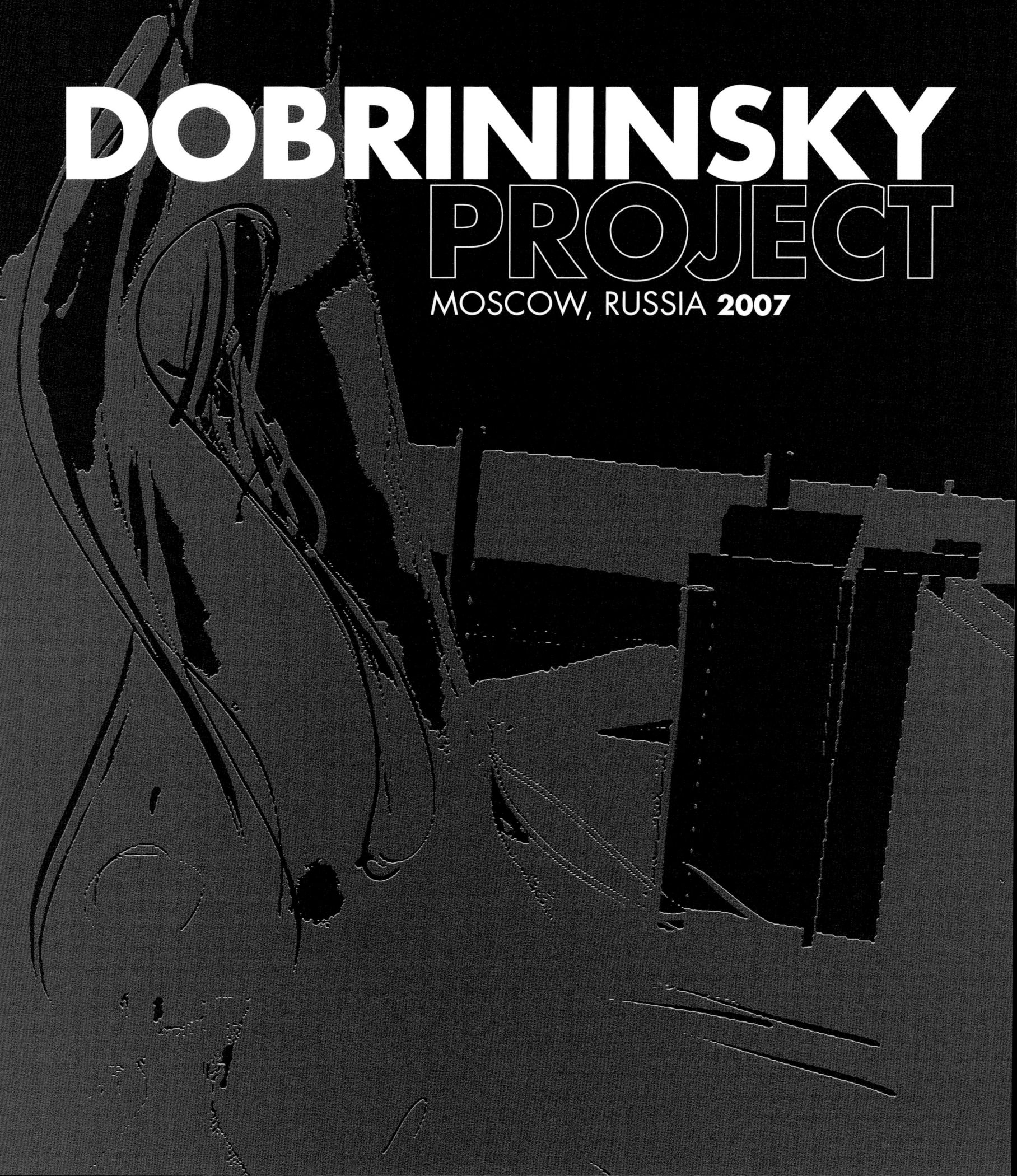

DOBRININSKY PROJECT

MOSCOW, RUSSIA **2007**

DOBRININSKY PROJECT 2007
MOSCOU, RUSSIA

PROJECT ARCHITECT / *ARCHITECTE DU PROJET* : **JULIAN GILHESPIE**
TEAM MEMBERS / *ÉQUIPE* : **MARTA GRANDA**
BACKER / *COMMANDITAIRE* : **HORUS CAPITAL, MOSCOW**
PROJECT OBJECTIVES / *OBJECTIFS* : **INTERIOR SCULPTURE, LANDSCAPE, RESTAURANT AND BAR**
FOR NEW COMMERCIAL HQ IN MOSCOW
DESIGN / *DESIGN* : **2007**
PROJECT AREA / *SUPERFICIE* : **900 M²**

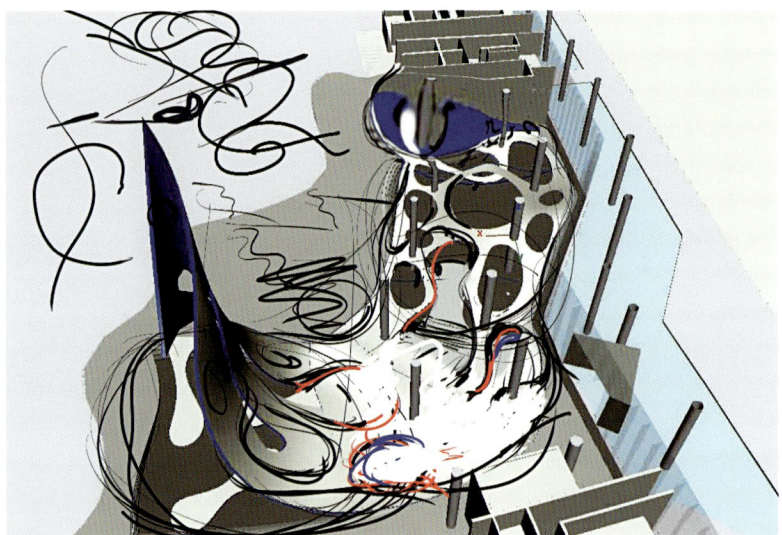

Sketch / *Croquis*
© Ron Arad

Ron Arad Associates were commissioned by Horus Capital in January 2007 to design the reception, atrium/lobby space and the restaurant areas of a cutting edge office complex designed by KPF Architects, in the centre of Moscow. It was clear that one of the biggest challenges would be to create an installation in this space that would announce its own individuality whilst at the same time compliment the innovative office building that the project inhabits.

En janvier 2007, Horus Capital chargeait Ron Arad Associates de concevoir la réception, l'atrium et les zones de restauration d'un immeuble de bureaux d'avant-garde situé au centre de Moscou et réalisé par l'entreprise KFC Architects. L'une des grandes difficultés soulevées par ce projet consistait à insérer une installation qui projetterait sa propre personnalité tout en mettant en valeur l'architecture novatrice qui l'accueillait.

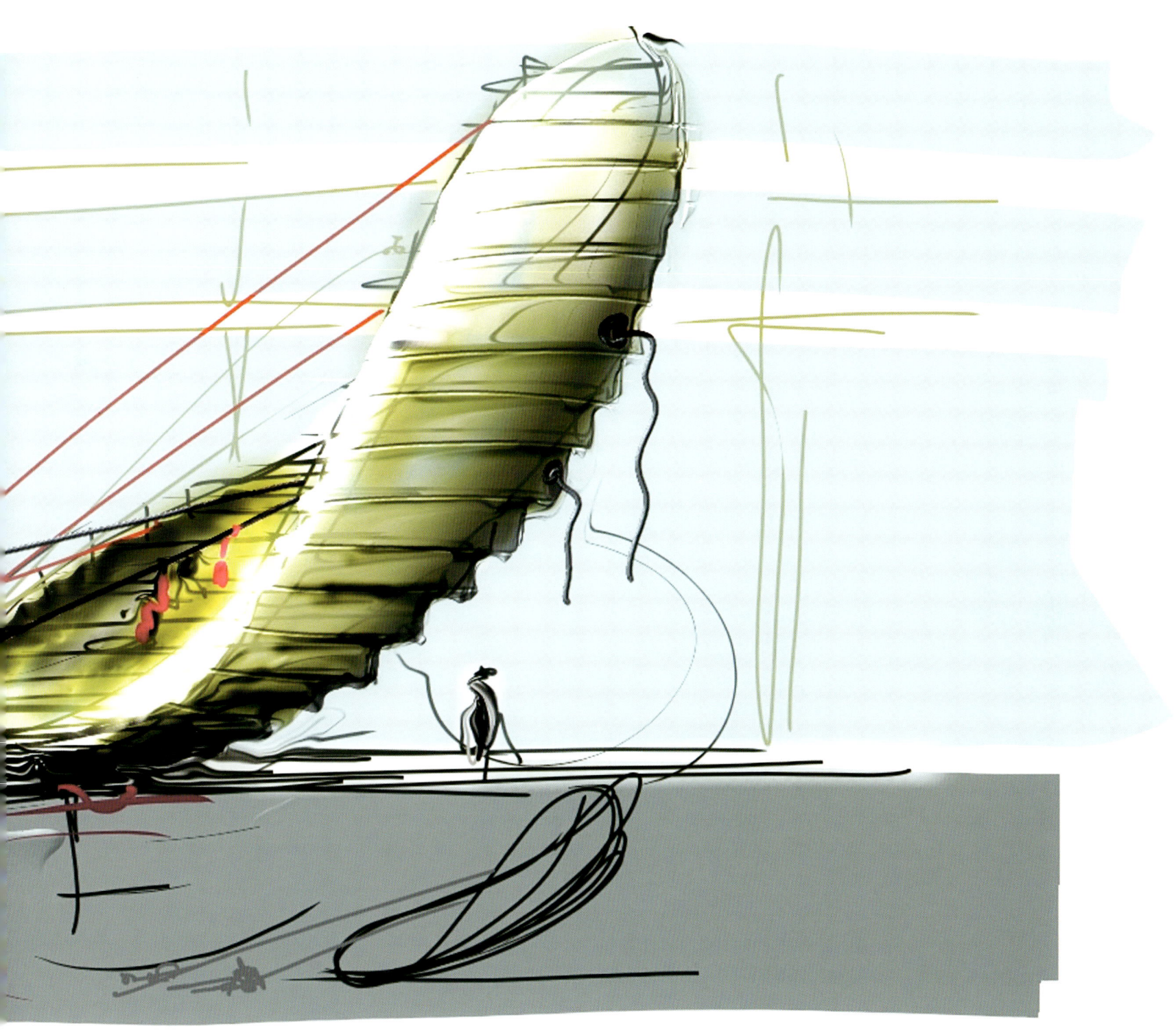

Sketch / *Croquis*
© Ron Arad

Sketch / *Croquis*
© Ron Arad

The floor surface of the building is seen as one giant surface or "carpet" which is picked up in one corner and simply lifted high up into the atrium creating new spaces within and beneath it. It is a single architectural gesture that connects the double height space beneath the building with the huge vertical volume of atrium at the rear.

A new visual and spatial link is created which attempts to redefine the boundaries between the various programmatic requirements that inhabit it. Many large circular shaped openings are cut out of the surface framing views both into and out of the interstitial space.

Le sol du bâtiment a été conçu comme un gigantesque tapis. Relevé à l'un de ses angles, il s'élève à l'intérieur de l'atrium en créant de nouveaux espaces de part et d'autre. Ce seul geste architectural fait communiquer l'espace à double hauteur en bas du bâtiment et l'immense volume vertical de l'atrium au fond.

Un nouveau lien visuel et spatial a été créé afin de redéfinir les limites entre les différents éléments du programme architectural. De nombreuses et larges ouvertures circulaires ont été découpées dans la surface du « tapis », ouvrant la vue sur l'intérieur et l'extérieur de l'espace interstitiel.

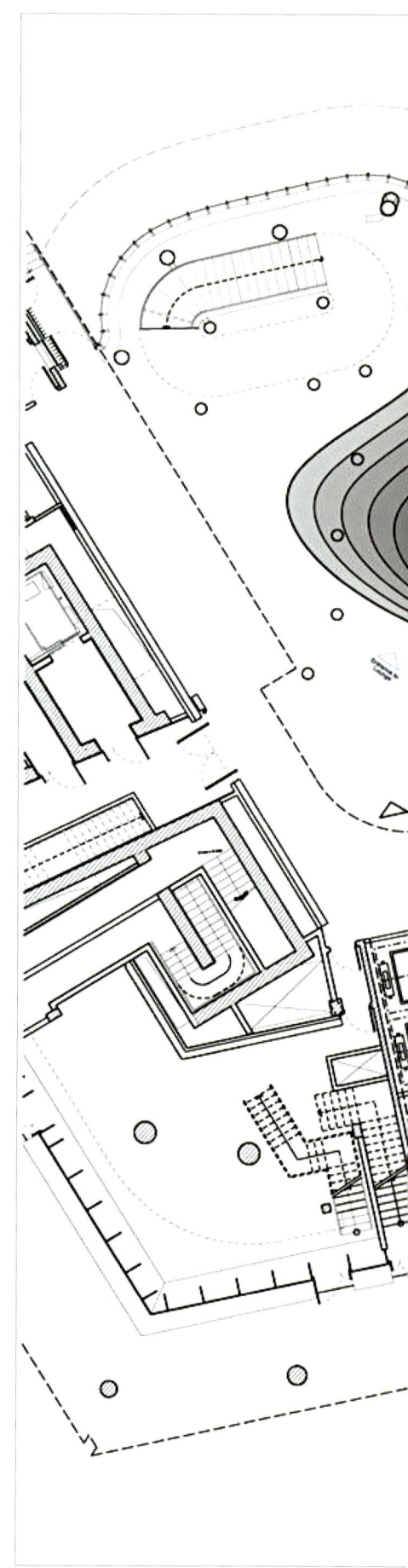

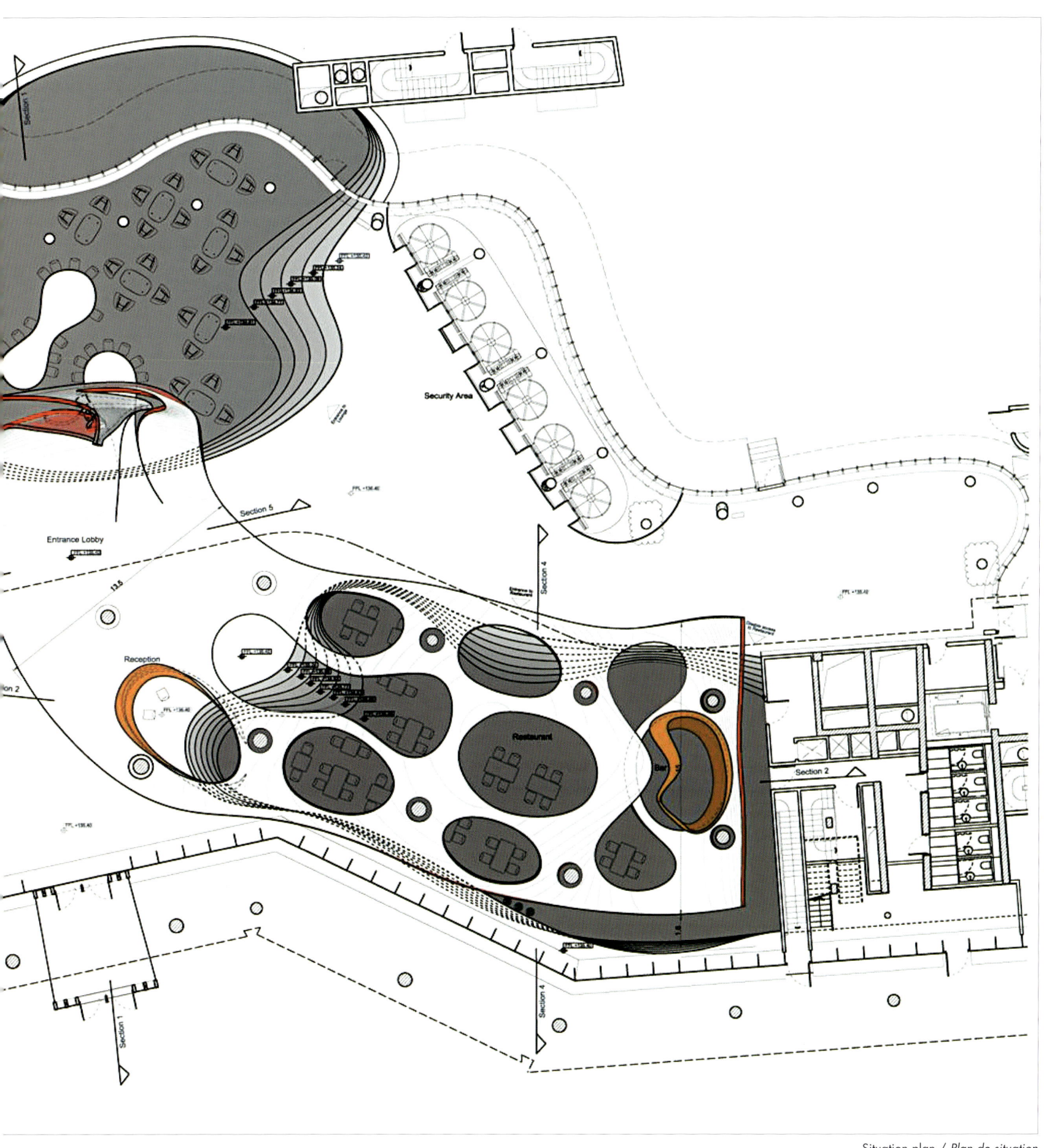

Security Area

Entrance Lobby

Reception

Restaurant

Bar

Section 5

Section 4

Section 2

Section 1

Situation plan / *Plan de situation*

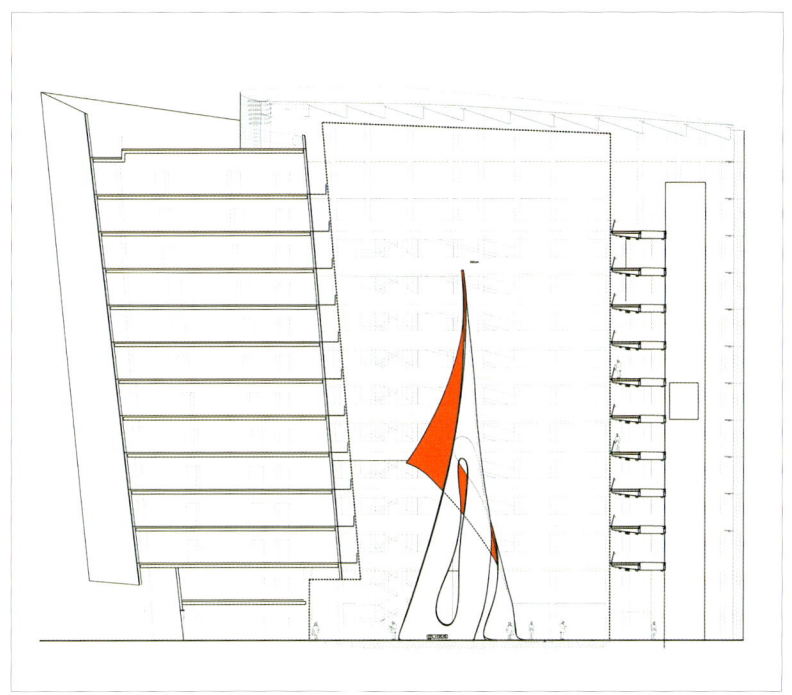

Short Section / *Coupe latérale*

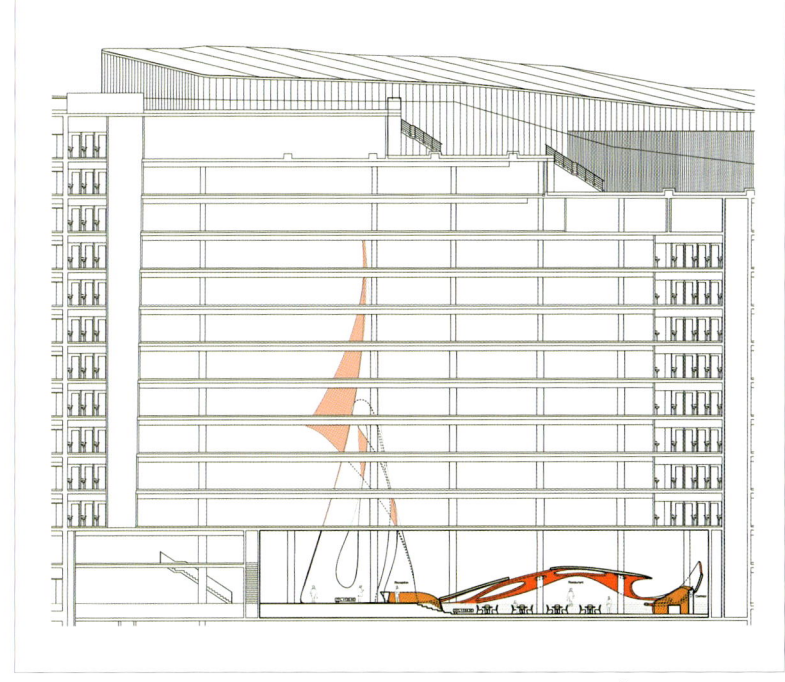

Exterior elevation / *Élévation extérieure*

3D image project / *Image 3D du projet*

3D image hall and cafeteria / *Image 3D du hall et de la cafétéria*

Following pages / *Pages suivantes* :
3D image project / *Image 3D du projet*

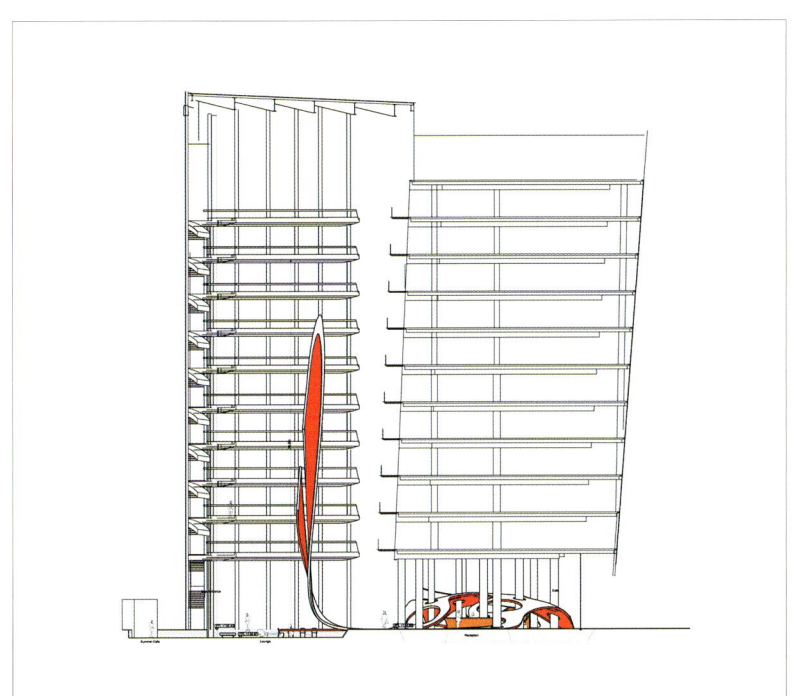

Entering the building you are met by a seamless bronze reception desk circular in shape which inhabits one of the cut outs in the floor. To your left is a view into the atrium where the floor surface you are standing runs through to and climbs high out of view to reveal a lobby lounge beneath. Walk through another large opening down into the restaurant and bar area you find a super-polished oil black resin floor reflecting the holey ceiling above. Sinuous lines of patinated bronze faced steps fade into walls and spread out again to form a second entrance to the restaurant from the atrium. At the end of this space is another smooth bronze object again located one of the cut outs in the surface. This time it forms the bar where occupant and visitors alike can enjoy a cocktail in this underworld. The edge of the carpet is lifted providing diners with views of the street outside and pedestrians a sectional glimpse of the spaces above and beneath and the atrium beyond. The carpet is many things at the same time —it is a floor to walk on, a table to eat at, a bar to drink from and ceiling to dine under.

En entrant dans l'immeuble, on rencontre d'abord un comptoir de réception circulaire, parfaitement lisse et d'aspect bronze, qui occupe l'un des espaces découpés dans le sol. À gauche, on peut voir l'atrium traversé par le « tapis ». Ce dernier, s'élançant vers le plafond et disparaissant, révèle un salon d'accueil en contrebas. En traversant une autre grande ouverture, on aboutit dans la zone bar et restauration, dont le sol de résine noire parfaitement lustré reflète le plafond perforé. Les lignes sinueuses des marches aux faces de bronze patiné se fondent dans les murs puis s'élargissent pour constituer une seconde entrée pour le restaurant à partir de l'atrium. Au fond de cet espace, un autre objet en bronze très lisse se dessine dans l'une des découpes circulaires du sol.

Cette fois, il s'agit du bar, l'occasion, pour les utilisateurs et les visiteurs du bâtiment, de siroter un cocktail dans l'univers souterrain de l'édifice. Le bord du tapis se soulève, permettant aux convives de dîner en regardant la rue, et aux passants d'avoir un aperçu des espaces situés au-dessus et au-dessous ainsi que de l'atrium à l'arrière. Le tapis a plusieurs fonctions : c'est un sol sur lequel on marche, une table à laquelle on mange, un bar où l'on prend un verre, un plafond sous lequel on dîne.

LES DIABLERETS PROJECT

SWITZERLAND **2007**

LES DIABLERETS PROJECT 2007
LES DIABLERETS, SWITZERLAND

PROJECT ARCHITECT / *ARCHITECTE DU PROJET* : **ASA BRUNO**
BACKER / *COMMANDITAIRE* : **PARTNERSHIP BETWEEN SWAROVSKI, FORMULA ONE MANAGEMENT,**
RED BULL EXTREME SPORT DIVISION
PROJECT OBJECTIVES / *OBJECTIFS* : **LANDMARK PANORAMIC GALLERY AND RESTAURANT**
ON MOUNTAINTOP
DESIGN / *DESIGN* : **2007**

3D image site / *Image 3D du site*

A truly unique site at the summit of "Glacier 3 000", which as the name suggests sits at 3 000 m above sea level. The site itself is in Switzerland close to the border of the French and Swiss Alps, the nearest town is Gstaad. The peak commands spectacular views of the Western Alps, the project captures this panorama and makes it accessible. The peak itself, and therefore the intervention, is visible from 50 km in all directions.

Ce site absolument unique au sommet du Glacier 3 000 (qui, comme son nom l'indique, culmine à 3 000 m au-dessus du niveau de la mer) est situé en Suisse, près de la frontière avec la France. La ville la plus proche est Gstaad. Le sommet embrasse une vue spectaculaire sur les Alpes de l'ouest, un panorama que ce projet entend capturer et rendre accessible au public. Le sommet, et donc notre intervention, sont visibles à 50 km à la ronde.

Sketch / *Croquis*
© Ron Arad

Sketch / *Croquis*
© Ron Arad

Sketch / *Croquis*
© Ron Arad

Towards the summit sit an existing ski lift structure and motor room designed by Mario Botta. The design connects the termination of the ski lift with the summit via a covered route, thus providing an enclosed and protected journey all the way from Les Diablerets village to the peak.

The restaurant and escalator rotate as one element, with a minimal physical connection to the mountain top pivoting on a bearing sunk deep into the mountain itself.

Emerging from the ski lift, the rotating arm docks at the base station. An escalator transports the visitor to the restaurant, at which point, the breathtaking view reveals itself and the whole structure begins its rotating journey.

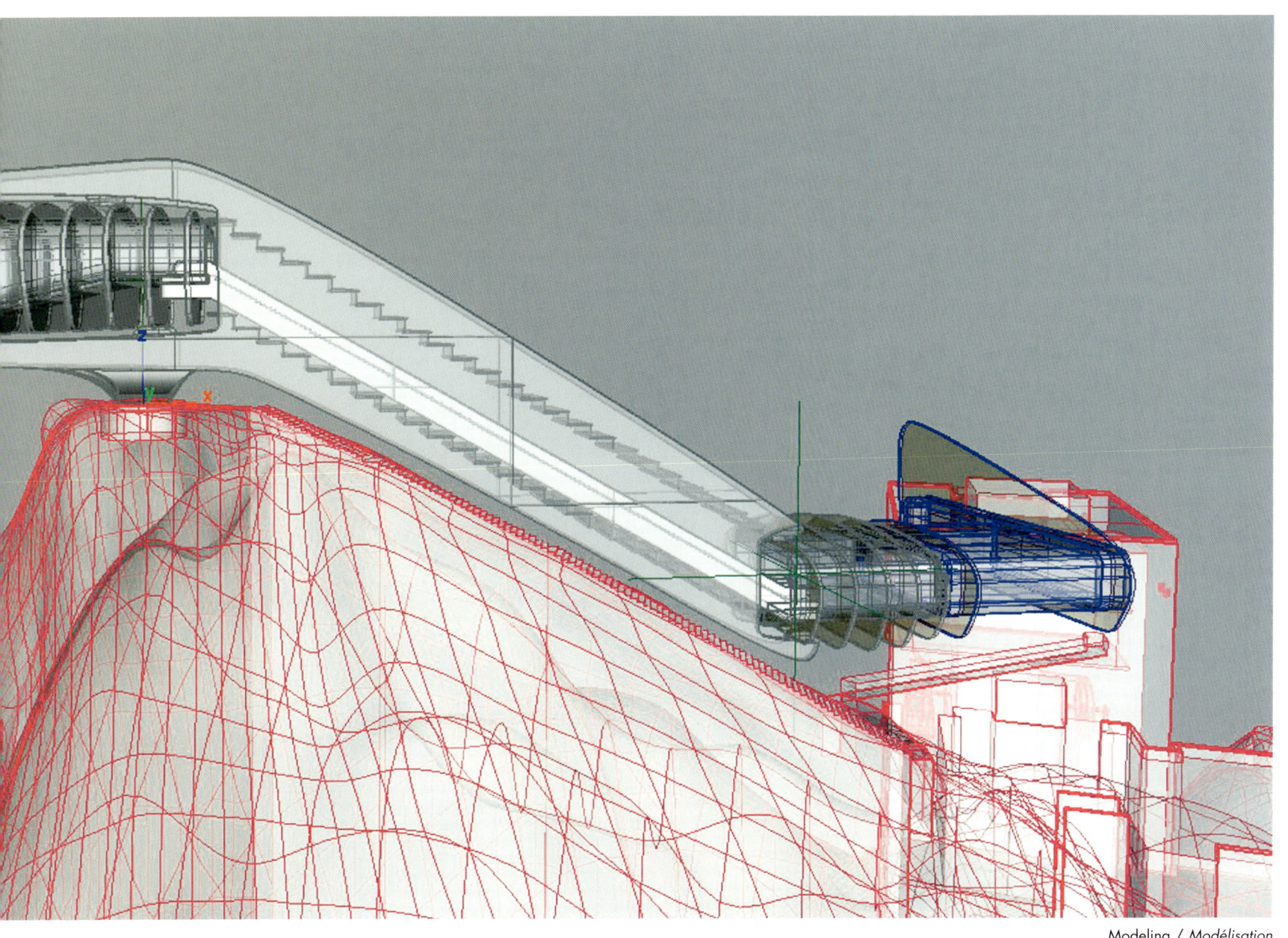

Non loin du sommet se trouvent un remonte-pente et une salle des machines conçus par Mario Botta. La construction relie l'extrémité du remonte-pente et le sommet via un passage couvert, permettant ainsi de se rendre du village des Diablerets au sommet en étant totalement à l'abri et protégé.

Le restaurant et l'escalator sont solidaires et rotatifs. Ils n'ont qu'un lien physique minimal avec le sommet et pivotent sur un appui implanté dans les profondeurs de la montagne. Émergeant du remonte-pente, le bras rotatif s'arrime à la station de base. Un escalator transporte alors les visiteurs jusqu'au restaurant, point à partir duquel le panorama se révèle et la structure entière entame sa rotation.

Video: Building in rotation /
Vidéo : le bâtiment en rotation

3D image building /
Image 3D du bâtiment

3D image stairs / *Image 3D des escaliers*

3D image roof / *Image 3D du toit*

3D image restaurant / *Image 3D du restaurant*

3D image restaurant / *Image 3D du restaurant*

3D image stairs and Swarovsky gallery / *Image 3D des escaliers et de la galerie Swarovsky*

To say the logistics of construction at 3 000 m are challenging would be an understatement. Dramatic topography, extreme weather conditions and limited space create challenging conditions for any kind of construction. The revolving structure would be assembled from a series of pre-fabricated lightweight components, manufactured for that purpose from composite materials, and sized to suit the limits of helicopter-assisted transit and installation (The existing structures on site (ski-lift station) was assembled using similar techniques, relying on earth-moving equipment such as diggers and cranes being helicoptered up to 3 000 m for the duration of construction). RAA are developing the project.

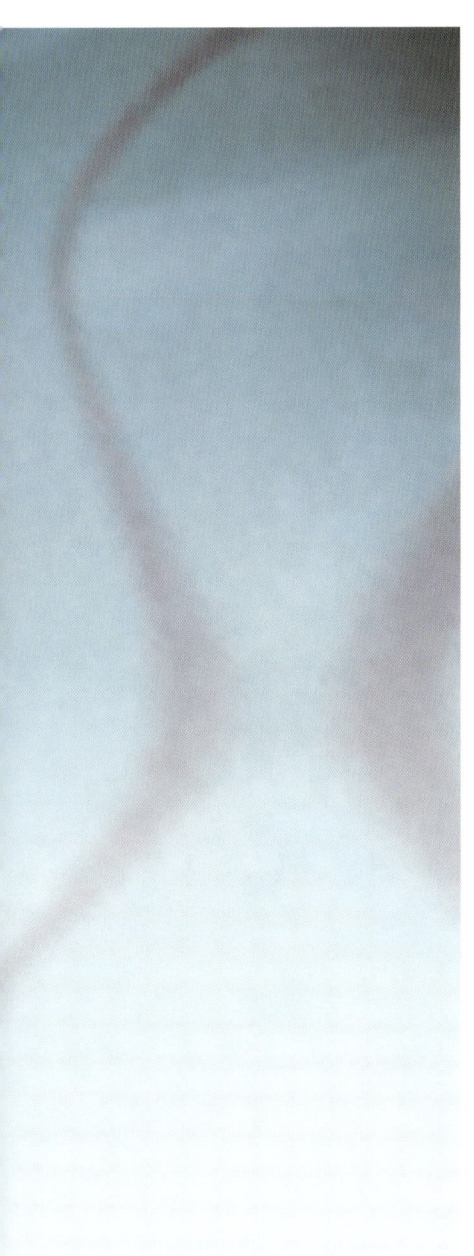

3D image Swarovsky gallery / *Image 3D de la galerie Swarovsky*

Qualifier de « complexes » la logistique d'un chantier à 3 000 m d'altitude relèverait de la litote : une topographie spectaculaire, des conditions climatiques extrêmes et un espace limité supposent d'importantes difficultés, et ce pour n'importe quelle construction. La structure tournante sera assemblée avec des éléments préfabriqués en matériaux composites légers, et dont les dimensions s'adapteront aux nécessités du transport et de l'installation par hélicoptère. Quant à la structure existante, c'est-à-dire le remonte-pente, elle a été assemblée selon une technique similaire, au moyen de grues et d'excavatrices transportées par hélicoptère à 3 000 m d'altitude pour la durée des travaux. Le projet est en cours de développement.

Following pages / *Pages suivantes :*
3D image building in the night /
Image 3D du bâtiment de nuit

MEDIACITE

LIEGE, BELGIUM **2007-2009**

MEDIACITE 2007-2009
LIEGE, BELGIUM

PROJECT ARCHITECT / *ARCHITECTE DU PROJET* : **GEOFF CROWTHER**
TEAM MEMBERS / *ÉQUIPE* : **PAUL MADDEN, JOEL DUNMORE, TUOMAS PIRINEN,**
MARTA GRANDA, TOM FOULSHAM, GEMMA DOUGLAS, JAMES FOSTER
BACKER / *COMMANDITAIRE* : **WILHELM & CO.**
PROJECT OBJECTIVES / *OBJECTIFS* : **DESIGN OF SHOPPING MALL, MALL ROOF AND PIAZZAS**
DESIGN / *DESIGN* : **2007**
TERM OF CONSTRUCTION / *RÉALISATION* : **26 MONTHS CONSTRUCTION, COMPLETION AUGUST 2009**
BUILDING AREA / *SUPERFICIE CONSTRUITE* : **6500 M²**

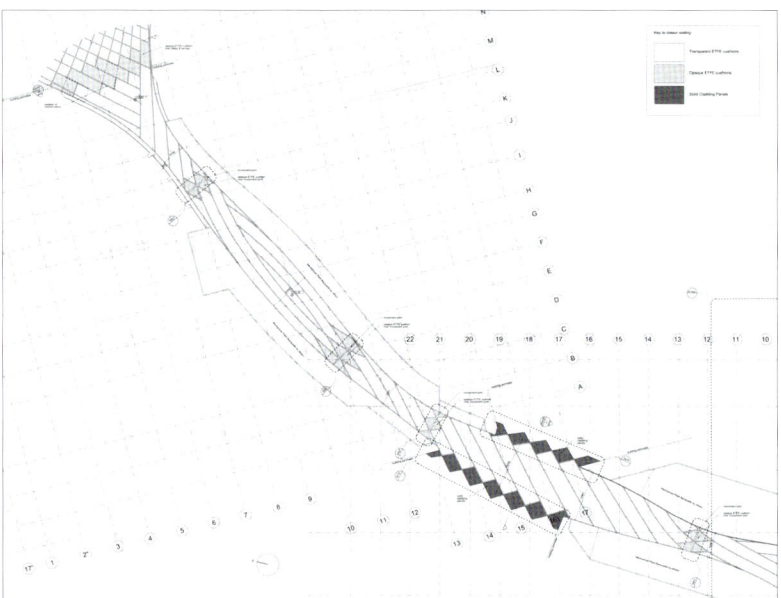

Situation plan / *Plan de situation*

Ron Arad Associates were invited by Wilhelm & Co., a Belgium development corporation known for city centre regeneration, to design a new shopping mall within the 40 000 m² "Media City" development. Situated in Liege, the most important centre of steel production in the World until the mid-twentieth Century and since in economic decline, the project aims to fulfil the city's requirement for an iconic building that will symbolise and spearhead its revival.

Le promoteur et aménageur belge Wilhelm & Co., connu pour ses rénovations de centres urbains, a confié à Ron Arad Associates la conception d'une nouvelle galerie commerciale dans la « Médiacité » (40 000 m²) de Liège. Premier centre de production sidérurgique du monde jusqu'au milieu du XIXᵉ siècle, la ville avait ensuite décliné sur le plan économique, et elle souhaitait symboliser et stimuler sa renaissance en se dotant d'un édifice emblématique.

Sketch / *Croquis*
© Ron Arad

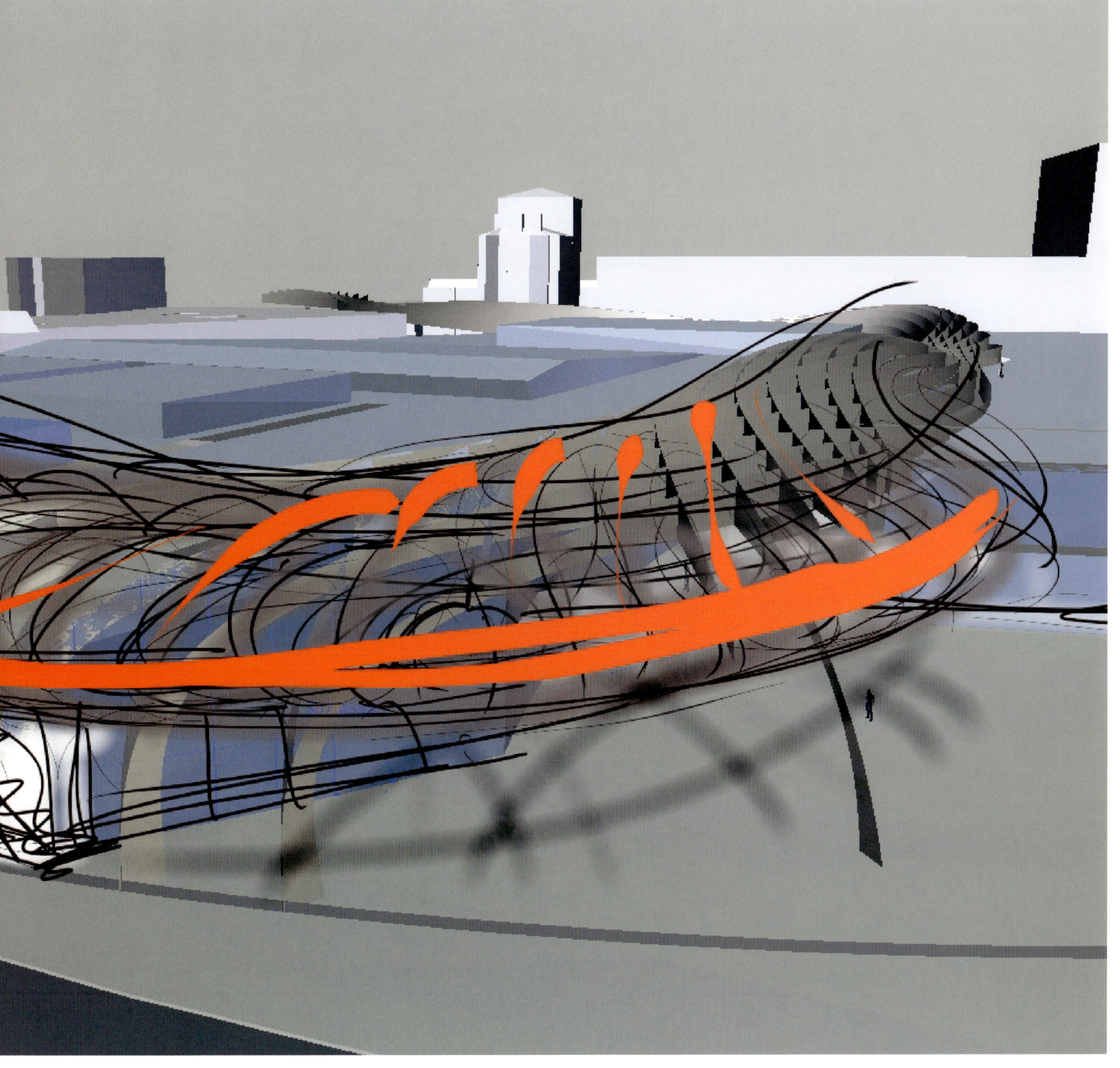

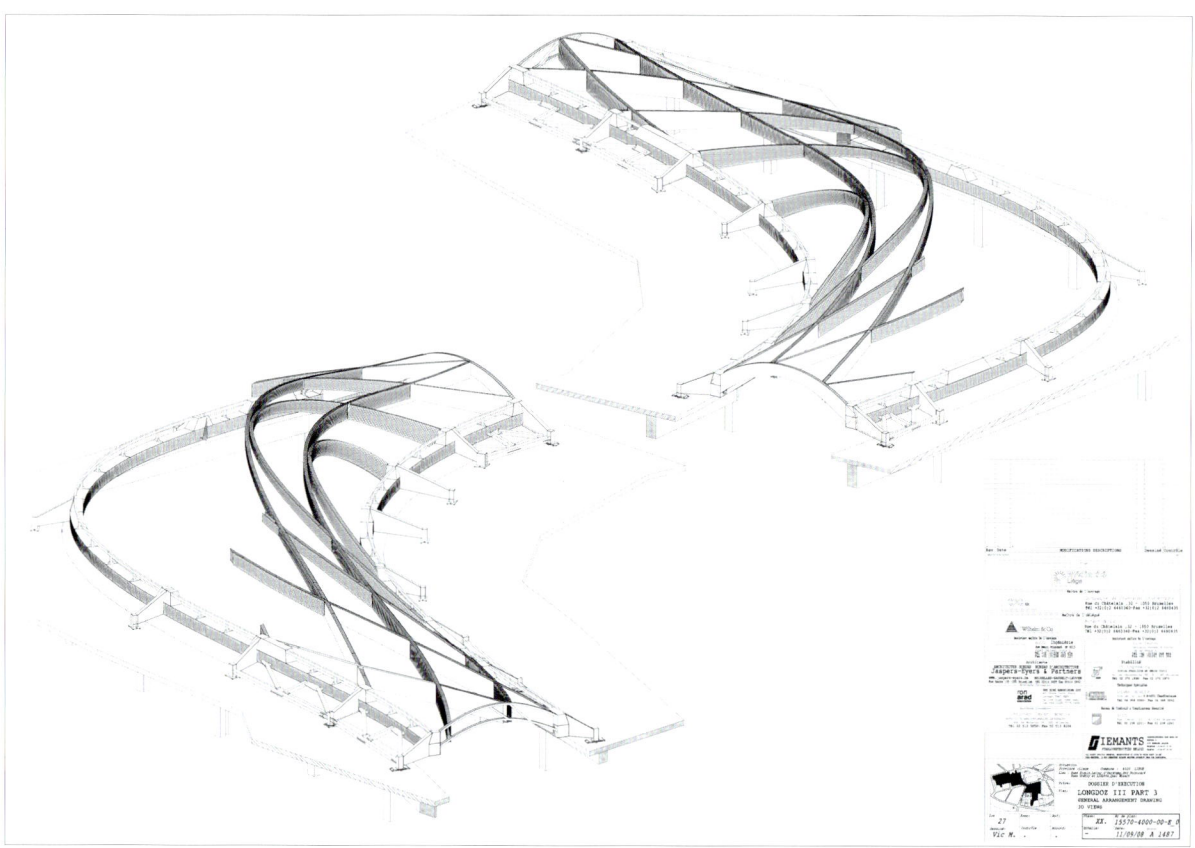

Drawing Structure from Engineering Studio / *Dessin de la structure du bureau d'ingéniérie*
© Jaspers-Eyers & Partners

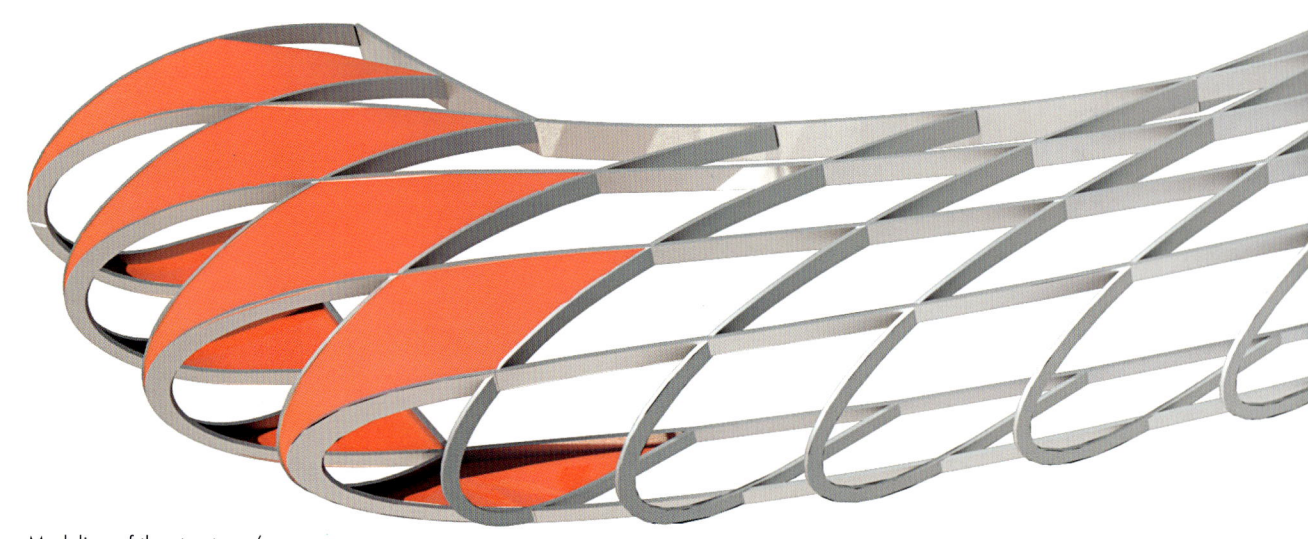

Modeling of the structure /
Modélisation de la structure

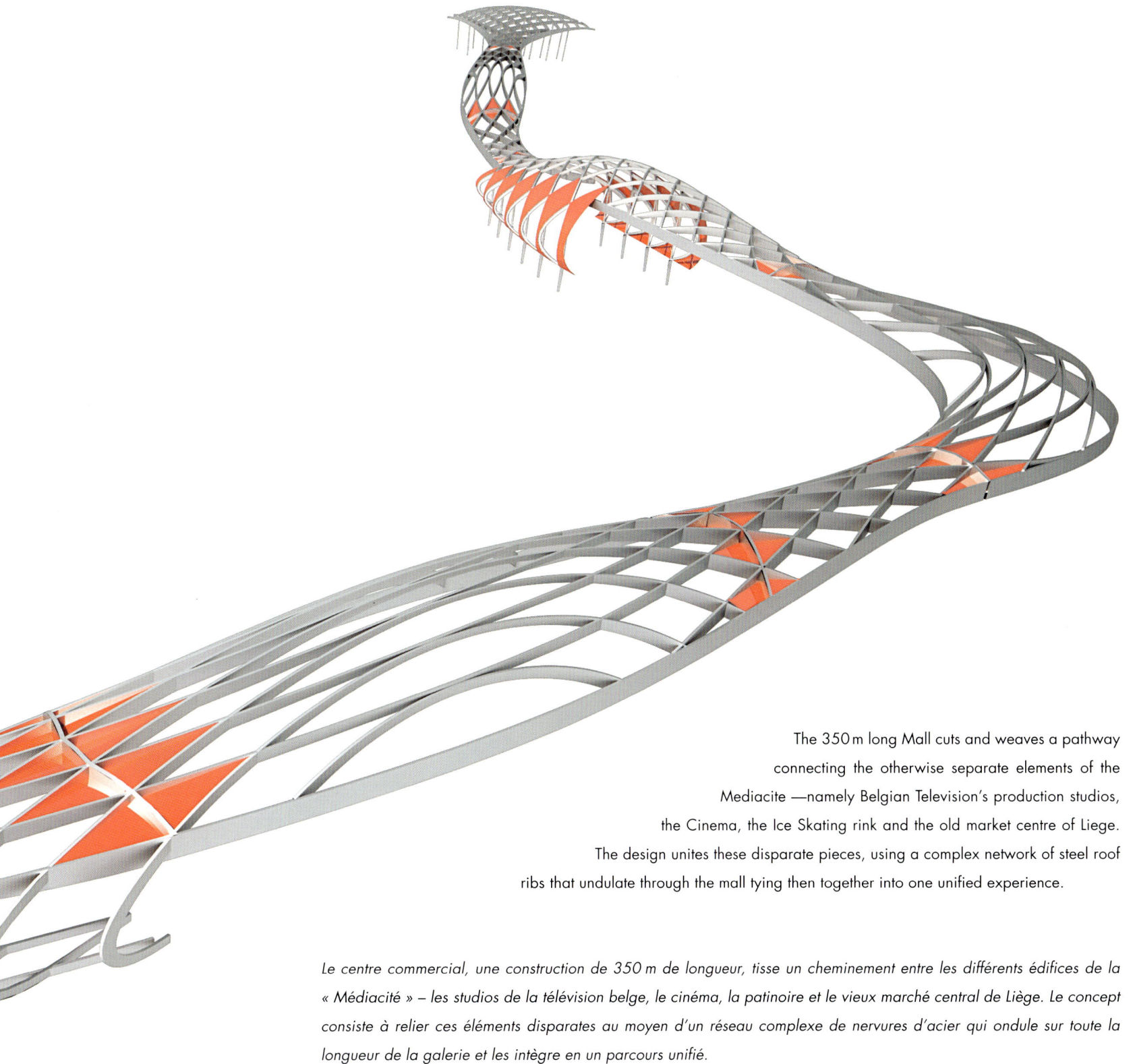

The 350 m long Mall cuts and weaves a pathway
connecting the otherwise separate elements of the
Mediacite —namely Belgian Television's production studios,
the Cinema, the Ice Skating rink and the old market centre of Liege.
The design unites these disparate pieces, using a complex network of steel roof
ribs that undulate through the mall tying then together into one unified experience.

Le centre commercial, une construction de 350 m de longueur, tisse un cheminement entre les différents édifices de la
« Médiacité » – les studios de la télévision belge, le cinéma, la patinoire et le vieux marché central de Liège. Le concept
consiste à relier ces éléments disparates au moyen d'un réseau complexe de nervures d'acier qui ondule sur toute la
longueur de la galerie et les intègre en un parcours unifié.

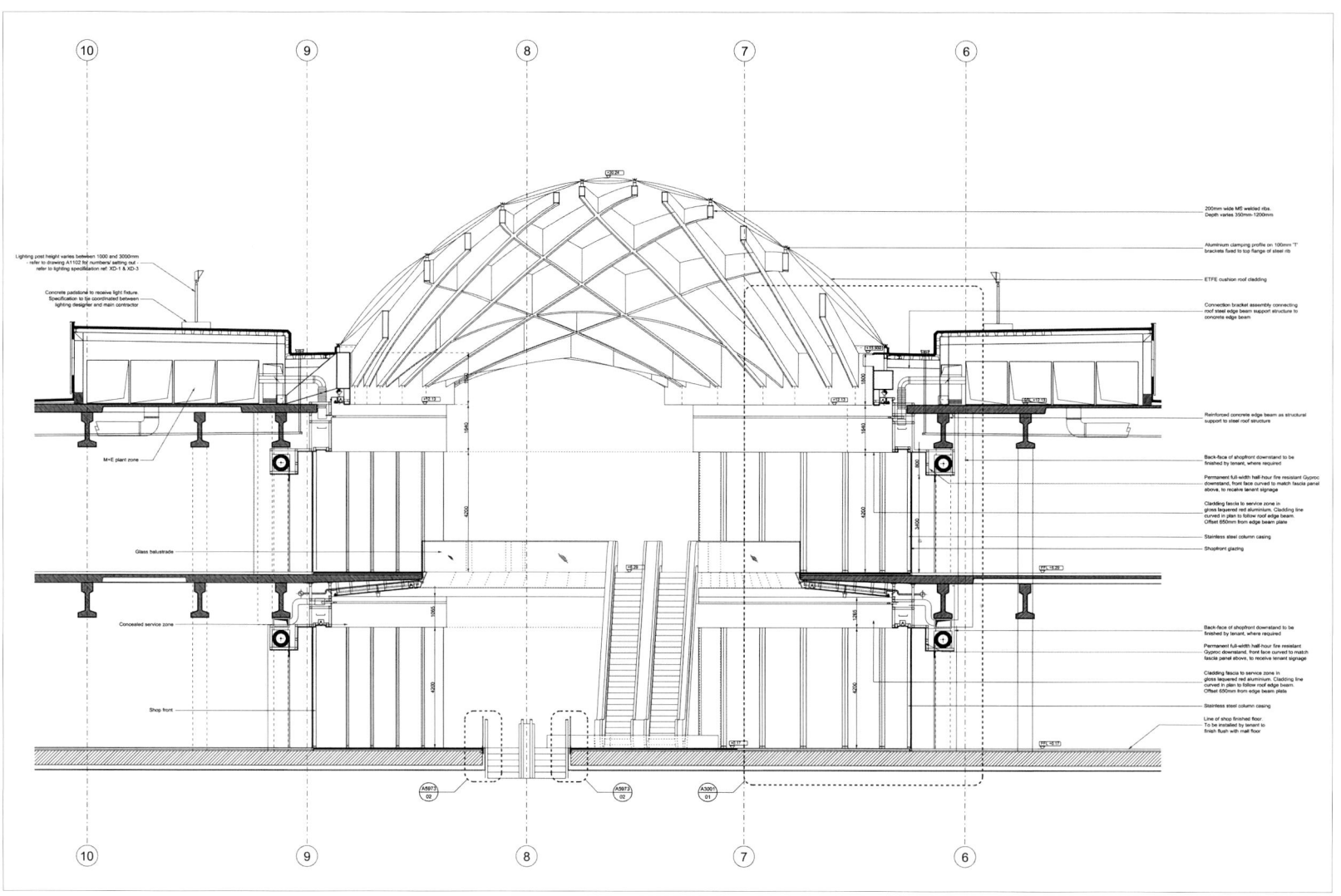

Lateral section / *Coupe latérale*

These steel ribs sculpt the mall volume beneath, varying both in structural depth and height to form a variety of differing experiences —from the cathedral-like 20 m high entrance zone to the intimate boutique zones, where the roof structure dips to almost head height. As the structure exits the main building volume, at its middle and ends into the piazzas, the steel ribs wrap downwards, merging into façade to enclose the building's envelope.

The design has been produced with structural engineering by Buro Happold. The structure is entirely free-spanning along its length and width. This is achieved by using 200 mm wide steel ribs that vary in depth from 1.5 m to 400 mm, which cross through each other in a deformed gridshell-like network.

3D image of the link bridge / *Image 3D de la passerelle*

3D image of the gallery / *Image 3D de la galerie*

3D image of the structure / *Image 3D de la structure*

Cette ossature sculpte et délimite les volumes intérieurs de la galerie, dont les variations en hauteur et en profondeur définissent différentes atmosphères, de la zone d'entrée, digne d'une cathédrale, qui culmine à 20 m, à l'intimité des boutiques, où le toit plonge pratiquement jusqu'à hauteur d'homme. Au milieu de la structure, alors que celle-ci quitte le volume principal et débouche sur les piazzas, le toit se referme sur l'enveloppe de l'édifice pour former une façade.

La structure a été élaborée avec le concours du bureau d'ingénierie Happold. Entièrement autoportante, elle est soutenue par des tiges d'acier de 200 mm de largeur et de 1,5 m à 400 mm d'épaisseur qui composent en s'entrecroisant une grille au maillage distendu.

3D image of the structure / *Image 3D de la structure*

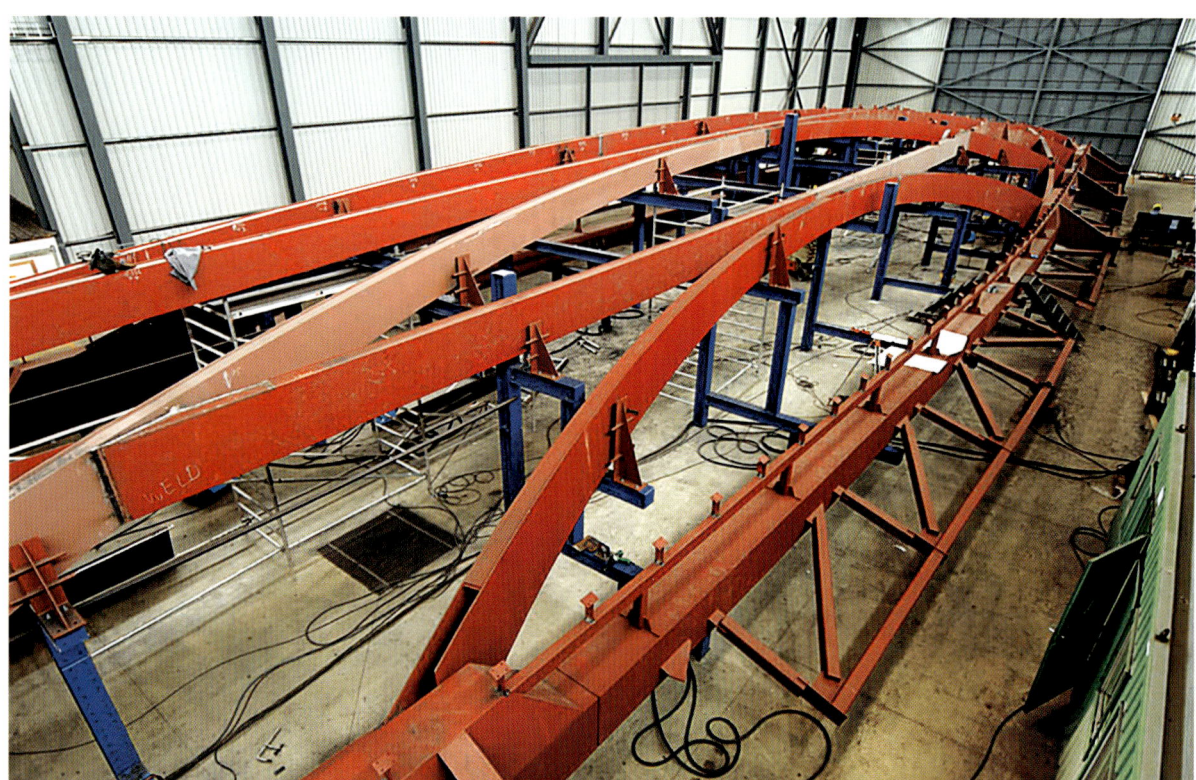

Production of the structure / *Fabrication de la structure*
© D.R.

Construction / *Construction*
© D.R.

There are nodal points at approximately every 60 m where the two way spanning cross-over creates a structural platform from which the long spanning arched steels emerge.

The engineering has been fine tuned to optimise steel weights —to keep the steel members narrow and to minimise loading the roof has been clad in lightweight ETFE cushions.

Construction began in April 2007 and is due for completion in August 2009.

Tous les 60 m environ, leur chevauchement forme des « nœuds », sortes de plateformes d'où émergent les longues arches métalliques.

La conception s'est attachée à minimiser le poids de la structure : pour que les membres d'acier gardent leur finesse et pour limiter la charge, le toit a été recouvert de légers coussins en ETFE.

La construction, commencée en avril 2007, devrait être achevée en août 2009.

PRIVATE RESIDENCE

LANAKEN, BELGIUM **2006-2007**

PRIVATE RESIDENCE 2006-2007
LANAKEN, BELGIUM

PROJECT ARCHITECT / *ARCHITECTE DU PROJET* : **JULIAN GILHESPIE**
BACKER / *COMMANDITAIRE* : **ROBBIE**
PROJECT OBJECTIVES / *OBJECTIFS* : **SCULPTURAL KITCHEN DESIGN**
DESIGN / *DESIGN* : **2006**
TERM OF CONSTRUCTION / *RÉALISATION* : **2007**
BUILDING AREA / *SUPERFICIE CONSTRUITE* : **80 M²**

Sketch / *Croquis*
© Ron Arad

This kitchen was designed for Robbie, a friend who is a devoted art collector and a devoted gardener. The kitchen stands right between the magnificent collection and the magnificent garden. When we were approached to do this project we had just finished working on the sculpture for Zion Square where we created a cellular kaleidoscopic canopy looking at the sky and the top of the surrounding buildings.

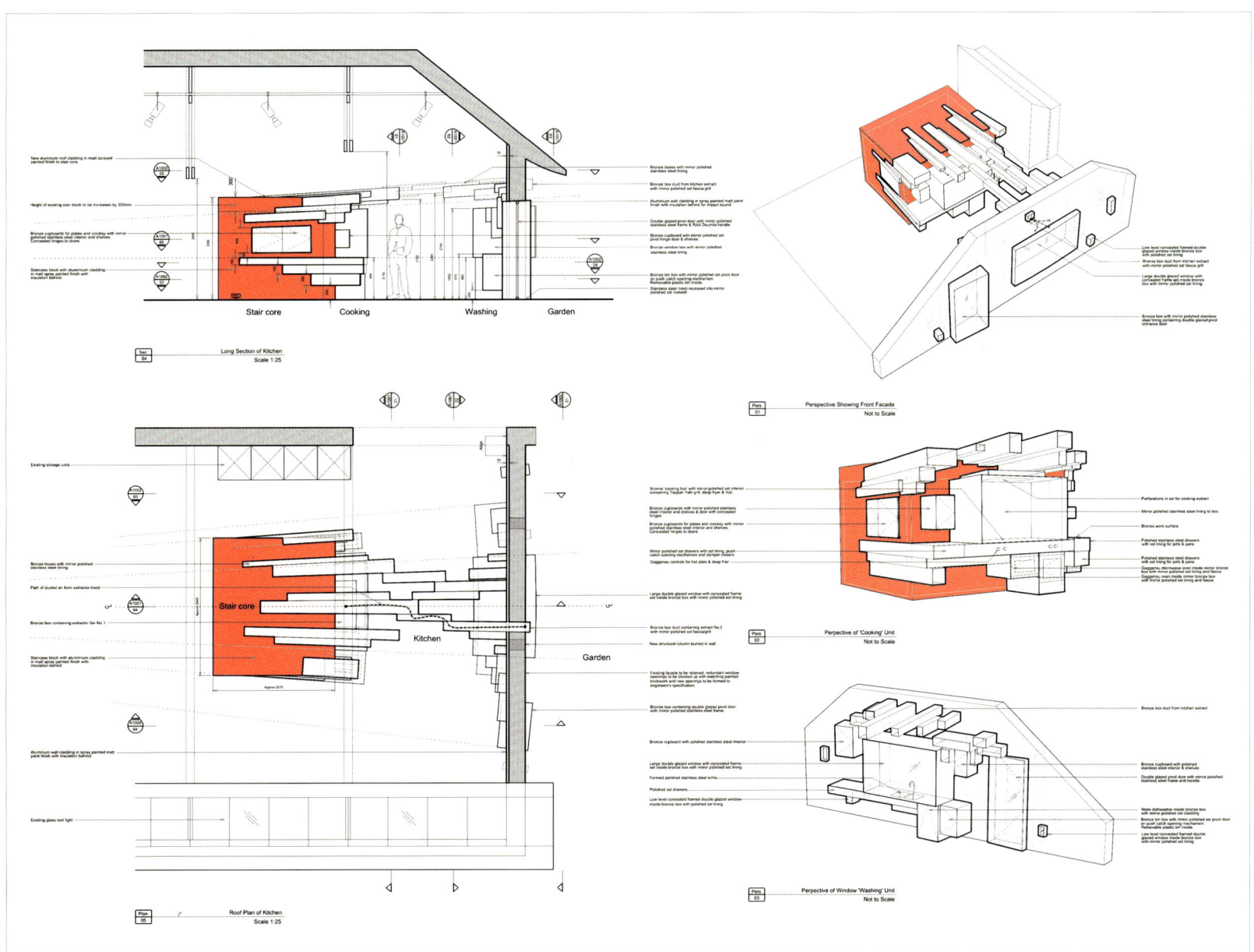

4. Long section of kitchen / *Coupe latérale sur la cuisine*
5. Roof plan of kitchen / *Plan du toit de la cuisine*

1. Perspective front façade / *Perspective de la façade*
2. Perspective of "Cooking" Unit / *Perspective de l'unité de cuisson*
3. Perspective of window "Washing" Unit / *Perspective de l'unité de lavage*

Cette cuisine a été conçue pour Robbie, un ami qui est aussi un collectionneur d'art et un jardinier passionné. Elle se trouve juste entre sa magnifique collection et son magnifique jardin. A l'époque où nous avons été contactés pour ce projet, nous venions à peine de terminer la sculpture de Zion Square, où nous avions créé un dais cellulaire kaléidoscopique qui contemple les cieux et le sommet des immeubles voisins.

General view / *Vue d'ensemble*
© Petra and Erik Hesmerg

kitchen detail / détail de la cuisine
© Petra and Erik Hesmerg

kitchen back view / Vue arrière de la cuisine
© Petra and Erik Hesmerg

View of "Washing" Unit / Vue de l'unité de lavage
© Petra and Erik Hesmerg

View from the garden / *Vue depuis le jardin*
© Petra and Erik Hesmerg

Here, the garden is no less spectacular than the Jerusalem sky, and the objective was to bring the garden into the kitchen. We tried a similar mirrored, cellular structure, but this time with a horizontal orientation. The garden does indeed appear as some kind of fata morgana in the house. It is very difficult to tell the real from the reflected. The garden view is enjoyed whether you face the garden, while say washing the dishes, or when you have your back to the garden, at the cooker and the fridge. The outer skin of the cells is made of bronze and the inner of mirror-polished stainless steel. Whereas in the Jerusalem sculpture all the cells taper into one vanishing point vertically pointing to the centre of the earth, here the orientation of the vanishing point is horizontal, pointing at the art collection in the living space.

Ici, le jardin n'est pas moins spectaculaire que le ciel de Jérusalem, et l'objectif était de le faire entrer dans la cuisine. Nous avons expérimenté une structure similaire, cellulaire et réfléchissante, mais cette fois orientée horizontalement. Le jardin apparaît dans la maison comme une sorte de fata morgana. Il est très difficile de distinguer la réalité du reflet. On a vue sur le jardin qu'on se trouve face à lui, disons lorsqu'on fait la vaisselle, ou qu'on lui tourne le dos, devant la cuisinière ou le réfrigérateur. La peau extérieure des cellules est en bronze, la peau intérieure en inox poli et réfléchissant. Alors que, dans la sculpture de Jérusalem, les cellules s'effilent verticalement et pointent vers le centre de la terre, ici le point de fuite est à l'horizontale et désigne la collection d'art dans l'espace de vie.

View on the garden / *Vue sur le jardin*
© Petra and Erik Hesmerg

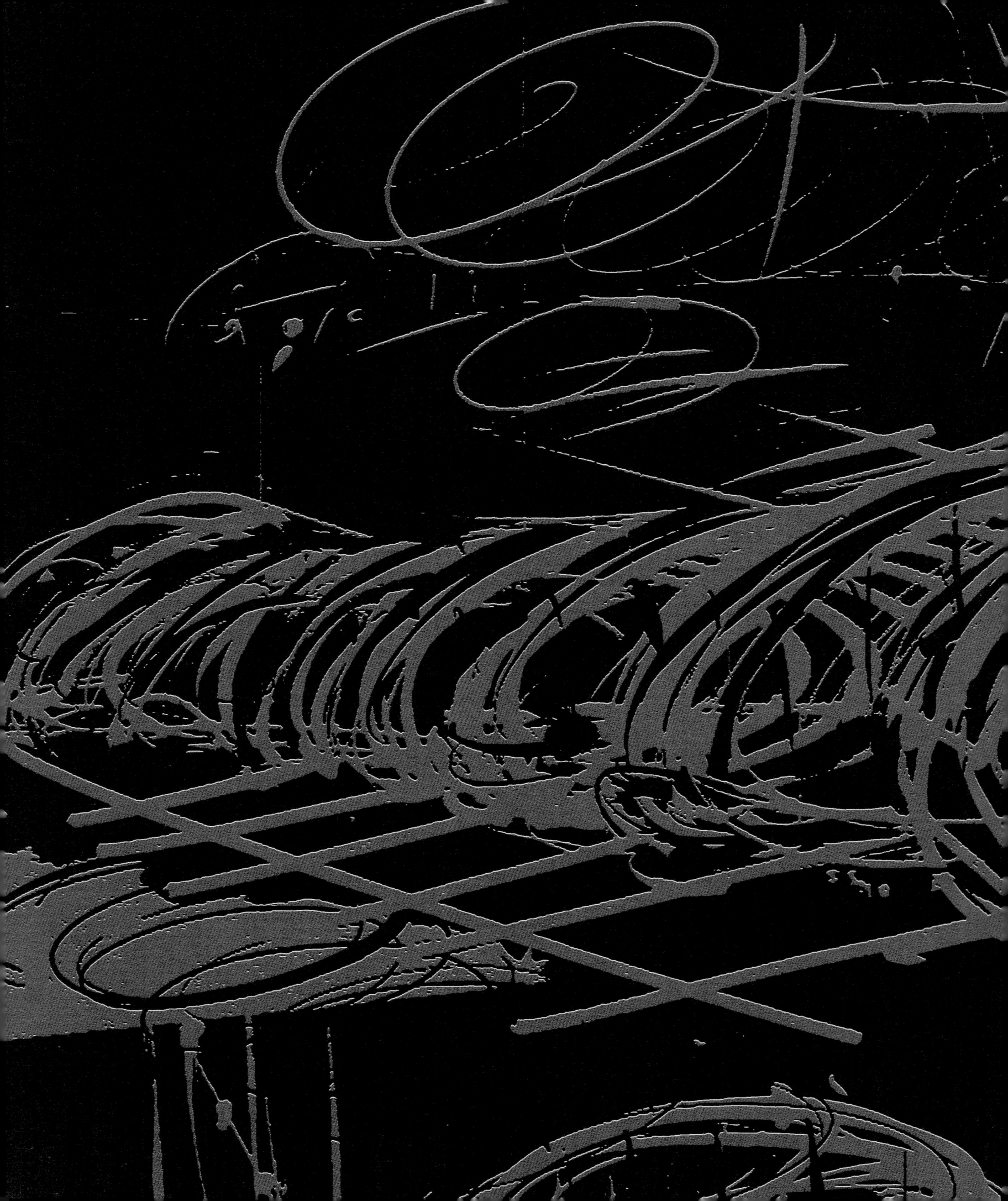

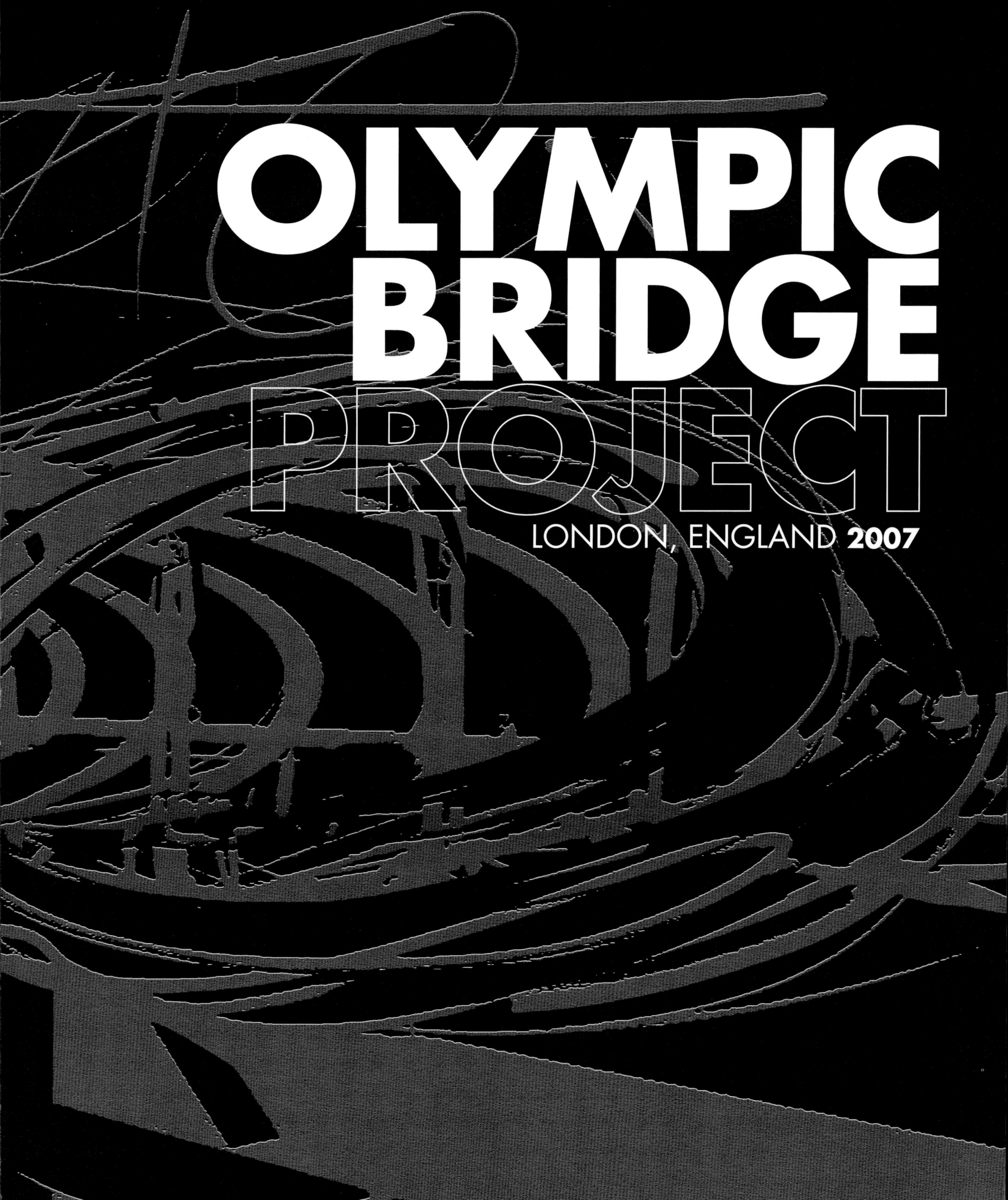

OLYMPIC BRIDGE 2007
LONDON, ENGLAND

PROJECT ARCHITECT / *ARCHITECTE DU PROJET* : **JAMES FOSTER**
TEAM MEMBERS / *ÉQUIPE* : **GEMMA DOUGLAS, ASA BRUNO, GEOFF CROWTHER**
BACKER / *COMMANDITAIRE* : **OLYMPIC DELIVERY AUTHORITY FOR LONDON 2012**
PROJECT OBJECTIVES / *OBJECTIFS* : **A TWO-STAGE SOLUTION FOR MAIN PEDESTRIAN BRIDGE IN OLYMPIC VILLAGE**
DESIGN / *DESIGN* : **2007**

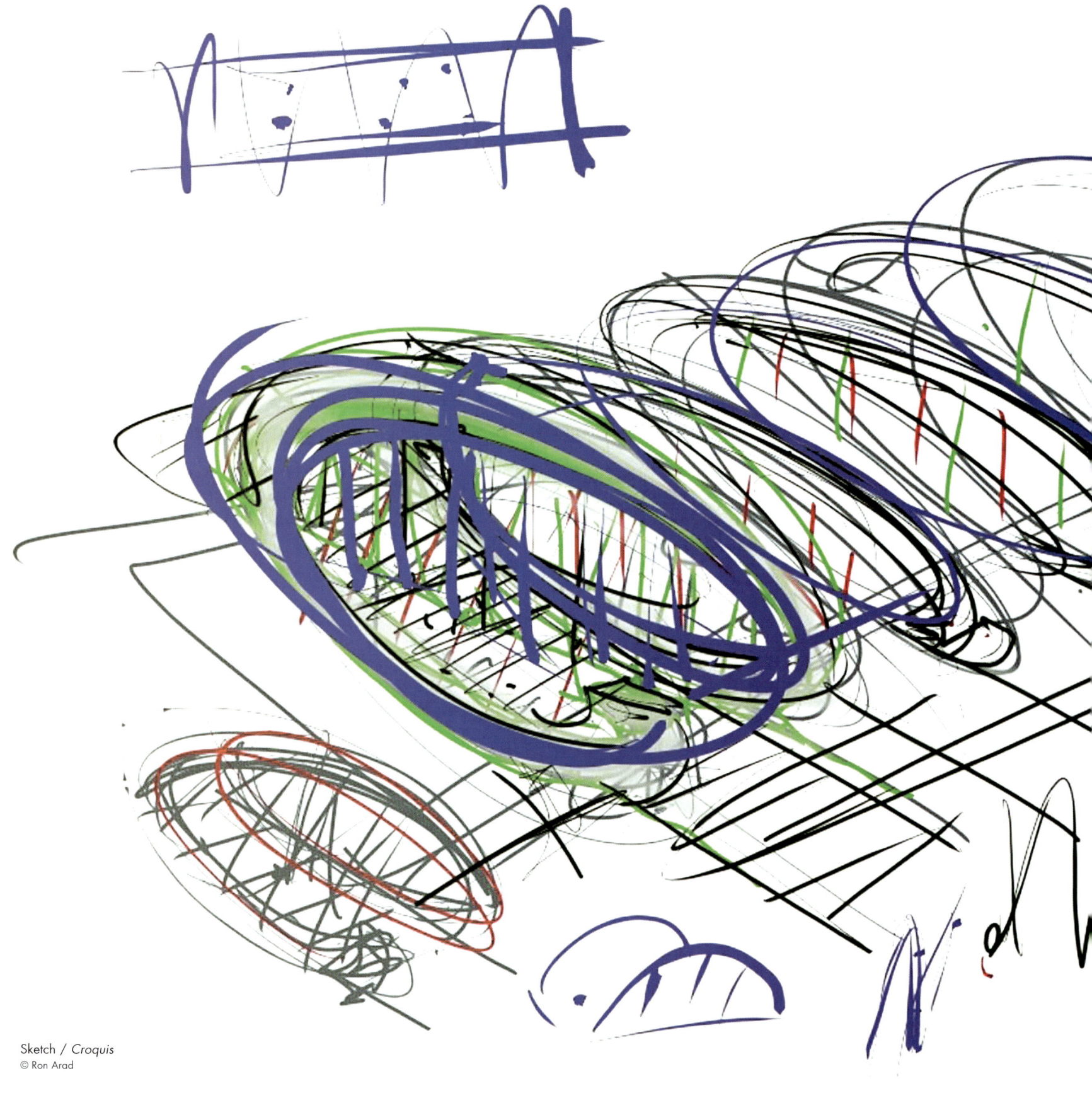

Sketch / *Croquis*
© Ron Arad

More than any architectural "piece", a bridge has an almost set typological format: it stems from two ends, a connecting platform between two entrance/exit places, a road in the air, mostly across water, employing some structural device to help it span. Bridges tend to enjoy some symmetry and are normally longer than they are wide. This bridge, for its designated double life, while performing all its duties cannot simply follow the evolved typology of a bridge.

Plus que toute autre « pièce » architecturale, le pont entre dans un format et une typologie presque fixes : c'est une plateforme émanant de deux extrémités et reliant deux points d'entrée/ de sortie, une route aérienne, le plus souvent jetée sur une rivière, dont un dispositif structurel soutient le développement et l'amplitude. Généralement, les ponts respectent une certaine symétrie et sont plus longs que larges. Mais afin de remplir le rôle qui lui a été assigné pour la durée des Jeux Olympiques, ce pont ne peut en aucun cas se cantonner à cette typologie, tout en assurant toutes ses fonctions traditionnelles.

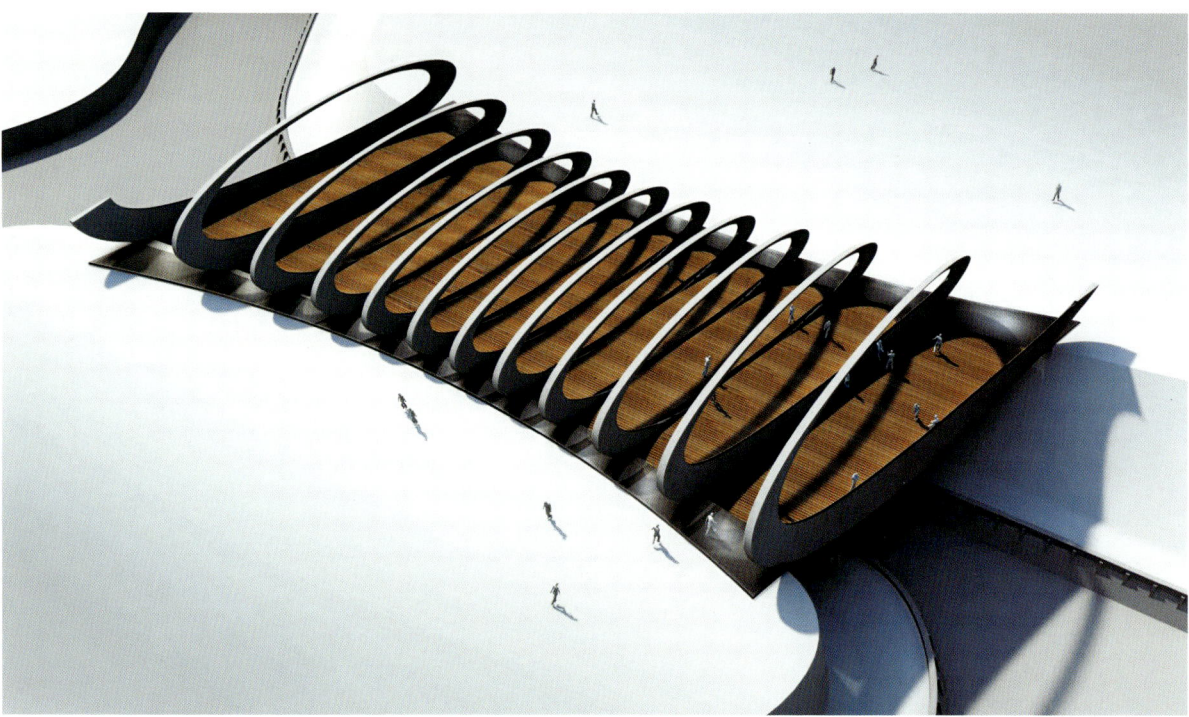

3D image bridge / *Image 3D du pont*

3D image structure / *Image 3D de la structure*

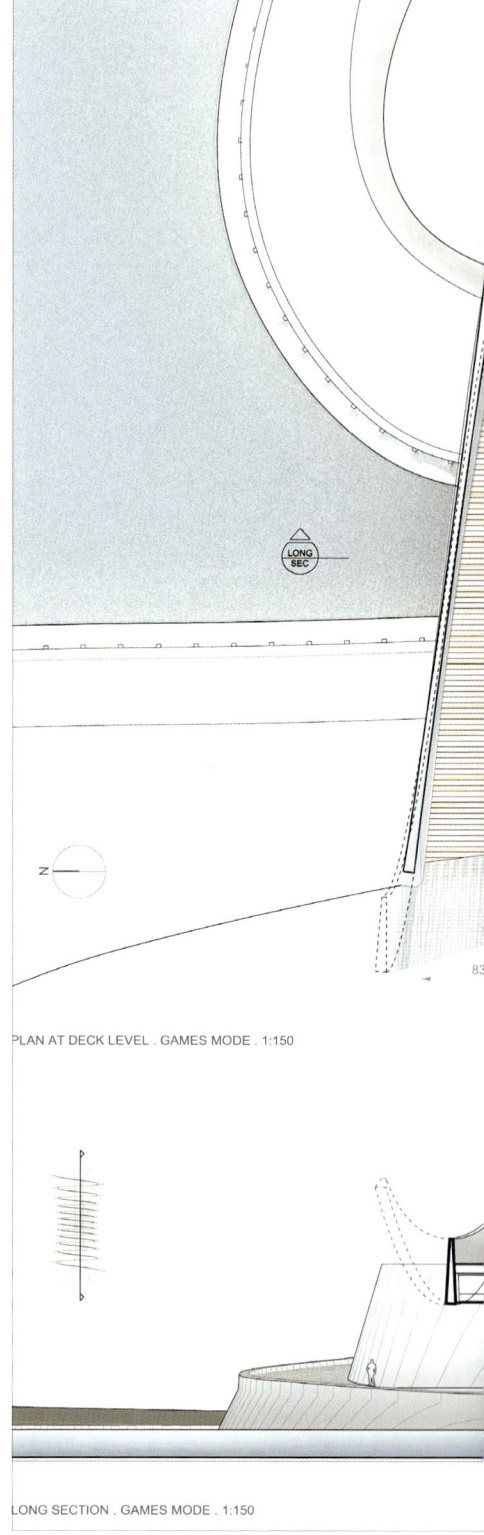

PLAN AT DECK LEVEL . GAMES MODE . 1:150

LONG SECTION . GAMES MODE . 1:150

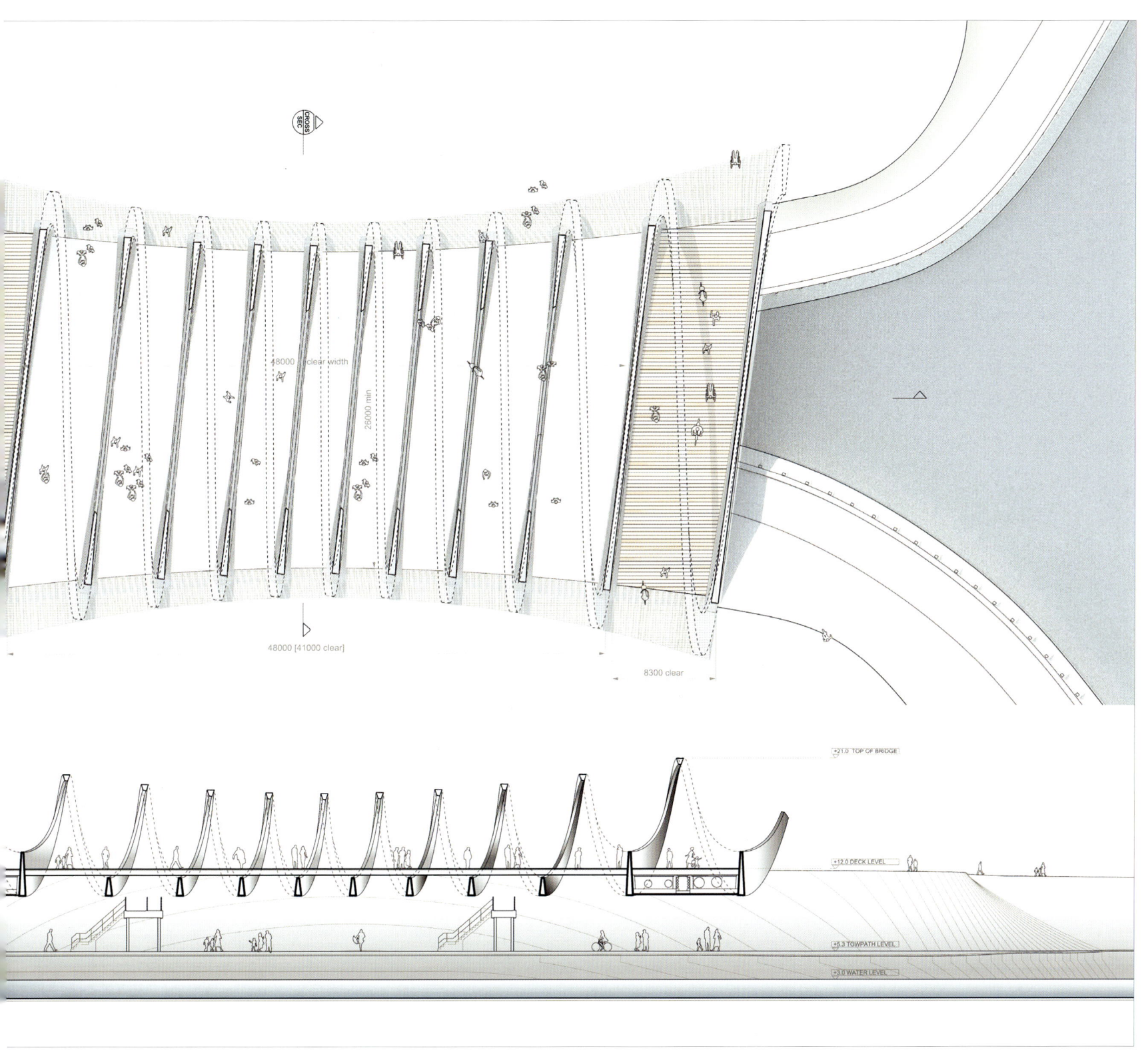

48000 clear width

26000 min

48000 [41000 clear]

8300 clear

+21.0 TOP OF BRIDGE

+12.0 DECK LEVEL

+5.3 TOWPATH LEVEL

+3.0 WATER LEVEL

Plan and long section / *Plan et coupe longitudinale*

3D image structure / *Image 3D de la structure*

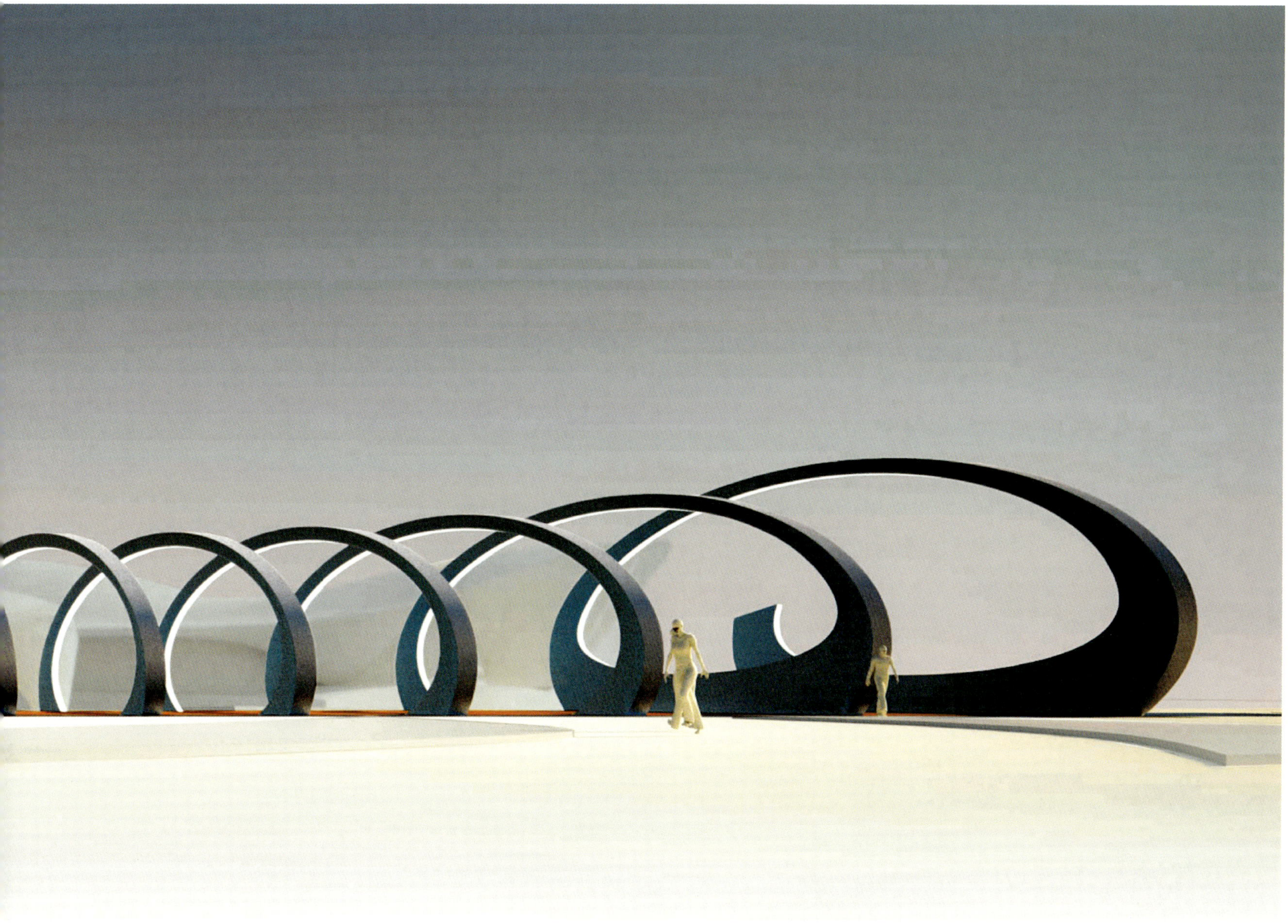

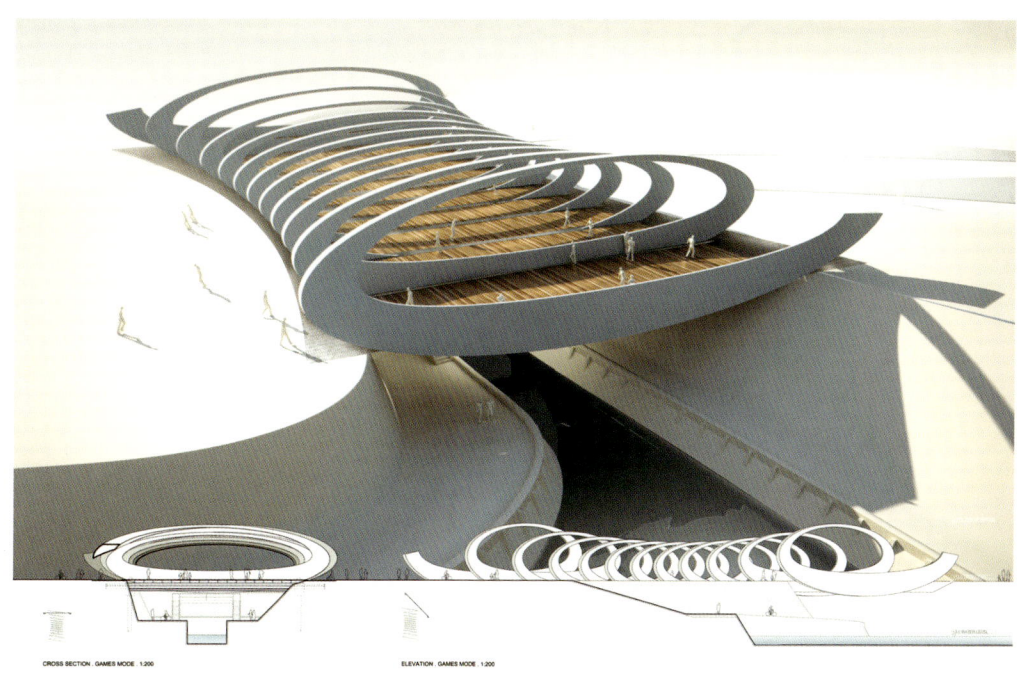

3D image project, section and elevation /
Image 3D du projet, coupe et élévation

CROSS SECTION . GAMES MODE . 1:200

ELEVATION . GAMES MODE . 1:200

Video: bridge 2nd stage transition to two footbridges /
Vidéo : transformation du pont en deux passerelles

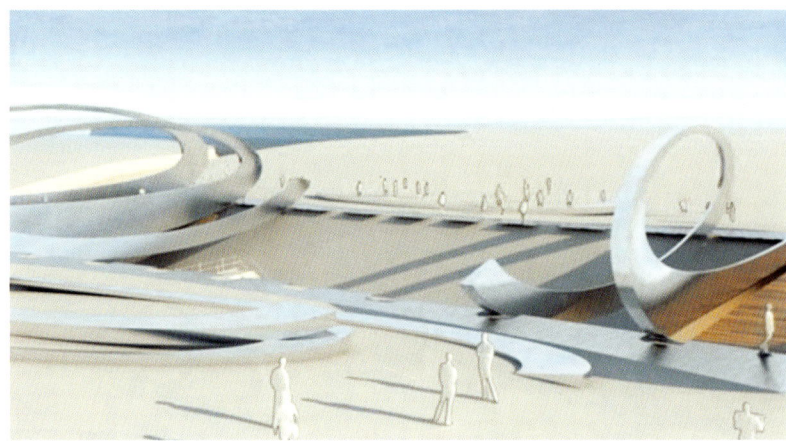

The bridge width is twice its length, for the duration of the games —not a path but rather a field. It is not a linear mark across a linear river but a filler between two pieces of land almost as wide (or as narrow) as the bridge itself.

By proposing a single visual and structural device we celebrate the "bridgeness" across rather than along the path. A readable structure that, while stitching the two pieces of land as if with a thread and needle, implies a vast tubular volume. The movement of crowds will be penetrating its virtual skin rather than moving within and along it. The crossing experience will be enhanced by changing views and spaces along the journey.

Le pont est deux fois plus large que long ; il s'agit moins d'un cheminement que d'un champ. Ce n'est pas une marque linéaire au-dessus d'une rivière linéaire, mais un élément qui comble le vide entre deux morceaux de territoire aussi larges qu'il l'est lui-même.

En proposant un élément visuel et structurel unique, nous célébrons la transversalité plutôt que la longitudinalité. Cette structure lisible « coud » les deux rives comme avec du fil et une aiguille et comporte un vaste volume tubulaire. Les mouvements de foule pénétreront sa peau virtuelle au lieu de se déplacer à l'intérieur et le long du volume. L'expérience sera intensifiée par la succession de vues et d'espaces qu'on rencontrera lors de la traversée.

3D image of the two footbridges / *Image 3D des deux passerelles*

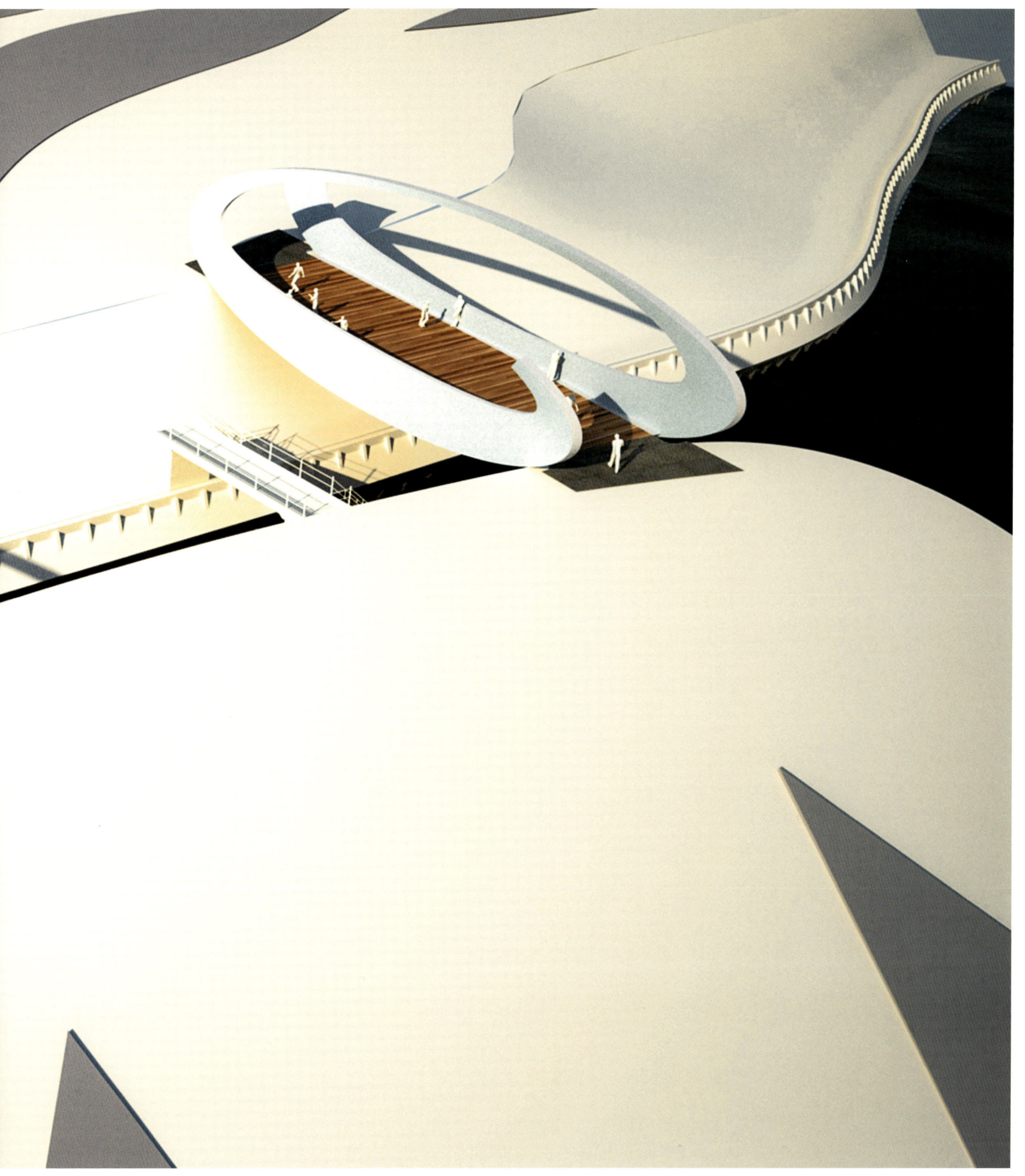

OPÉRA GARNIER

PROJECT

PARIS, FRANCE **2007**

RESTAURANT OPÉRA GARNIER PROJECT 2007
PARIS, FRANCE

PROJECT ARCHITECT / *ARCHITECTE DU PROJET* : **JULIAN GILHESPIE**
TEAM MEMBERS / *ÉQUIPE* : **PAUL DENTON**
BACKER / *COMMANDITAIRE* : **MESSRS COSTES**
PROJECT OBJECTIVES / *OBJECTIFS* : **DESIGN COMPETITION FOR LANDMARK CAFÉ/RESTAURANT**
WITHIN THE HISTORIC OPERA GARNIER
DESIGN / *DESIGN* : **2007**
BUILDING AREA / *SUPERFICIE CONSTRUITE* : **900 M² (NET)**

Project / *Projet*

When I think back to how we designed a project for a restaurant in an historic building of such importance as the Opéra Garnier in Paris for an operator with such an amazing track record of landmark spots in Paris, I realised that it was more finding our design in the architecture of the building than imposing a new design on it. The geometry and the arrangement of the space served as the diagram of how to deal with the space with "our" contribution.

The starting point was a decision to try and not touch any of the existing structure and surfaces. The first task was to come up with a device to protect the space from the elements; to render an outdoor space into an indoor space. Making the glazing of the arches semi-cylindrical means that it is a free-standing, autonomous structure that is literally standing in the arches and does not rely on the columns for support (there is however a weather-proofing gasket in the line of contact, but without the need to drill into and adhere to the stonework). As well as echoing the circular geometry of the whole building, this device makes the space of the arches usable. The "roof" of the glass cylinders is a reference to the materiality, colouring and patinating of the main dome above the building.

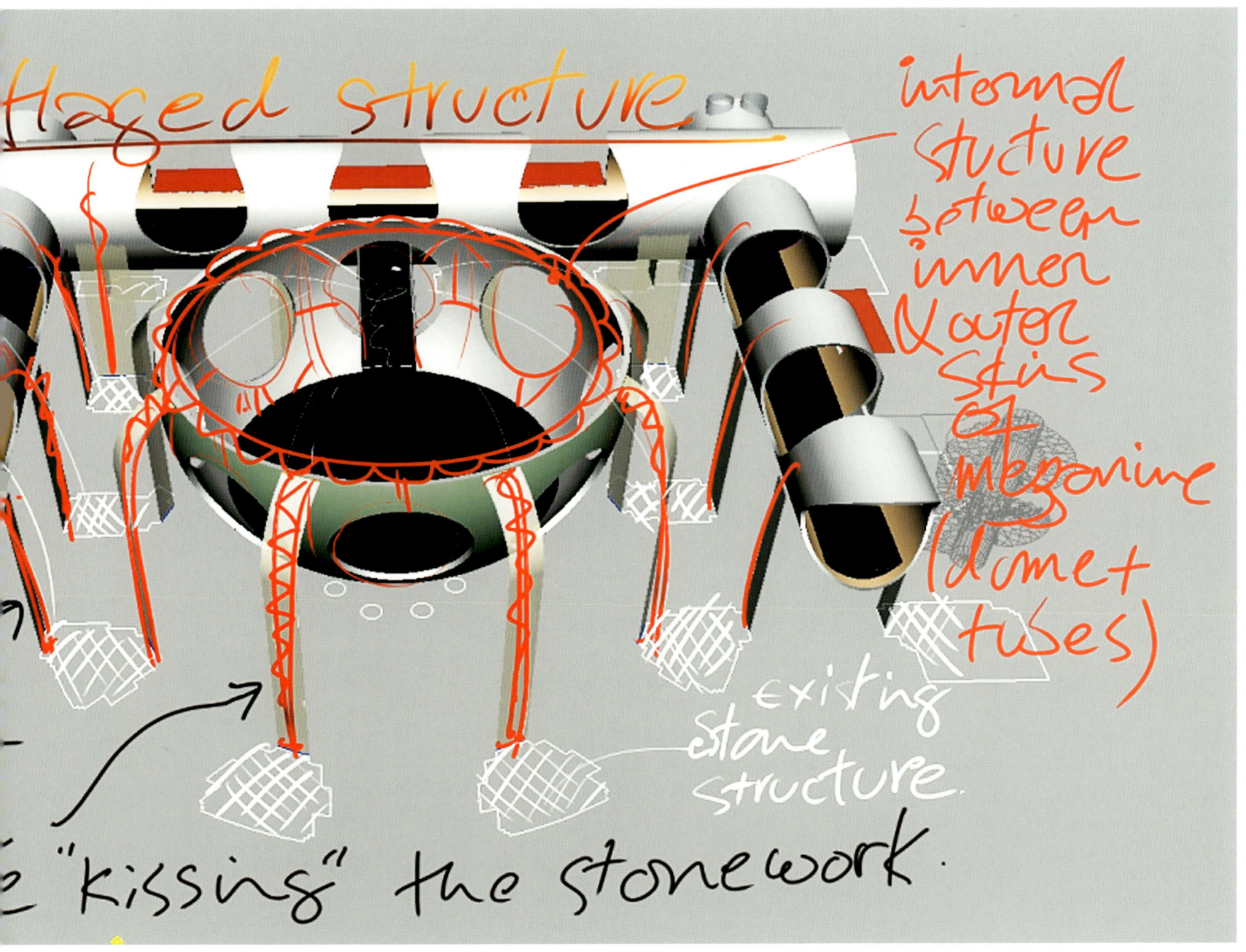

Closed structure...

internal structure between inner & outer skins of mezzanine (domed tubes)

exiting stone structure.

"kissing" the stonework.

Sketch / Croquis
© Ron Arad

En repensant à ce projet (construire un restaurant dans un monument aussi prestigieux que l'opéra Garnier, pour le compte d'un opérateur, M. Costes, dont les réalisations parisiennes sont impressionnantes), je réalise que notre tâche a consisté non pas à plaquer un concept entièrement nouveau sur l'édifice de l'Opéra, mais à « trouver » notre concept dans son architecture. La géométrie et l'organisation de l'Opéra nous ont en quelque sorte servi d'épure et nous ont aidés à intégrer notre propre contribution à l'espace.

Le point de départ fut la décision de ne toucher à aucune des structures et surfaces existantes. Notre premier travail consista donc à trouver un moyen de protéger l'espace contre les intempéries, de transformer en quelque sorte un espace extérieur en espace intérieur. Nous avons choisi de fermer les arches avec des vitrages semi-cylindriques – des structures autoportantes et autonomes qui ne s'appuient pas sur les colonnes (il y a cependant un joint isolant sur la ligne de contact, mais qui ne nécessite pas de percement pour être solidarisé à la maçonnerie). Ce système fait écho à la géométrie circulaire du palais Garnier et permet en outre d'utiliser pleinement l'espace des arches.

The main feature in this project is an upside down dome the size of the main dome above, but this time the external scheme of the new dome, while keeping the colour of the one it mimics, is treated to be highly reflective which creates a breathtaking spatial experience. The inside scheme however in a highly mirror-polished stainless steel, reflects and continues the stonework and the rosette at the centre of it. Inside the dome we have a 12 m diameter mezzanine. The arches which surround the main rotunda are occupied by a tubular structure providing linear mezzanines around the dome but with enough gaps to crate an impression of space. In the tubes, the colouring is reversed —the outer skin is a perfect mirror finish and the inner is referring to the copper. The tubes and the upside down dome provide an upper world that is suspended as if by magic above the untouched floor. The structure holding the upper world is camouflaged by following the surface of the arches, taking all the forces and weight through many invisible "legs" following the geometry of the existing structure. This device is at the same time invisible but efficient. When you take a distanced view of the building there is an illusion of an implied notional "capsule" from the top of the building to the bottom of the upside down dome (the colouring of the glazing details of the floors above —also patinated copper— helps that notion).

Les « toits » des cylindres vitrés rappellent la matière, la couleur et la patine du grand dôme couvrant l'édifice. Le point fort du projet est son dôme inversé, de même dimension que le dôme de l'Opéra sous lequel il se place. Son revêtement extérieur est de la même couleur, mais il est traité pour être réfléchissant et générer une impression d'espace époustouflante. Son revêtement intérieur, en inox poli, reflète et prolonge l'appareillage de pierre et la rosace centrale. Dans ce volume est installée une mezzanine de 12 m de diamètre. Les arcades qui entourent la rotonde principale accueillent une structure tubulaire permettant d'aménager des mezzanines linéaires autour du dôme, suffisamment espacées pour ne pas produire une sensation d'étouffement. La coloration des tubes est inversée – la peau externe est parfaitement réfléchissante et l'intérieur rappelle le cuivre. Les tubes et le dôme inversé forment un univers surélevé, suspendu comme par magie au-dessus du sol préservé. La structure qui les supporte se camoufle en suivant la forme des arcades, et conduit les charges au travers de nombreuses « fourches » invisibles qui épousent la structure du bâtiment. Cette configuration est insoupçonnable mais efficace. En prenant du recul par rapport au bâtiment, on a l'impression que la coupole extérieure et le dôme inversé à l'intérieur du restaurant sont les deux extrémités d'une capsule. Illusion encore renforcée par les encadrements des fenêtres du deuxième étage, situées dans l'entre-deux et également de couleur cuivre patiné, renforcent l'illusion).

3D image façade / *Image 3D de la façade*

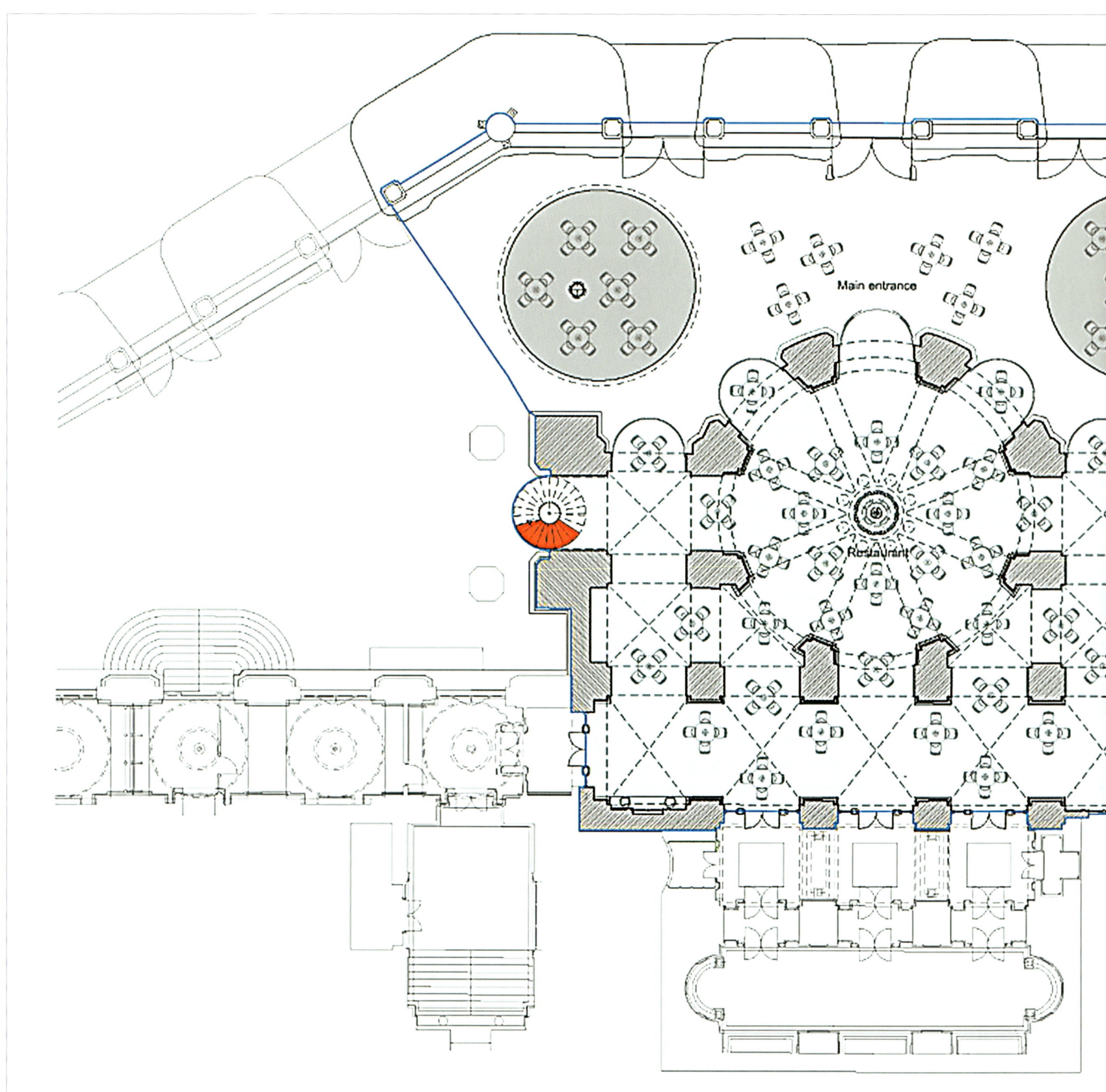

Ground floor plan / *Plan du rez-de-chaussée*

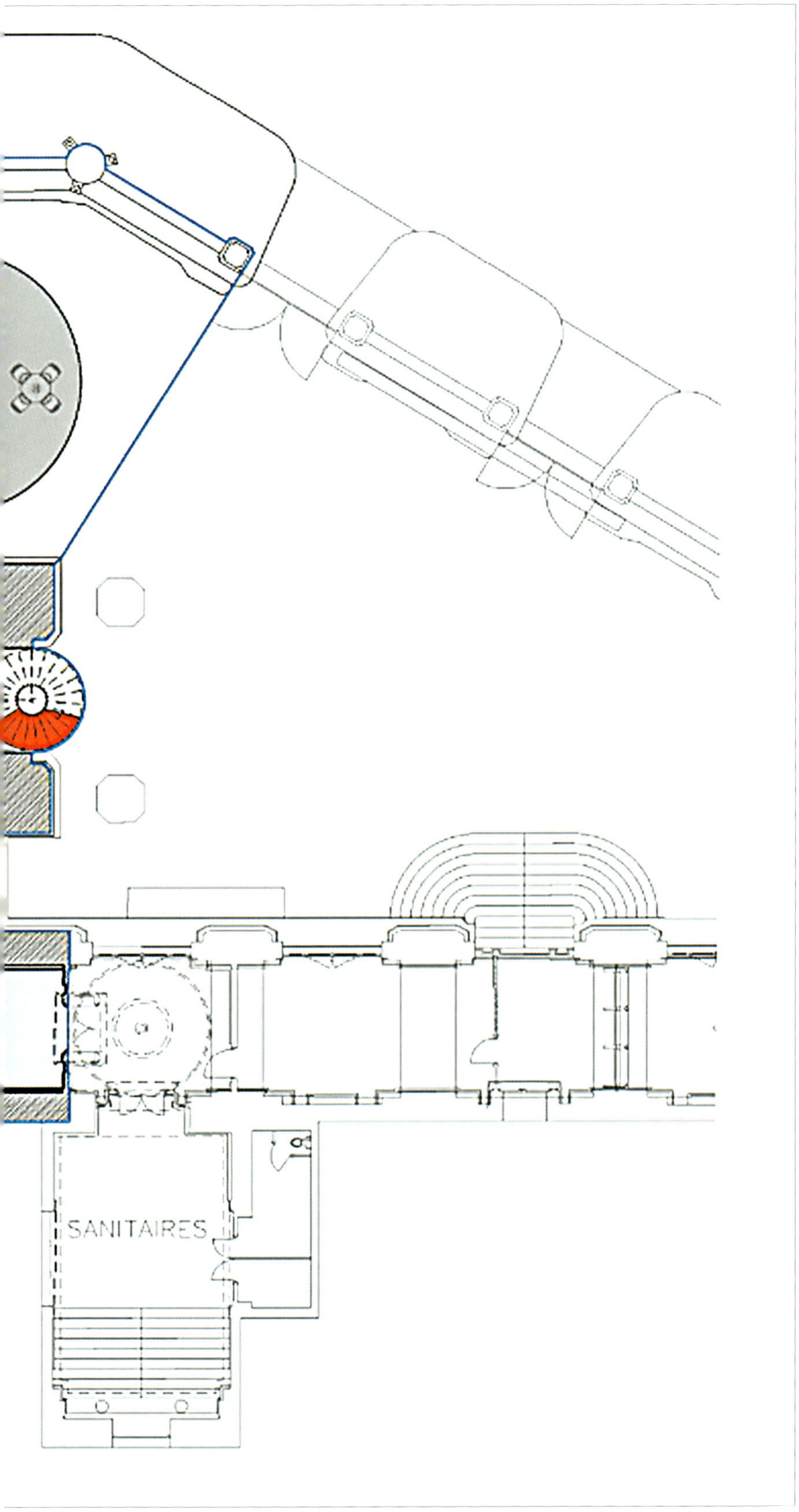

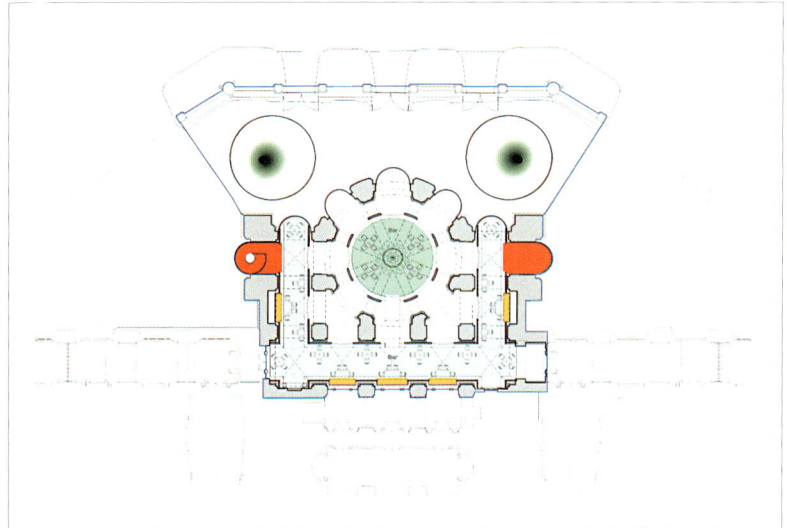

1st floor plan / *Plan du 1er étage*

SANITAIRES

In the court in front of the enclosed space, we tried to provide large cover without obscuring the spectacle we have just created inside of the floating ball and the floating tables at the end of the tubes and the way we achieved it is by introducing two wide rimmed, centrally supported trumpet-shaped canopies in the reversed shape of the dome, i.e. this time, the negative space they create is derived from a circle.

At this stage we have a diagram and some visuals to demonstrate the potential of our strategy. We by no means see it as a final proposal but rather as the first step in a process of developing the place with the operator, Messrs Costes, and the host, the historic Opera. There is a lot of work to be done to perfect the operation, the circulation, the furniture, the lights and all the other components that will affect the ambience and the functioning of a great restaurant.

Dans la cour qui s'étend devant l'espace fermé du restaurant, nous voulions installer une protection extérieure sans pour autant obscurcir le spectacle offert par la « boule » et les tables flottant à l'extrémité des tubes. Nous y sommes parvenus en installant deux larges auvents en trompette dont la forme géométrique complète celle du dôme inversé ; cette fois, l'espace en creux ainsi créé est dérivé d'un cercle.

À ce stade, nous avons produit un schéma de concept et quelques visuels pour démontrer le potentiel de notre approche. Il ne s'agit pas d'une proposition définitive, mais plutôt d'une première étape dans un processus d'aménagement mené conjointement avec l'opérateur, M. Costes, et son hôte, l'opéra Garnier. Il reste beaucoup à faire pour améliorer le projet, la circulation, le mobilier, l'éclairage et les autres éléments qui affecteront l'ambiance et le fonctionnement du restaurant.

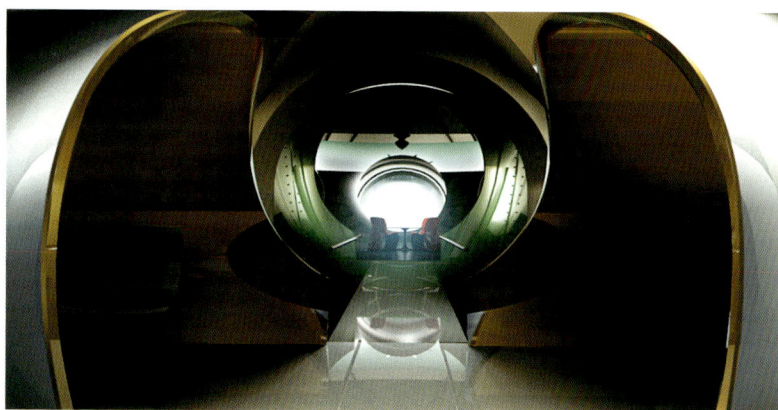

3D image corridor / *Image 3D du couloir*

3D image corridor / *Image 3D du couloir*

3D image private dinning room / *Image 3D du salon privé*

3D image restaurant room / *Image 3D de la salle du restaurant*

APPARTMENT PLACE DES VOSGES

PARIS, FRANCE **2007**

APPARTMENT PLACE DES VOSGES 2007
PARIS, FRANCE

PROJECT ARCHITECT / *ARCHITECTE DU PROJET* : **DANNY MARKS**
TEAM MEMBERS / *ÉQUIPE* : **JULIAN GILHESPIE**
BACKER / *COMMANDITAIRE* : **J.M. ROUFF**
PROJECT OBJECTIVES / *OBJECTIFS* : **DESIGN OF INTERIOR ELEMENT INCORPORATING KITCHEN, STAIRS AND MEZZANINE**
DESIGN / *DESIGN* : **2007**
TERM OF CONSTRUCTION / *RÉALISATION* : **TO BE COMPLETED 2009**
BUILDING AREA / *SUPERFICIE CONSTRUITE* : **130M²**

Ron Arad Associates were commissioned by a private client, J.M. Rouff, in September 2007 to design the interior of a 100 m² flat, recently acquired and conjoining onto his existing flat in place des Vosges, Paris' oldest square. The space was to be used to house a new industrial grade kitchen and dining/entertaining space. By adding a bedroom with ensuite bathroom, RAA aimed to create an almost autonomous apartment that could also be used by visiting guests for short periods.

The 100 m² spatial envelope, located on the building's first floor and overlooking the square, is double height. Whilst the flat has an entrance from the first floor, a further connection has been made at second floor level to the client's existing flat. The design strategy is based upon a 3 dimensional circle, broken and stretched vertically from 1st floor level to second. This circle both embodies the circulation diagram, tying the space together vertically, whilst also making visual reference to a "center of gravity" within the space.

En septembre 2007, J. M. Rouff, un client privé, chargeait Ron Arad Associates de concevoir l'intérieur d'un appartement de 100 m² acquis récemment et adjacent à son appartement existant de la place des Vosges, la plus ancienne place de Paris. L'espace devait recevoir une nouvelle cuisine de type industriel et accueillir un espace de jeu et de réception [salle à manger/espace de jeu]. En ajoutant une chambre avec salle de bains attenante, RAA avait pour objectif de créer un appartement presque autonome qui pourrait être utilisé par des invités pour de courtes périodes.

L'enveloppe spatiale de 100 m², située au premier étage du bâtiment et surplombant la place, est en double hauteur. À son entrée au premier étage s'est ajoutée une nouvelle connexion vers l'appartement existant du client au deuxième étage. La stratégie de conception est basée sur une spirale tridimensionnelle, étirée verticalement du premier au second niveau. Cette spirale matérialise le diagramme de circulation qui lie les espaces entre eux et fait visuellement référence à un « centre de gravité » qui équilibre les volumes.

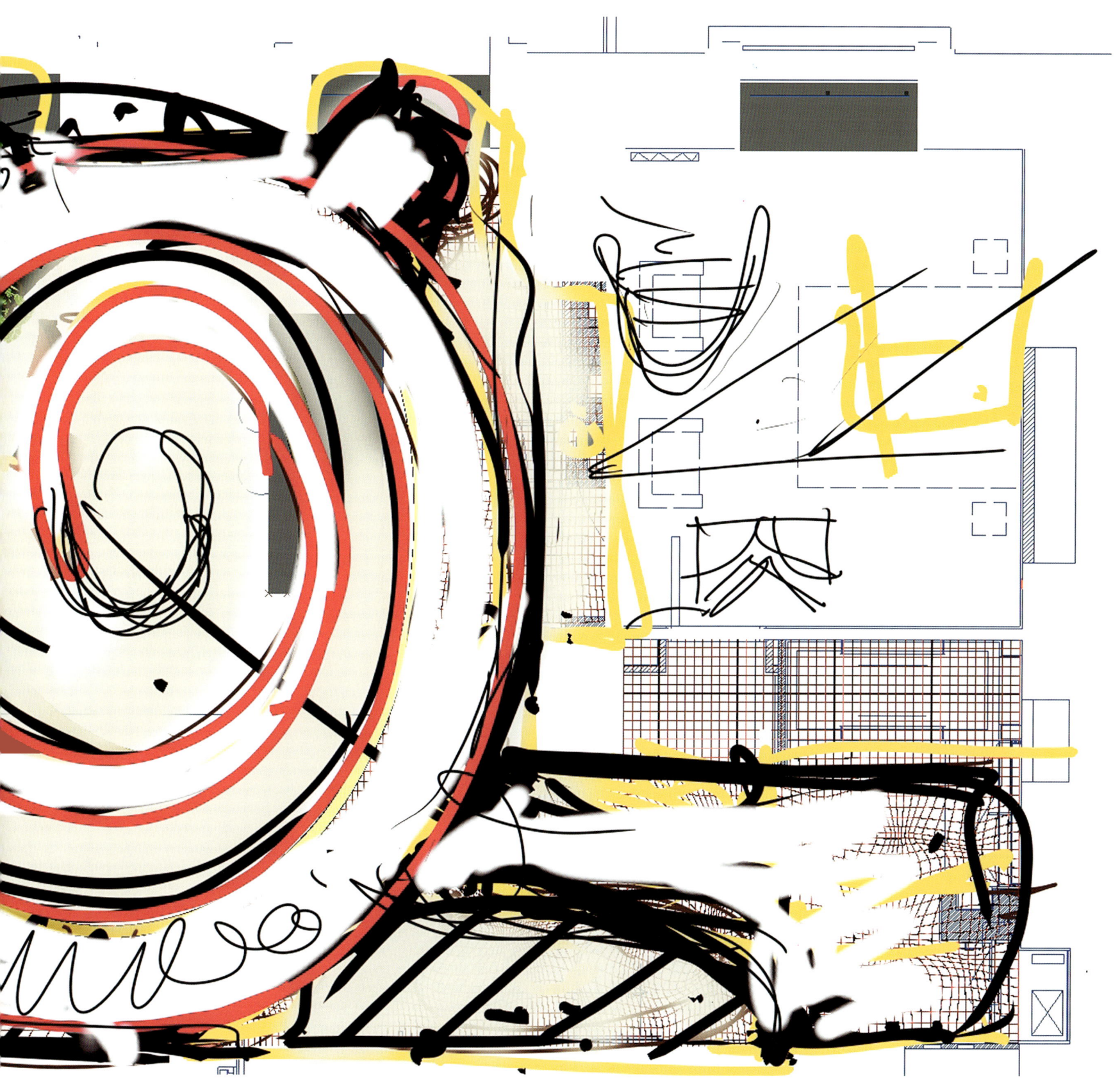

Sketch / *Croquis*
© Ron Arad

Sketch / *Croquis*
© Ron Arad

Sketch / *Croquis*
© Ron Arad

The circle's centre is the setting out point from which the building system is deployed; a system of hardwood boxes of varying dimensions, internally lined with mirror polished stainless steel. These boxes, all tapering to a virtual centre point, form a circular, vertically spiralling shelving system that also performs as a screen between the two parts of the space. In strategic areas the boxes extrude further to form a staircase and a mezzanine.

3D image general view / *Image 3D vue d'ensemble*

Le centre de la spirale est le point à partir duquel se déploie le système du bâtiment. Il s'agit d'un ensemble de boîtes en bois massif de dimensions variées, doublées intérieurement d'inox poli miroir. Ces boîtes, s'effilant toutes vers un point central virtuel, forment un système circulaire d'étagères en spirale qui sert aussi d'écran entre les deux fonctions de l'espace. Dans certaines zones stratégiques, les boîtes s'étirent pour former un escalier et une mezzanine.

Following pages / *Pages suivantes :*
3D image living-room / *Image 3D du salon*

OHAYON VILLA

MARRAKESH, MOROCCO **2007**

OHAYON VILLA 2007
MARRAKESH, MOROCCO

PROJECT ARCHITECT / *ARCHITECTE DU PROJET* : **ASA BRUNO**
TEAM MEMBERS / *ÉQUIPE* : **JAMES FOSTER, LUCY PENGILLEY**
BACKER / *COMMANDITAIRE* : **MAURICE OHAYON**
PROJECT OBJECTIVES / *OBJECTIFS* : **LUXURY HOLIDAY RETREAT FOR PRIVATE CLIENT**
DESIGN / *DESIGN* : **2007**
TERM OF CONSTRUCTION / *RÉALISATION* : **TO BE COMPLETED 2010**
BUILDING AREA / *SUPERFICIE CONSTRUITE* : **1050M² (NET)**

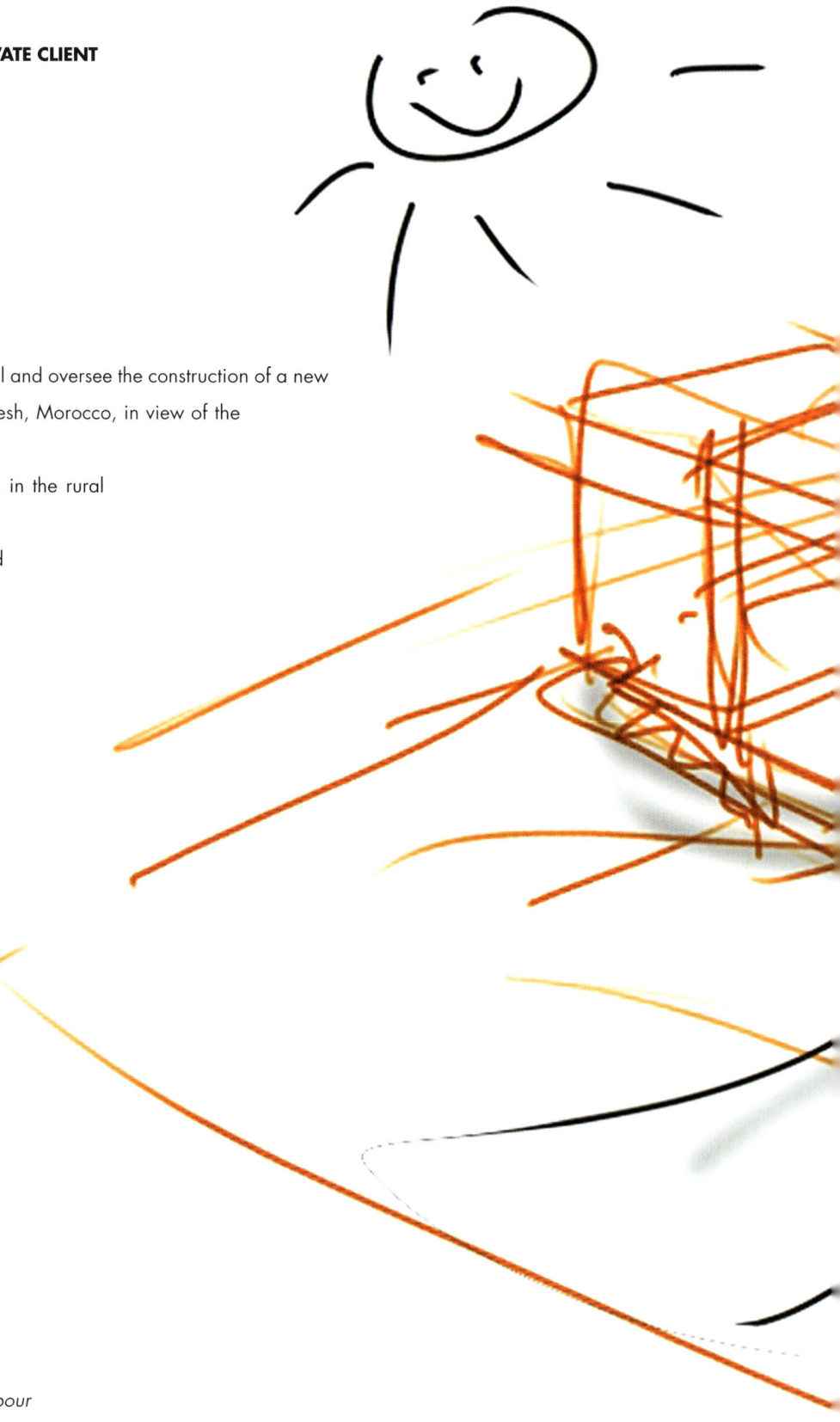

Ron Arad Associates were invited by Mr Maurice Ohayon to design, detail and oversee the construction of a new

holiday residence for his family, to be situated on the outskirts of Marrakesh, Morocco, in view of the

Atlas mountain range.

The site is situated approximately 8 km south-west of central Marrakesh, in the rural

commune of Tassoultant, north of the Via Marrakesh.

The client commissioned RAA to formulate a conceptual programme and

architectural brief for the new luxury holiday residence, which is to

be of an international standard, and with the goal of becoming

a recognizable landmark in Morocco.   This residence will

comprise of the main villa for the client and his family,

a separate but inter-connected guest wing, extensive

grounds which will accommodate a 25 m pool, playing

field (tennis or other), and staff quarters for permanent

and seasonal staff.

M. Maurice Ohayon a invité Ron Arad Associates
à concevoir et superviser la construction d'une
nouvelle résidence de vacances aux abords de
Marrakech, au Maroc, avec vue sur les montagnes
de l'Atlas. Le site se trouve approximativement à
8 km au sud-ouest du centre de Marrakech, dans la
commune rurale de Tassoultant, au nord de la route de
Marrakech.
Le client a demandé à RAA d'élaborer le programme
conceptuel et le descriptif architectural d'une luxueuse villa
d'envergure internationale, avec pour objectif d'en faire un repère
architectural pour le Maroc. Cette résidence sera composée d'un bâtiment
principal pour le client et sa famille, d'une aile distincte mais connectée pour
les invités, et de larges espaces qui accueilleront une piscine de 25 m et un terrain de
jeu (tennis ou autre), ainsi qu'un secteur pour le personnel permanent et saisonnier.

Sketch / Croquis
© Ron Arad

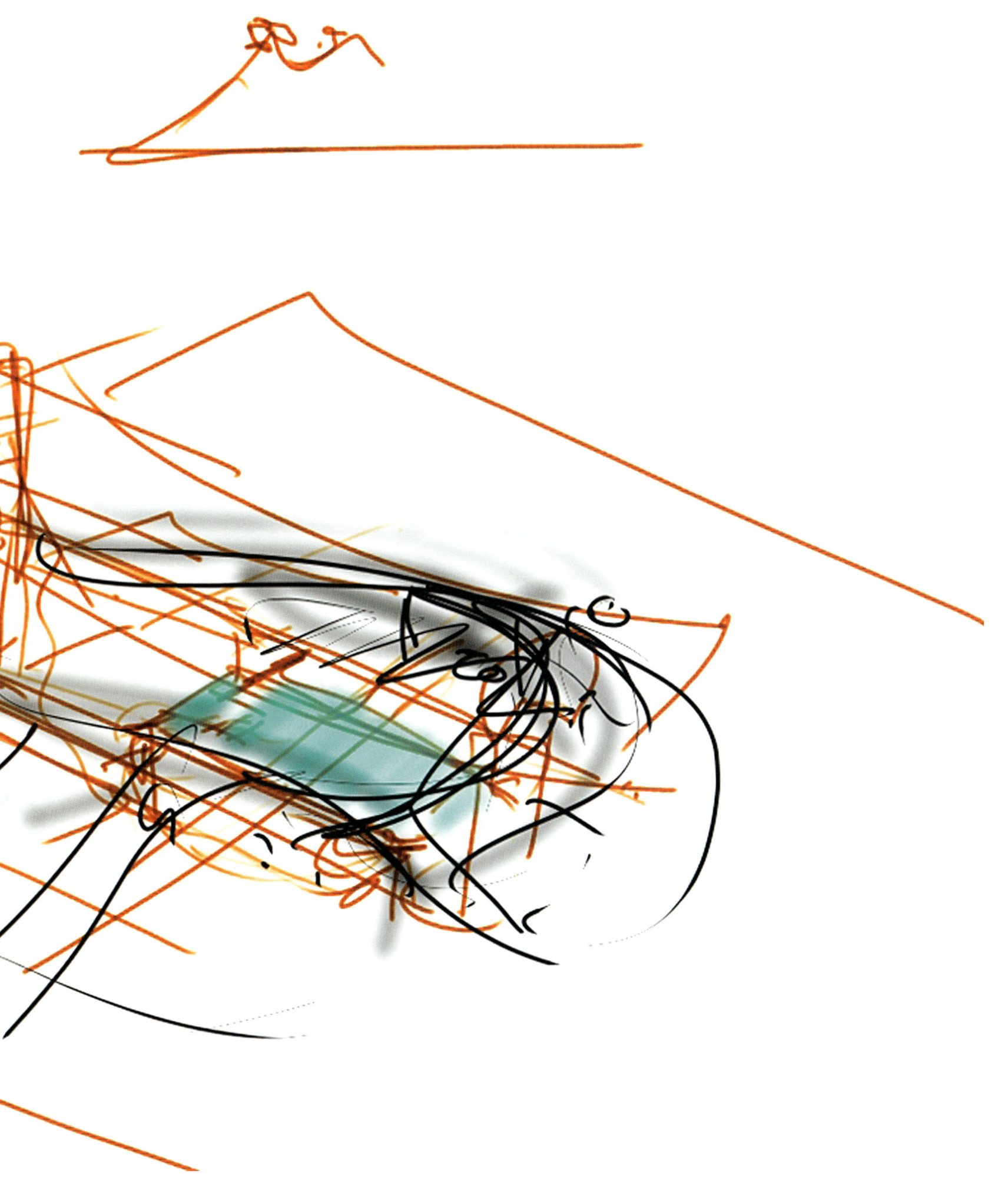

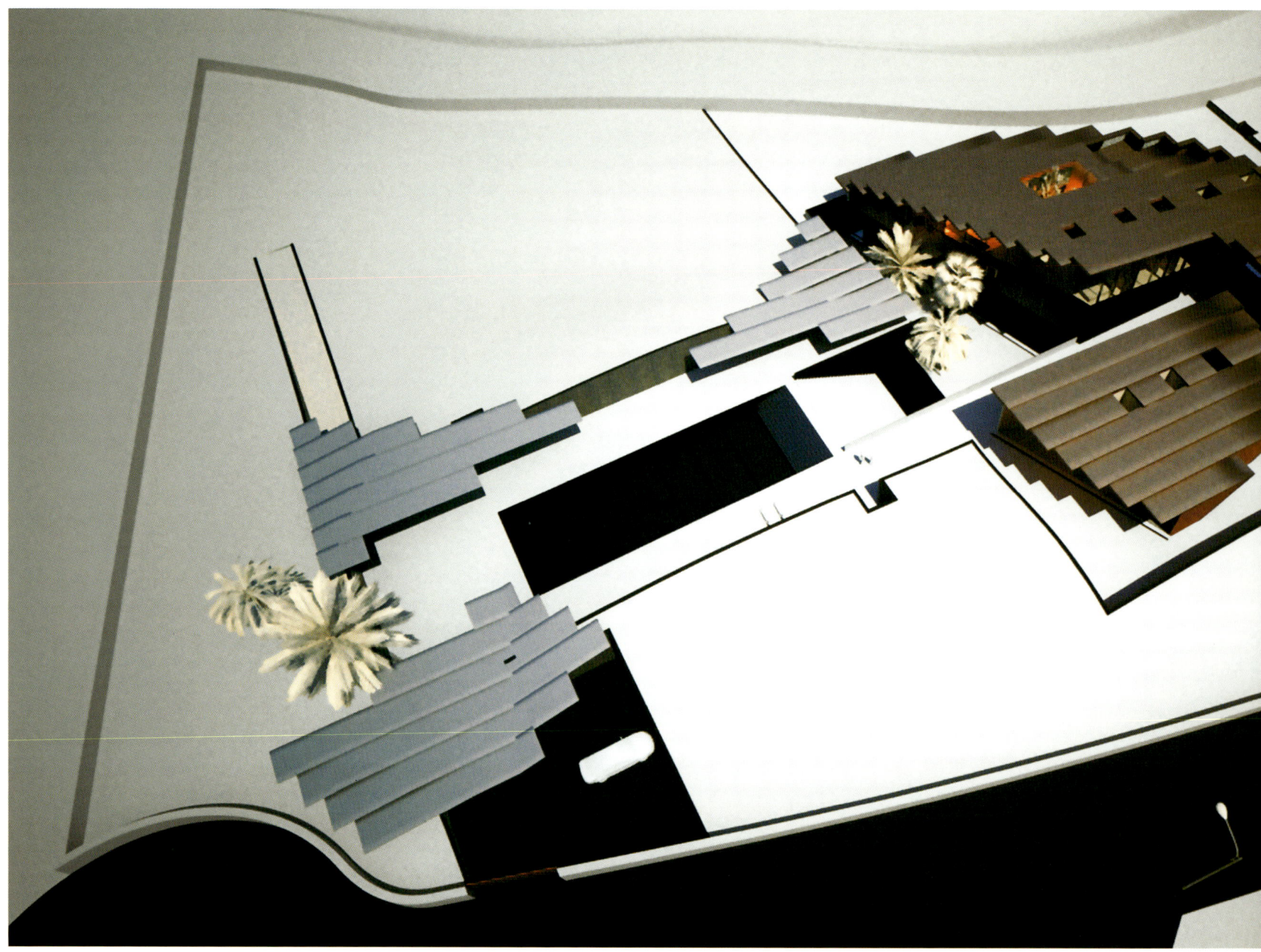

3D image general view / *Image 3D de la vue d'ensemble*

The OVM project faces the challenge of creating a contemporary interpretation of the notion of the grand Moroccan riad, through offering a unique living experience which integrates inventive spatial design, lavish comfort, individuality and privacy. RAA will meet this challenge combining cutting-edge design, detail and fabrication techniques with traditional local materials and construction methodologies.

In the course of design development and construction, an international team of consultants will be appointed to contribute to this inventive process, from the fields of structural engineering, landscape architecture and lighting design.

The site is situated in an area of Morocco in which the climate offers little humidity and is dry and hot most of the year. Temperatures rarely drop below 5°C (41°F) in mid-winter, and often exceed 40°C (104°F) in summer, while rainfall reaches 37 mm at most during winter months.

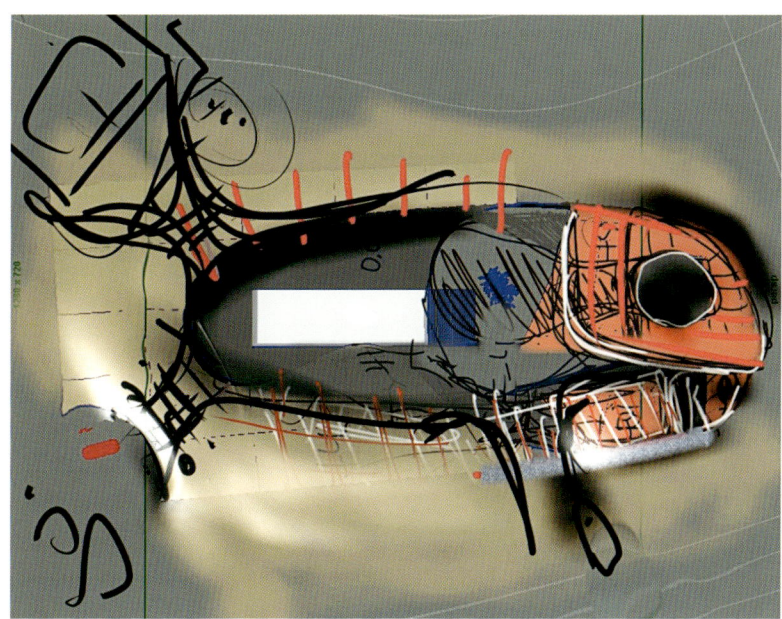

Sketch / *Croquis*
© Ron Arad

Créer une interprétation contemporaine du grand riad marocain qui, par son intimité et sa singularité, sa conception inventive de l'espace et son confort, permettra un mode de vie sans équivalent : tel est le défi que RAA entend relever en associant une conception avant-gardiste, des détails et des techniques de fabrication qui mettront en œuvre des matériaux et des méthodes de construction traditionnels.

Une équipe internationale de consultants, ingénieurs structure, paysagistes et éclairagistes sera engagée pour veiller au respect du processus créatif durant le développement et la réalisation du projet.

Le terrain est situé dans une région du Maroc dont le climat, sec et chaud la plupart de l'année, offre peu d'humidité. Les températures descendent rarement sous 5 °C au milieu de l'hiver et dépassent souvent les 40 °C l'été, alors que les pluies atteignent au mieux 37 mm au cours des mois d'hiver.

3D image parking / *Image 3D du parking*

3D image entrance / *Image 3D de l'entrée*

3D image stairs / *Image 3D des escaliers*

From early on in the design development process, it was decided that two guiding principles would form the key design parameters for the project.

The first, involves the sun and its direct impact on architectural form, human comfort zones and daily as well as seasonal diversity of light conditions.

The second stems from local planning law which stipulates a height restriction of 8 m above ground level, and an allowance of 4 m excavation depth into the ground.

RAA have used these two restrictions to define the premise for form finding: orientation of volumes on site in relation to sunlight axes, the use of a modulated ground plane (in the form of a landscaped dune) to create shade as well as privacy, the use of height to command dramatic views of the Atlas range as well as to provide striking internal spaces within the residence.

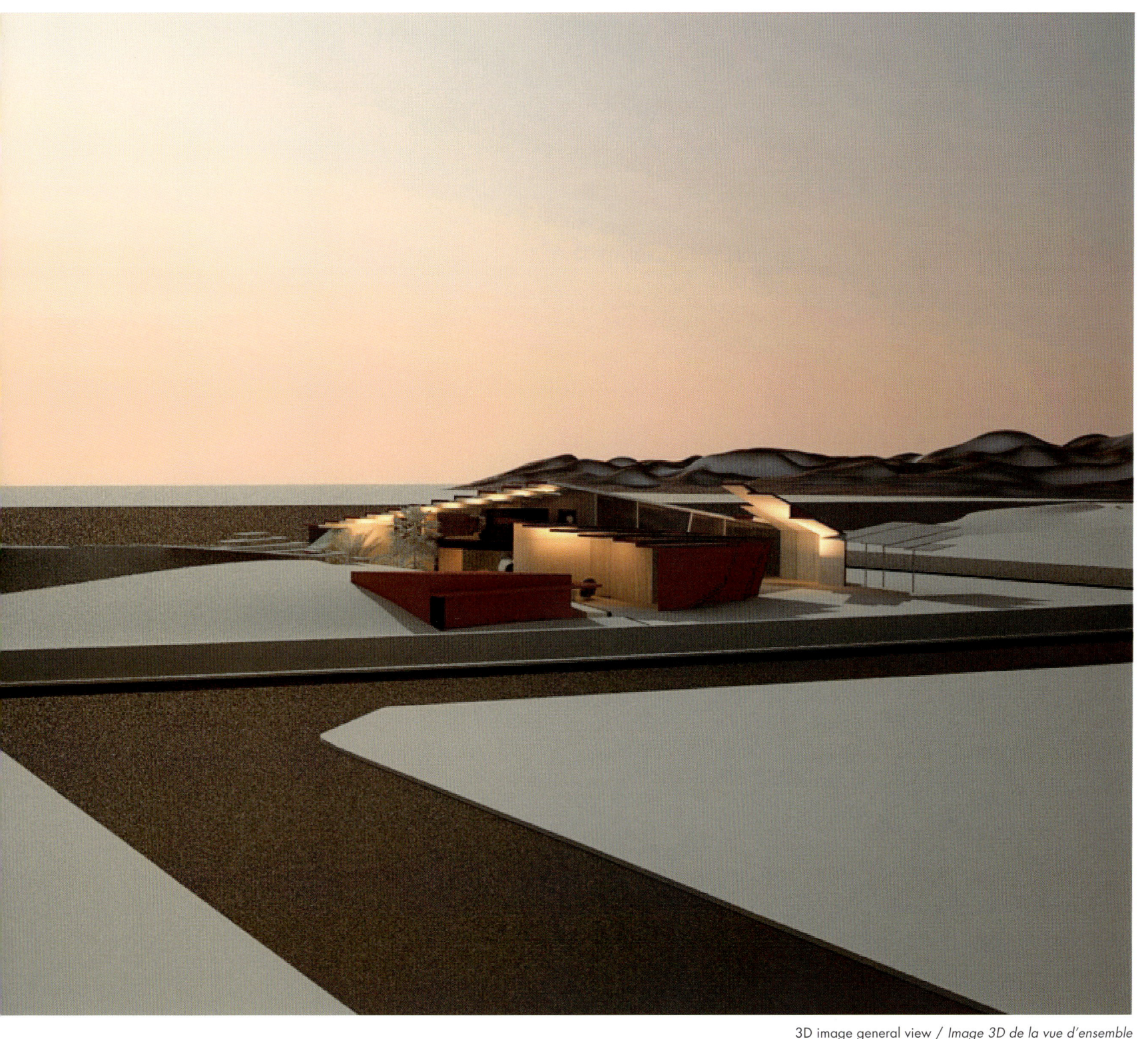

3D image general view / *Image 3D de la vue d'ensemble*

Dès le début du processus de conception, deux principes ont été définis : le premier concerne l'impact direct du soleil sur la forme architecturale, le confort humain des différentes zones et les variations tant quotidiennes que saisonnières de la luminosité.

Le second découle de la réglementation urbaine locale, qui impose une hauteur maximum de 8 m au-dessus du niveau du sol tout en permettant des excavations de 4 m.

Ces deux paramètres de base ont conditionné les formes générales de la villa : orientation des volumes sur le site en fonction des axes d'ensoleillement, utilisation d'un plan du terrain modulé (adoptant l'aspect d'une dune paysagée) pour créer des abris et un sentiment d'intimité ; utilisation de la hauteur pour structurer des vues spectaculaires sur la chaîne de l'Atlas tout en produisant des espaces intérieurs intéressants dans la résidence.

Following pages / *Pages suivantes :*
3D image swimming-pool /
Image 3D de la piscine

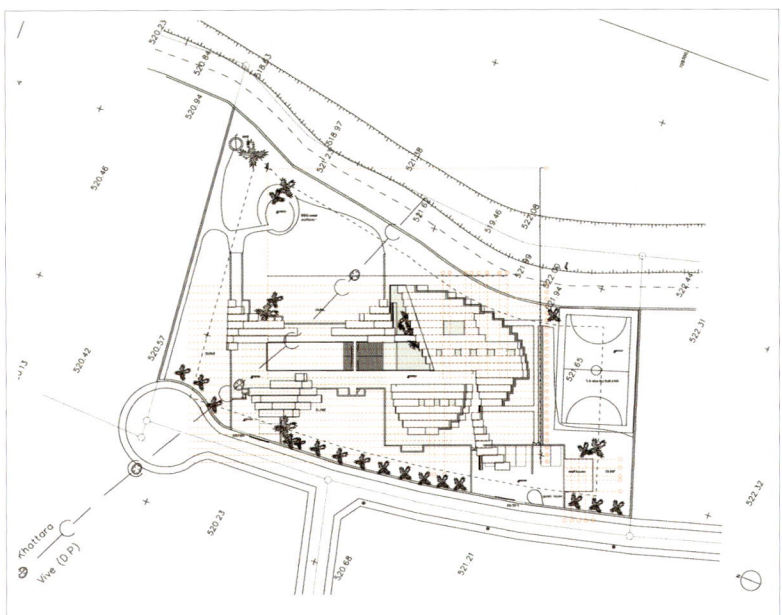

Situation plan / *Plan de situation*

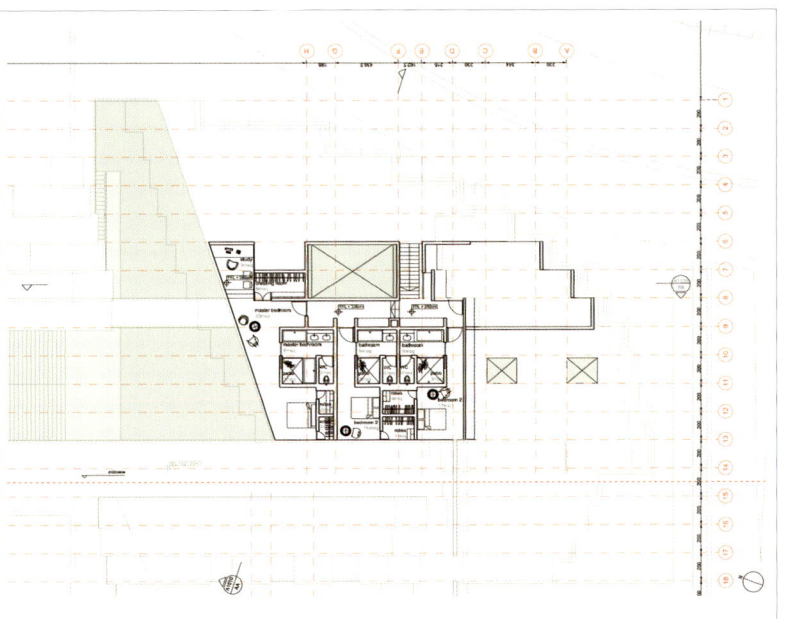

1st floor plan / *Plan du 1er étage*

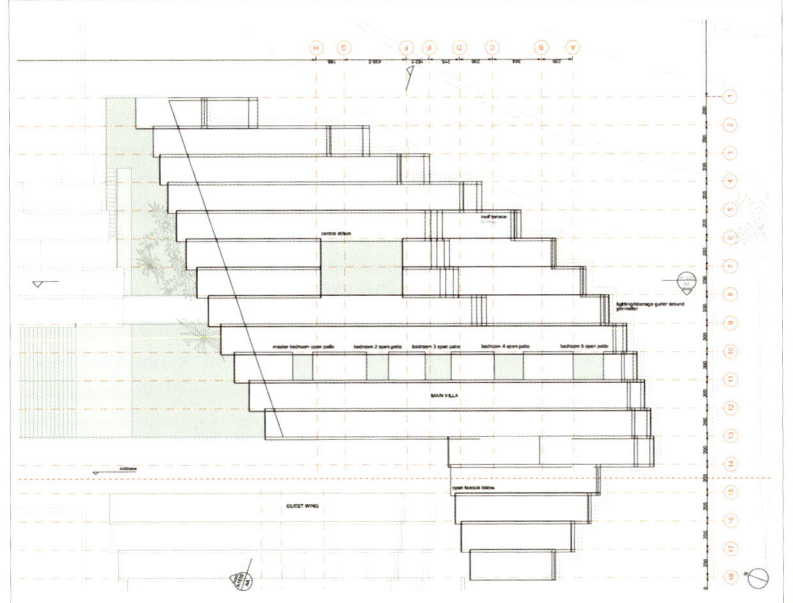

Roof plan / *Plan du toit*

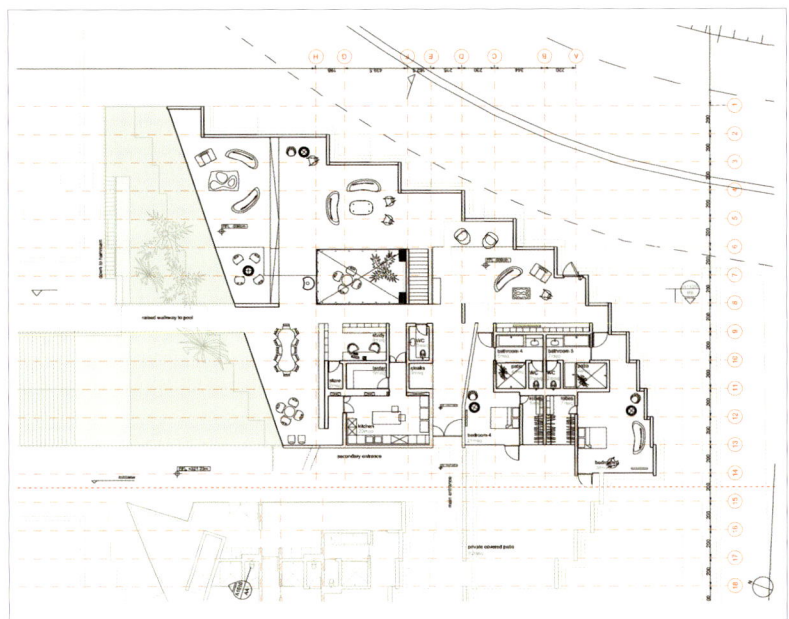

Ground floor plan / *Plan du rez-de-chaussée*

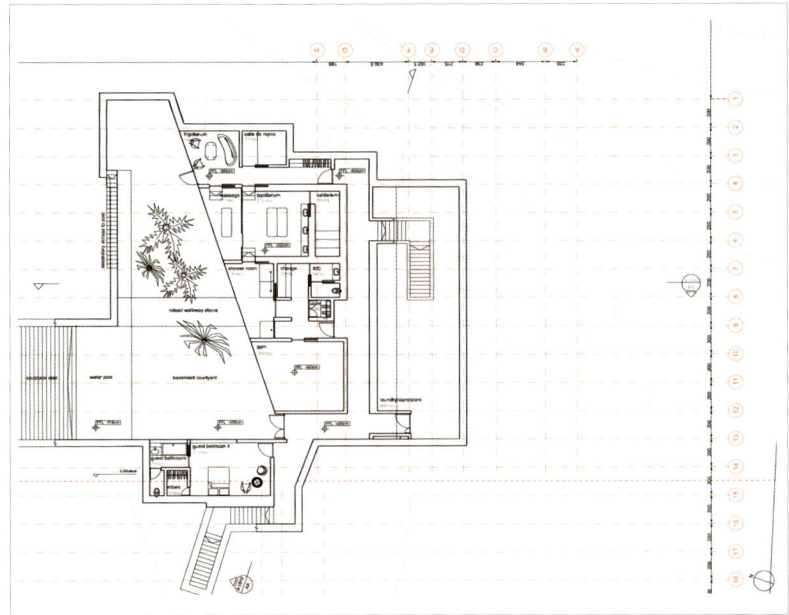

Basement plan / *Plan du sous-sol*

Long section / *Coupe longitudinale*

Short section / *Coupe latérale*

3D image living-room / *Image 3D du salon*

Traditionally, Marrakesh Riads are orientated off the north-south axis. This is due to the need to maximise shading potential for the internal faces of the inner courtyards, and indeed minimise the heat gain within the house. RAA have decided to arrange the entire compound on a 20° axis, in order to provide maximum shading potential for the internal and external patios.

The residence is arranged as a series of "shells", each comprising different accommodations (i.e. main residence, guest wing, etc.). The shells occupy the southern side of the site, and form an opaque façade facing south (forming a suitable thermal mass where most exposed to direct sunlight for prolonged periods of time), and open up towards the north, where the remainder of the site unfolds. The main accommodation is pushed 4 m into the ground, creating a sunken patio from which a wide sculptural stair leads up to the ground level pool. The pool itself, as well as the surrounding facilities, is carved out of a raised artificial dune which provides shelter and privacy.

3D image living-room / *Image 3D du salon*

3D image living-room / *Image 3D du salon*

3D image outside coridor /
Image 3D du couloir extérieur

Traditionnellement, les riads de Marrakech sont désaxés par rapport à l'axe nord-sud, et ce afin d'optimiser les possibilités d'ombrage pour les façades intérieures des cours, et par là-même minimiser les gains thermiques dans la maison. RAA a décidé d'organiser l'ensemble sur un axe de 20° pour apporter un maximum d'ombre aux patios internes et externes. La résidence est conçue comme une série de « coques », chacune abritant des fonctions différentes (la résidence principale, l'aile des hôtes, etc.). Les coques occupent le côté sud du site et forment une façade méridionale opaque (ainsi qu'une masse thermique adéquate à l'endroit le plus directement exposé au soleil sur des durées prolongées) ; elles s'ouvrent vers le nord, où le reste du site se déploie. Le logement principal est enfoui à 4 m dans le sol, créant un patio enterré à partir duquel un large escalier sculptural mène au niveau de la piscine. La piscine et les équipements qui l'entourent sont sculptés dans une dune surélevée artificiellement qui apporte protection et intimité.

3D image terrace / *Image 3D de la terrasse*

3D image roof and patio / *Image 3D du toit et du patio*

The shells were initially conceived as convex freeform surfaces, but were later articulated into a succession of staggered linear "planks" and side walls, which mimic the volumes of the original shells, while defining the spaces in a more linear fashion.

These planks are made as cast concrete elements which form the horizontal and south facing parts of the shells. It is envisaged that the side walls which fill the gaps between these planks will be made as adobe-like packed straw and mud walls in the traditional/vernacular technique ("Pisé").

It is also envisaged that the shells will be structurally independent of the floor slabs, walls and columns which form the internal accommodation within them, in this way allowing for continuous internal views across the underside of the shells. The plank casting technique, location, finish, composition and assembly is the subject of further investigations by RAA and AKT Engineers, and will be developed in the course of detail and final design phases.

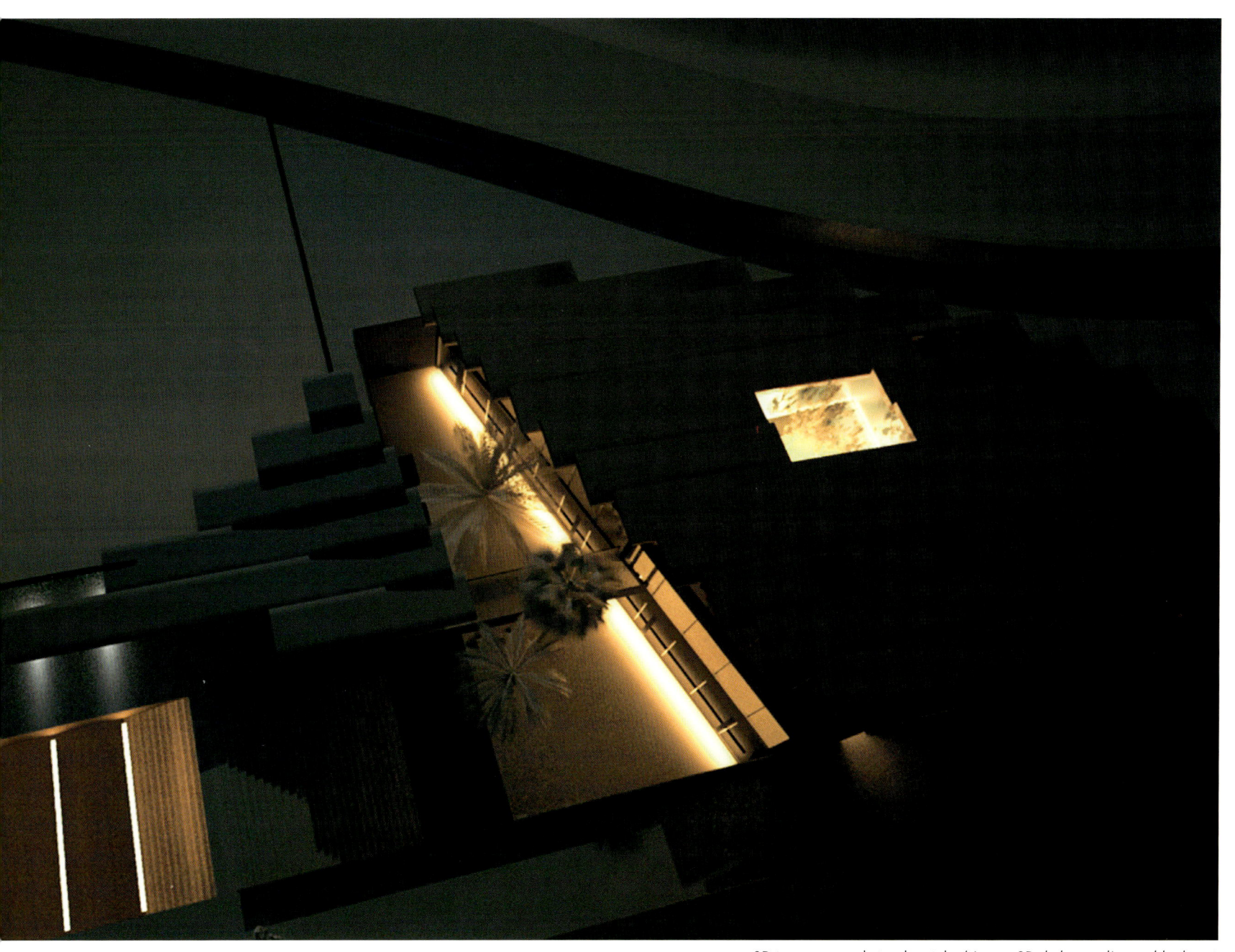

3D image general view by night / *Image 3D de la vue d'ensemble de nuit*

Les coques ont d'abord été conçues comme des surfaces convexes de formes libres. Par la suite, elles ont été articulées en une succession de plans linéaires étagés et de murs de refend ; ces volumes rappellent ceux des coques initiales, mais définissent les espaces d'une manière plus linéaire.

Les plans linéaires, coulés en béton, constituent les éléments horizontaux et orientés au sud des coques. Les murs de refend remplissant les vides pourraient être construits en pisé, selon les techniques traditionnelles.

De même, les coques pourraient être structurellement indépendantes des planchers, des murs et des éléments porteurs qui définissent l'intérieur du logement ; ainsi, des vues continues seraient possibles sous les sous-faces des coques.

Les techniques de moulage des plans, leur localisation, leur finition, leur composition et leur assemblage sont en cours d'études par RAA et le bureau d'étude d'ingénierie AKT, et seront développés au cours des prochaines phases.

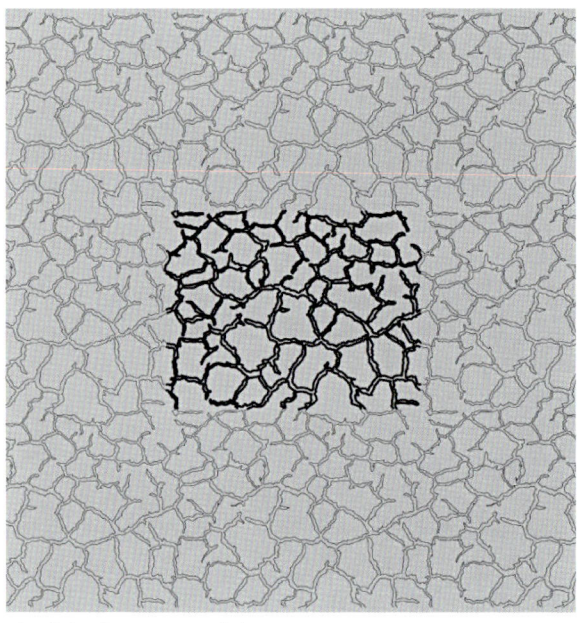

Maroccan ground for the screen wall /
Sol marocain inspirant le claustras

Sketch for the screen wall /
Croquis du claustras

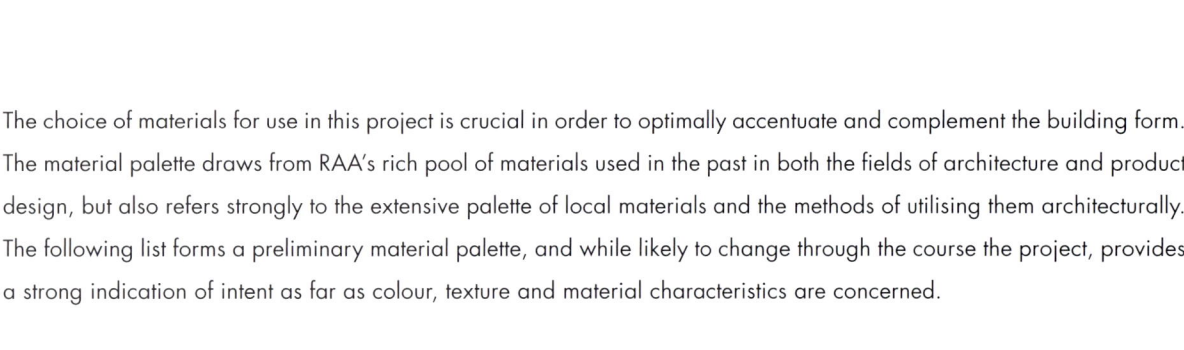

The choice of materials for use in this project is crucial in order to optimally accentuate and complement the building form. The material palette draws from RAA's rich pool of materials used in the past in both the fields of architecture and product design, but also refers strongly to the extensive palette of local materials and the methods of utilising them architecturally. The following list forms a preliminary material palette, and while likely to change through the course the project, provides a strong indication of intent as far as colour, texture and material characteristics are concerned.

Le choix des matériaux est crucial pour accentuer et accompagner au mieux la forme du bâtiment. Ils seront sélectionnés dans l'abondant ensemble de matériaux utilisés par RAA pour de précédents projets d'architecture ou de design, mais feront aussi fortement référence à la palette des matériaux locaux et à leurs techniques architecturales d'assemblage. La liste suivante constitue une palette de matériaux préliminaire. Bien que largement sujette à modification, elle apporte une indication claire en ce qui concerne nos intentions en termes de couleurs, de textures et de caractéristiques formelles.

3D image screen wall drawing/ *Image 3D des claustras*

NOTIFY

MILAN, ITALY **2008-2010**

NOTIFY SHOWROOM 2008-2010
PARIS, FRANCE

PROJECT ARCHITECT / *ARCHITECTE DU PROJET* : **DANNY MARKS**
TEAM MEMBERS / *ÉQUIPE* : **JULIAN GILHESPIE**
BACKER / *COMMANDITAIRE* : **NOTIFY MILAN**
PROJECT OBJECTIVES / *OBJECTIFS* : **SHOWROOM AND SCULPTURAL CENTREPIECE
FOR NOTIFY'S NEW BASE IN MILAN**
DESIGN / *DESIGN* : **2008**
TERM OF CONSTRUCTION / *RÉALISATION* : **2010**
BUILDING AREA / *SUPERFICIE CONSTRUITE* : **715M²**

Ron Arad Associates were commissioned by Notify Jeans in November 2007 to transform a disused 1930's factory in central Milan into a modern day atelier/showroom in which to exhibit its collections each season, as well as to accommodate a range of temporary exhibitions from various creative fields. In operating within the fabric of this old building, one of the challenges has been to respect the existing, whilst also aiming to create a distinctly contemporary space and exhibition experience.

En novembre 2007, Notify Jeans confiait à Ron Arad Associates le soin de transformer une usine désaffectée des années 1930, située au centre de Milan, en un atelier/showroom contemporain où la marque pourrait présenter ses collections et accueillir diverses disciplines artistiques lors d'expositions temporaires. Les opérations se déroulant dans le tissu d'un bâtiment ancien, l'un des défis était de respecter les éléments existants tout en aménageant un espace résolument actuel et un site d'exposition spécifique.

3D image elevation / *Image 3D de l'élévation*
© Pierandrei Associati

358

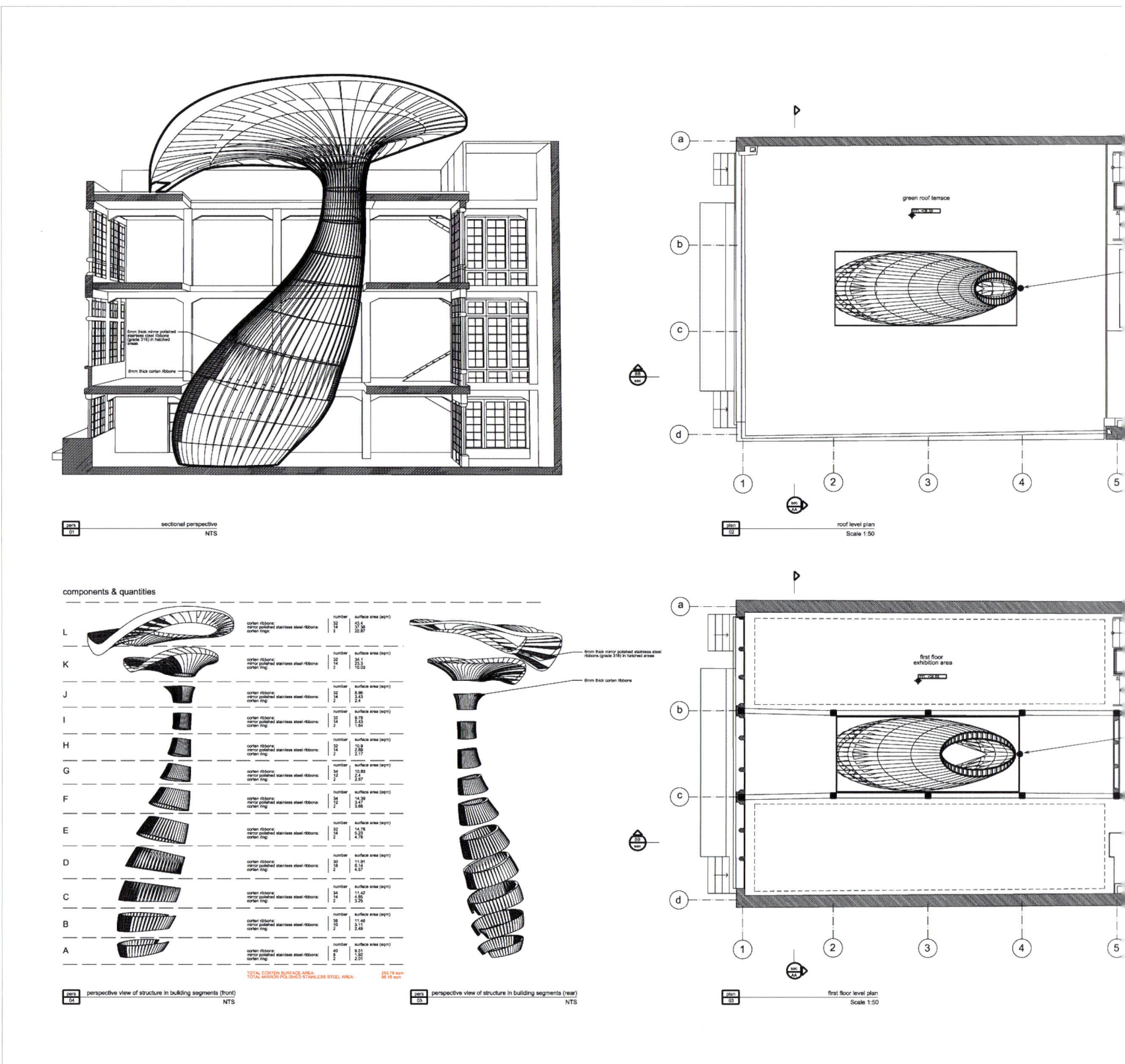

pers / 01 — sectional perspective — NTS

plan / 02 — roof level plan — Scale 1:50

components & quantities

pers / 04 — perspective view of structure in building segments (front) — NTS

pers / 05 — perspective view of structure in building segments (rear) — NTS

plan / 03 — first floor level plan — Scale 1:50

1. Sectional perspective / *Coupe en perspective*
4. Perspective view of structure in building segments (front) / *Vue en perspective de la structure (façade)*
5. Perspective view of structure in building segments (rear) / *Vue en perspective de la structure (dos)*

2. Roof level plan / *Plan du toit*
3. First floor level plan / *Plan du 1er étage*

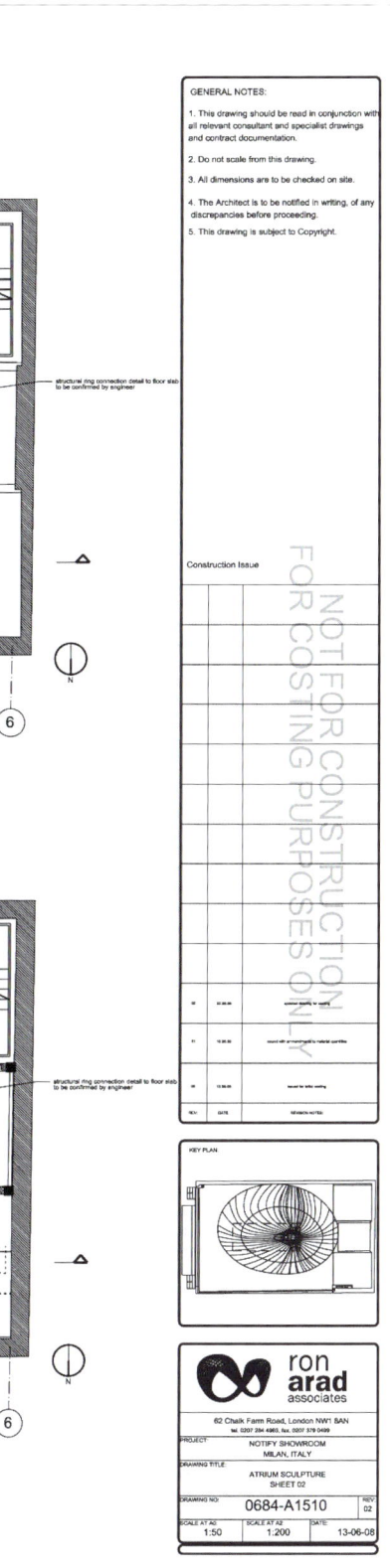

3D image ground floor / *Image 3D du rez-de-chaussée*

From the outset, the strategy was to focus on the existing atrium that spans from the ground floor to the roof (2 levels above). The only significant proposed modification to the building will be to create an opening in the ground floor, pulling the atrium down to the basement. Thus, the stage is set for a sweeping architectural gesture, vertically connecting and communicating between the different levels of the building.

Dès les prémisses du projet, notre stratégie s'est concentrée sur l'atrium existant, qui s'étend du rez-de-chaussée à la toiture, deux niveaux au-dessus. La seule modification significative proposée a été l'ouverture d'une trémie dans le plancher du rez-de-chaussée pour amener l'atrium jusqu'aux caves. Le décor était ainsi planté pour un grand geste architectural qui connectera verticalement les différents niveaux du bâtiment.

3D image inside of the atrium / *Image 3D de l'intérieur de l'atrium*

3D image ground floor / *Image 3D du rez-de-chaussée*

3D image first floor / *Image 3D du 1er étage*

3D image basement floor /
Image 3D du sous-sol

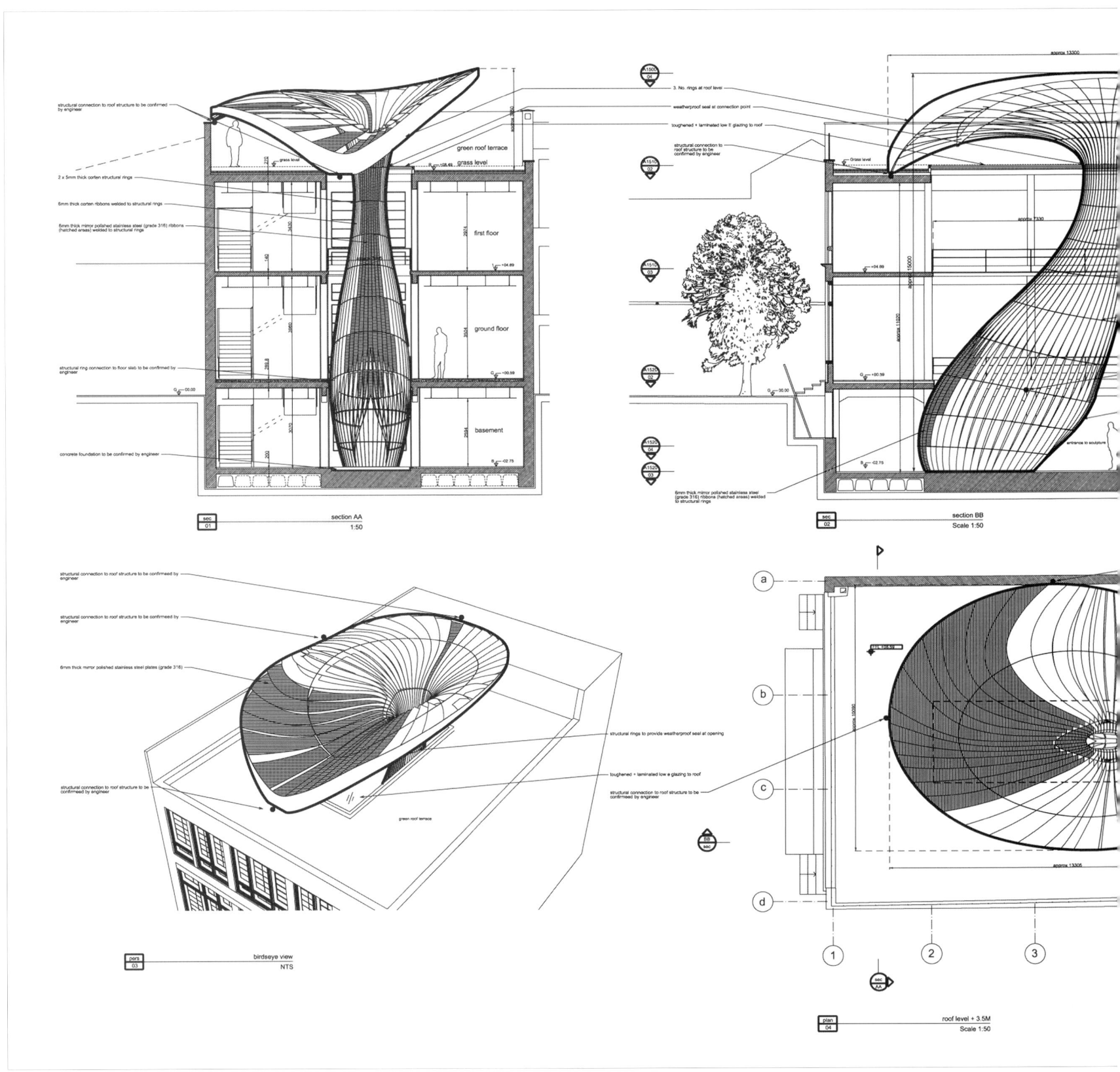

structural connection to roof structure to be confirmed by engineer

2 x 5mm thick corten structural rings

6mm thick corten ribbons welded to structural rings

5mm thick mirror polished stainless steel (grade 316) ribbons (hatched areas) welded to structural rings

structural ring connection to floor slab to be confirmed by engineer

concrete foundation to be confirmed by engineer

green roof terrace
grass level
grass level

first floor

ground floor

basement

| sec 01 | | section AA 1:50 |

3. No. rings at roof level
weatherproof seal at connection point
toughened + laminated low E glazing to roof
structural connection to roof structure to be confirmed by engineer

Grass level

6mm thick mirror polished stainless steel (grade 316) ribbons (hatched areas) welded to structural rings

entrance to sculpture

| sec 02 | | section BB Scale 1:50 |

structural connection to roof structure to be confirmed by engineer

structural connection to roof structure to be confirmed by engineer

6mm thick mirror polished stainless steel plates (grade 316)

structural connection to roof structure to be confirmed by engineer

structural rings to provide weatherproof seal at opening

toughened + laminated low e glazing to roof

structural connection to roof structure to be confirmed by engineer

green roof terrace

| pers 03 | | birdseye view NTS |

a

b

c

d

| plan 04 | | roof level + 3.5M Scale 1:50 |

1. Section / *Coupe*
3. Birdseye view/ *Vue du ciel*

2. Section / *Coupe*
4. Roof level plan / *Plan du toit*

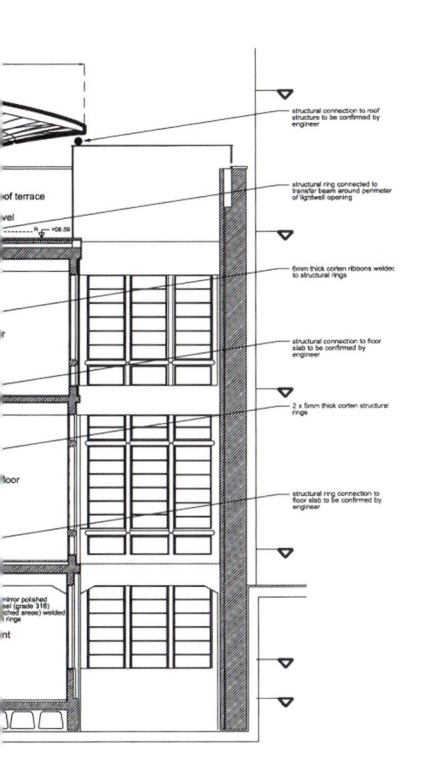

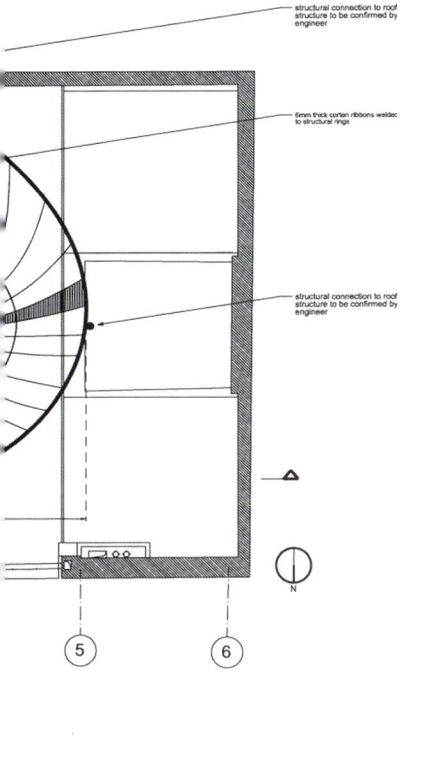

3D image roof / *Image 3D du toit*

Mirror polished stainless steel strips climb out of the basement, twisting as they move through the atrium and out on to the roof terrace, where they form a canopy. These steel strips collectively form a funnel-like object that carries natural light from the outside, via the roof, and down to the basement, diffusing it along the way. The twists in the strips form a fluid and changing screen —revealing things from certain angles whilst obscuring them from others.

Des lames d'inox poli miroir se déploient et s'incurvent dans l'atrium, s'élevant du sous-sol jusqu'à l'extérieur et la terrasse en toiture, où elles délimitent un abri. Ces lames d'acier forment un entonnoir qui amène la lumière naturelle de la toiture aux caves et la diffuse tout au long de son parcours. Les courbes des lames composent un écran fluide et changeant qui, selon les angles, dissimule ou révèle l'environnement.

SELECTED WORKS

ONE OFF SHOWROOMS 1983-1984
COVENT GARDEN, LONDON, ENGLAND

BAZAAR 1984
LONDON, ENGLAND

PROJECT ARCHITECT / *ARCHITECTE DU PROJET* : **RON ARAD**
BACKER / *COMMANDITAIRE* : **RON ARAD**
PROJECT OBJECTIVES / *OBJECTIFS* : **OWN STUDIO AND FURNITURE SHOWROOMS IN NEAL STREET AND SHELTON STREET**
DESIGN / *DESIGN* : **1983**
TERM OF CONSTRUCTION / *RÉALISATION* : **1984**
BUILDING AREA / *SUPERFICIE CONSTRUITE* : **150M²**

PROJECT ARCHITECT / *ARCHITECTE DU PROJET* : **RON ARAD**
BACKER / *COMMANDITAIRE* : **JEAN-PAUL GAULTIER**
PROJECT OBJECTIVES / *OBJECTIFS* : **JEAN-PAUL GAULTIER FASHION SHOP FOR WOMEN**
DESIGN / *DESIGN* : **1984**
TERM OF CONSTRUCTION / *RÉALISATION* : **1984**
BUILDING AREA / *SUPERFICIE CONSTRUITE* : **50M²**

RON ARAD STUDIO 1991
CHALK FARM, LONDON, ENGLAND

PUBLISHING STUDIO PROJECT 1993
SCHOPFHEIM, GERMANY

PROJECT ARCHITECT / *ARCHITECTE DU PROJET* : **ALISON BROOKS**
PROJECT OBJECTIVES / *OBJECTIFS* : **CREATING A NEW STUDIO FOR RON TO DESIGN IN, INCLUDING AN IMPRESSIVE SHOWROOM, AS WELL AS SUITABLE WORKSHOP AND STORAGE SPACE**
BUILDING AREA / *SUPERFICIE CONSTRUITE* : **APPROXIMATELY 300 M²**

PROJECT ARCHITECT / *ARCHITECTE DU PROJET* : **ALISON BROOKS**
PROJECT OBJECTIVES / *OBJECTIFS* : **PRIVATE RESIDENCE AND STUDIO FOR PUBLISHING COMPANY OWNER, IN THE BLACK FOREST PART OF GERMANY**
DESIGN / *DESIGN* : **1993**
BUILDING AREA / *SUPERFICIE CONSTRUITE* : **460 M²**

TEL AVIV OPERA 1994
TEL AVIV, ISRAEL

BELGO CENTRAAL 1995
COVENT GARDEN, LONDON, ENGLAND

PROJECT ARCHITECT / *ARCHITECTE DU PROJET* : **ALISON BROOKS**
TEAM MEMBERS / *ÉQUIPE* : **OLIVER SALWAY, ALEX MEITLIS,
MONIQUE VAN DEN HURK, CHARLES WALKER, CHRISTOPHE EGERT**
BACKER / *COMMANDITAIRE* : **TEL AVIV PERFORMING ARTS CENTRE**
PROJECT OBJECTIVES / *OBJECTIFS* : **HALL ARCHITECTURE, OPERA TEL AVIV**
DESIGN / *DESIGN* : **1994**
TERM OF CONSTRUCTION / *RÉALISATION* : **1998**
BUILDING AREA / *SUPERFICIE CONSTRUITE* : **1 000 M²**

PROJECT ARCHITECT / *ARCHITECTE DU PROJET* : **MONIQUE VAN DEN HURK**
TEAM MEMBERS / *ÉQUIPE* : **ALISON BROOKS**
BACKER / *COMMANDITAIRE* : **BELGO**
PROJECT OBJECTIVES / *OBJECTIFS* : **BELGO NOORD RESTAURANT AND BAR**
DESIGN / *DESIGN* : **1993**
TERM OF CONSTRUCTION / *RÉALISATION* : **1994**
BUILDING AREA / *SUPERFICIE CONSTRUITE* : **200 M² BAR AND RESTAURANT
EXTENSION**

ADIDAS STADIUM PROJECT 1995-1996
PARIS, FRANCE

LOUISIANA MUSEUM OF MODERN ART 1996
DENMARK

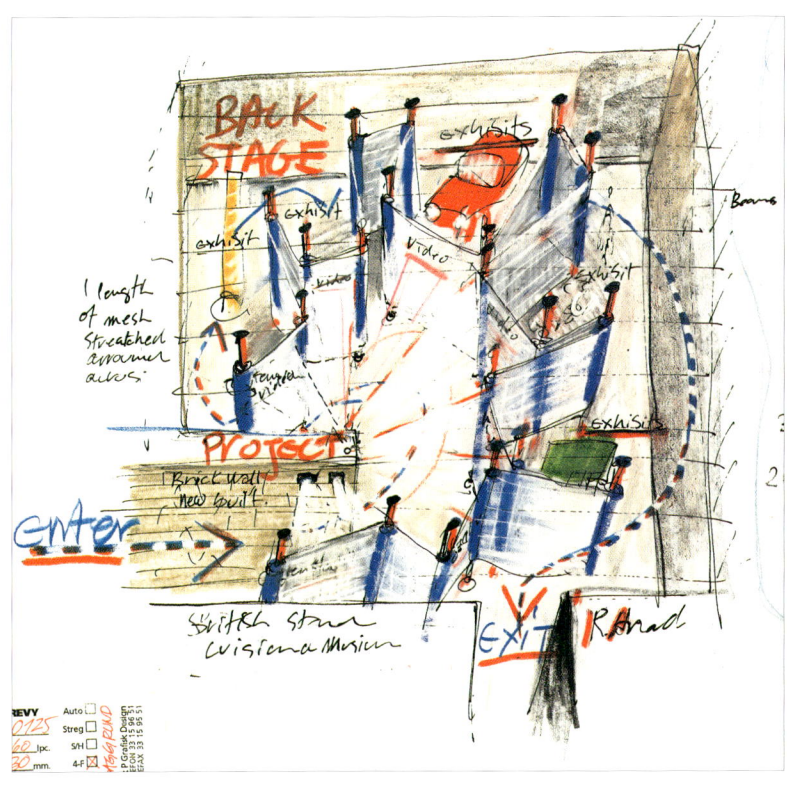

PROJECT ARCHITECT / *ARCHITECTE DU PROJET* : **SEAN FERNANDES**
BACKER / *COMMANDITAIRE* : **ADIDAS**
PROJECT OBJECTIVES / *OBJECTIFS* : **COMPETITION ENTRY FOR ADIDAS FLAGSHIP STORE IN PARIS**
DESIGN / *DESIGN* : **1995**
BUILDING AREA / *SUPERFICIE CONSTRUITE* : **1300 M²**

PROJECT ARCHITECT / *ARCHITECTE DU PROJET* : **HANNAH LEHMANN**
BACKER / *COMMANDITAIRE* : **LOUISIANA MUSEUM OF MODERN ART**
PROJECT OBJECTIVES / *OBJECTIFS* : **CONCEPT PROPOSAL FOR DESIGN AND IDENTITY EXHIBITION**
DESIGN / *DESIGN* : **1996**
TERM OF CONSTRUCTION / *RÉALISATION* : **1996**
BUILDING AREA / *SUPERFICIE CONSTRUITE* : **170 M²**

AMIGA HOUSE PROJECT 1997
HAMPSTEAD, LONDON, ENGLAND

DOMUS TOTEM 1997
MILAN, ITALY

PROJECT ARCHITECT / *ARCHITECTE DU PROJET* : **BARNABY GUNNING**
TEAM MEMBERS / *ÉQUIPE* : **GEOFF CROWTHER**
BACKER / *COMMANDITAIRE* : **MR AND MRS AMIGA**
PROJECT OBJECTIVES / *OBJECTIFS* : **PRIVATE RESIDENCE**
DESIGN / *DESIGN* : **1997-1998**
BUILDING AREA / *SUPERFICIE CONSTRUITE* : **900 M²**

PROJECT ARCHITECT / *ARCHITECTE DU PROJET* : **BARNABY GUNNING**
BACKER / *COMMANDITAIRE* : **DOMUS MAGAZINE**
PROJECT OBJECTIVES / *OBJECTIFS* : **CREATING A LANDMARK SCULPTURE
FOR THE MILAN DESIGN AND FURNITURE FAIR 1997**
DESIGN / *DESIGN* : **1997**
TERM OF CONSTRUCTION / *RÉALISATION* : **1997**

DIEGO DELLA VALLE STAIRCASE 1998-1999
ITALY

THE PIPER PROJECT 1998
LONDON, ENGLAND

PROJECT ARCHITECT / *ARCHITECTE DU PROJET* : **BARNABY GUNNING**
BACKER / *COMMANDITAIRE* : **DIEGO DELLA VALLE**
PROJECT OBJECTIVES / *OBJECTIFS* : **SCULPTURAL STAIRCASE AT COMPANY HQ**
DESIGN / *DESIGN* : **1998**
TERM OF CONSTRUCTION / *RÉALISATION* : **1998-1999**
BUILDING AREA / *SUPERFICIE CONSTRUITE* : **60 M²**

PROJECT ARCHITECT / *ARCHITECTE DU PROJET* : **GEOFF CROWTHER**
BACKER / *COMMANDITAIRE* : **MR ERAN BEN ZUR**
PROJECT OBJECTIVES / *OBJECTIFS* : **DESIGN OF INTERIOR OF LUXURY APARTMENT IN SOUTH-WEST LONDON**
DESIGN / *DESIGN* : **1998**
TERM OF CONSTRUCTION / *RÉALISATION* : **1998-1999**
BUILDING AREA / *SUPERFICIE CONSTRUITE* : **200 M²**

WINDWAND 1999
CANARY WHARF RIVERSIDE, LONDON, ENGLAND

SCHLAFF VILLA PROJECT 1999-2000
HERTZLIYAH, ISRAEL

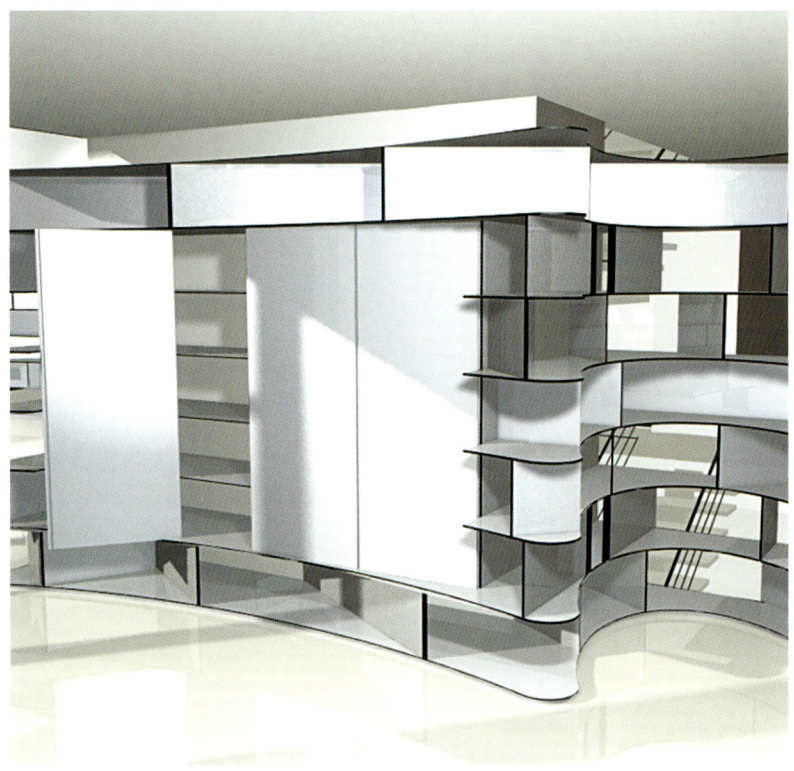

PROJECT ARCHITECT / *ARCHITECTE DU PROJET* : **BARNABY GUNNING**
TEAM MEMBERS / *ÉQUIPE* : **ELLIOTT HOWES**
BACKER / *COMMANDITAIRE* : **CANARY WHARF**
PROJECT OBJECTIVES / *OBJECTIFS* : **KINETIC PUBLIC SCULPTURE
FOR FINANCIAL DISTRICT**
DESIGN / *DESIGN* : **1999**
TERM OF CONSTRUCTION / *RÉALISATION* : **1999**

PROJECT ARCHITECT / *ARCHITECTE DU PROJET* : **BARNABY GUNNING**
TEAM MEMBERS / *ÉQUIPE* : **ASA BRUNO**
BACKER / *COMMANDITAIRE* : **MR AND MRS SCHLAFF, VIENNA**
PROJECT OBJECTIVES / *OBJECTIFS* : **INTERNAL FITOUT OF LUXURY HOLIDAY
RESIDENCE ON THE MEDITERRANEAN COAST**
DESIGN / *DESIGN* : **1999-2000**
BUILDING AREA / *SUPERFICIE CONSTRUITE* : **100M² (HOUSE AREA 1000M²)**

BIG BLUE, CANARY WHARF 2000
LONDON, ENGLAND

BLOOMBERG PROJECT 2000
LONDON, ENGLAND

PROJECT ARCHITECT / *ARCHITECTE DU PROJET* : **BARNABY GUNNING**
BACKER / *COMMANDITAIRE* : **CANARY WHARF (FINANCIAL DISTRICT)**
PROJECT OBJECTIVES / *OBJECTIFS* : **SCULPTURAL PAVILION, ACTING AS A SKYLIGHT TO THE SHOPPING MALL BELOW**
DESIGN / *DESIGN* : **1999-2000**
TERM OF CONSTRUCTION / *RÉALISATION* : **2000**
BUILDING AREA / *SUPERFICIE CONSTRUITE* : **100 M²**

PROJECT ARCHITECT / *ARCHITECTE DU PROJET* : **YUKIKO TANGO**
TEAM MEMBERS / *ÉQUIPE* : **ASA BRUNO, GEOFF CROWTHER, ELLIOTT HOWES**
BACKER / *COMMANDITAIRE* : **BLOOMBERG**
PROJECT OBJECTIVES / *OBJECTIFS* : **PROPOSAL FOR REDESIGN OF BLOOMBERG HQ IN LONDON**
DESIGN / *DESIGN* : **2000**
BUILDING AREA / *SUPERFICIE CONSTRUITE* : **1 000 M²**

PENTHOUSE GOTTLIEB PROJECT 2001
NEW YORK, UNITED STATES OF AMERICA

GRAND HOTEL SALONE
PROJECT 2001-2002
MILANO EXHIBITION, ITALY

PROJECT ARCHITECT / *ARCHITECTE DU PROJET* : **GEOFF CROWTHER**
TEAM MEMBERS / *ÉQUIPE* : **EGON HANSEN**
BACKER / *COMMANDITAIRE* : **STEVE GOTTLIEB**
PROJECT OBJECTIVES / *OBJECTIFS* : **DESIGN FOR THE LUXURY INTERIOR
AND NEW ROOF PAVILION OF A PRIME NY PROPERTY**
DESIGN / *DESIGN* : **2001**
BUILDING AREA / *SUPERFICIE CONSTRUITE* : **700M²**

PROJECT ARCHITECT / *ARCHITECTE DU PROJET* : **ASA BRUNO**
TEAM MEMBERS / *ÉQUIPE* : **MANEL TAVORA**
BACKER / *COMMANDITAIRE* : **COSMIT, MILANO**
PROJECT OBJECTIVES / *OBJECTIFS* : **INTERNATIONAL DESIGN EXHIBITION
FOR HOTEL ROOM OF THE FUTURE**
DESIGN / *DESIGN* : **2001-2002**

MASERATI HEADQUARTERS SHOWROOM 2002
MODENA, ITALY

MILLENNIUM HOUSE PROJECT 2002
DOHA, QATAR

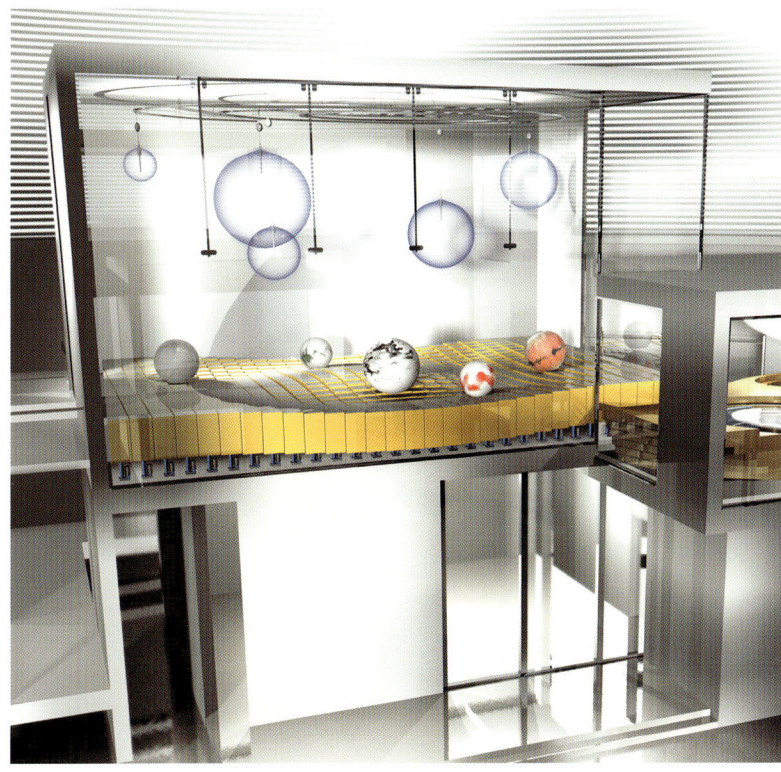

PROJECT ARCHITECT / *ARCHITECTE DU PROJET* : **ASA BRUNO**
TEAM MEMBERS / *ÉQUIPE* : **GEOFF CROWTHER, EGON HANSEN, ELLIOTT HOWES**
BACKER / *COMMANDITAIRE* : **MASERATI (FERRARI SPA)**
PROJECT OBJECTIVES / *OBJECTIFS* : **MAIN FLAGSHIP SHOWROOM AT MASERATI HQ**
DESIGN / *DESIGN* : **MARCH 2002-JUNE 2002**
TERM OF CONSTRUCTION / *RÉALISATION* : **JULY 2002-SEPTEMBER 2003**
PROJECT AREA / *SUPERFICIE* : **760 M²**

PROJECT ARCHITECT / *ARCHITECTE DU PROJET* : **GEOFF CROWTHER**
TEAM MEMBERS / *ÉQUIPE* : **EGON HANSEN, PAUL GIBBONS**
BACKER / *COMMANDITAIRE* : **SHEIKH SAUD AL-THANI OF QATAR**
PROJECT OBJECTIVES / *OBJECTIFS* : **DESIGN FOR MAIN LIVING SPACE WITHIN SHEIKH'S VILLA**
DESIGN / *DESIGN* : **COMPLETED 2002**
BUILDING AREA / *SUPERFICIE CONSTRUITE* : **300 M²**

VALLARTA TOWERS ~~PROJECT~~ 2002
GUADALAJARA, MEXICO

WONDERWALL, MANCHESTER STADIUM 2002
MANCHESTER, ENGLAND

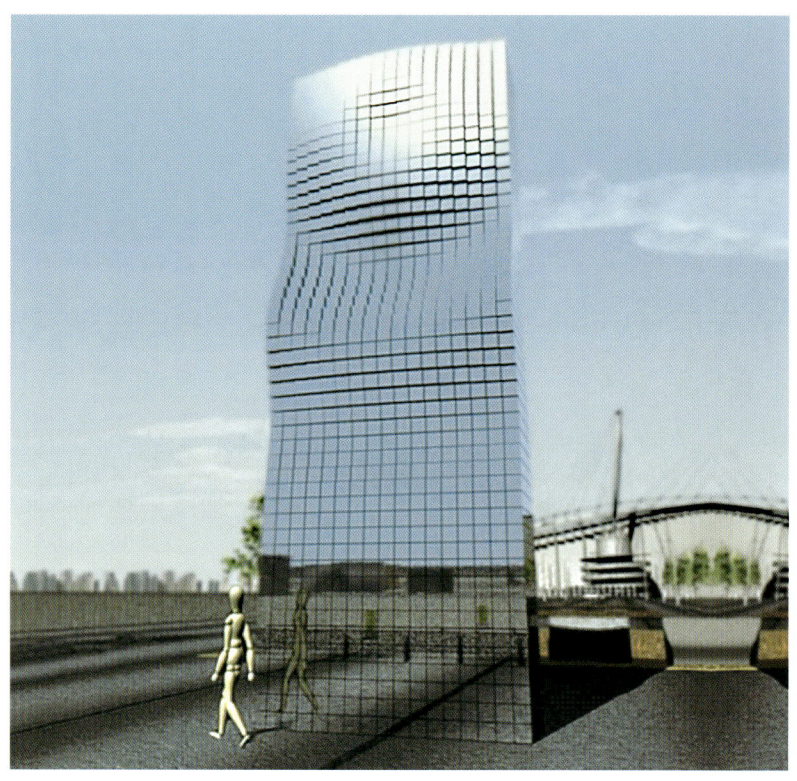

PROJECT ARCHITECT / *ARCHITECTE DU PROJET* : **GEOFF CROWTHER**
TEAM MEMBERS / *ÉQUIPE* : **ASA BRUNO, DJORDJE STOJANOVIC,
PAUL GIBBONS**
BACKER / *COMMANDITAIRE* : **JVC CENTER**
PROJECT OBJECTIVES / *OBJECTIFS* : **COMPETITION WINNING SCHEME,
DUE TO START ON SITE IN GUADALAJARA LATE 2005**
DESIGN / *DESIGN* : **2002**
BUILDING AREA / *SUPERFICIE CONSTRUITE* : **20 000 M² (GROSS AREA)**

PROJECT ARCHITECT / *ARCHITECTE DU PROJET* : **GEOFF CROWTHER**
TEAM MEMBERS / *ÉQUIPE* : **ASA BRUNO, PAUL GIBBONS**
BACKER / *COMMANDITAIRE* : **MANCHESTER ARTS COUNCIL**
PROJECT OBJECTIVES / *OBJECTIFS* : **MAIN PUBLIC SCULPTURE AT ENTRANCE
TO NEW STADIUM FOR 2002 COMMONWEALTH GAMES**
DESIGN / *DESIGN* : **2002**

CULTURAL FESTIVAL EXHIBITION 2002-2003
DOHA, QATAR

EVERGREEN 2003
ROPPONGI HILLS, TOKYO, JAPAN

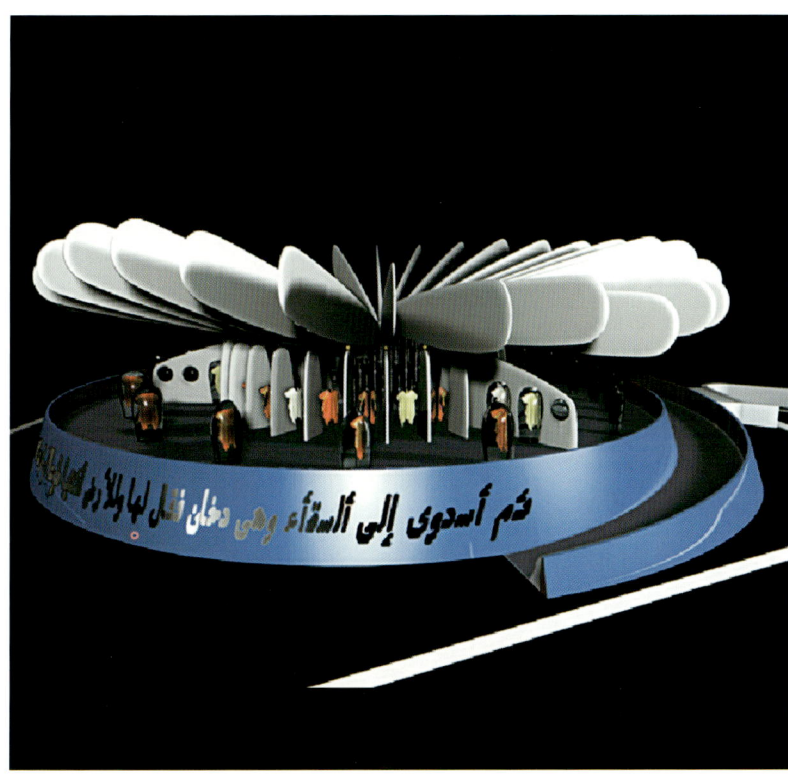

PROJECT ARCHITECT / *ARCHITECTE DU PROJET* : **EGON HANSEN**
TEAM MEMBERS / *ÉQUIPE* : **ASA BRUNO**
BACKER / *COMMANDITAIRE* : **MINISTRY OF CULTURE, QATAR**
PROJECT OBJECTIVES / *OBJECTIFS* : **DESIGN FOR ANNUAL ISLAMIC ART EXHIBITION**
DESIGN / *DESIGN* : **2002**
TERM OF CONSTRUCTION / *RÉALISATION* : **2002-2003**
BUILDING AREA / *SUPERFICIE CONSTRUITE* : **400 M²**

PROJECT DESIGNER / *DESIGNER DU PROJET* : **YUKIKO TANGO**
BACKER / *COMMANDITAIRE* : **MORI**
PROJECT OBJECTIVES / *OBJECTIFS* : **PUBLIC BENCH, AS PART OF LARGE COMMISSION OF INTERNATIONAL DESIGNERS**
DESIGN / *DESIGN* : **2003**
TERM OF CONSTRUCTION / *RÉALISATION* : **2003**

HOTEL DUOMO 2003-2006
RIMINI, ITALY

UPPERWORLD HOTEL PROJECT 2003
BATTERSEA POWER STATION, LONDON, ENGLAND

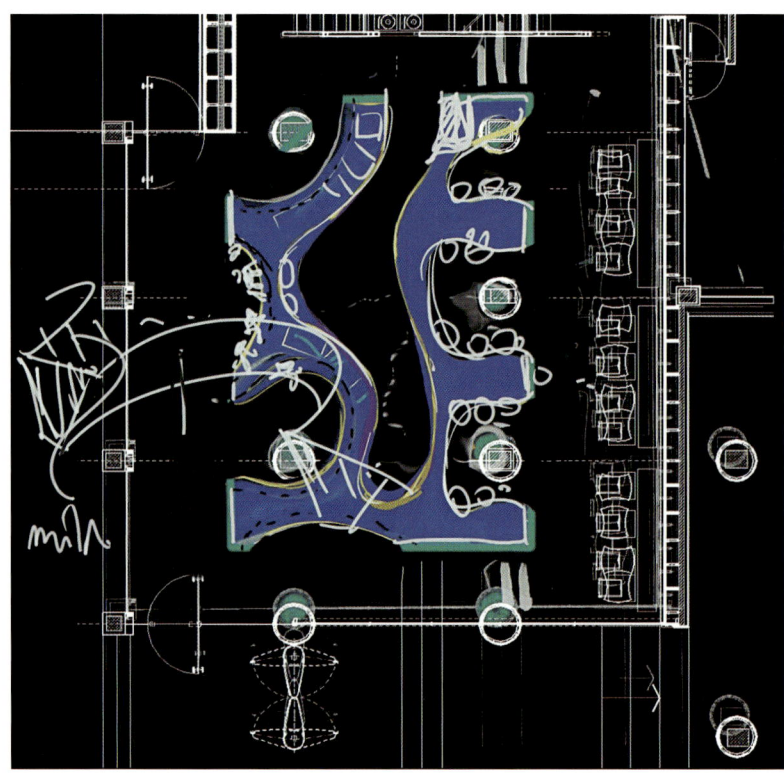

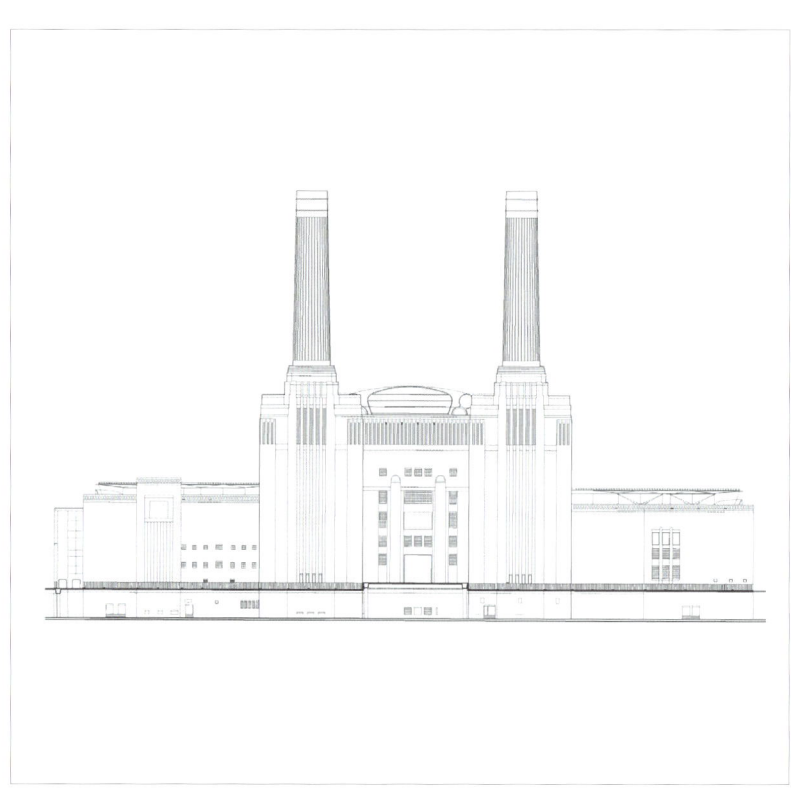

PROJECT ARCHITECT / *ARCHITECTE DU PROJET* : **JULIAN GILHESPIE**
TEAM MEMBERS / *ÉQUIPE* : **GEOFF CROWTHER, ASA BRUNO,
JAMES FOSTER, TAISHI KANEMURA**
BACKER / *COMMANDITAIRE* : **PIERPAOLO BERNARDI**
PROJECT OBJECTIVES / *OBJECTIFS* : **NEW LUXURY BOUTIQUE HOTEL
FOR RIMINI**
DESIGN / *DESIGN* : **2003**
TERM OF CONSTRUCTION / *RÉALISATION* : **2006**
BUILDING AREA / *SUPERFICIE CONSTRUITE* : **2700 M²**

PROJECT ARCHITECT / *ARCHITECTE DU PROJET* : **GEOFF CROWTHER**
TEAM MEMBERS / *ÉQUIPE* : **ASA BRUNO, EGON HANSEN, JAMES FOSTER,
NICOLA HAWKINS**
BACKER / *COMMANDITAIRE* : **PARKVIEW INTERNATIONAL**
PROJECT OBJECTIVES / *OBJECTIFS* : **LUXURY 44-ROOM HOTEL OCCUPYING
THE 3 TOP LEVELS OF THE REDEVELOPMENT OF BATTERSEA POWER
STATION**
DESIGN / *DESIGN* : **2003**
BUILDING AREA / *SUPERFICIE* : **11 000 M² (GROSS AREA)**

Y's 2003
ROPPONGI HILLS, TOKYO, JAPAN

HOTEL PUERTA AMERICA 2003-2005
MADRID, SPAIN

PROJECT ARCHITECT / *ARCHITECTE DU PROJET* : **ASA BRUNO**
TEAM MEMBERS / *ÉQUIPE* : **JAMES FOSTER**
BACKER / *COMMANDITAIRE* : **YOHJI YAMAMOTO INC.**
PROJECT OBJECTIVES / *OBJECTIFS* : **FLAGSHIP TOKYO STORE
FOR YAMAMOTO'S PRÊT-A-PORTER RANGE**
DESIGN / *DESIGN* : **APRIL 2003-JUNE 2003**
TERM OF CONSTRUCTION / *RÉALISATION* : **AUGUST 2003-DECEMBER 2003**
BUILDING AREA / *SUPERFICIE CONSTRUITE* : **APPROXIMATELY 570 M²**

PROJECT ARCHITECT / *ARCHITECTE DU PROJET* : **EGON HANSEN**
TEAM MEMBERS / *ÉQUIPE* : **MARTA GRANDA, DJORDJE STOJANOVIC**
BACKER / *COMMANDITAIRE* : **SILKEN HOTEL GROUP**
PROJECT OBJECTIVES / *OBJECTIFS* : **LEVEL 7 OF LUXURY DESIGNER HOTEL**
DESIGN / *DESIGN* : **2003**
TERM OF CONSTRUCTION / *RÉALISATION* : **2005**
BUILDING AREA / *SUPERFICIE CONSTRUITE* : **1 200 M²**

MAGIS COMPANY HEADQUARTERS
PROJECT 2004
TREVISO, ITALY

NATIONAL DESIGN
MUSEUM HOLON 2004-2008
HOLON, ISRAEL

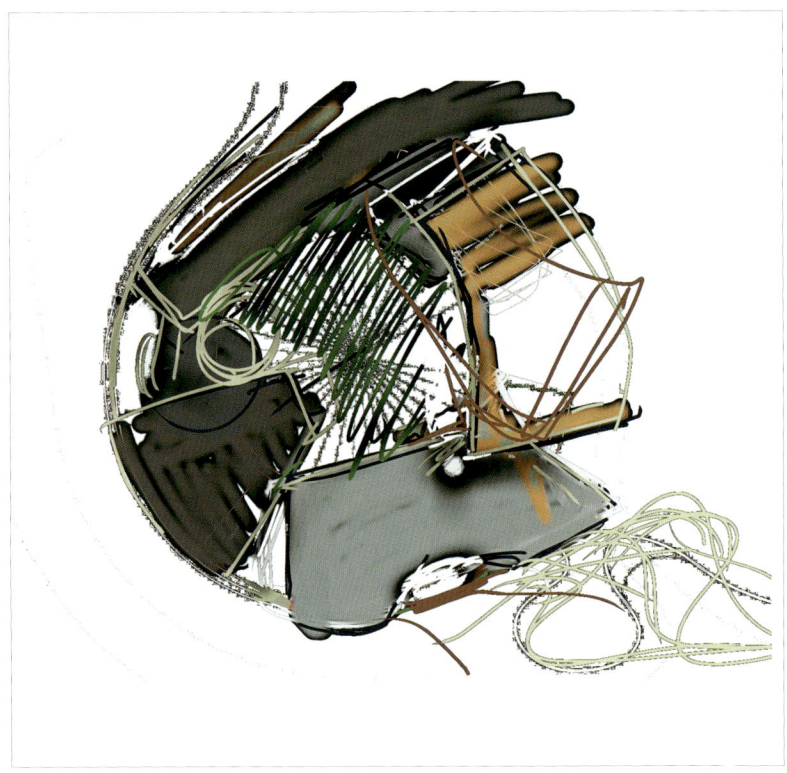

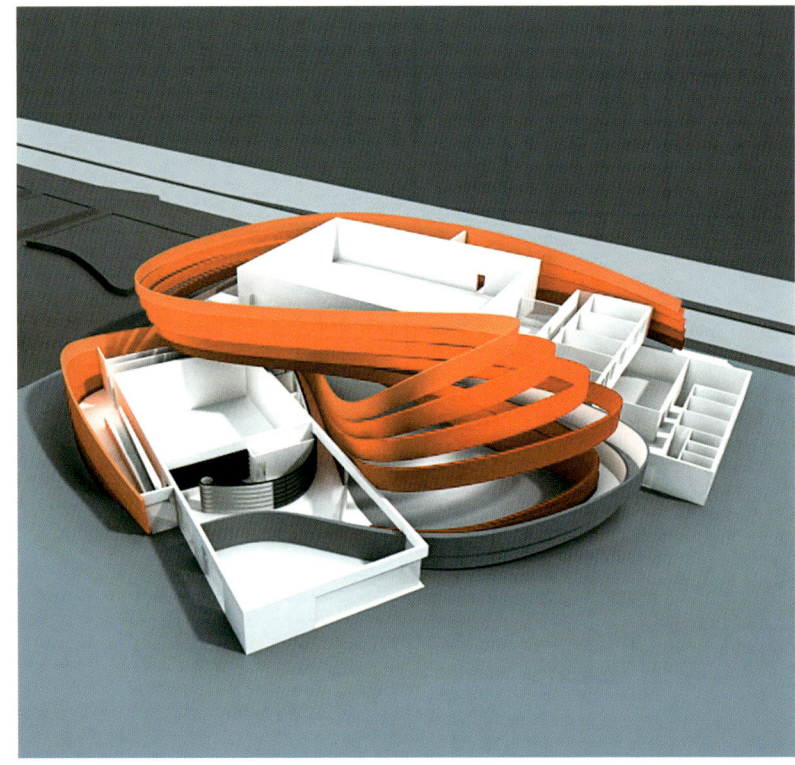

PROJECT ARCHITECT / *ARCHITECTE DU PROJET* : **GEOFF CROWTHER**
TEAM MEMBERS / *ÉQUIPE* : **PAUL MADDEN, JULIAN GILHESPIE**
JOSEPH HUBER, TOM FOULSHAM, MARTA GRANDA
BACKER / *COMMANDITAIRE* : **MAGIS**
PROJECT OBJECTIVES / *OBJECTIFS* : **NORTH ITALIAN HQ OFFICES AND**
FACTORY FOR LEADING ITALIAN FURNITURE MANUFACTURER MAGIS
DESIGN / *DESIGN* : **2004**
PROJECT AREA / *SUPERFICIE* : **100 000 M² MASTER PLAN**
PLUS 5 000 M² BUILDING IN 2 PHASES

PROJECT ARCHITECT / *ARCHITECTE DU PROJET* : **ASA BRUNO**
TEAM MEMBERS / *ÉQUIPE* : **JAMES FOSTER, MARTA GRANDA**
BACKER / *COMMANDITAIRE* : **HOLON MUNICIPALITY**
PROJECT OBJECTIVES / *OBJECTIFS* : **FIRST NATIONAL MUSEUM**
DEDICATED TO DESIGN AND ARCHITECTURE IN ISRAEL
DESIGN / *DESIGN* : **2004**
TERM OF CONSTRUCTION / *RÉALISATION* : **2008**
BUILDING AREA / *SUPERFICIE CONSTRUITE* : **3 200 M² (NET)**

SWAROVSKI HOTEL PROJECT 2004
WATTENS, AUSTRIA

HA YARKON STREET 2006-2010
TEL AVIV, ISRAEL

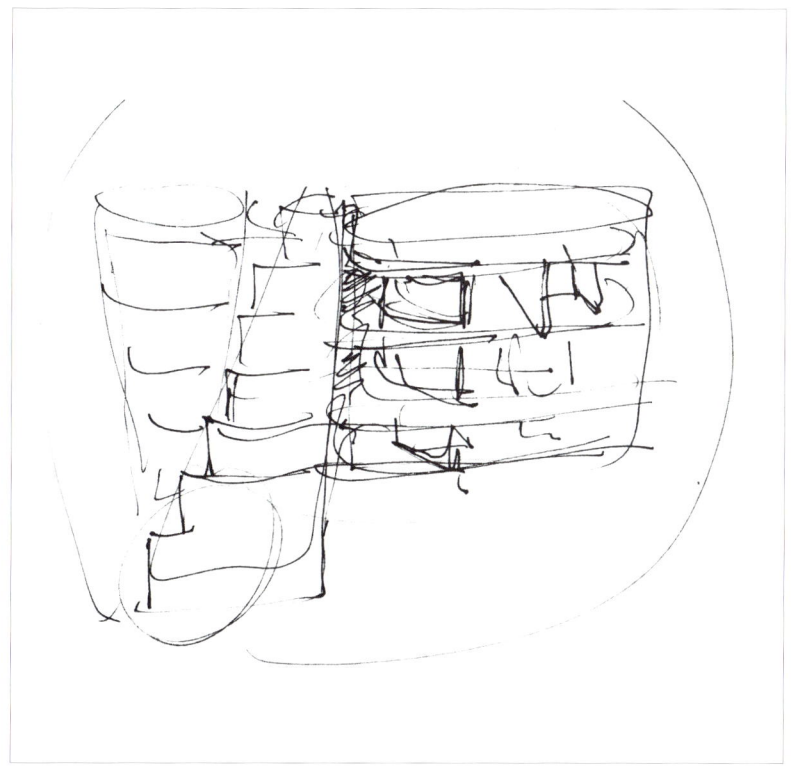

PROJECT ARCHITECT / *ARCHITECTE DU PROJET* : **GEOFF CROWTHER**
TEAM MEMBERS / *ÉQUIPE* : **ASA BRUNO, JAMES FOSTER, EGON HANSEN**
BACKER / *COMMANDITAIRE* : **SWAROVSKI**
PROJECT OBJECTIVES / *OBJECTIFS* : **GUEST ACCOMMODATION FOR VISITORS TO CRYSTALWORLD**
DESIGN / *DESIGN* : **2004**
BUILDING AREA / *SUPERFICIE* : **9000 M²**

PROJECT ARCHITECT / *ARCHITECTE DU PROJET* : **ASA BRUNO**
TEAM MEMBERS / *ÉQUIPE* : **JULIAN GILHESPIE**
BACKER / *COMMANDITAIRE* : **MR SAMI MARZIANO, PARIS**
PROJECT OBJECTIVES / *OBJECTIFS* : **LUXURY RESIDENTIAL PROJECT ON TEL AVIV'S BEACH PROMENADE**
DESIGN / *DESING* : **2006**
TERM OF CONSTRUCTION / *RÉALISATION* : **CURRENTLY IN PLANNING, TO BE COMPLETED EARLY 2010**
BUILDING AREA / *SUPERFICIE CONSTRUITE* : **1900 M² (NET)**

PIPER BUILDING PROJECT 2006
LONDON, ENGLAND

ZION SQUARE SCULPTURE PROJECT 2006
JERUSALEM, ISRAEL

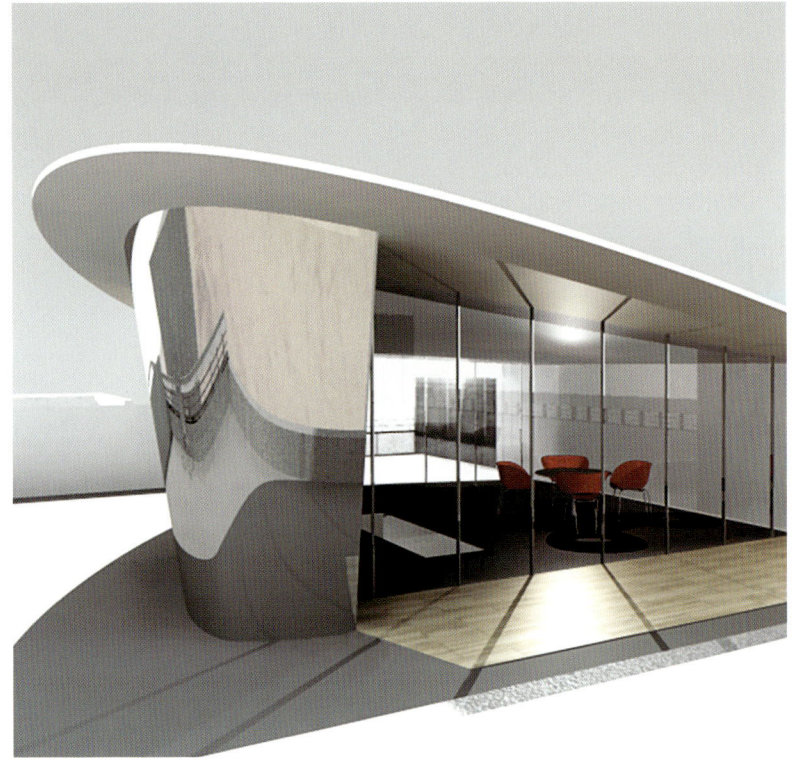

PROJECT ARCHITECT / *ARCHITECTE DU PROJET* : **JAMES FOSTER**
TEAM MEMBERS / *ÉQUIPE* : **GEOFF CROWTHER**
BACKER / *COMMANDITAIRE* : **DIDIER BEN ZADOUN**
PROJECT OBJECTIVES / *OBJECTIFS* : **ADDITION OF ROOF PAVILION ON TOP OF EXISTING FLAT, FOLLOWING CHANGE OF OWNERSHIP**
DESIGN / *DESIGN* : **2006**
BUILDING AREA / *SUPERFICIE CONSTRUITE* : **240 M²**

PROJECT ARCHITECT / *ARCHITECTE DU PROJET* : **ASA BRUNO**
TEAM MEMBERS / *ÉQUIPE* : **PAUL MADDEN**
BACKER / *COMMANDITAIRE* : **THE JERUSALEM FOUNDATION**
PROJECT OBJECTIVES / *OBJECTIFS* : **PUBLIC SPACE AND SCULPTURE FOR JERUSALEM LANDMARK SQUARE**
DESIGN / *DESIGN* : **2006**
BUILDING AREA / *SUPERFICIE CONSTRUITE* : **350 M²**

DOBRININSKY PROJECT 2007
MOSCOU, RUSSIA

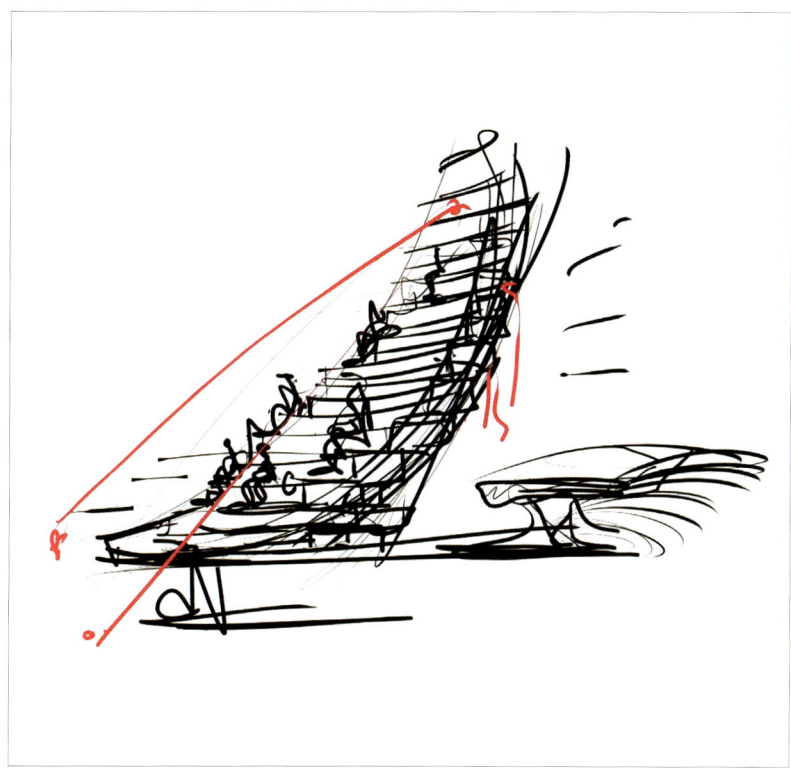

LES DIABLERETS PROJECT 2007
LES DIABLERETS, SWITZERLAND

PROJECT ARCHITECT / *ARCHITECTE DU PROJET* : **JULIAN GILHESPIE**
TEAM MEMBERS / *ÉQUIPE* : **MARTA GRANDA**
BACKER / *COMMANDITAIRE* : **HORUS CAPITAL, MOSCOW**
PROJECT OBJECTIVES / *OBJECTIFS* : **INTERIOR SCULPTURE, LANDSCAPE,
RESTAURANT AND BAR FOR NEW COMMERCIAL HQ IN MOSCOW**
DESIGN / *DESIGN* : **2007**
BUILDING AREA / *SUPERFICIE CONSTRUITE* : **900 M²**

PROJECT ARCHITECT / *ARCHITECTE DU PROJET* : **ASA BRUNO**
BACKER / *COMMANDITAIRE* : **PARTNERSHIP BETWEEN SWAROVSKI,
FORMULA ONE MANAGEMENT, RED BULL EXTREME SPORT DIVISION**
PROJECT OBJECTIVES / *OBJECTIFS* : **LANDMARK PANORAMIC GALLERY
AND RESTAURANT ON MOUNTAINTOP**
DESIGN / *DESIGN* : **2007**

MEDIACITE 2007-2009
LIEGE, BELGIUM

PRIVATE RESIDENCE 2007
LANAKEN, BELGIUM

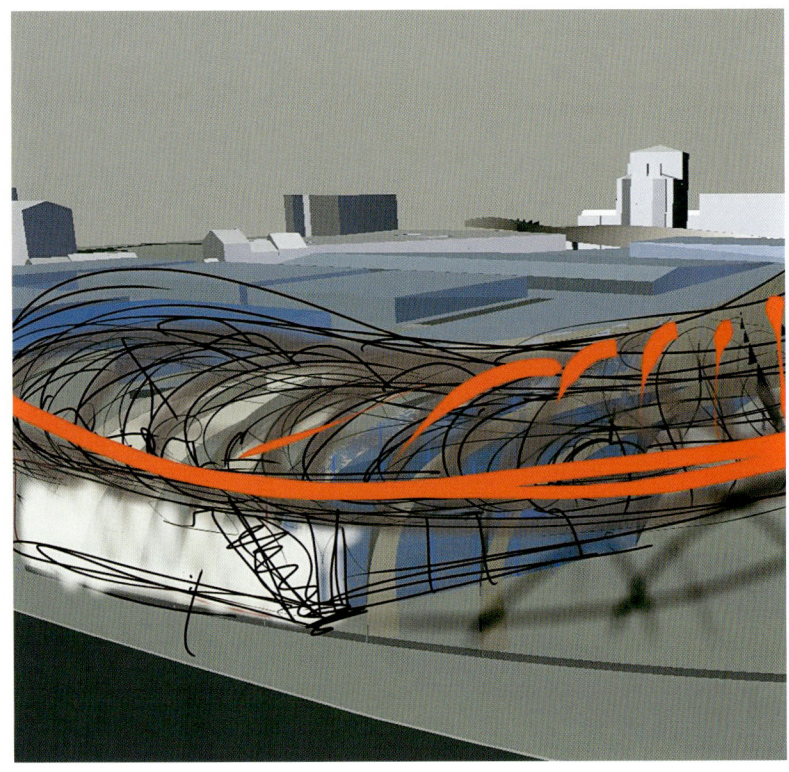

PROJECT ARCHITECT / *ARCHITECTE DU PROJET* : **GEOFF CROWTHER**
TEAM MEMBERS / *ÉQUIPE* : **PAUL MADDEN, JOEL DUNMORE, TUOMAS PIRINEN, MARTA GRANDA, TOM FOULSHAM, GEMMA DOUGLAS, JAMES FOSTER**
BACKER / *COMMANDITAIRE* : **WILHELM & CO.**
PROJECT OBJECTIVES / *OBJECTIFS* : **DESIGN OF SHOPPING MALL, MALL ROOF AND PIAZZAS**
DESIGN / *DESIGN* : **2007**
TERM OF CONSTRUCTION / *RÉALISATION* : **26 MONTHS CONSTRUCTION, TO BE COMPLETED AUGUST 2009**
BUILDING AREA / *SUPERFICIE CONSTRUITE* : **6 500 M²**

PROJECT ARCHITECT / *ARCHITECTE DU PROJET* : **JULIAN GILHESPIE**
BACKER / *COMMANDITAIRE* : **MRS MOURMANS**
PROJECT OBJECTIVES / *OBJECTIFS* : **SCULPTURAL KITCHEN DESIGN AND EXTENSION FOR PRIVATE RESIDENCE**
DESIGN / *DESIGN* : **2007**
TERM OF CONSTRUCTION / *RÉALISATION* : **2007**
BUILDING AREA / *SUPERFICIE CONSTRUITE* : **80 M²**

OLYMPIC BRIDGE 2007
LONDON, ENGLAND

RESTAURANT OPÉRA GARNIER
PROJECT 2007
PARIS, FRANCE

PROJECT ARCHITECT / *ARCHITECTE DU PROJET* : **JAMES FOSTER**
TEAM MEMBERS / *ÉQUIPE* : **GEMMA DOUGLAS, ASA BRUNO,
GEOFF CROWTHER**
BACKER / *COMMANDITAIRE* : **OLYMPIC DELIVERY AUTHORITY
FOR LONDON 2012**
PROJECT OBJECTIVES / *OBJECTIFS* : **A 2-STAGE SOLUTION
FOR MAIN PEDESTRIAN BRIDGE IN OLYMPIC VILLAGE**
DESIGN / *DESIGN* : **2007**

PROJECT ARCHITECT / *ARCHITECTE DU PROJET* : **JULIAN GILHESPIE**
TEAM MEMBERS / *ÉQUIPE* : **PAUL DENTON**
BACKER / *COMMANDITAIRE* : **MESSRS COSTES**
PROJECT OBJECTIVES / *OBJECTIFS* : **DESIGN COMPETITION FOR LANDMARK
CAFÉ/RESTAURANT WITHIN THE HISTORIC OPERA GARNIER**
DESIGN / *DESIGN* : **2007**
BUILDING AREA / *SUPERFICIE CONSTRUITE* : **900 M² (NET)**

APPARTMENT PLACE DES VOSGES 2007
PARIS, FRANCE

OHAYON VILLA 2007
MARRAKESH, MOROCCO

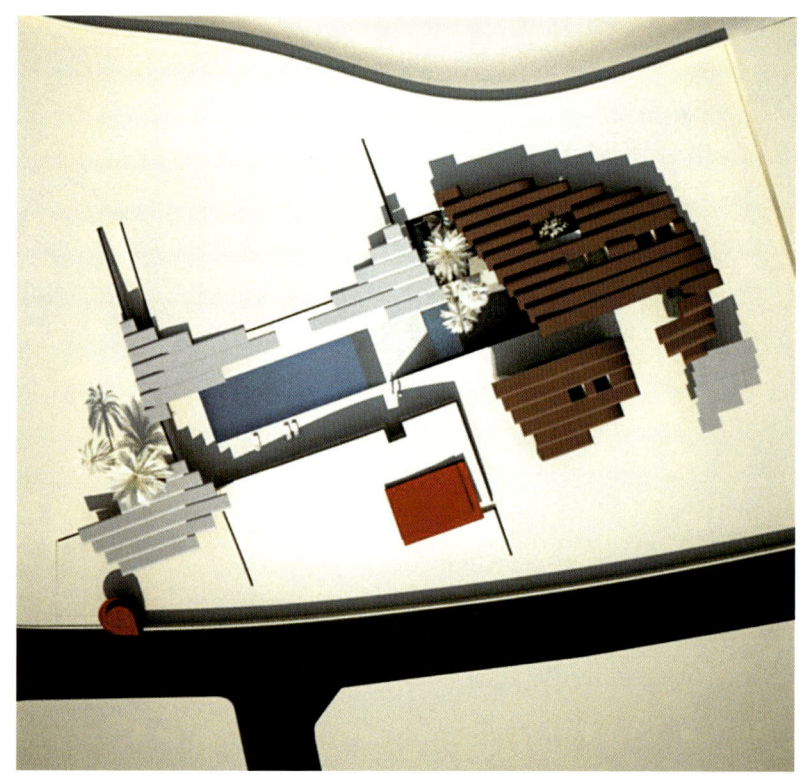

PROJECT ARCHITECT / *ARCHITECTE DU PROJET* : **DANNY MARKS**
TEAM MEMBERS / *ÉQUIPE* : **JULIAN GILHESPIE**
BACKER / *COMMANDITAIRE* : **J.M. ROUFF**
PROJECT OBJECTIVES / *OBJECTIFS* : **DESIGN OF INTERIOR ELEMENT
INCORPORATING KITCHEN, STAIR AND MEZZANINE**
DESIGN / *DESIGN* : **2007**
TERM OF CONSTRUCTION / *RÉALISATION* : **TO BE COMPLETED 2009**
BUILDING AREA / *SUPERFICIE CONSTRUITE* : **130M²**

PROJECT ARCHITECT / *ARCHITECTE DU PROJET* : **ASA BRUNO**
TEAM MEMBERS / *ÉQUIPE* : **JAMES FOSTER, LUCY PENGILLEY**
BACKER / *COMMANDITAIRE* : **MAURICE OHAYON**
PROJECT OBJECTIVES / *OBJECTIFS* : **LUXURY HOLIDAY RETREAT
FOR PRIVATE CLIENT**
DESIGN / *DESIGN* : **2007**
TERM OF CONSTRUCTION / *RÉALISATION* : **TO BE COMPLETED 2010**
BUILDING AREA / *SUPERFICIE CONSTRUITE* : **1050M² (NET)**

NOTIFY SHOWROOM 2008-2010
PARIS, FRANCE

RETROSPECTIVE RON ARAD
CENTRE GEORGES-POMPIDOU 2008
PARIS, FRANCE

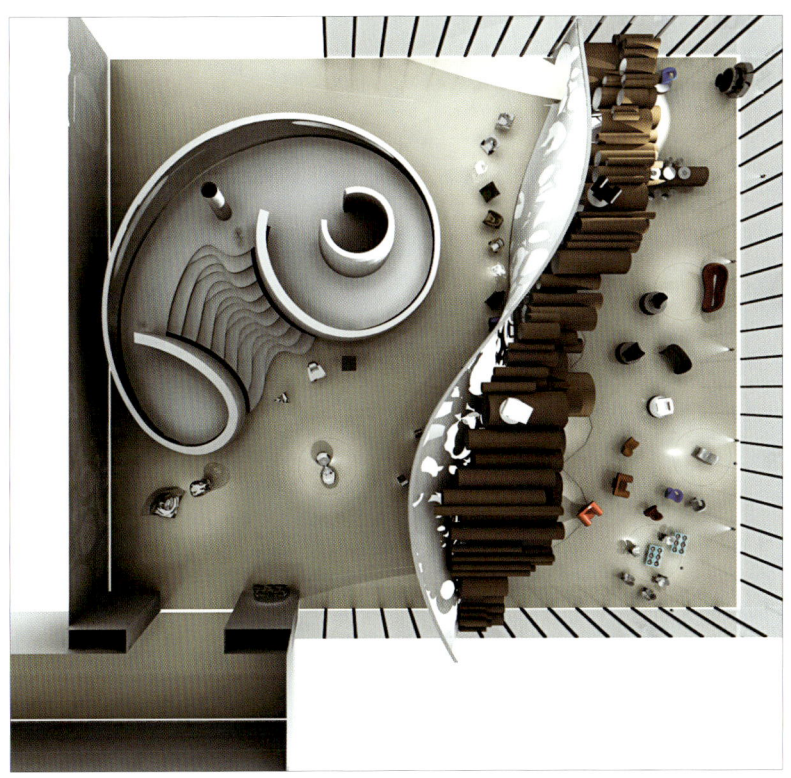

PROJECT ARCHITECT / *ARCHITECTE DU PROJET* : **DANNY MARKS**
TEAM MEMBERS / *ÉQUIPE* : **JULIAN GILHESPIE**
BACKER / *COMMANDITAIRE* : **NOTIFY MILAN**
PROJECT OBJECTIVES / *OBJECTIFS* : **SHOWROOM AND SCULPTURAL CENTREPIECE FOR NOTIFY'S NEW BASE IN MILAN**
DESIGN / *DESIGN* : **2008**
TERM OF CONSTRUCTION / *RÉALISATION* : **2010**
BUILDING AREA / *SUPERFICIE CONSTRUITE* : **715 M²**

PROJECT ARCHITECT / *ARCHITECTE DU PROJET* : **RON ARAD**
TEAM MEMBERS / *ÉQUIPE* : **MICHAEL CASTELLANA**
BACKER / *COMMANDITAIRE* : **NOTIFY PARIS**
PROJECT OBJECTIVES / *OBJECTIFS* : **LANDMARK RETROSPECTIVE EXHIBITION OF RON ARAD WORKS**
DESIGN / *DESIGN* : **2008**
TERM OF CONSTRUCTION / *RÉALISATION* : **NOVEMBER 2008**
BUILDING AREA / *SUPERFICIE CONSTRUITE* : **1000 M²**

INTERVIEWS
ENTRETIENS

BY / *PAR* ROMAIN COLE

The background: Ron Arad is a sixties kid who left Tel Aviv in '73 for the kicks of the pop culture running in the veins of London. In the '80s he moved to Covent Garden for ten years of flaming youth during which he set up One Off, his first studio and birthplace of the iconic *Rover Chair*. Since then he's become a leading design figure, with a new studio in Camden, that redbrick landscape of tattoo parlours, jokey T-shirts and Union Jack g-strings. A post-punk world in which Arad is now a super-celebrity: architect, designer, sculptor and one of the most intriguing figures on the contemporary art scene. The idea of this book was to provide a polaroid of Ron Arad in 2008. To try to pin him down via the way his friends and associates see him. But Arad is just as mysterious as his creations, and none of those questioned – Jean Nouvel, Issey Miyake, Ingo Maurer, Maurice Ohayon, Francesco Clemente, Gilbert Costes, Adolfo Guzzini, Patricia Moroso and François Laffanour – succeeded in coming up with a viable definition. His incredible magnetism, his ability to invent works with multiple meanings and his narrative strength make him an artist who moves so fast language can't keep up with him. So his world is like a mirror: one we collide with as, inevitably, it confronts us with ourselves. Asked to talk about him, people fall back on relating their personal relationship with him. And the harder you try to know him, the deeper and denser the creative mystery becomes. Ron Arad is a fascinating enigma; one we will never get to the bottom of, but one that heightens our powers of perception and takes us into flagrantly unconventional worlds. The interviews in this book provide only a fragmentary, subjective account of his intimate creative process, but ultimately add up to an unexpected vision: that of the decisive importance of Ron Arad for our time.

Pour situer le personnage, Ron Arad est un gamin des sixties parti de Tel-Aviv en 1973 pour se doper à la culture pop qui court dans les veines de Londres. Dans les années 1980, il s'établit à Covent Garden, pour dix années de jeunesse furieuse durant lesquelles il crée son premier studio One Off d'où sortira l'emblématique Rover Chair. Depuis, Ron Arad est devenu une figure majeure du design et a installé son studio au milieu du quartier de Camden. Un paysage de briques rouges, de boutiques de tatouages, de t-shirts parodiques et de string aux couleurs de l'Union Jack. Un monde post-punk au centre duquel l'artiste a muté en super-entité, à la fois architecte, designer, sculpteur et l'une des figures les plus intrigantes de l'art contemporain actuel. Le principe de ce livre était de créer un polaroïd de l'œuvre architecturale de Ron Arad en 2008. Essayer de le capturer, à travers les témoignages de ses amis et collaborateurs. Mais Ron Arad est aussi mystérieux que ses créations: de Jean Nouvel à Issey Miyake en passant par Ingo Maurer, Maurice Ohayon, Francesco Clemente, Gilbert Costes, Adolfo Guzzini, Patricia Moroso ou François Laffanour, personne ne parvient à en donner une définition unique et suffisante. Sa force d'attraction inouïe, sa capacité à imaginer des œuvres à sens multiples et sa puissance narrative font de lui un artiste qui évolue plus vite que le langage. Par conséquent, son univers est comme un miroir: on s'y heurte autant qu'il nous renvoie inévitablement à nous-même. Quand on demande à son entourage de parler de lui, chacun raconte le reflet de sa propre relation avec l'artiste. Et plus on tente de le connaître, plus le mystère de sa création s'amplifie, se densifie. Ron Arad est une énigme passionnante qu'on ne résoudra jamais, mais qui décuple notre perception et nous embarque dans des univers hors normes. Les entretiens de ce livre racontent son processus de création intime de manière fragmentée et subjective, recomposant au final une image inattendue, celle de l'importance déterminante de Ron Arad dans notre époque.

Exhibition poster designed by Ron Arad, 2008
Courtesy Jablonka Galerie, Cologne, Berlin. © D.R.

and travelling teach you. And that means that if you're not afraid to remember, you're not afraid of imagining things. Arad seems to have an almost carnal intimacy with memory, and that gives him enormous freedom to think about the future. Ron's energy is more luminous than mine: he's always out to encounter the world, but in a lighthearted way. Whereas I have draw back into the shadows, into darkness, to do what I have to do.

What a painter creates has no practical implications whatsoever. A designer or an architect, on the other hand, creates something functional. Is this the difference between you and Arad – an intellectual parting of the ways?

Pure functionality is an illusion. Everything has a symbolic value corresponding to the fundamental human need to define oneself as part of a whole. I don't think there's a problem here for Ron Arad; he's integrated this idea, almost as if it were an atavism.

Arad is permanently in search of new materials and technologies. What do you see as the point of this search?

Every material harbours its own constellation of possible forms. Stainless steel worked on by Ron Arad has both the warmth and softness of straw. He works in the immediate, as if he's realised that the only time for creating something perfect is now.

Romain Cole: How would you define Ron Arad's oeuvre?

Francesco Clemente: For Ron the human body and the human soul can still stand up to the machine. His work is dominated by a playful energy, which is why he's equally architect, designer and sculptor. His poetic sense and modesty mean he can marry these very separate worlds.

What do you see as the main keys to his work?

The key to his creative work is the human body as both spiral and symmetry.

Like Ron Arad you studied architecture. Is it a sound training for art, or is it an art in itself?

As regards creativity, Art is a threadbare alibi. The rightness of any project is to be found, rather, in the answers to the questions, "Who's speaking?" and "Why?".

Again like Ron Arad, you're an emigrant. Does this bring something specific to your work?

You only see the circle when you step out of it: that's what migrating

What have you learnt from him?

Ron always moves in very close to things, and sometimes trips up, like a child. He looks at each object very attentively, as if everything deserved his consideration.

Would you say you need a sociological, philosophical turn of mind to be a designer or an architect, or is it more a matter of energy and instinct?

It's only when philosophy has put in the dots that instinct lets us join them up. Ron Arad is always wondering if meticulous observation of detail can give rise to shapes that look simpler than they actually are. My feeling is that he sees Art as like icing sugar, the coating for a bitter pill. The aim isn't to understand the world, but to accept it.

FRANCESCO **CLEMENTE**

Ron Arad & Francesco Clemente, Art Fair Bologna, 2008
Courtesy Jablonka Galerie, Cologne, Berlin. © D.R.

Romain Cole : Comment définissez-vous l'œuvre de Ron Arad ?

Francesco Clemente : Pour Ron, le corps humain et l'âme humaine, ont toujours leurs chances face à la machine. Son travail est dominé par une énergie ludique, c'est pour cela qu'il est architecte autant que designer ou sculpteur… Grâce à son sens de la poésie et de la modestie, il peut lier ces mondes très éloignés.

Selon vous, quelles sont les principales clés de son travail ?

La clé de sa création est le corps humain, à la fois spirale et symétrie.

Comme Ron Arad, vous avez fait des études d'architecture ; est-ce une bonne formation à l'art, ou est-ce un art en soi ?

En ce qui concerne la création, l'art est un alibi, usé jusqu'à la corde. La légitimité de tout projet se trouve plutôt dans les réponses aux questions « Qui parle ? » et « Pourquoi ? ».

Comme Ron Arad, vous êtes un émigrant. Est-ce que ce statut confère quelque chose de particulier à votre travail?

Vous ne voyez le cercle que lorsque vous en sortez, c'est ce que vous apprend le fait d'émigrer et de voyager. Par conséquent, si vous n'avez pas peur de vous souvenir, vous n'avez pas peur d'imaginer.

Arad semble avoir une intimité presque charnelle avec la mémoire, ce qui lui confère un grande liberté pour réfléchir à l'avenir. L'énergie de Ron est plus lumineuse que la mienne, il va à la rencontre du monde en permanence, mais avec légèreté. Moi, je dois reculer dans l'ombre, dans le noir, pour faire ce que j'ai à faire.

Un peintre crée quelque chose qui ne répond à aucune question pratique ; en revanche, un designer ou un architecte crée quelque chose de fonctionnel. Est-ce une différence entre vous et Arad, une divergence intellectuelle ?

La pure fonctionnalité est une chimère. Tout a une valeur symbolique, correspondant au besoin fondamental de l'homme, qui est de se définir dans un ensemble. Je ne crois pas que ce soit un problème pour Ron Arad ; il a intégré cette notion, presque comme un atavisme.

Ron Arad cherche en permanence des matériaux et des technologies nouvelles. Selon vous, à quoi correspond cette recherche ?

Chaque matériau recèle sa propre constellation de formes possibles. L'acier inox travaillé par Ron Arad possède à la fois la chaleur et la tendresse de la paille. Son travail est dans l'instant, comme s'il avait compris que le seul moment pour créer quelque chose de parfait est maintenant.

Qu'avez-vous appris de lui ?

Ron s'approche toujours très près des choses, trébuchant presque dessus, comme un enfant. Il regarde chaque chose avec une grande attention, comme si tout méritait sa considération.

Diriez-vous qu'il faut une approche philosophique et sociologique pour être un architecte comme Ron Arad ? Ou plutôt qu'il s'agit d'énergie et instinct ?

C'est seulement si la philosophie a dessiné les points que l'instinct permet de les relier. Ron Arad est toujours en train de se demander si l'observation minutieuse des détails peut donner naissance à des formes qui paraissent plus simples qu'elles ne le sont en fait. À mon sens, il considère l'art comme du sucre glace, pour enrober une pilule amère. Le but n'est pas de comprendre le monde, mais de l'accepter.

Romain Cole: Where and how did you first discover Ron Arad's work? And what was your initial impression?

Gilbert Costes: I'd known Ron Arad's name and work for getting on twenty years. Design's something I'm interested in; Ron's a major figure in the field and I've been following his development. I'm also on good terms with Ernest Mourmans, his Belgian producer, as well as with François Laffanour and Nathalie Pasqua, who exhibit and sell his major works on the international market. Arad has a quite specific identity in the design world, and that's something else about his work that appeals to me.

How would you describe him?

When he designs a chair, for example, the result is often a sculpture, something superb. You could even speak of a work of art. Sometimes he spends months on the finishing touches. You could compare him to the jeweller who devotes years of work to turning a stone into a uniquely perfect piece. Ron is meticulous – a perfectionist. He's an inventor, and maybe even a maverick in his field. For us, working with him was an honour and a way of extending our own knowledge.

Opéra Garnier project / *Projet opéra Garnier,* Paris, 2007

You commissioned him to design a restaurant for the Opéra Garnier in Paris. Could you explain what the idea was here?

As it stands the place is a void – an old, long-forgotten coach house behind the Opera on its eastern side. It's made of bare cut stone and has a very high ceiling. And because it's a classified building its walls can't be touched. The directors of the Opera had called for tenders for turning it into a restaurant, but at the beginning I really didn't see what could be done with the space; especially as the Opera, both outside and inside, represents an architectural exercise that's imposing almost to the point of being intimidating. This left only two possibilities: firstly, an imitation in the original Charles Garnier style, but I wasn't ready to take responsibility for that. It seemed to me insensitive and tasteless to put faux Garnier inside real Garnier; we found it more judicious to go for an injection of contemporary aesthetics that was at once bold, elegant and risk-free – the envisaged construction was removable – while attempting to hit on a form of the creative power that characterises the Garnier style.

I believe in coexistence between styles of different periods. The vital thing is that the quality should be there. That's better than sticking with the banal, the dreary or the imitative. That was our commitment.

Why did Ron Arad seem to you the wisest choice?

Firstly because I had confidence in him: in his sound experience and his oeuvre. And as architect, contemporary inventor and designer, he met the requirements of the project and of our vision of the way it should be carried out. The people from the Opera and the Historical Monuments Department didn't want us to touch the structure, and this gave Ron the idea of "a box inside a box".

Which meant what?

The idea was a shell that would hug the existing walls without breaking through them or damaging them. This "box" was self-contained, so that if people weren't happy with it when the catering contract ran out, it could be dismantled, exhibited and even sold as a work of art and design.

Romain Cole : où et comment avez-vous rencontré le travail de Ron Arad ? Quelle a été votre première impression ?

Gilbert Costes : Je connaissais le nom et le travail de Ron Arad depuis presque vingt ans. Je suis assez sensible au design et Ron en est un acteur important. Je le suis dans son évolution. Je m'entends d'ailleurs très bien avec son éditeur belge, Ernest Mourmans, mais aussi avec François Laffanour et Nathalie Pasqua, qui exposent et vendent ses principales œuvres sur le marché international. Ron Arad a une identité tout à fait spécifique dans le monde du design. C'est aussi ce qui m'attire dans son travail.

Comment en parleriez-vous ?

Quand il crée une chaise, il en fait une sculpture, une pièce rare. Parfois, il peaufine ses œuvres pendant de nombreux mois. On peut le comparer à un diamantaire qui, dans certains cas, passe des années à tailler sa pierre précieuse pour en faire un bijou unique et parfait. Ron est méticuleux, perfectionniste. C'est un inventeur, et peut-être même un franc-tireur dans son domaine. Pour nous, collaborer avec lui, c'était autant un honneur qu'un moyen d'avancer dans notre savoir-faire.

Vous lui avez demandé de concevoir un projet de restaurant dans l'opéra Garnier. Pouvez-vous nous expliquer l'idée de ce lieu ?

En l'état, c'est un lieu vide, un ancien relais de calèche longtemps oublié, qui se trouve à l'arrière de l'Opéra, sur le côté est. C'est un lieu minéral, en pierre de taille, avec une grande hauteur sous plafond. Comme il est classé, on ne peut pas toucher à ses parois.

La direction de l'Opéra avait lancé un appel d'offre pour en faire un restaurant, mais je ne voyais d'abord vraiment pas comment valoriser cet espace, d'autant plus que l'Opéra, tant à l'extérieur, qu'à l'intérieur est l'aboutissement d'un « exercice » d'architecture assez grandiose, imposant, presque intimidant. Donc il n'y avait que deux solutions. Nous pouvions proposer un plagiat stylistique de Garnier, mais je n'assumais pas ce choix. Je trouvais indélicat et déplacé de faire du faux Charles Garnier dans du vrai Charles Garnier. Il nous a semblé plus judicieux d'y apporter sans risque (notre réalisation était démontable), de manière audacieuse mais élégante, un peu d'esthétique actuelle,

tout en essayant de retrouver une forme de puissance créatrice qui caractérise le style Garnier. Je crois en la cohabitation de styles qui ne sont pas contemporains. L'essentiel c'est qu'ils soient qualitatifs. C'est mieux que de rester dans le banal, le fade ou l'imitation. C'était notre parti pris.

Pourquoi le choix de Ron Arad vous paraissait-il le plus judicieux ?

Avant tout, parce que j'avais confiance en lui, en son expérience maîtrisée, en sa création. Ensuite, parce qu'il était, en sa qualité d'architecte, d'inventeur contemporain, de designer, apte à répondre aux exigences du cahier des charges de ce projet et de notre vision pour sa réalisation. Les représentants de l'Opéra et des monuments historiques ne voulaient pas que nous touchions aux murs. Ron a donc eu l'idée de créer une « boîte dans la boîte ».

C'est-à-dire ?

Plus précisément, d'imaginer une coque architecturale qui irait se greffer aux murs sans les abîmer ou les percer. Cette « boîte » était autonome. Éventuellement, à l'expiration du contrat de concession, si elle ne plaisait toujours pas, on pouvait la démonter, l'exposer ou même la vendre comme œuvre d'art et de design. Dans ces conditions, je ne comprends pas que cette idée hors du commun n'ai pas retenu l'intérêt des décideurs.

Comment s'est passée votre collaboration ?

Dès ses premières esquisses, le projet m'a semblé original, subtil et juste. Je considère que ce n'était pas du hasard. Ron Arad a une expérience phénoménale, cela fait plus de trente ans qu'il pense, qu'il travaille sur le design et l'architecture. C'est quelqu'un qui connaît tous les courants artistiques nés du xxe siècle, qui les a étudiés, assimilés, du punk au pop art et autres. Toute la création contemporaine existe dans son art. Il a du génie créatif.

Quand on le rencontre, on le voit vif, jeune, on le sent doté d'une grande énergie. Il a une extraordinaire liberté qui lui permet de s'inspirer autant des années 1950, que du rock ou du punk…

Comme s'il savait déconstruire et reconstruire à l'envie la culture de notre temps.

Given this, I don't understand why this unusual idea failed to win over the decision-makers.

What was it like working together?

From the very first sketches the project seemed to me original, subtle and just right. I don't put this down to chance: Ron Arad is phenomenally experienced – he been thinking and working on design and architecture for over thirty years. He's someone who knows all the artistic movements of the 20th century, and who's studied and assimilated them all, from Pop to Punk and more. All of contemporary creativity is there in his art. He's got the creative spirit. When you meet him and see someone so youthful and lively, you feel a real energy. There's an extraordinary freedom about him that lets him draw on the 1950s, on rock, on punk, you name it. As if he could deconstruct and reconstruct the culture of our time at will.

What made this radical confrontation between Ron Arad and Charles Garnier so interesting for you?

Ron Arad can handle design, interior design, structure and new materials. This meant he was perfectly equipped to meet the Opéra Garnier's requirements – he's just as amazing and spectacular as the original building. To give you one example, the dome in the space is thirteen metres high: anybody else would have opted for putting in a chandelier for the lighting, but what makes Arad a genius is that he doesn't do things like anybody else.

He came up with an inverted dome, under the existing one, which separates the space off without making it disappear, sublimating it while ensuring agreeable movement for the public. It also functions as a chandelier, diffusing light through circular openings. In this inverted dome he wanted to put a bar. You can just imagine the magic of the place, with the bar, the barmen mixing cocktails, the public caught up in the ambience, and the lighting and the moving shadows.

I really liked the fact that this dome had a mix of functions: reception of guests, an echoing of the Opera in its shape and coppery colours, and a source of lighting as well. What's more, it reflected the surrounding decor. Up high on each side of the dome there were walkways to really bring the space to life. In this project everything seemed to be levitating – hovering as if by a miracle.

What stopped the project from going through?

It's an absolute mystery. The project was never criticised – could anyone have dared? I think it's a shame the challenge wasn't taken up. And I sometimes wonder if we weren't being used as bait to attract new candidates under better conditions. We were taking the commercial risk, so there was no danger for the Opera. True, the place would have contrasted with Garnier's historical setting, but it would have complemented it too. In all modesty it could be seen as similar to the pyramid at the Louvre: an architectural addition that surprises people and triggers debate.

Do you have any regrets about the project?

Yes. Ingo Maurer was to design the lighting, so we were working with two great contemporary artists. The top design collectors have Ron Arad pieces and this first work by him in Paris was obviously a great opportunity. Anyone interested in the creative arts will realise immediately that we've missed out on a major symbolic addition to our cultural heritage in these early years of the 21st century.

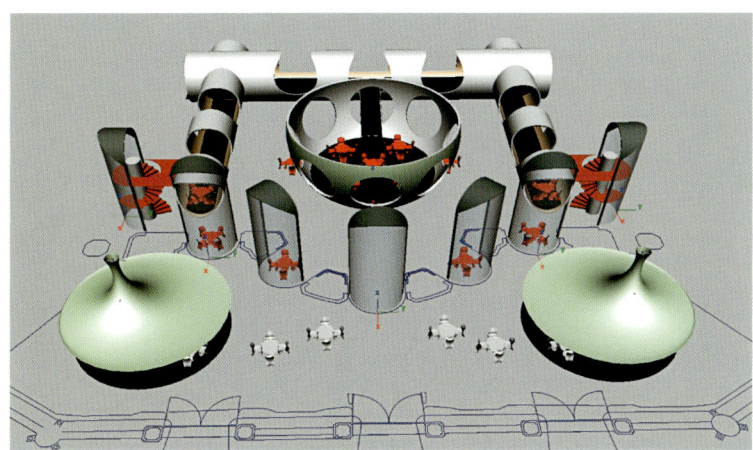

3D image project Opéra Garnier / Image 3D du projet opéra Garnier

En quoi cette confrontation radicale entre Ron Arad et Charles Garnier vous paraissait-elle intéressante ?

Ron Arad est capable de travailler le design, l'architecture intérieure, la structure, les nouveaux matériaux. À ce titre, il avait toutes les clés en main pour satisfaire la demande de l'opéra Garnier en étant aussi étonnant, spectaculaire que le batiment Garnier l'est lui-même.

Pour vous donner un exemple, la coupole du lieu fait 13 mètres de hauteur. N'importe qui aurait pensé à descendre un lustre pour l'éclairage, mais le génie de Ron Arad, c'est justement de ne pas faire comme tout le monde. Il a donc imaginé un dôme inversé, sous la coupole, qui sépare l'espace sans le faire disparaître, en le sublimant, en assurant une circulation attractive du public.

C'est aussi un lustre qui diffuse sa lumière par ses ouvertures en cercle. Dans ce dôme inversé, il avait imaginé un bar à cocktail. On peut imaginer la magie de l'endroit avec le bar, les barmans élaborant les cocktails, le public pris dans l'ambiance, la lumière, les ombres circulantes.

J'ai beaucoup aimé que ce dôme ait des fonctions éclectiques : accueillir les clients, faire écho à l'Opéra par ses couleurs cuivrées, sa forme, mais aussi être une source d'éclairage... De plus, il reflétait le décor alentour. De chaque côté du dôme, en hauteur, il y avait des coursives pour donner une grande animation à l'espace. Dans ce projet, tout avait l'air en lévitation, comme tenant par miracle au-dessus du sol.

Qu'est-ce qui a empêché ce projet de se réaliser ?

C'est un grand mystère... Le projet n'a jamais été critiqué, ni vanté... Pouvait-on oser critiquer cette proposition ? Nous prenions le risque commercial, donc il n'y avait aucun danger pour l'Opéra. Nous en aurions fait un lieu en opposition certes mais aussi en complémentarité avec le cadre historique de Garnier. Pour faire un parallèle — sans nous comparer bien sûr — on pouvait penser à ce qu'est la pyramide au Louvre, un ajout architectural surprenant, qui fasse débat.

Avez-vous des regrets par rapport à ce projet ?

Oui. Ingo Maurer devait concevoir la mise en lumière de ce lieu. On travaillait donc avec deux grands artistes contemporains. Cette première œuvre importante de Ron Arad à Paris était évidemment une chance pour la capitale. Les plus grands collectionneurs de design possèdent ses pièces.

Quelqu'un qui s'intéresse à la création comprendra immédiatement qu'on est passé forcément à côté d'un apport symbolique pour notre patrimoine culturel en ce début de xxi siècle.

PizzaKobra lamp / *Lampe PizzaKobra*

Romain Cole: How would you define Ron Arad's work?

Adolpho Guzzini: The problem is it's indefinable. Ron Arad's works are open to different interpretations. They embody his kinetic intelligence – his interest in movement and dynamics – and a manifest alertness to the world around him.

His imagination is rooted in a personal dream, but he's always hunting for the technical solutions for transforming imagination into reality. As I see it, it's this dream that makes him an example of creative perpetual motion. At the same time he's no utopian – he's more a global artist.

How do you mean?

Whether the project is a lamp or an armchair, a retail outlet or a restaurant, Ron's only concern is the new: something not yet imagined or designed, something not yet invented that he might bring to life with a mix of technology, material, rules and dreams. In this sense he illustrates perfectly the way design and architecture fuse spontaneously via a common language. No question, he's a real outsider. This is invaluable in terms of working together – you only have to look at the PizzaKobra lamp we developed with him. And it's because of the freedom of expression we offer that several great architects have worked with us in the course of the company's history: I'm thinking in particular of Renzo Piano, Gae Aulenti and Massimiliano Fuksas.

What's an industrialist like you looking for in his dealings with an artist like Ron Arad?

From the outset his innovative spirit seemed to me to fit with our corporate philosophy, our openness to change. We're up there at the top in architectural lighting, a sector in which design takes shape via the application of safety standards imposed by the light sources and electronic components involved.

When we started thinking about innovating with LEDs for indoor lighting, Ron seemed the obvious choice. He was the only one capable of grasping our technological vision and turning it into an extraordinarily beautiful functional object: the PizzaKobra lamp.

With their multitude of possible meanings and functions, Arad's works are often reminiscent of Russian dolls. How do you find a match between the company's production criteria and his imagination?

That's not the issue for us. In our field we have to explore, innovate and invent on a full-time basis. A lighting company has to be aware of the way light influences our senses, whether it's natural or artificial, indoor or outdoor, at home or in collective spaces. Lighting devices become one with the places they're set in.

They're an integral part of them. Design contributes to this fusion by expressing light as a formal language architecture can't do without. And so we have to undertake research and foster – or even impose – change through our work with artists like Ron Arad. This means we have to adapt to their imaginations. A company that settles for sticking to predetermined production criteria could never innovate. On the contrary, its products could be readily copied and it would completely lose its competitive edge.

ADOLPHO **GUZZINI**

Romain Cole : Comment définiriez-vous le travail de Ron Arad?

Adolpho Guzzini : Il est, justement, indéfinissable. Les œuvres de Ron Arad sont ouvertes à différentes interprétations… Elles incarnent son intelligence cinétique, son intérêt pour le mouvement, la dynamique, et une conscience évidente du monde qui l'entoure.

Ron puise son imagination dans l'onirisme, mais il cherche toujours les solutions technologiques qui lui permettent de transformer l'imagination en réalité. C'est le rêve qui, d'après moi, lui permet de s'inscrire dans un mouvement créatif perpétuel. Pourtant, ce n'est pas un designer utopiste, il serait davantage un artiste global.

C'est-à-dire ?

Lampe ou fauteuil, commerce ou restaurant, Ron ne vise que la nouveauté : quelque chose qui n'a pas encore été conçu ou imaginé, qui n'ait jamais inventée et à quoi il donnerait vie en associant technologie, matériaux, règles et rêves. En ce sens, il illustre parfaitement la manière dont le design et l'architecture se fondent spontanément grâce à un langage commun, celui de la conception. Ron est sans l'ombre d'un doute un outsider. Et c'est inestimable en terme de collaboration ; il suffit de regarder la lampe PizzaKobra que nous avons conçu avec lui. C'est d'ailleurs pour cette liberté d'expression que plusieurs grands architectes nous ont rejoints au fil de l'histoire de l'entreprise. Je pense notamment à Renzo Piano, Gae Aulenti ou Massimiliano Fuksas.

Que cherche un industriel comme vous quand il se confronte à un artiste comme Ron Arad ?

Son esprit novateur m'a d'emblée semblé correspondre à notre culture d'entreprise, un regard, une vision capable d'appréhender le changement avec sérénité. Nous occupons une position dominante dans le secteur de l'éclairage architectural, un secteur où le design s'exprime à travers l'application d'une série de normes de sécurité imposées par les sources lumineuses ou les composants électroniques. Lorsque nous avons commencé à penser à l'application du LED dans l'éclairage intérieur, le choix de Ron nous a semblé évident. Lui seul aurait pu appréhender notre culture technologique pour la transformer en un objet extraordinairement esthétique et fonctionnel : la lampe PizzaKobra.

Les œuvres de Ron Arad se présentent souvent comme des poupées russes, avec leur multitude de sens et de fonctions possibles. Comment aligner les critères de production de l'entreprise sur son imagination ?

On ne se pose pas la question ainsi. Dans notre domaine, nous sommes obligés de prospecter, d'innover, d'inventer en permanence. Une société produisant des appareils d'éclairage doit avoir conscience de la manière dont la lumière influence nos sens, qu'elle soit naturelle ou artificielle, à l'intérieur comme à l'extérieur, à la maison comme dans les espaces collectifs. Les appareils d'éclairage habitent les lieux où ils sont installés. Ils en font partie. Le design contribue à cette fusion en exprimant la lumière sous la forme d'un langage formel, nécessaire à l'architecture. C'est pourquoi que nous devons faire des recherches et favoriser, voir imposer des changements à travers nos collaborations avec des artistes comme Ron Arad. Nous sommes donc tenus de nous aligner sur leur imagination. Une entreprise qui se contenterait de rester à l'intérieur de ses critères de production ne pourrait pas innover. Au contraire, elle serait facilement copiée et perdrait tout son avantage face à la concurrence.

La lampe PizzaKobra a rencontré un succès incroyable et de nombreux prix à l'échelle professionnelle. À quoi est due la réussite de cette collaboration d'après vous ?

Nous avons su interpréter la volonté créatrice de Ron. Nous avons compris l'importance qu'il accorde au changement fonctionnel et en avons fait une lampe qui reste un objet signé Ron Arad tout en profitant de la technologie propre à iGuzzini.

La spirale se déploie comme un cobra, pour se refermer ensuite et se réduire à la taille d'une pizza. Un mouvement mécanique simple, mais qui a demandé une analyse approfondie et une collaboration intense entre notre département de conception et l'équipe de Ron. En bref, il y a un truc, mais qui ne se voit pas !

À l'instar de la lampe PizzaKobra, le travail de Ron Arad a quelque chose d'évident et d'extrêmement ludique. Vous croyez que c'est cela qui fait son succès et son intérêt ?

Ce pourrait être une réponse valable, mais elle me semble réductrice. L'impact formel des projets de Ron Arad a toujours quelque chose

At the professional level the PizzaKobra lamp has been an incredible success and won all sorts of prizes. In your opinion, what explains the success of this joint venture?

We knew how to interpret Ron's creative urge. We understood the importance he attaches to functional change and came up with a lamp that is a Ron Arad creation while taking advantage of iGuzzini's special technology.

The lamp's spiral can uncoil like a cobra, then close up again to the size of a pizza. The mechanics are simple, but they called for in-depth research and really intense collaboration between our design department and Ron's team. So there's a little trick to it, but one you don't see.

As with the *PizzaKobra lamp*, there's something readily graspable and very playful about Ron Arad's work. Do you think this is what makes him so interesting and so successful?

That could be one way of looking at it, but it seems too simple to me. There's always been a playful and even frivolous side to the formal impact of his projects. But when you look at any project as a whole – its substance, and the nonchalant use of materials – you find the "seriousness" factor in the form of a full-time search for the new. The ultimate look might be amusing, but the most striking thing is that the object is unexpected.

As if he were telling a new story each time?

Absolutely. Ron's inconsistent and consistent at the same time. He begins with a dream that he gradually gives concrete shape to. He leaves me with a profound feeling of freedom. Ron defies all definition: he brings a fresh eye to reality, a bit like Picasso, and comes up with a totally personal interpretation of objects, landscapes and functions. For him design and architecture are communicating vessels, two paths that intersect endlessly and so trigger creative moments.

Can the influence of architecture be felt in his work as a designer?

I don't think Ron makes any distinction between the two. He experiences them together as the source and target of the same inspiration.

Ron's projects are marked by a highly scientific approach. Is this essential? And what's your reaction to it?

The scientific aspect fills the project out. It injects innovation and provides new solutions, and this enables Ron to point up the link between technical innovation and the scientific approach. In this respect we're very similar. Ron's a businessman too, and always keeps a pragmatic eye on the feasibility of a project. But this doesn't stop him from following things all the way through. And from making the difference.

What's the Arad architecture project you admire most?

I've always loved the lobby of the Tel *Aviv Opera House*, which is an accomplished mix of materials like steel and concrete for the curve, with bronze added in for the wall.

In his architectural work Arad makes a lot of play with the reflections and variations of natural light. What do you think of this approach?

I understand it completely. I think this is the best way of experiencing light. In their infinite interplay of contrasts, light and shade bring forms to life, reveal proportions and put scenes of daily life on display. They're two indissociable elements.

In your opinion what artists and influences can be detected in his work.

It's Ron Arad who "influences" the world of design! But if I had to go looking for affinities, I'd risk citing Vassily Kandinsky. The reason I make this association is the absolute freedom of use of colour and forms. Like Kandinsky's painting, Arad's design is universal and timeless. His reading of reality is based on a personal philosophy and, most of all, on a potent creative instinct.

de ludique, de léger même. Mais si l'on examine le projet dans son intégralité, dans la substance, ou l'utilisation désinvolte des matériaux, la constante « sérieuse » réside dans une recherche permanente du nouveau. L'aspect final pourra être amusant, mais le plus frappant, c'est que l'objet est inattendu.

Comme s'il racontait une histoire inédite à chaque fois ?

Tout à fait. C'est une personne à la fois incohérente et cohérente. Il part d'un rêve qu'il concrétise petit à petit. Il me laisse un profond sentiment de liberté. Ron déroge aux définitions, il apporte un nouveau regard sur la réalité, un peu comme Picasso le faisait, et nous offre une interprétation toute sienne des objets, des paysages et des fonctions. Design et architecture sont pour lui deux vases communicants, deux parcours qui se croisent en permanence pour donner lieu à des moments de création.

Peut-on sentir l'influence de l'architecture dans son travail de designer ?

Je pense que Ron ne fait pas de distinction entre les deux environnements. Il les vit ensemble, comme source et cible d'une même inspiration.

Ron Arad fait état d'une approche extrêmement scientifique dans ses projets. Est-ce indispensable ? Que vous inspire cet aspect ?

L'approche scientifique donne corps au projet. Elle le charge d'innovation et offre de nouvelles solutions. Cela permet à Ron de montrer le lien entre l'innovation technologique et l'approche formelle. Sur ce point, nous nous ressemblons fort. Ron est un entrepreneur aussi, il a toujours un œil pragmatique sur l'aspect réalisable du projet. Mais ça ne l'empêche jamais d'aller au fond des choses. Et de faire la différence.

Quel est le projet architectural de Ron Arad que vous appréciez le plus ?

J'ai toujours adoré le foyer de l'opéra de Tel-Aviv qui est un savant mélange de matériaux comme l'acier et le béton au niveau de la courbe ou encore du bronze, pour le mur.

Dans son travail architectural, Ron Arad joue beaucoup avec les reflets de la lumière naturelle et ses variations. Que pensez-vous de cette approche ?

Je pense qu'il s'agit de la meilleure manière de vivre la lumière. L'ombre et la lumière, dans leur infini jeu de contrastes, animent les formes, dévoilent les dimensions et révèlent les scènes de la vie quotidienne. Elles sont deux éléments indissociables.

D'après vous, quels sont les artistes ou les influences qui se retrouvent dans ses œuvres ?

C'est Ron Arad qui « influence » le monde du design ! Mais, si je devais chercher des affinités, je me hasarderais à citer Vassily Kandinsky. Les raisons qui me font associer Ron à ce peintre sont l'utilisation totalement libre de la couleur et des formes. Comme la peinture de Kandinsky, le design de Ron Arad est universel et intemporel. La lecture qu'il donne de la réalité suit une philosophie qui est sienne et, avant toute chose, un puissant instinct de création.

Romain Cole: How long have you been following Ron Arad's work?

François Laffanour: At the beginning I was collecting his work before I even knew him. Through the friendship and kindness of Ernest Mourmans, his producer, I came to a better understanding of Ron's work, which I started buying at auction twenty years ago – notably pieces from One Off. Now I've been working for him for six years, with a passionate commitment.

What was your impression when you first encountered his work?

What I've always liked about Ron Arad is also what I like in the work of people like Jean Prouvé, Charlotte Perriand and Le Corbusier: they're not only innovators, they're also nonconformists. Ron Arad injects into his work all the culture and knowledge of the past he's been storing up. He's imbued with all the architecture and design of the twenties and thirties, when there was that need for utility and functionality – except that he sometimes pretends to be going counter to all that.

At a time when everybody was still steeped in the Bauhaus heritage, he was capable of using materials in an anticonformist way that proved how keen he was to find other solutions for design and architecture. That's why he interested me, because he was pro-tradition in his exigency and intellectual rigour and anti-tradition in his concern with transgression and innovation – just as Prouvé and Le Corbusier had been before him.

What does Ron Arad bring to architects' furniture?

Architects' furniture is fundamentally different from furniture made by interior designers or manufacturers; it's furniture which, by definition, includes and integrates a life project. A philosophical project. There's more than just furniture behind all that furniture by architects: there's architecture as a whole, there's the way one imagines oneself living. I handle only architects' furniture, because I see it as an intellectual project not restricted to the decorative. And Ron's right at the cutting edge: while everyone's been trying to make rational, functional things for the last eighty years, he's integrated and transcended that idea with new ideas and a new approach. He works with glossy materials and more or less baroque forms, and without neglecting function he

Art Miami Basel 2008, galerie Downtown François Laffanour
© Marie Clérin / galerie Downtown

doesn't make it obvious. His armchairs look like sculptures, but when you sit in them they're really comfortable. At the same time, however, they're provocative, and in this respect, as I see it, Ron Arad is a point of contact between design and art. While the philosopher's question is why we are alive and the designer's is how we might live, Arad merges these two forms of speculation.

Ron Arad's been described as a sculptor, a designer and an architect. Is there any one way of pinning him down?

I think it's his architectural work that drives him to violate the genres. He raises furniture to the level of a work of art or sculpture, whereas a sculpture can never serve as a chair or a table.

So is his furniture still furniture?

Certainly. I'm quite keen on keeping this notion of furniture and design, because I feel that the underlying intellectual, philosophical and social project can enrich the aesthetic dimension. Basically Arad's an architect who, like Le Corbusier, has the ability to render his work sculptural. The work is technical and architectural, but it also has what is customarily referred to as grace.

FRANÇOIS **LAFFANOUR**

Romain Cole : Depuis quand suivez-vous le travail de Ron Arad ?

François Laffanour : Je collectionnais ses œuvres sans même le connaître au début. Son éditeur, Ernest Mourmans, par son amitié et sa gentillesse m'a permis de mieux comprendre l'œuvre de Ron dont j'achetais des pièces en ventes publiques il y a vingt ans déjà, notamment celles de la série One Off. Cela fait six ans cette année que je travaille avec lui, sur la base de la passion.

Quelle a été votre première impression quand vous avez été confronté à son travail ?

Ce que j'ai toujours aimé chez Ron Arad, c'est également ce que j'aime dans l'œuvre de gens comme Prouvé, Perriand ou Le Corbusier : elles sont plus qu'originales, elles sont anticonformistes. Ron Arad intègre dans son travail tout le passé, la culture et la connaissance qu'il a emmagasinés. Il est imprégné de toute la culture de l'architecture et du design des années 1920, 1930 où il y a cette nécessité d'utilité, de fonctionnalité, à la différence qu'il joue à s'y opposer.

Au moment où tout le monde était encore imprégné de l'héritage du Bauhaus, Ron Arad était capable d'utiliser des matériaux industriels d'une façon anticonformiste qui montrait bien qu'il voulait trouver une autre solution au design ou à l'architecture.

C'est ce qui m'a intéressé, chez lui ; il était vraiment autant dans la continuité par son exigence et sa rigueur intellectuelle que dans la rupture par son souci de transgression et d'innovation, comme l'avaient été Prouvé et Le Corbusier avant lui.

Qu'est-ce que Ron Arad apporte au mobilier d'architecte ?

Le mobilier d'architecte se différencie fondamentalement du mobilier fait par des décorateurs ou des industriels, c'est un mobilier qui intègre et qui comprend, dans sa définition même un projet de vie. Un projet philosophique. Derrière toutes les créations de mobilier d'architecte, il y a plus que le mobilier, il y a l'ensemble de l'architecture contenue, il y a la façon dont on imagine vivre.

Je ne représente que des meubles d'architecte, car pour moi, c'est ce projet intellectuel qui ne se limite pas à la décoration. Ron est justement très à la pointe car, alors que tout le monde essaye de faire des choses rationnelles, fonctionnelles depuis quatre-vingts ans, lui, intègre et

dépasse cette idée en apportant une réflexion et une autre voie. Il travaille des matières brillantes, des formes plus ou moins baroques, et ne rend pas la fonction évidente, sans pour autant la négliger. Ses fauteuils ressemblent à des sculptures, mais quand on s'assoit dedans, ils sont véritablement confortables.

En même temps, ils sont provocants. C'est en cela qu'il est, à mon sens, un point de rencontre entre le design et l'art. Alors que le philosophe se pose la question de pourquoi l'on vit et que le designer se pose celle de comment on pourrait vivre, Ron Arad fait la synthèse de ces interrogations.

On le définit comme un sculpteur, un designer, un architecte. Est-ce qu'il y a une manière de qualifier Ron Arad ?

Je crois que c'est son travail d'architecte qui le pousse à transgresser les genres, à élever le mobilier au rang d'œuvre d'art ou de sculpture, alors même qu'une sculpture ne servira jamais de chaise ou de table.

Est-ce que son mobilier est encore du mobilier, alors ?

Certainement. Je suis assez attaché à garder cette notion de mobilier ou de design car je trouve que le projet intellectuel, philosophique, social qui est sous-jacent vient enrichir la dimension esthétique. Fondamentalement, c'est un architecte qui a le talent, à l'instar de Le Corbusier, de rendre son travail sculptural. Il est à la fois technique, architectural, mais il a, ce que l'on a coutume d'appeler, la grâce.

Quelle résonance a son travail d'architecte par rapport à son travail de designer ?

Je n'ai vu que quelques-unes de ses réalisations architecturales, mais toutes ont une dimension technique, technologique et esthétique qui donne le sentiment d'une gigantesque sculpture. On retrouve la magie des grands architectes qui savent s'extraire du côté purement fonctionnel pour donner une autre envergure à leurs idées. Soudain, on est face à quelque chose de complètement onirique qui me touche beaucoup.

C'est-à-dire ?

Chez Ron Arad, tout est en rondeur. D'ailleurs, quand on passe du temps avec lui, il dessine toujours des croquis qu'il ne cesse d'améliorer

Exposition Ron Arad,
galerie Downtown François Laffanour, 2005
© Marie Clérin / galerie Downtown

What echoes of his design can be found in his architectural work?

I've only seen a few of his architectural works, but they all have a technical, technological and aesthetic dimension that gives you the feeling of a gigantic sculpture. In them you rediscover the magic of those great architects who knew how to get free of the purely functional side and give new reach to their ideas. Suddenly you're looking at something utterly dreamlike, and I find that very affecting.

How do you mean?

With Ron Arad everything's roundness. And when you spend time with him he's always making sketches that he goes on polishing in the course of the day. He keeps coming back endlessly with his pencil in search of the most perfect curve. There's a very great sensuality in his line, whereas when he was starting out there was a certain harshness. You sensed the hand of someone who kneaded, who touched metal the way a sculptor touches plaster. But over time this fused with something extremely generous.

Do you see this as an urge to draw the contours of a perfect world?

Every architect – every artist, in fact – works towards the presentation of a problem for which he then comes up with proposals or questions than can lead us to a new, different consciousness. This is especially obvious in the case of a writer, because he puts it down in words, but it's also true of a designer – it just that we don't think about it so much. His artistic approach also has to do with speculation about the meaning of our lives: he creates his own world, which might not be perfect but is certainly revelatory of his hopes, fears and ambitions.

How do people react to Arad's work when they discover it for the first time?

Instantaneously and passionately. I was really surprised to see the immediate communication between his works and people discovering them.

What causes that?

It's his character showing through in his objects: they're of our time, they're intelligent and very beautiful, and they have a perfection of design that makes them appealing.

The contemporary art world is enormously interested in Ron Arad. Do you see this as a fashion or a logical development?

A logical development. When I asked Ron if he considered himself an artist or a designer, he answered, "When I find something beautiful I find it beautiful and that's all." I take this as meaning, "If there's real creation, whatever the support or the medium, the spirit is transmitted." Seen in this light he's the worthy heir to the tradition of architects' furniture my gallery has been defending for years.

au fil de la journée. Avec son crayon, il y revient perpétuellement pour trouver la courbe la plus parfaite. Il y a une très grande sensualité dans son trait, alors qu'à ses débuts, il y avait plutôt une certaine dureté. On sentait la patte de quelqu'un qui pétrit, qui touche le métal comme un sculpteur toucherait le plâtre. Avec le temps, tout cela s'est harmonisé dans une dimension extrêmement généreuse…

Est-ce que vous voyez cela comme la volonté de dessiner les contours d'un monde parfait ?

Tout architecte, tout artiste d'ailleurs, tend vers la présentation d'un problème auquel il apporte des propositions ou des questions pour nous faire accéder différemment à une nouvelle conscience. C'est d'autant plus évident s'il s'agit d'un écrivain parce qu'il met des mots dessus, mais c'est également vrai pour un designer, on y pense moins, c'est tout ; sa démarche artistique participe aussi d'une réflexion sur le sens de notre vie, en fabricant son monde à lui, pas forcément parfait, mais en tous cas révélateur de ses espoirs, craintes et ambitions.

Comment est-ce que les gens réagissent à son travail quand ils le découvrent ?

Intensément et passionnément. J'ai été très surpris de voir cette communication immédiate entre ses œuvres et les gens qui les découvrent.

À quoi cela tient-il ?

C'est sa nature qui transparaît dans ses objets : ils sont de notre temps, ils sont intelligents et très beaux, avec cette perfection dans le dessin qui les rendent attirants.

Le monde de l'art contemporain s'intéresse énormément à Ron Arad. Pour vous est-ce une tendance ou une évolution logique ?

C'est une évolution logique. Quand j'ai demandé à Ron s'il se considérait comme un artiste ou un designer, il m'a répondu : « Quand je trouve ça beau, je trouve ça beau, c'est tout. » J'interprète cette réponse ainsi : « S'il y a une vraie création, quelque soit le support, ou la technique, l'esprit passe. » Sous cet angle, il est le digne héritier de la tradition de meubles d'architecte que l'on défend depuis des années dans ma galerie.

Vous pouvez développer ?

C'est assez intéressant de voir que le xxe siècle a été un siècle d'évolution technique et technologique très importantes qui sont allées de pair avec des révolutions sociales. Je pense qu'on verra le xxe siècle comme un siècle d'utopie et de projets sociaux. Et si le design prend une place importante dans le monde de l'art, c'est que le design a pris une place très importante dans la société en posant des problèmes et des solutions nouveaux, en étant le témoin des évolutions sociologiques et politiques de notre société, riche en bouleversements. On ne faisait plus un meuble pour une élite, mais pour que les gens soient mieux, plus heureux et entourés de belles choses. Ce n'est pas une démarche innocente, elle a été initiée très tôt au début du xxe siècle et a été poursuivie par énormément d'artistes et d'architectes qui ont voulu inventer un monde meilleur. Cette démarche-là, on la retrouve clairement chez Ron. Même si ses meubles sont chers du fait de techniques souvent sophistiquées et aussi du marché, Ron reste attaché à l'idée de faire du beau pour le plus grand nombre, en attestent les diverses productions qu'il réalise pour les grandes maisons de design.

Quelle est sa place dans le design aujourd'hui ?

Elle est de tout premier plan. C'est le grand designer actuel. Je trouve qu'il a l'intelligence, la subtilité, la magie et la grâce. En regardant son travail, on peut même dérouter vers le mystique, car la beauté de son travail a quelque chose d'insaisissable. Ses meubles sont faits dans des matériaux très solides, très durs, pourtant on ne s'explique pas comment cet inox poli ou ce métal rouillé peuvent avoir autant de légèreté. Je crois que dans tout mystère et toute forme de beauté, il y a du divin. Les gens ressentent cette beauté irradiante.

Ron Arad se caractérise également par une approche très rigoureuse et scientifique des matériaux.

C'est là où il est l'héritier du Bauhaus. À l'époque, tous ont cherché une technique industrielle pour pouvoir rationaliser leur création et lui donner des formes nouvelles. Ron Arad cherche également cela, sauf que l'époque est différente et qu'il peut grâce aux nouvelles technologies fabriquer des choses totalement inédites, souvent chères, car plus complexes à produire mais d'une pureté et d'une beauté saisissantes…

Could you expand on that?

It's interesting to note that the 20th century was one of major technical and technological change accompanied by social revolution, and I think it will come to be seen as a century of utopias and social projects. Design loomed large in the world of art because it had taken on a significant social role, pointing up new problems and proposing new solutions as it reflected social and political change in a climate of ongoing upheavals.

Furniture was no longer made for an elite; it was intended to improve people's lives and make them happy by surrounding them with beautiful things. This was a conscious strategy, undertaken early in the century and carried on by a host of artists and architects bent on creating a better world.

And it's an approach clearly evident in Ron's work. His furniture might be expensive and often technologically sophisticated, but he remains attached to the idea of making beauty available to the general public —witness the pieces he creates for the big design houses.

Where does he stand on today's design scene?

In the front rank. He's *the* great designer right now. I find him gifted with intelligence, subtlety, magic and grace. Looking at his work you can even feel the pull of the mystical; there's a beauty there that has something indefinable about it.

Given that his furniture is made from very substantial, tough materials, it's hard to explain the sheer lightness of his stainless steel and rusted metal. I think that every mystery and every form of beauty contain a touch of the divine, and people are responsive to this radiant beauty.

He's also characterised by a rigorous, scientific approach to his materials.

In that respect he's a true heir of the Bauhaus. During the Bauhaus period everyone was looking for industrial techniques that would enable rationalisation and the creation of new forms. Ron Arad is in quest of the same thing, except that the times have changed and the latest technology means he can come up with totally new pieces; they're often expensive, because their production is complex, but their beauty and purity are breathtaking. It's quite extraordinary, in fact, that he manages to create a modern kind of magic with this technology: his tables and armchairs are imbued with a potent spiritual and aesthetic echo. Yet it's impossible to say who or what has inspired him: nothing in his work resembles what we already knew.

His distinctiveness also lies in the fact that his works have multiple implications.

That's his personal genius. He's not content just to take a material and make an armchair: he opens up a whole new world. His work with polished metal, for example, can seem showy, provocative or facile, but for him it's above all a way of reflecting light and the world around him. His play with light and reflection is quite deliberate. When he takes an original Prouvé armchair and sheathes it in metal, that's what's going on: the chair finds its reflection in Ron's piece and Ron himself is thus a reflection of the master. Intellectually it's very subtle, because the magic of light is a major concern for all artists and philosophers. Literally or figuratively we're permanently seeking light. And in Ron's case that mirror-polished metal embodies an authentically spiritual and aesthetic handling of light.

Ron Arad wasted no time in setting up his own design studio. What do you think of this singular gambit?

The more time you spend with Ron, the more you sense the magic of an artist who takes advantage of everything in the most positive sense of the term. He has no limits, and finds inspiration in everything he sees. What led him to set up his own studio was above all that it was a way of not being confined, a way of letting his creativity explode. He's a great guy, extraordinarily humane. People are knocked out when they meet him, because he's so receptive and simple —but with the simplicity of the great, of those who take you forward and make you feel there's real sharing going on.

Exposition Ron Arad,
Galerie Downtown François Laffanour, 2005
© Marie Clérin / galerie Downtown

C'est d'ailleurs assez extraordinaire qu'il arrive avec ces technologies récentes à créer une magie moderne. Ses tables et ses fauteuils contiennent une évocation spirituelle et esthétique très forte. Mais on ne peut pas dire de qui ni de quoi il s'est inspiré, rien ne ressemble à ce que l'on connaît déjà.

Sa singularité réside également dans le fait que ses œuvres sont « à tiroir. »

C'est là son génie. Il ne se contente pas de faire un fauteuil avec une matière. Il ouvre un monde nouveau. Par exemple, son travail sur le métal poli comme un miroir peut paraître clinquant, provocant ou facile, mais chez lui, c'est surtout une façon de réfléchir la lumière, le monde qui l'entoure. Il y a un jeu sur la lumière, la réflexion qui n'est pas innocente. Quand il pose un fauteuil original de Prouvé et qu'il l'enveloppe d'une feuille de métal, on est dans ce jeu-là. Le fauteuil se reflète dans l'œuvre de Ron qui lui-même reflète le maître. C'est très subtil intellectuellement, car la magie de la lumière est une préoccupation chez tous les artistes et les philosophes. Que ce soit au propre comme au figuré, on cherche toujours la lumière. Et chez Ron, à travers le métal poli comme un miroir, il y a un vrai travail sur la lumière, tant spirituelle qu'esthétique.

Ron Arad a monté son propre studio très tôt. Que pensez-vous de cette particularité ?

Plus on le fréquente, plus on sent cette magie d'un artiste qui profite de tout, au sens le plus positif du terme. Il n'a pas de limites et se laisse inspirer par tout ce qu'il voit. Il était conduit à faire son propre studio, car c'est avant tout une manière de ne pas se laisser contenir et de faire exploser sa création. C'est un type formidable, d'une humanité extraordinaire. Tout le monde est enchanté quand il le rencontre, car il a cette disponibilité et cette simplicité –la simplicité des grands–, de celles qui vous font progresser et qui vous donnent l'impression d'un vrai partage …

Ingo Maurer: Do you mind if I say something before we start the interview?

Romain Cole: Go right ahead.

Ingo Maurer: The friendship and mutual respect between Ron Arad and myself mean there's a tacit understanding never to analyse each other's work in public. This is because we've been friends since the first day we met and we prefer to speak face to face.

So be it. And when did this first meeting take place?

It was in the early 1980s, during an exhibition of his work in Milan. There was this gigantic lamp on show that shocked a lot of people, but which spoke volumes about him and his spirit of freedom. Today Ron's more controlled —there's been a change in his innocence, even if it's still very much there. At the time I had the immediate impression of someone powerfully human, and the feeling that there was a bond between us, even without actually knowing each other.

What kind of bond?

It's more human than artistic —but we're already starting to break my pact with Ron. I understand what you'd like to know, and that you'd like my point of view on his work, but friendship is based on mutual respect and I don't want to compromise that.

Why would answering these questions compromise your friendship?

Friendship is also a matter of intimacy; that's why we speak to each other directly when it's a matter of expressing either our admiration or our differences. In a way friendship is like love: it's unconditional and leaves no room for third parties.

Do you discuss your respective projects?

Of course. Both of us have a host of projects under way at any one time, and as soon as we get the chance we talk about them. And I learn a lot from Ron.

How, exactly?

He's someone who pushes you to be more courageous. He inspires courage with his way of being, of standing up as an individual.

You worked together on the opera house in Tel Aviv and the TU-BE installation. What can you tell us about these experiences?

We both have a taste for simplicity. I'm a fan of the readymade, as you can see in my work, and TU-BE was a chance to put our heads together on this. The spirit of the work —its trigger— came from Ron, but he asked me to get involved. So I did, and the result was a stronger piece, thanks to the ping-pong match between us.

Could you enlarge on that?

For me it's a very powerful work because it's not based solely on design. As the product of a rechannelling it's raw and direct and provokes very different perceptions: some people will find it trite, others will just love it.

Is shaking up people's perceptions what interests you?

Of course, that's what our work is all about. Ron's own perceptions, for example, function like a radar, as if he could see what lies beyond everyday things.

You personally work on light and perception, while Ron Arad works on space and movement.

That's a far too intellectual view. Obviously light is spiritual and influences our way of thinking, but it also has an emotional impact on people. In the same way architecture isn't restricted to an approach to movement.

Something you clearly have in common with Ron Arad is the humour that is so much part of your personality and your work.

Humour pops up. It can't be constructed or planned for. It pops up, like poetry. It's a sensation, not a mathematical formula.

But it's part of your artistic language.

I don't like being too conscious of what I'm doing. I don't like standing next to myself watching myself doing things. I don't make things so they'll be photogenic, I do it for the joy and pain of creating. But here I'm talking about me, not Ron Arad!

INGO **MAURER**

Ron Arad - Ingo Maurer, *TU-BE*, 2007
© D. R.

Ingo Maurer : Puis-je dire quelque chose avant de commencer cette interview ?

Romain Cole : Je vous en prie.

Ingo Maurer : L'amitié et le respect mutels qui me lient à Ron Arad, impliquent de manière tacite que nous n'analyserons jamais nos travaux respectifs en public. Tout simplement parce que nous sommes des amis depuis le premier jour où nous nous sommes rencontrés et que nous préférons nous parler face à face.

Ainsi soit-il... Quand vous êtes vous rencontrés, donc?

C'était au début des années 1980, lors d'une exposition de son travail à Milan. Il y avait cette gigantesque lampe qui choquait beaucoup de gens, mais qui, en fait, en disait tellement sur lui, sur sa liberté. Aujourd'hui, Ron se contrôle plus, il a évolué dans son innocence, même si elle est toujours très présente. À l'époque, j'ai tout de suite senti que c'était un individu très fort humainement. J'ai eu le sentiment qu'il y avait un lien entre nous, sans même nous connaître.

De quelle nature est ce lien ?

Il est d'avantage humain qu'artistique... Mais on commence déjà à enfreindre le pacte que j'ai passé avec Ron... Je comprends que c'est ce que vous aimeriez savoir, que vous sollicitez mon regard sur son travail, mais une amitié est basée sur le respect mutuel et je ne veux pas compromettre cela.

Pourquoi répondre à ces questions compromettrait votre amitié ?

L'amitié, c'est aussi l'intimité, c'est pourquoi nous nous parlons de vive voix lorsqu'il s'agit d'exprimer aussi bien notre admiration que nos différences. D'une certaine manière, l'amitié est semblable à l'amour ; elle ne connaît pas de conditions et d'intermédiaires.

Parlez-vous de vos projets respectifs ?

Bien sûr. L'un comme l'autre, nous avons une foule de projets simultanément et dès que nous pouvons en discuter, nous le faisons... J'apprends beaucoup de Ron.

Dans quel sens ?

C'est quelqu'un qui vous incite à être plus courageux. Dans sa manière d'être, de se poser comme individu, il inspire le courage.

Vous avez travaillé ensemble sur l'opéra de Tel-Aviv et sur l'installation TU-BE. Que pouvez-vous nous dire de ces expériences ?

Nous avons tous les deux le goût de la simplicité. Je suis fan de ready-made, comme vous pouvez le voir dans mon travail et TU-BE nous a permis de croiser nos regards sur cette forme particulière. L'esprit de l'œuvre, sa mise à feu, est venue de Ron puis il m'a demandé d'intervenir. C'est ce que j'ai fait et l'œuvre s'est renforcée, grâce à ce jeu de ping-pong entre nous.

C'est-à-dire ?

Pour moi, c'est une œuvre très forte car elle n'est pas fondée uniquement sur le design. Parce qu'elle vient d'un détournement, elle est brute, directe et elle suscite des perceptions très différentes : certains la trouveront banale quand d'autre l'adoreront.

Et c'est ce qui vous intéresse, bousculer les perceptions ?

Bien sûr, c'est la base de notre travail. La perception de Ron, par exemple, fonctionne comme un radar... comme s'il voyait au-delà des choses.

When you talk about yourself as an artist, in a way you're also talking about Ron Arad, because your approaches have points in common. You're both businessmen, for example...

Sometimes that's a really tough position to be in, but it's also just great. Life's made up of encounters and exchanges and this is what the business side brings you. Having a team around you right down to the intimacy of creation, throwing ideas around, calling yourself into question so as to advance – that's quite an experience.

Both of you have a very intuitive, very playful approach. Almost like children.

But you have to stay a child and look at the world from that point of view! You have to be able to appreciate the miracle of each new day. And then we love to create things that people understand immediately. As I was saying, we have a taste for simplicity.

In Ron Arad's case, the works have several meanings. A chair can be a sculpture, for instance.

No, he's a sculptor. That's his greatest attribute. There's something very Mediterranean, very powerful about him. But I can't say any more than that...

Vous travaillez sur la lumière et la perception, tandis que Ron Arad travaille sur l'espace et le mouvement...

C'est une manière beaucoup trop intellectuelle de voir les choses. Évidemment, la lumière est spirituelle, elle influence notre manière de penser, mais elle a également un impact émotionnel sur les gens... De la même manière, l'architecture ne se limite pas à une réflexion sur le mouvement.

Vous avez un point commun évident avec Ron Arad, c'est l'humour qui émane autant de votre personnalité que de vos œuvres.

L'humour surgit. Il ne se construit pas, il ne se prévoit pas. Il surgit, comme la poésie. C'est une sensation, pas une formule mathématique.

Mais l'humour fait partie de votre langage artistique.

Je n'aime pas être trop conscient de ce que je fais. Je n'aime pas être à côté de moi-même et me regarder faire les choses. Je ne fais pas les choses pour qu'elles soient photogéniques, mais pour ressentir les joies et les peines de la création. Mais il s'agit de moi, et non de Ron Arad !

Quand vous parlez de vous en tant qu'artiste, d'une certaine façon, vous parlez également de Ron Arad car vos démarches ont des points communs. Par exemple, le fait que vous soyez tous les deux des entrepreneurs...

Parfois, c'est très dur d'avoir cette position, mais c'est aussi extra-ordinaire. La vie repose sur les rencontres, les échanges et c'est ce qu'apporte cette dimension d'entrepreneur. Être entouré d'une équipe jusque dans l'intimité de la création, débattre d'idées, se remettre en cause pour aller plus loin, c'est une expérience très forte.

Vous avez tous les deux une approche très intuitive, très ludique. Presque comme des enfants...

Mais il faut rester un enfant et regarder le monde de ce point de vue ! Il faut savoir apprécier le miracle de chaque jour nouveau. Et puis nous aimons créer des œuvres que les gens comprennent immédiatement ; comme je vous l'ai dit, nous avons le goût de la simplicité.

Chez Ron Arad, les œuvres ont plusieurs sens. Une chaise peut être une sculpture...

Non, il est un sculpteur ! C'est sa vertu la plus forte... Il a quelque chose de très méditerranéen, de très puissant... Mais je ne peux pas en dire plus...

Romain Cole: When and where did you meet the work of Ron Arad? What was your first impression?

Issey Miyake: I first became aware of Ron's work in the early 1990's and then had the pleasure of meeting him in London.

How would you define his body of work?

Ron's work is engaging, challenging, often provocative, but always playful, like one of his recent works, PizzaKobra. His work reflects his joy and openness for all things.

What's the difference between Arad the designer and Arad the architect?

He cannot be defined simply as a designer or architect, he is Ron Arad the person. He is as flexible and rounded as one of his well tempered chairs and he can flit from one discipline to another just as quickly as he can change one of his hats.

Through architecture Ron Arad seems to build a kind of futuristic and perfect world, with smooth shape and where technology is very friendly. With your clothes, you seem to be in the same mind-frame. Can you talk about that?

Ron and I share a vision for making beautiful, practical solutions to the real demands of modern life using the newest technologies.

Ripple Chair + A-POC,
Ron Arad - Issey Miyake, 2006
© D.R.

You're both abolishing boundaries between art, design and mass produced products. Where does this desire come from?

From looking to people, the world, and everyday life.

You have worked with Ron Arad on the very famous *Ripple chair* designing for it two outfits; Gemini and Trampoline. Can you talk about this very ambitious collaboration and the single formation technology that you used?

Ron has kept his eye for a long time on our A-POC, which Dai Fujiwara and I had started. He finds it very interesting aesthetically and in industrial design terms. A-POC (A Piece Of Cloth) is a clothes-making process of single formation using digital technology. We were very happy to collaborate.

Is it like, you're creating the clothes for a world designed by Ron Arad?

We both work with no boundaries. Perhaps those worlds are one and the same.

ISSEY **MIYAKE**

Romain Cole : Quand avez-vous découvert Ron Arad ? Quelle impression vous a-t-il faite ?
Issey Miake : J'ai découvert l'œuvre de Ron au début des années 1990 puis j'ai eu le plaisir de faire sa connaissance à Londres.

Comment définiriez-vous sa création ?
L'œuvre de Ron est attachante, stimulante, souvent provocante et toujours ludique, à l'image de PizzaKobra, l'une de ses dernières créations. Elle reflète sa joie de vivre et son extraordinaire ouverture d'esprit.

Quelle différence faites-vous entre Arad le designer et Arad l'architecte ?
On ne peut pas le réduire à sa seule fonction d'architecte ou de designer. Il est Ron Arad l'être humain, aussi flexible et accompli que son mobilier bien tempéré, et il passe d'une discipline à l'autre aussi vite qu'il change de chapeau.

En tant qu'architecte, Ron Arad construit un univers futuriste et parfait aux formes lisses et à la technologie très « amicale ». Les vêtements que vous créez semblent refléter le même esprit. Pouvez-vous nous en dire plus ?
Ron et moi partageons une ambition, mobiliser les dernières technologies pour offrir des solutions belles et pratiques aux vraies exigences de la vie moderne.

Tous deux abolissez les frontières entre art, design et production de masse. D'où vous est venue cette volonté ?
De l'observation des gens, du monde et de la vie quotidienne.

Vous avez travaillé avec Ron Arad sur la très célèbre chaise Ripple et avez conçu pour elle deux revêtements, les modèles Gemini et Trampoline. Pouvez-vous nous en dire plus sur cette collaboration très ambitieuse et sur la single technology formation que vous utilisez ?
Ron s'intéresse depuis longtemps à l'A-POC (A Piece Of Cloth), le procédé de fabrication textile à technologie digitale que Dai Fujiwara et moi avons lancé. Il le trouve captivant esthétiquement et en termes de design industriel. Nous avons collaboré avec grand plaisir.

En somme, vous créez des vêtements pour un univers « à la Ron Arad ? »
Nous refusons tous deux les limitations dans notre création. Nos deux univers ne font peut-être qu'un.

Romain Cole: When did you first meet Ron Arad?

Patricia Moroso: At the beginning of my career, in the mid-80s. I was already following his work, which I found very strong; at the time he was into materials like concrete and raw metal, and he'd just opened his Covent Garden studio, where I saw the famous Rover Chair. This was a period of creative explosion in England.

After that, Ron starting showing in galleries in Milan, such as *Facsimile* and *Internos*. These were important exhibitions for him, where he first showed his metal Big Easy armchair. In a corner there were also two "alternative" versions of Big Easy in red. A mutual friend introduced us and I immediately asked Ron why he'd made two in colour.

He told me he'd tried to turn out less expensive versions for people who liked the chair but couldn't afford it. He'd tried to make it more accessible, but the problem was that his workshop wasn't technically equipped to make the less expensive version. So in the end he'd just covered two metal Big Easys with red fabric.

We both got a good laugh out of that, and then I asked him if he'd be against the idea of doing things better, with us. A few days later he came to see our factory and the joint venture kicked off quite naturally. He sent us sketches, then came and spent a few days at the factory, honing his ideas and improving the shapes. And little by little, out of a fairly rough sketch we saw a very sophisticated form emerge. For him the work ends once the shape of the object has been perfectly sculpted.

How important was that first collection for you?

Enormously important. It was in '88, exactly twenty years ago. The collection was basically versions of things he'd already done, but using simpler, more accessible materials and very strong colours, especially red and blue. It was a success in terms of media impact and wanting to work together again, but the radical character of the shapes and the design meant we didn't sell a lot of pieces at the time. Even so, the collection was very important in that it highlighted the functional side of his objects: it made it clear that you could sit in his chairs and not just gaze at them from afar, like sculptures. A few years later we did a second exhibition, undeniably less radical, which was a dazzling success.

How do you see his architectural work?

Ron began his career in an architect's office. The legend has it that after three months he said he was going out for lunch and never came back. I think that those big London architecture agencies where each person works on a tiny detail of the enormous whole didn't suit him. My feeling is that he quickly realised he was going to be bored if he wasn't holding the reins, and that's why he moved over to design – so as to have full control of his projects and make a living out of them. Design meant he could make things and sell them, and that gives you a real sense of elation and freedom. As I see it, making something like the Rover Chair was less to do with a conceptual agenda than with the need to survive by doing what he enjoys doing. The Rover Chair brought in his bread and butter and as things went ahead he became the great designer and architect who refuses to do something that isn't completely new.

How would you describe his artistic approach?

What makes him so fascinating is that in architecture or design he never starts out from the same basic idea as other people. But he doesn't leave you alone to cope with the difficulties of putting his idea into practice, either: he's analysed everything, he monitors the manufacturing process and he knows exactly what techniques are needed. He makes sure he has the resources to be different, so there's nothing gratuitous about his work. He has an overall vision from idea to finished object. And then he has a need to surprise, to discover, to explore. It's very hard to make everyday objects, because they're subject to a set of totally inflexible rules. So he's really proud when he manages to surprise you with a chair, for example.

As a manufacturer, what are you looking for from someone like Ron Arad?

Ron works on the idea of an object and along the way he reinvents its function. There's a real perfection in each of his objects. Even if his chairs don't look like chairs, you can be sure you'll be comfortable in them: the ergonomics are flawless, and you have the impression of sitting on a throne. And what's more the chair itself is visually sublime, which contributes to your well-being and by extension to the object's function.

Romain Cole. : De quand date votre rencontre avec Ron Arad ?

Patricia Moroso : C'était au début de ma carrière, au milieu des années 1980. Je suivais son travail que je trouvais déjà très fort. À l'époque, il se servait de matériaux comme le béton, le métal brut et venait d'ouvrir son atelier à Covent Garden où j'avais vu la fameuse Rover Chair. C'était une époque d'explosion créative en Angleterre.

Plus tard, Ron commença à exposer dans des galeries à Milan, expositions majeures comme Facsimile et Internos où il présenta pour la première fois le siège Big Easy.

C'était une exposition très importante pour lui, car il y présentait son fauteuil Big Easy en métal poli. Dans un coin, il y avait également deux versions « alternatives » de Big Easy en rouge. Un ami commun s'est chargé de nous présenter et j'ai immédiatement demandé à Ron pourquoi il en avait fait deux en couleur. Ron m'a alors répondu qu'il avait essayé de faire des versions moins chères pour les gens qui aimaient son travail, mais n'avaient pas les moyens de se l'offrir au prix fort. Il avait donc essayé de les rendre plus abordables, le problème étant qu'il n'avait pas les moyens techniques, dans son atelier, pour fabriquer des structures moins chères. Au final, il avait donc recouvert des Big Easy en métal, avec du tissu rouge. On a beaucoup ri quand il m'a raconté cette anecdote et je lui ai demandé s'il ne voulait pas faire les choses d'une meilleure manière, avec nous. Quelques jours après, il est venu visiter notre usine et notre collaboration s'est enclenchée naturellement. Il nous envoyait des croquis, puis venait passer quelques jours dans l'usine et perfectionnait ses créations, améliorait la forme et petit à petit : d'un croquis assez sommaire, on voyait naître une forme très sophistiquée. Pour lui, le travail s'arrête quand la forme de l'objet était parfaitement sculptée.

Quelle importance a eu cette première collection pour vous ?

Immense. C'était en 1988, il y a exactement vingt ans. Cette collection était essentiellement une translation de ce qu'il avait fait par ailleurs, mais dans des matériaux plus simples, plus accessibles et avec des couleurs très fortes, notamment le rouge et le bleu. Cette collection a été un succès en terme d'impact médiatique et de désir de retravailler ensemble, mais la radicalité des formes et du design ne nous a pas

Low Tilt, 1991
© D.R.

permis de vendre énormément de pièces à l'époque. Néanmoins, cette collection a été très importante, car elle valorisait le côté fonctionnel des objets de Ron Arad, et permettait de dire qu'on pouvait s'asseoir dans ses chaises et pas seulement les regarder de loin, comme des sculptures. Quelques années plus tard, nous avons produit une deuxième collection, sans doute moins radicale, mais qui a rencontré un succès foudroyant.

Quel regard portez-vous sur son travail architectural ?

Ron a d'abord commencé par travailler dans un cabinet d'architecte. La légende dit qu'au bout de trois mois, il a dit qu'il partait déjeuner et n'est jamais revenu. Je crois que les grands studios d'architecture londoniens où chacun travaille sur un petit détail du grand ensemble ne lui convenait pas. À mon avis, il a très vite compris qu'il s'ennuierait dans ce domaine tant qu'il n'avait pas les commandes, et c'est pourquoi qu'il a fait du design. Pour avoir la possibilité de maîtriser

What do you find affecting about his work?

He's incredibly witty, with an English humour that's a mix of irony and gentleness. Obviously that's in the DNA of his work. But what affects me most is the enormous sensuality of his pieces. I'm not saying this because they're curved, but because they give off an organic energy. They've got something natural and self-evident about them that you feel on sight. There's a harmony that emanates from his work. Nothing's calculated or intentional.

A lot of people say he has a very Mediterranean sensibility.

On the contrary, he's very English. He grew up, studied and worked in England, and in his work you sense that English freedom of thought. In Italy, which is a typically Mediterranean country, we don't have the same mentality. When Ron approaches a problem he does it with enormous freedom and confidence; in Italy everyone worries, doubts, pulls back. We're crushed by our cultural heritage, our moral code, the sacred —unlike English society, which is freer and more unfettered.

How does a company like yours adapt to a maverick like him?

It's never simple, but it's never impossible, either. To evolve and make something new, we have to take up technical challenges and follow a vision. You mustn't be afraid of the new and the difficult, because they're the prerequisites for innovation. With Ron things are never risk-free, but he has such a mastery of technique and the manufacturing process that you always manage to see his ideas through. And the result is objects that are just incredible in design terms.

What goal is he working towards through design?

He loves beauty and wants to make the world around him more beautiful. Beauty's a matter not of aesthetics, but of harmony, of something powerful that moves you to your soul. Ron feels an urgent need to change the world —that's why he works so much, and so intensely. He's realised that design and architecture are very concrete ways of bringing change to his environment and marking society with the stamp of his vision of the world.

Spring, 1991
© D.R.

entièrement son projet et d'en vivre. Le design lui a permis de fabriquer des choses et de les vendre, c'est un sentiment de liberté exaltant. À mon sens, faire un objet comme la Rover Chair correspondait moins à une réflexion conceptuelle qu'à une nécessité de survivre en faisant ce qu'il aime. La Rover Chair lui a permis d'assurer son quotidien et, au fur et à mesure, il est devenu l'immense designer et architecte qui refuse de faire quelque chose qui ne soit pas complètement nouveau.

Comment décririez-vous sa démarche artistique ?

Que ce soit dans l'architecture ou le design, il ne part jamais du même point de réflexion que les autres, c'est ce qui le rend si fascinant. Néanmoins, il ne vous laisse pas seul face à la difficulté de concrétiser son idée, il a tout étudié, suit la fabrication et sait exactement quelles techniques employer. Il se donne les moyens d'être différent, rien n'est gratuit dans son travail. Il visualise tout le chemin qui mène de l'idée à l'objet.

D'autre part, Ron a besoin de surprendre, de découvrir, d'explorer. C'est très difficile de faire des objets quotidiens, car ils sont soumis à un ensemble de règles inamovibles. Il y a donc une vraie fierté chez lui quand il arrive à vous surprendre avec une chaise par exemple.

En tant que fabricant, qu'est-ce que vous cherchez chez quelqu'un comme Ron Arad ?

Ron travaille sur l'idée d'un objet et au passage, il réinvente sa fonction. Il y a une vraie perfection dans chacun de ces objets. Même si ses chaises ne ressemblent pas à des chaises, vous pouvez être sur que vous serez très bien assis dedans. Chez lui, l'ergonomie est parfaite, vous avez l'impression d'être installé dans un trône. Mais en plus, vous êtes assis dans un objet sublime visuellement, ce qui participe au bien-être, donc à la fonction de l'objet.

Qu'est-ce qui vous touche dans son travail ?

Il a un esprit incroyable et un humour anglais qui mélange l'ironie et la bienveillance. Évidemment, c'est dans l'ADN de son œuvre. Mais pour moi, c'est l'immense sensualité de ses œuvres qui me touche. Je ne dis pas ça parce qu'elles sont courbes, mais parce qu'elles dégagent une énergie organique.

Elles ont quelque chose de naturel d'évident, qu'on ressent en les voyant. Il y a une harmonie qui émane de son travail. Rien n'est fait par calcul, par dessein.

Nombreux sont ceux qui lui attribuent une sensibilité très méditerranéenne.

Au contraire, il est très anglais. Il a grandi, étudié et travaillé là-bas. On sent, dans son œuvre, toute la liberté de penser des Anglais. En Italie, qui est un pays typiquement méditerranéen, nous n'avons pas la même mentalité : quand Ron approche un problème, il le fait avec une grande liberté et une grande confiance, tandis qu'en Italie, tout le monde s'inquiète, doute et recule. On est écrasé par notre héritage culturel, par la morale, par le sacré, au contraire de la société anglaise, plus libre, plus affranchie.

Comment une société comme la vôtre s'adapte à un électron libre comme lui ?

Ce n'est jamais simple, mais ce n'est jamais impossible. Pour évoluer, pour faire quelque chose de nouveau, nous devons relever des défis techniques et suivre une vision. Il ne faut pas avoir peur de la nouveauté, de la difficulté, car c'est à ces conditions-là qu'on innove. Avec Ron, ce n'est jamais sans risque, mais il maîtrise tellement la technique et la fabrication qu'on arrive toujours à aller au bout de ses idées. De surcroît, on obtient des objets incroyables en terme de design.

Quel est le projet de Ron Arad derrière le design ?

Il aime la beauté et cherche à rendre le monde autour de lui plus beau. La beauté n'est pas dans l'esthétisme, mais dans l'harmonie, dans quelque chose de fort, qui ébranle votre âme. Ron ressent l'urgence de changer le monde, c'est pour cela qu'il travaille autant, avec autant d'intensité. Il a compris que le design et l'architecture sont des manières très concrètes de faire évoluer son environnement et d'imprimer sa vision du monde dans la société.

JEAN **NOUVEL**

Romain Cole: You met Ron Arad when he was starting out. What was your impression of him at the time?

Jean Nouvel: That's right, I met him in Paris in the 1980s, then I went to see him in his studio in London, where I saw incredible things being made in metal. The studio was a craftsman's workshop, full of very unconventional design objects. The forms and functions of the pieces made you feel you were visiting an artist rather than a designer. I was, and still am, fascinated by the way he gives expression to his concepts – it's mind-blowing, as people say these days.

How would you describe him?

Tender, lovable, humorous and full of surprises. Ron doesn't know what conventional means, you see that straight off in what he makes, what he says and the way he dresses. He's involved full-time in communicating his personal truth and in his passion for what he's creating. Every time we meet he pulls out his little pocket computers to show me what he's made since the last time. And I say to myself, "What's he up to now?" It's always something unexpected, but when you actually see the finished works they're absolutely right. They're things you want to touch, and own.

You've never worked together?

No. I've tried more than once to involve him in architectural projects, but it's not easy: the clients either prefer to do without that kind of artistic input or they fail to understand why I don't take care of it myself. But I hope that one day I'll succeed.

Is your relationship with Ron based strictly professional, or have you become friends over time?

It's a very easygoing friendship. The last time we were in Milan he played pop songs for us on his guitar. We also play ping-pong on his deformed tables. It's not a professional relationship, even if we love talking about our projects and have clients in common. I'd be more inclined to say there's a kind of complicity.

You and he share the distinctive feature of being both architects and designers

I'm not a designer in the same sense as him. I belong to the tradition of the architect who makes furniture for his buildings. My approach is more basic and conventional, even if each time I try to find good reasons for redesigning something in the spirit of the times. I'm much more a prisoner of pragmatic reality, whereas he makes objets d'art.

Do you see Ron as mainly a designer, an architect or an artist in the broad sense?

All three. He's capable of coming up with industrial design products that sell in the hundreds of thousands, that are really successful. And at the same time he can turn out one-offs and limited series that are works of art. I think it's great that his range should be so vast.

How do the design and architecture approaches differ?

As I see it, what characterises architecture is that you always know where you are with it. What characterises design is that you never know where it will end up. Architecture is a medium, whereas the object is a contribution: it can be brought into any context at all and dialogue with objects from another period. In both cases there's the urge to testify to the times, on the one hand with a fixed object, on the other with a movable one that can fit into different situations. But Ron's cut free of these divisions. He approaches both disciplines as an artist, in the sense that he does what he feels like doing.

He's also someone who pays enormous attention to the scientific aspect of his projects. Is this something an architect needs to do?

One thing for sure, that aspect's very important to him. He's always on the lookout for the latest techniques. He works in 3D, does filmed simulations – and then gets down to the materials. He's someone who just loves playing with the new opportunities thrown up by progress.
I think an architect like Ron knows how to use what his time has to offer. That's why he succeeds in doing things differently. But even so, the technique is always subordinate to the idea.

Do you need a sociological, philosophical turn of mind to be a designer or an architect, or is it more a matter of energy and instinct?

I believe you can't remain detached from the problems of your time.

JEAN **NOUVEL**

Romain Cole : Vous avez rencontré Ron Arad à ses débuts, quelle impression vous a-t-il fait à l'époque ?

Jean Nouvel : Effectivement, je l'ai rencontré à Paris dans les années 1980. Puis je suis allé lui rendre visite à Londres dans son atelier, où j'ai vu se fabriquer des choses assez incroyables à partir du métal. C'était un atelier d'artisan, avec des objets qui n'étaient pas conventionnels dans le design. Les formes et les usages des pièces donnaient plutôt l'impression de visiter un atelier d'artiste qu'un atelier de designer. J'ai été, et je reste, fasciné par ses concepts qu'il met en place. Ils « décoiffent », comme on dit dans le langage courant.

Comment vous le décrirez-vous ?

Comme un personnage tendre, attachant, humoristique et surprenant. Ron ne connaît pas la convention, ça se voit immédiatement dans ce qu'il fabrique, dans ce qu'il dit, dans sa façon de s'habiller. Il est toujours dans une sorte d'expression de sa vérité, dans une passion de tout ce qu'il crée. À chaque fois qu'on se retrouve, il sort ses petits ordinateurs de poche pour me montrer tout ce qu'il a fabriqué depuis notre dernière rencontre. Et à chaque fois, je me dis : « Mais dans quoi il part ce coup-ci ? ». C'est toujours imprévu, mais quand on voit les œuvres matérialisées, elles ont une évidence immédiate. Ce sont des objets qu'on a envie de toucher, d'avoir.

Vous n'avez jamais travaillé ensemble ?

Non, j'ai essayé plusieurs fois de le faire intervenir dans mes architectures, mais c'est difficile à concrétiser car les clients préfèrent économiser ce genre d'interventions artistiques ou ne comprennent pas que je ne les réalise pas moi-même. Mais j'espère qu'un jour, j'y parviendrais.

Est-ce que votre relation avec Ron Arad est basée uniquement sur vos travaux respectifs ou êtes-vous devenus amis au fil du temps ?

On est dans une relation très amicale et très légère. La dernière fois à Milan, il nous a joué des chansons populaires à la guitare. On joue également au ping-pong sur ses tables tordues… C'est une relation qui n'est pas professionnelle, même si on adore parler de nos projets et qu'on a des clients communs. Je parlerais plus d'une forme de connivence entre nous.

Vous partagez avec lui la particularité d'être à la fois architecte et designer.

Je ne suis pas un designer au même sens que lui. Moi, je suis dans la tradition de l'architecte qui fabrique des meubles pour les lieux qu'il construit. Je suis dans une approche plus élémentaire et plus conventionnelle, même si j'essaye de saisir à chaque fois les bonnes raisons de redessiner quelque chose dans l'esprit de l'époque. Je suis beaucoup plus prisonnier d'une réalité pragmatique que lui, qui fait de la création d'objets d'art.

Selon vous, Ron Arad est-il avant tout designer, architecte ou artiste au sens large ?

Les trois. Il est capable de faire des produits de design industriels qui se vendent à des centaines de millier d'exemplaires, qui marchent très bien et, en même temps, il est capable de faire des objets uniques ou en séries limitées qui sont des œuvres d'art. Je trouve ça d'ailleurs formidable qu'il ait un champs d'action aussi vaste.

Quelle est la différence de démarche entre le design et l'architecture ?

Je trouve que ce qui caractérise l'architecture, c'est qu'on sait toujours où elle est. Ce qui caractérise le design, c'est de ne jamais savoir où il va atterrir. L'architecture est un support, tandis que l'objet est un apport. Il peut arriver dans n'importe quel contexte, dialoguer avec des objets d'une autre époque.

Dans les deux cas, il y a la volonté de créer le témoignage d'une époque, d'un côté avec un objet immobile, de l'autre avec un objet mobile qui s'intégrera à différentes situations. Ron, lui, s'émancipe des clivages. Il aborde les deux comme un artiste au sens où il fait ce qu'il a envie de faire.

C'est également quelqu'un qui se penche énormément sur l'aspect scientifique de ses projets. Est-ce une démarche nécessaire pour un architecte ?

En tout cas, c'est très important pour lui. Il est toujours à la recherche des dernières techniques. Il travaille en 3D, fait des simulations en film, puis attaque la matière. C'est quelqu'un qui adore jouer sur les nouvelles opportunités données par le progrès.

419

L' Esprit du nomade, Fondation Cartier, Paris, 1994
© Philippe Ruault

An architect or designer has to take a stand regarding various contemporary facts and situations. For me architecture is the petrification of a cultural instant. This is also true of design, and in a way we build according to the information provided by the period. Right now everything to do with sustainable development is much better understood and more accepted. We started thinking about it in the 1960s and now we can do it and we have to include it.

How do you see the fact that Ron Arad creates multifaceted works that are not only functional, but have several meanings?

That's his artistic side in the most noble sense of he term. He wants never to be a prisoner of function. His objects have their soul, their independence. They're objects he makes to surprise himself with. I should add, too, that Ron's humour is something you can't afford to forget when interpreting his work. There's always a lightness, a way of taking a stand with an ironic smile.

Your ways of organising your respective careers match in that you're both architects and designers, but most of all because you both have your own studios. What originally drove you towards absolute autonomy?

To practise architecture or design in the broad sense you have to have your own tool for answering the questions that arise and seeing if your ideas are viable. It was very important for Ron, as for me, to set up studios that fitted with our ways of working. But we don't function in

Je crois qu'un architecte comme Ron sait utiliser le potentiel de son époque. C'est pour ça qu'il fait bouger les choses. Néanmoins, la technique est toujours au service de l'idée.

Est-ce qu'il faut une réflexion sociologique, philosophique pour être designer ou architecte, ou est-ce qu'il s'agit plus d'énergie et d'instinct ?

Je crois qu'on ne peut pas être extérieur aux problèmes de son époque. Un architecte ou un designer doit prendre position par rapport à un certain nombre de faits et de situations de son temps. Pour moi, l'architecture est la pétrification d'un instant de culture. C'est également vrai aussi pour le design et, d'une certaine façon, on bâtit quelque chose en fonction des informations de notre temps. Aujourd'hui, tout ce qui est lié au développement durable est beaucoup plus clair et admis. Dans les années 1960 on l'avait imaginé, et maintenant, on y arrive, il faut l'intégrer.

Comment vous voyez le fait que Ron Arad crée des œuvres à tiroirs qui ne soient pas seulement fonctionnelles, mais possèdent plusieurs sens ?

C'est son côté artiste au sens le plus noble du terme. Il ne veut jamais être prisonnier de la fonction. Ses objets ont leur âme, leur autonomie. Ce sont des objets pour se surprendre lui-même. Je rajouterais que l'humour de Ron est une donnée qu'il ne faut jamais oublier dans la lecture de son travail. Il y a toujours une légèreté, une façon de prendre position qui est un sourire, une ironie.

Vos manières d'organiser vos carrières respectives se répondent dans le sens où vous êtes architectes, designers, mais surtout parce que vous possédez votre propre studio... Quelle impulsion originelle vous a poussé vers l'autonomie totale ?

Pour faire de l'architecture ou du design au sens large, il faut son propre outil pour être en mesure de répondre aux questions et vérifier si nos idées sont viables. C'était très important pour Ron comme pour moi de créer nos studios en rapport avec nos façons de travailler. Nous n'avons pas du tout les mêmes façons de fonctionner : lui commence de manière très abstraite avec des croquis puis plonge directement dans la matérialité. C'est un artiste dont l'œuvre reste en relation avec l'idée d'un espace, d'un usage, même si cet usage devient parfois plus poétique que fonctionnel.

Mais pourquoi est-ce si fondamental pour des gens comme vous ou Ron Arad de devenir de véritables signatures avec des identités très fortes et cette puissance de travail démultiplié par vos studios ?

Je pense que ni l'un ni l'autre n'avons jamais cherché un effet de « marque ». Ce qui m'importe plus est d'approcher ce que j'estime être ma bonne réponse en matière de singularité et de spécificité. Mais la grande différence entre Ron et moi, c'est le poids des contraintes. Dans mes projets, je suis obligé de partir de l'analyse des situations urbaines et des techniques à employer... Ron, dans sa situation, a inventé un mi-chemin entre l'artiste et l'architecte qui lui permet d'avoir la liberté formelle et l'autonomie créative. Il peut faire ce qu'il veut, alors que moi, je dois respecter un certains nombre de consensus parfois très lourd à porter.

Quels sont les artistes ou les influences qu'on retrouve dans son travail ?

Je ne voudrais pas lui faire trop de compliment, mais le style de Ron Arad se reconnaît tout de suite, donc les influences ne sont pas immédiates. On ne peut pas dire qu'il est dans un héritage direct. Ce n'est pas la ligne constructive des grands designers architectes comme Prouvé, Chareau ou Le Corbusier. Ce qui caractérise Ron, c'est l'amour d'un certain vocabulaire : ses courbes, son goût du métal plié, ondulé... C'est un vocabulaire qui lui appartient. Il est créateur au sens « inventeur de formes, de sensations ».

Quelle est la particularité de son architecture ?

Quand il bâtit, il crée un monde à lui. Un monde où les choses se répondent. Il n'y a pas forcément de dialogue avec l'endroit où il situe son architecture, mais c'est un monde en soi. C'est une façon de concevoir son travail comme un apport, quelque chose qui a sa propre cohérence. Si vous regardez la chambre qu'il a imaginé dans l'hôtel Puerta America, elle est envisagé comme un espace protecteur, un cocon. C'est un lieu qui est parfaitement défini et en continuité.

anything like the same way: he starts very abstractly, with sketches, then gets straight into the concrete stuff. He's an artist whose oeuvre remains connected to the notion of a space and a use, even if the use sometimes becomes more poetic than functional.

But why is it so vital to people like you and Ron Arad to become big names, with high profiles and a capacity for turning out enormous quantities of work via your studios?

I don't think either of us has ever striven for a "brand name" effect. What's more important to me is to home in on what I see as the right reaction to singularity and specificity.

The great difference between Ron and me is the constraints we're subject to. In my projects I'm forced to start out with an analysis of urban situations and the necessary technology. Ron, in his situation, has invented a halfway house between art and architecture that allows him formal liberty and creative autonomy. He can do what he wants to do, whereas I have to go along with forms of consensus I sometimes find it very hard to put up with.

What artists and influences are to be found in his work?

Without overdoing the compliments, the Ron Arad style is recognisable on the spot, so the influences are not immediately visible. You can't say he's part of a direct tradition. Not the building tradition of the great architect-designers like Prouvé, Chareau or Le Corbusier. What characterises Ron is his love of a certain vocabulary: his curves, his taste for bent and corrugated metal, etc. This is a vocabulary that belongs to him personally. He's a creator in the sense of being an inventor of shapes and sensations.

What makes his architecture distinctive?

When he builds, he creates a world of his own. A world where things interact. You don't necessarily get dialogue with the surroundings, but the result is a world in itself. There's that way he has of seeing his work as a contribution, as something with its own inner logic. You only have to look at his room in the Hotel Puerta America to see that it's meant to be a protective space, a cocoon. It's a place that's perfectly defined and part of a continuity.

Natural light plays a major part in both his architectural projects and yours.

You're right, it's a point we have in common: we like using natural light and mirrors and reflecting on things that reflect. But I'd say this is something very contemporary, especially with the new technology that makes so many things possible. The work of someone like Anis Kapoor, for example, is an excellent example of all this work with curved, glossy, reflective shapes. It's part of the spirit of the times.

You designed the Fondation Cartier in Paris and Ron Arad has exhibited his work there. Could you tell us something about that?

The Fondation Cartier embodies the idea of transforming a place in relation to its surroundings. This place puts on show what came before it: air, emptiness, sky, the trees that are reflected in areas of glass which are in turn reflected in other areas of glass. It's a kind of spatial continuum. What I thought was great when Ron was asked to contribute to the first exhibition there was his mirror tables. They were rounded and slightly 8-shaped and they reflected the place they were in. This installation fitted in like magic, like an illusion. It was really powerful, because the tables carried on the idea of this spatial continuum. And now they've become collector's items.

Dans ses projets architecturaux comme dans les vôtres, la lumière naturelle joue un rôle majeur.

C'est un point commun entre nous, effectivement : nous aimons utiliser la lumière naturelle, les miroirs et réfléchir sur les choses qui réfléchissent. Mais je dirais que c'est un thème très actuel, notamment grâce aux nouvelles techniques qui rendent beaucoup de choses possibles. On voit bien chez quelqu'un comme Anis Kapoor tout ce travail sur les formes miroitantes, courbes, brillantes. C'est un esprit de l'époque.

Vous avez conçu la fondation Cartier à Paris et Ron Arad y a exposé ses œuvres. Pouvez-vous nous en parler ?

La fondation Cartier, c'est l'idée de la transformation d'un lieu, de sa mutation par rapport à l'environnement dans lequel il est. Ce lieu est l'exposition de ce qui précède : l'air, le vide, le ciel, les arbres qui se reflètent dans les verres qui se reflètent entre eux. C'est une espèce de continuum spatial. Ce que je trouve formidable quand on a demandé à Ron de faire une partie de la première exposition, ce sont les tables miroirs qu'il a conçues. Elles étaient arrondies, un peu en forme de 8 et reflétaient l'endroit. Cette installation s'intégrait comme une magie, comme une illusion. C'était vraiment très fort, car elles perpétuaient l'idée de ce continuum spatial. Elles sont d'ailleurs devenues collectors aujourd'hui.

Romain Cole: Where and how did you encounter Ron Arad's work? And what was your first impression?

Maurice Ohayon: Ron Arad and I met at my request a year ago. I already knew his work well and found it readily recognisable through his handling of forms and contours. It was something very new, but each work seemed to me familiar and self-evident. For me Ron Arad is a magician who endows his works with different functions and different ways of being approached. I wanted to meet him so I could ask him to design a bag for Notify —looking back I had quite a nerve asking him to design a 60 cm² object as a first architectural project for us! I could see that this was somebody very receptive and committed, and who realised straight off that we would have pulled the challenge off if we succeeded in offering women a new attitude and new style of deportment.

Why go looking for an architect like Ron Arad to design a bag?

I wanted someone capable of thinking about how the accessory should be structured. The issue wasn't reinventing the bag, but making something natural and unmistakable. Only an architect who handles shapes and curves elegantly could use them to shape a space, a structured totality. Unlike us fashion designers, Arad has a very scientific approach. He thinks about function before getting down to the design.

How would you define the Arad oeuvre as a whole?

Lit from within. It has an innocence and an intrinsic freshness. It's innovative and yet it seems familiar. It invites you to touch it, and puts questions to you at the same time. Ron Arad's works can be read on several levels. He's a mysterious person —he moves from one clue to the next and working with him is almost a game. You always have to try to second-guess him.

You haven't known each other long, but you have all sorts of shared projects under way.

The thing about Ron is that he's heavily into exchange. You can't just hand him a project and then walk away —and I'm not sure he'd take it very well if you did. He expects constant give and take: it's no accident that he's designed a ping-pong table —an object that embodies his constant need for dialogue and energy. Whether he's involved in producing a bag, a tower or a sculpture, he does it with the same determination to push things to the limit.

Ohayon Villa, Marrakesh, Morocco. Sketch / *Croquis.*
© Ron Arad

Ron became known for his design, and much less for his work as an architect.

From the moment he broke through the established barriers, he started inventing his own language. He designs with generosity – he's as much a humanist as a scientist. He uses new materials to push the boundaries back, then curves them with techniques highly reminiscent of aeronautics. The result is very human works whose starting point is above all function, not form. As an architect by training he understands, and comes up with ideas —he loves constructing and the idea of building. When we first met he said to me, "I hate projects that don't get realised." So you're not in Utopia with Ron. He commits himself enormously.

What does Ron Arad's work suggest to you?

The same thing as the work of the writer Isaac Bashevis Singer. They both have this thirst for knowledge. Singer talks about himself in a very intimate way while on a quest for fresh knowledge and humanist values.

You find that in Ron Arad's work as well. Each of his creations is like a little novel, a tale that carries you away to some other place. For me he's the Singer of architecture.

MAURICE **OHAYON**

Romain Cole : Où et comment avez-vous rencontré le travail de Ron Arad ? Quelle a été votre première impression ?

Maurice Ohayon : Nous nous sommes rencontrés avec Ron Arad à ma demande, il y a maintenant un an. Je connaissais bien son travail que je reconnaissais immédiatement, par son travail sur les formes, les contours… C'était à la fois très nouveau et en même temps, ça me semblait à chaque fois évident, familier. Selon moi, Ron Arad est un magicien qui pousse chaque œuvre à avoir différentes fonctions, différentes manières d'être envisagée. Je voulais le rencontrer pour lui proposer de concevoir un sac pour Notify… En y repensant, c'était un peu osé de lui proposer de concevoir 60 cm^2 comme premier projet d'architecture ! J'ai vu que c'était un homme très ouvert, très impliqué qui a tout de suite compris que le challenge serait réussi si on arrivait à donner une nouvelle attitude, de nouveaux comportements à la femme.

Pourquoi chercher un architecte comme Ron Arad pour concevoir un sac ?

Je voulais quelqu'un capable d'une réflexion sur comment structurer cet accessoire. Il ne s'agit pas de de réinventer le sac, mais plutôt de le rendre évident, naturel. Seul un architecte qui manie avec élégance les courbes, les formes, pouvait en faire un espace, un univers cohérent. Contrairement à nous, stylistes, Ron Arad a une approche très scientifique. Il réfléchit d'abord à la fonction avant de dessiner.

Comment définiriez-vous l'œuvre de Ron Arad dans sa globalité ?

Illuminée de l'intérieur… Elle a une innocence et une fraîcheur intrinsèques. C'est une œuvre novatrice, mais qui semble pourtant familière. Elle vous invite au toucher et, en même temps, vous pose des questions. Chez Ron Arad, les œuvres ont plusieurs niveaux de lecture. Il est mystérieux, il avance par indices, c'est presque un jeu de travailler avec lui. Il faut toujours essayer de deviner sa deuxième intention.

Vous vous connaissez depuis peu, mais vous avez énormément de projets en commun.

La caractéristique de Ron, c'est qu'il est très demandeur d'échanges.

On ne peut pas lui confier un projet et puis ne plus s'en occuper. Je ne sais pas s'il le vivrait bien, d'ailleurs. Ron demande en permanence à ce que vous lui renvoyiez la balle. Ce n'est pas par hasard qu'il a conçu une table de ping-pong, elle incarne son besoin constant de dialogue, d'énergie. Qu'il s'implique dans un sac, une tour ou une sculpture, il le fait avec la même volonté de pousser les choses au maximum.

Ron s'est fait connaître grâce au design, beaucoup moins par son travail d'architecte.

À partir du moment où il a explosé les barrières établies, il a inventé son langage. Il conçoit les choses avec générosité, c'est un humaniste autant qu'un scientifique. Il utilise des matières nouvelles par désir de repousser les frontières, puis il va les courber avec des techniques très proches de l'aéronautique. Ce sont des œuvres très humaines qui partent avant tout de la fonction, non de la forme. C'est un architecte de formation, il comprend, il propose, il aime la construction, l'idée de bâtir. D'ailleurs, quand on s'est rencontrés, il m'a dit : « Je déteste les projets qui ne se réalise pas. » On n'est donc pas dans l'utopie avec Ron. Il s'investit énormément.

Que vous évoque le travail de Ron Arad ?

La même chose que celui de l'auteur, Isaac Basevitch Singer. Ils ont en commun cette soif de connaissance et de savoir. Basevitch Singer parle de lui d'une façon très intime tout en étant en quête de science nouvelles et de valeurs humanistes. Il y a cela chez Ron Arad. Chacune de ses créations est comme un petit roman, un conte qui vous transporte ailleurs. Pour moi, c'est le Basevitch Singer de l'architecture.

Qu'est-ce qui vous a poussé à lui confier le projet de votre villa à Marrakech, face au désert ?

Nos origines communes. J'avais ce terrain, mais je ne savais pas comment je voulais ma maison. J'ai pensé à beaucoup d'architectes, mais je n'étais pas sûr qu'ils comprennent mon lien à Marrakech, au Maroc, à cet endroit où j'ai grandi. En parlant avec Ron, j'ai su qu'il saisirait l'esprit du lieu. Il est né en Israel, il connaît la terre rouge et le soleil qui cogne. Je l'ai donc convié à Marrakech et je l'ai observé. Il a aimé le pays, la ville, son regard s'est posé sur les choses importantes.

What led you to ask him to design your house in Marrakech, looking out over the desert?

Our common background. I had the piece of land, but no idea of what kind of house I wanted. I thought of lots of architects, but I wasn't sure they'd understand my link to Marrakech, to Morocco – to the place I grew up in. Talking to Ron I just knew he'd capture the spirit of the place. He was born in Israel, so he knows all about red soil and hot sun. So I invited him to Marrakech and observed him: he loved the country and the city, and his eye settled on the important things. He photographed the parched ground and looked into the orientation of the house in relation to the sun. I could see that he was drawn by the same things as me, and that was very important. So I gave him a free hand – and his first proposal was exactly right. He wanted the house to be built by Moroccan tradesmen, using local skills and materials, but at the same time it will be very modern. He had dunes created around the house to protect it, he designed the anti-earthquake foundations, he put the emphasis on economical use of materials, on solar energy and water recycling. It's more than just a house: it's an engineering challenge and a philosophical exercise.

This house is a technological island integrated into a timeless landscape. It's both a break with the desert and an extension of it.

Ron Arad wanted it facing the Atlas Mountains. It's a very open house, with the interior and exterior flowing together, and you can move around using the various terraces. There's also a system of openings and protections that suggests a very close relationship between the house and the sun. He's integrated the building into the elements by raising dunes around the swimming pool, as if building different levels of protection. In the same spirit there will be hanging gardens to shelter the house.

Could you tell me something about the future Notify boutique and the enormous, quasi-esoteric sculpture at its centre?

It's a magnificent place centering around a huge, 17 metre high empty space – a very beautiful space that looks like a cathedral. We absolutely didn't want to mess it up. When Ron saw it he immediately suggested putting in a monumental piece making play with the reflections of the light, and I though this was a marvellous idea. All in all the sculpture is 23 metres high: it rises through the different levels, emerges through the roof and bursts out onto the terrace, where it catches both rain and sun. It's made of a special polished metal which allows you to see outside from downstairs, and inside from upstairs. It's a magnificent work of art. When not in use for our clothing collections, the place will be an exhibition space for other artists. I love this idea of exchange and collaboration. And I think Ron Arad likes the idea that other artists will be showing around his own piece. For him there's a fundamental question of synergy involved.

In your opinion, what artists and influences can be identified in his work?

In the case of this sculpture I would say Richard Serra and his monumental oxidised pieces. But I'm also thinking of Jean Prouvé, for the self-taught, minimalist, functional aspect. Like Prouvé, Ron Arad set up his own company to develop ideas, instead of going and working for other people. When you go into his studio now there are so many things to discover it's like entering an enchanted world. For me he's a magician.

Il a photographié la terre asséchée, il s'est intéressé à l'orientation de la maison par rapport au soleil. J'ai vu qu'il était attiré par les mêmes choses que moi, c'était très important. Je lui ai ensuite donné carte blanche et sa première proposition a été la bonne. Il a voulu que la villa soit fabriquée par des artisans marocains, avec des compétences et matériaux locaux. En même temps, elle sera très moderne et contemporaine. Il a fait ériger des dunes autour de la maison pour la protéger, il a conçu des fondations antisismique, il est allé vers une économie d'énergie, de matériaux, en développant l'énergie solaire et le recyclage des eaux. Plus qu'une maison, c'est un défi d'ingénieur et une réflexion philosophique.

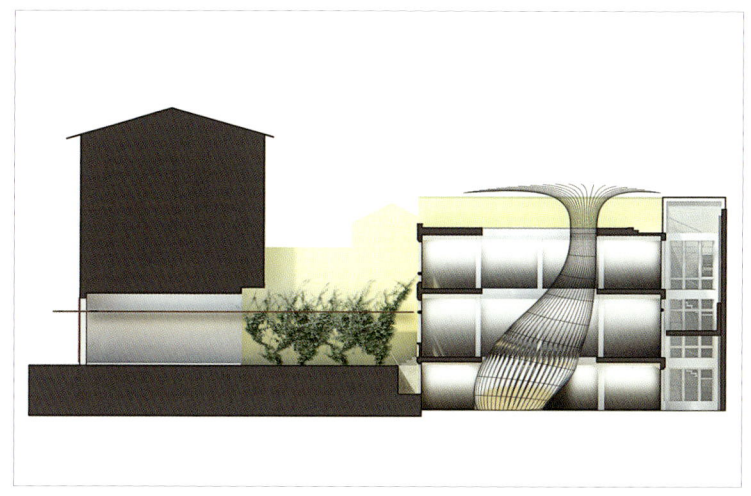

Notify Showroom, Paris
Section / *Coupe* © Pierandrei Associati

Cette villa est un îlot de technologie intégrée dans un paysage éternel. Elle est à la fois en rupture et dans le prolongement du désert...

Ron Arad a voulu l'orienter face à l'Atlas. C'est une maison très ouverte où l'intérieur et l'extérieur sont confondus. On peut y circuler par les différentes terrasses. Il y a aussi tout un jeu d'ouverture et de préservation par rapport au soleil, comme si la maison avait un rapport étroit avec cet astre. Il a intégré la maison dans les éléments, en érigeant des dunes autour de la piscine comme s'il bâtissait des niveaux de protection. Les jardins y seront donc suspendus, de manière à abriter la bâtisse.

Pouvez-vous nous parler de la future boutique Notify et de l'énorme sculpture en son centre, quasiment ésotérique ?

C'est un lieu magnifique avec un grand vide de 17 m en son centre. C'est un espace très beau qui ressemble à une cathédrale. On ne voulait surtout pas le dénaturer. Quand il l'a vu, il m'a immédiatement proposé d'y construire une structure monumentale qui joue avec la réflexion de la lumière. J'ai trouvé que c'était une très belle idée. La sculpture mesure 23 m au final. Elle traverse les différents étages, sort du toit et s'épanouit sur la terrasse. Elle prend à la fois la pluie et le soleil. Elle est faite dans un métal poli qui permet, si on est en contrebas, de voir ce qui se passe dehors, et si on est dehors, de voir ce qui se passe en bas. C'est une œuvre d'art magnifique.

Quand on n'y présentera pas nos collections de vêtements, ce lieu servira d'espace d'exposition pour d'autres artistes. J'aime cette idée d'échange et de collaboration. Et je pense que Ron Arad aime l'idée que d'autres artistes vont exposer autour de sa pièce. C'est une question de synergie fondamentale pour lui.

Selon vous, quels sont les artistes ou les influences que l'on retrouve dans son travail ?

Dans le cas de cette sculpture, je dirais Richard Serra et ses œuvres monumentales, oxydées. Mais je pense également à Jean Prouvé pour le côté autodidacte, minimaliste et fonctionnel. Comme Prouvé, Ron Arad a créé sa propre compagnie pour développer ses idées, au lieu d'aller travailler pour d'autres. Aujourd'hui, quand on se rend dans son studio, c'est comme un monde enchanté, il a mille choses à vous faire découvrir. C'est un magicien selon moi.

BIOGRAPHY
BIOGRAPHIE

BY / *PAR* HENRI-FRANÇOIS DEBAILLEUX

On connaît plus Ron Arad comme designer que comme architecte. Pourtant, c'est par l'architecture que l'auteur de la fameuse Papardelle (1992) ou de l'étagère murale Bookworm (1993) a commencé. D'ailleurs sa mère l'avait prédit. Tout petit déjà, chaque fois qu'il faisait un très beau dessin –et il manifestait un réel don– elle s'exclamait : « Il sera architecte ». Cela prédestine. D'autant plus qu'il est né, en **1951** à Tel-Aviv, avec un crayon dans la main : sa mère était peintre et son père sculpteur et photographe.

Mais dans un premier temps, la carrière d'architecte ne le passionne guère. Ainsi, après avoir fait la Jerusalem Academy of Art, lorsqu'il débarque à Londres en 1973 pour s'inscrire à l'Architectural Association School et qu'on lui demande pourquoi il veut être architecte, il répond : « Moi je ne veux pas être architecte, c'est ma mère qui veut que je le devienne ». À cette époque, passionné notamment par Bob Dylan, il est nettement plus attiré par la musique, qui aujourd'hui encore fait partie de sa vie. Il sera toutefois accepté dans cette célèbre école où il suivra le cours de Bernard Tschumi (l'architecte de La Villette) et d'où il sortira diplômé, en **1979**. Aussitôt il commence à travailler dans une agence et réalise très vite qu'il n'est pas fait pour ça. Alors un jour, à l'heure du déjeuner, il quitte son poste. Définitivement. « S'il est difficile de travailler pour quelqu'un le matin, ça l'est encore plus après le déjeuner », précise l'intéressé, qui n'a pas la langue dans sa poche et a toujours aimé les réparties cinglantes, les bons mots, l'humour. « Lorsque j'étais étudiant, il y avait toujours une sorte de jalousie entre les architectes. Certains utilisaient des mots stupides comme "architecture conceptuelle", "architecture de papier". À l'époque, il fallait faire de l'architecture sans construire. Moi et quelques autres, avions au contraire envie de construire quelque chose, ce qui était très mal vu ; nous passions même pour des idiots. Voilà d'où je viens. » Il est, depuis,

Ron Arad & Caroline Thorman, Studio, Shorts Gardens, London, 1982 © D.R.

toujours resté en marge, à l'extérieur de la profession. Car s'il aime réellement l'architecture, il n'apprécie guère, en revanche, le monde des architectes.

En **1981**, libre de tout engagement, il crée avec Caroline Thorman son premier atelier, « One Off » « unique en son genre » dans le quartier de Covent Garden. Il y réalise sa première pièce, la chaise Rover, sans jamais penser qu'elle va l'asseoir dans le monde du design. C'est pourtant ce qui va se passer. Conçue en clin d'œil au fauteuil réglable de Jean Prouvé (1928-1930) et faite avec un vrai siège de voiture Rover boulonné à une assise de métal, la chaise sera tout de suite achetée par Jean-Paul Gaultier –que Ron Arad n'identifie d'ailleurs pas.

Ron Arad, London, 2008
© Véronique Vial

Ron Arad is better known as a designer than an architect. And yet it was in architecture that the creator of the famous Papardelle (1992) and the Bookworm wall-mounted bookshelf (1993) made his start. Just as his mother had predicted when he was a child: every time little Ron made a nifty drawing —and he had a real gift— she would exclaim, "He's going to be an architect!" That's predestination. What's more he was born —in **1951**, in Tel Aviv— with a pencil in his hand: his mother was a painter, his father a sculptor and photographer.

Even so, at the start he wasn't exactly wild about architecture as a career. After studying at the Jerusalem Academy of Art, he went to London in **1973** to enrol at the Architectural Association School; asked why he wanted to be an architect, he replied, "I don't, it's my mother who wants me to be an architect." At the time his thing was the music —especially Bob Dylan— that is still very much part of his life. Nonetheless they let him into the famous school, where one of his tutors was Bernard Tschumi, future architect of *La Villette* in Paris. Emerging with his degree in **1979** and immediately starting work in an agency, he quickly realised that this was not what he was cut out for; so one day he knocked off for lunch and never went back. "If it's hard to work for someone in the morning, it's harder still after lunch" —thus this forthright lover of jokes, good lines and the biting riposte. "When I was a student," he says, "there was always a kind of jealousy among architects. Some of them were into absurd stuff like 'conceptual architecture' and 'paper architecture'. The big thing at the time was to do architecture without building. But I and a few others did actually want to build things, and this went down very badly. We were even considered idiots. And that's where I'm coming from." Since then he has always remained on the fringe of the profession. He has a real love for architecture, but little time for the world of architects.

One Off Studio, Convent Garden, London, 1983-1991 © D.R.

In **1981**, with no commitments, he joined forces with Caroline Thorman and set up his first studio, One Off, in Covent Garden. There he designed his first piece, the Rover Chair, with no idea that it was going to make his reputation in the design world. Yet this is exactly what happened. An allusion to Jean Prouvé's Articulated Armchair of 1928–1930, it was made with a real Rover car seat bolted to a metal base and was immediately snapped up by a young Jean-Paul Gaultier —whom Arad failed to recognise.

One Off's studio, Shorts Gardens, Covent Garden, London, 1981 © D.R.

Construction, Chalk Farm Studio, London, 1993
© D.R.

Two years later, Arad was asked to design a London Gaultier boutique, Bazaar. This was also the time of *Concrete Stereo*, the famous hi-fi set embedded in cast concrete. By now things were really moving and in **1987** he was invited to take part in the Centre Pompidou's "Nouvelles tendances. Les avant-gardes de la fin du xxᵉ siècle". Since then several works have been acquired for the Pompidou's design collection. He was also selected for Documenta 8 in Kassel in **1987**.

Despite this success in the design field, architecture —which, as he puts it, "was starting to get jealous"— wasted no time in catching up with him. The first creation was his own studio, whose design was completed at the fourth attempt, "because in architecture the most important person isn't the architect, it's the plan". The result was in Chalk Farm Road in Northwest London, in a traditional brick building whose outside walls he painted bright blue. But the real Arad touch was visible in the roof and the interior: he topped the structure with a kind of big white seashell, and brought into the big central room a metal frame that recurs all over the place, including in the furnishings, the floor and the walls. Asserting the importance of the manual, he welded the panels himself and from the outset gave the studio, which he has always considered a creation in its own right, its highly distinctive spirit.

Some years later, in **1989**, another lucky coincidence saw him win a competition for the foyer of the Tel Aviv Opera. He was so surprised that when the project commissioners came to see him he called in a group of friends and set them to work at drawing boards to give the impression of a hive of activity; at the time he was virtually on his own in his agency. "It was like in the film *The Sting*," he recalls amusedly. "They came in and the place was a total illusion." Nor was this the end of the story. The principal architect for the opera house was Jacob Rechter, with whom Arad had been an intern at the height of his hippie period. Meeting Rechter again years later, Arad at once realised that they were poles apart architecturally and that the collaboration would be no easy matter —while Rechter also made it clear that he was less than delighted at the idea of Arad messing with his building. After a few trial runs Arad saw that the partnership could never work and sent a letter of resignation to the City of Tel Aviv. For a time the letter went unanswered, the project having been suspended for lack of money; then the mayor set the wheels turning again and, surprised by Arad's attitude, called him in so they could smooth things over at a meeting with Rechter. "We had a pleasant lunch together," recalls Arad, "and Rechter said to me, 'Why don't you make an island inside my building? That way neither of us touches the work of the other.' And that was what I did."

Deux ans plus tard, Arad réalisera le design de la boutique Gaultier à Londres, Bazaar. Un beau tremplin. C'est aussi l'époque où Ron Arad conçoit Concreto Stéréo, sa fameuse chaine hifi coulée dans du béton. Tout s'enchaîne alors assez vite et dès *1987* il se retrouve invité par le Centre Pompidou à participer à la manifestation « Nouvelles tendances. Les avant-gardes de la fin du xxe siècle ». Son travail est depuis représenté par plusieurs pièces dans la collection de design du Musée national d'art moderne-Centre de création industrielle. Il sera également sélectionné pour la Dokumenta de Kassel en *1987*.

Malgré ce succès dans le domaine du design, l'architecture, « qui avec tout cela commençait à devenir jalouse » (selon ses propres termes), le rattrape au galop. La première réalisation est son propre studio qu'il finalise au bout du quatrième projet, « parce qu'en architecture, la personne la plus importante ce n'est pas l'architecte, c'est le plan ». Un studio qu'il installe à Chalk Farm Road dans un bâtiment traditionnel en brique dont il repeint les murs extérieurs en bleu vif. Mais c'est surtout le toit et l'aménagement intérieur qu'il marque déjà de sa patte. Il coiffe en effet la construction d'une sorte de large coquillage blanc et greffe dans la grande pièce centrale une ossature métallique qu'il décline partout, aussi bien dans le mobilier qu'au sol et aux murs. Il soude les différents panneaux lui-même, revendique cette intervention manuelle et donne dès le départ à ce lieu, qu'il a toujours considéré comme une création à part entière, une véritable identité.

Quelques années plus tard, en *1989*, c'est encore par un concours de circonstance – et par concours – qu'il va gagner un projet pour l'Opéra de Tel-Aviv. Ron Arad en est tellement surpris que lorsque les commanditaires viennent lui rendre visite, il se sent obligé de faire venir des copains et de les installer autour de tables à dessin pour donner

Chalk Farm, London, 1991
© Christoph Kicherer

l'image d'une vraie ruche alors qu'à l'époque il est encore quasiment tout seul dans son agence. « C'était comme dans le film L'Arnaque : ils sont arrivés et l'endroit faisait vraiment illusion », se souvient-il, amusé. Et ce n'est que le début du feuilleton. En effet, l'Opéra doit être principalement réalisé par Jacob Rechter, chez lequel Ron Arad, a fait un stage, lorsqu'il était étudiant en plein dans sa période hippie. Il le retrouve là des années plus tard, se rend vite compte qu'ils sont à des années lumière de distance en matière d'architecture et que la collaboration ne va pas être facile. Jacob Rechter le lui fait d'ailleurs comprendre en lui signalant qu'il n'est pas franchement ravi de le voir intervenir dans son bâtiment. Après quelques essais de travail, Ron Arad comprend que ça ne pourra pas marcher entre eux et envoie une lettre à la municipalité pour annoncer sa démission. Celle-ci restera un temps sans réponse, la ville ayant suspendu le projet faute d'argent. Jusqu'au jour où le maire relance la commande, s'étonne de la position de Ron Arad et lui donne rendez-vous pour arrondir les angles. Une rencontre est alors prévue avec Jacob Rechter.

Retrospective Ron Arad, Centre Georges-Pompidou, Paris, France, 2008

The island, as it happens, is being presented as a life-size replica at the Centre Pompidou retrospective in autumn **2008**. And Ron Arad is delighted: "That's a real change; architecture exhibitions are usually pretty boring because things are never shown as they really are. You only get likenesses —drawings, films, models— that give no idea of the physical experience. That's why I often say a book on architecture is better than an exhibition —a book or a guidebook you can use to go and check things out on site. What's funny is that when we did the project fifteen years ago there were no computers. But very soon afterwards people began to be able to make samplings and now everyone thinks we were working with the new technologies. It took us four years to complete the project, given that there wasn't a single straight line or parallel and you had to watch the slightest detail. Whereas now we were able to model the replica in half a day."

Thus the curve and its cousins —the ellipse, spiral and sine curve— are the touchstones and watchwords of the Arad vocabulary, present in everything he does in design or in architecture. As he has often pointed

«Nous avons déjeuné agréablement ensemble et il m'a dit «pourquoi n'aménagez-vous pas une île dans mon bâtiment ? Ainsi aucun de nous deux ne touche au travail de l'autre» et c'est ce que j'ai fait » précise Ron Arad.

Cette île est présentée sous la forme d'une maquette à taille réelle dans la rétrospective du Centre Pompidou, à l'automne **2008**. Ce qui le ravit : «Cela change un peu des expositions d'architecture qui sont habituellement assez ennuyeuses parce qu'on n'y présente pas les choses en vrai. On ne voit que des représentations, des dessins, des films, des maquettes qui ne permettent pas de vivre l'expérience physique. C'est la raison pour laquelle je dis souvent qu'un livre vaut mieux qu'une exposition sur l'architecture, un livre ou un guide de voyage avec lequel on va voir sur place. Et ce qui est ici amusant, c'est que lorsque nous avons réalisé ce projet il y a quinze ans, il n'y avait pas d'ordinateurs. Mais comme ensuite les gens ont très vite eu la possibilité de faire différents samplings, tout le monde pense que nous avons travaillé avec les nouvelles technologies. Or il nous a fallu quatre ans pour réaliser le projet, d'autant qu'il n'y avait pas une ligne droite, pas de parallèle, et qu'il fallait faire attention au moindre détail. Alors que là, nous avons pu modéliser cette réplique en une demi-journée ! »

La courbe, donc, et ses cousines –l'ellipse, la spirale, la sinusoïde– constituent les lignes maîtresses du vocabulaire de Ron Arad, celles qu'on retrouve dans toutes ses réalisations aussi bien en design qu'en architecture. D'ailleurs, et il l'a souvent répété, il n'y a pour lui pas de frontières entre ces disciplines. Nombreuses sont ses réalisations qui sont à la croisée de l'architecture, du design, de la sculpture. À l'exemple de cette œuvre publique, encore à l'état de projet, pour une place au centre de Jérusalem : la municipalité souhaiterait une sculpture pour la place de Sion (Zion Square), chargée d'histoire et symboliquement

3D image / image 3D, Tel Aviv Opera, Retrospective Ron Arad, Centre Georges-Pompidou, Paris, France, 2008

importante. En tenant compte du contexte, en reprenant les reflets et les couleurs de la place, Ron Arad a proposé une structure en forme de voûte, composée d'une arborescence de cylindres parallélépipédiques, comme coupés net, de longueurs différentes et déployés en éventail. Cette grande forme organique de 10 m de haut et de 200 m² de superficie, est pensée pour que le soleil projette son ombre d'une façon telle que les motifs alors dessinés au sol rappellent ceux des pierres si caractéristiques de la ville. Rendez-vous des contraires, l'œuvre joue sur la légèreté et la pesanteur, le calme et la tension. Elle fait aussi dialoguer des matières chaudes et froides et témoigne du grand intérêt que Ron Arad a toujours porté aux matériaux, recyclés et bruts au début de sa carrière, les plus technologiques et sophistiquées aujourd'hui.

On retrouve cette volonté de se situer hors de toute discipline dans plusieurs réalisations ou projets et notamment, bien sûr, celui des Diablerets, en Suisse. Les commanditaires souhaitent une création pour le sommet du Glacier 3000, comme un joyau monté à 3000 m

3D image Zion Square project / *Image 3D du projet Zion Square,* Jerusalem, 2006

out, for him there are no boundaries between the two disciplines, and many of his works are situated at the point where architecture, design and sculpture meet. One example is the City Council commission, still in the planning stage, for the centre of Jerusalem: a sculpture for the historically and symbolically charged Zion Square. Taking account of the context, and responding to the existing colours and reflections in the square, Arad came up with a vaulted structure using a plethora of parallelogram-shaped tubes cut off at different lengths and spreading outwards in a fan shape. The idea behind this organic form 10 metres tall and 200 square metres in area is that its shadows should be projected onto the ground by the sun in shapes reminiscent of the stones that are so characteristic of the city. A meeting of opposites, the work makes play with lightness and heaviness, serenity and tension. At the same time it sets up a dialogue between warm and cool textures, and attests to Arad's enduring interest in materials: raw and recycled early in his career, and at the cutting edge of technological sophistication

today. This urge to remain independent of any specific discipline can be found in a number of realisations and projects, including, naturally, the one for the *Diablerets* summer ski resort in Switzerland. The project commissioners want a work for the summit of Glacier 3000 – a kind of jewel in the crown 3000 metres up. Arad has proposed a moving building as a launch pad, with an observation bridge, an escalator, a three-star restaurant and a Swarovski space. The building is designed to make a complete revolution once every hour, so as to provide a panoramic view of the surrounding peaks, including the Matterhorn and Mont Blanc.

Whether it looks to you like a huge wing balancing on the summit, a giant steel insect or, at night, a spacecraft, the work seems straight out of a James Bond movie. This is a highly complex project in engineering, logistical and planning terms, and negotiations for the necessary permits are currently under way with the local authorities. The Upperworld Hotel in London is just as astonishing and extravagant. After designing the Hotel Duomo in Rimini and a floor of the famed Hotel Puerta America

3D image Les Diablerets project / *Image 3D du projet Les Diablerets,* 2007

d'altitude. Ron Arad leur propose un bâtiment cinétique, avec une rampe de lancement, un pont d'observation, un escalator, un restaurant trois étoiles et un espace Swarovski. En prime, toutes les heures, le bâtiment est censé effectuer une révolution complète sur lui-même pour évidemment offrir une vue panoramique sur tous les sommets alentours, comme le Matterhorn ou le mont Blanc. Qu'elle fasse penser à une grande aile en équilibre sur le pic, à un insecte d'acier ou, de nuit, à un vaisseau spatial, l'œuvre semble directement sortir d'un James Bond. Très complexe sur un plan d'ingénierie, de logistique, de planification, le projet en est au stade des négociations avec les autorités locales pour l'obtention des autorisations.

L'Upperworld Hotel, à Londres, est d'ailleurs lui aussi surprenant et extravagant. Après avoir déjà réalisé, en **2003-2006**, l'hôtel Duomo à Rimini en Italie ainsi qu'un étage du célèbre hôtel Puerta America à Madrid (puisque Jean Nouvel, qui l'a conçu, a confié chacun des treize étages à un designer ou un architecte), Ron Arad est sollicité pour concevoir un hôtel sur le dernier étage de l'ancienne centrale électrique de Battersea, un bâtiment emblématique au cœur de la capitale anglaise. Le projet a cette fois des allures de station spatiale. Pour regagner leur chambre, les clients doivent s'asseoir sur des sièges qui les transportent dans de longs tubes en plexiglas : un ascenseur à l'horizontal.

Le National Design Museum Holon n'est pas aussi ludique, mais il est indéniablement la plus importante réalisation de Ron Arad. Pour donner une unité au bâtiment et aux deux rectangles qui le constituent, il les relie par cinq grands rubans superposés en acier corten et les fait rouiller différemment en déclinant une gamme d'ocres. Cinq rubans telle une enveloppe aux courbes magnifiques, amples et légères, malgré

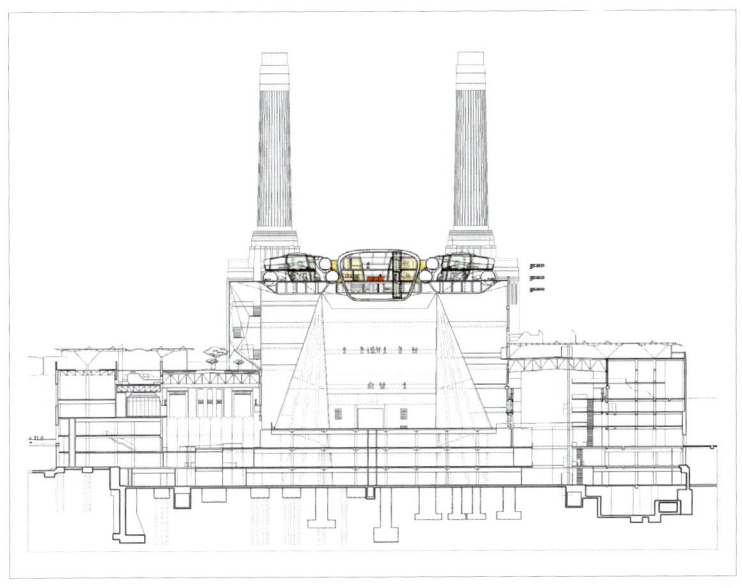

Section through north thub / *Coupe sur le tube nord*,
Upperworld Hotel project, London

leur poids, comme inspirées par un papier qu'on découpe en spirale dans l'espace. Une grande attention est portée à l'éclairage des salles intérieures par l'utilisation de la lumière naturelle.

On peut encore évoquer l'Ohayon Villa à Marrakech, du nom de son propriétaire, Maurice Ohayon, un français d'origine marocaine qui a voulu retrouver ses origines et faire de cette résidence un exemple architectural. Elle sera construite sur un terrain à 8 kilomètres au sud de Marrakech avec vue directe sur l'Atlas. Entièrement libre de réaliser ce qu'il voulait –un rêve d'architecte– Ron Arad s'en est donné à cœur joie et a laissé libre cours à ses désirs. Il a pris comme point de départ l'orientation des cours traditionnelles des maisons et ryads de la ville qui par leur positionnement permettent un environnement plus frais. Dans un deuxième temps, il est allé piocher dans des références historiques et notamment les jardins de la Menara.

External structure production / *Fabrication de la structure externe*
Design Museum Holon, 2008

in Madrid in **2003–2006** —Jean Nouvel had entrusted each of the thirteen levels to a different designer or architect— Arad was called in for a hotel on the top floor of the old Battersea power station, an iconic building in the heart of London. This time the project looks like a space station: guests are taken to their rooms on seats that whisk them through long plexiglas tubes —a horizontal elevator.

The *Holon Design Museum* in Israel might be less playful, but it is undeniably Ron Arad's most significant realisation. To ensure the building's unity, he has linked its two rectangles with five huge, overlaid bands of corten steel, each rusting in a different shade of ochre: five bands forming an envelope whose splendidly sweeping curves are all lightness despite their weight, as if inspired by paper cut into a spiral. Meticulous attention has been given to the use of natural light for the interior.

There is, too, the *Ohayon Villa* in Marrakech, named after Maurice Ohayon, a Frenchman of Moroccan descent who wants to return to

his roots with an architecturally exemplary residence. The site is eight kilometres south of Marrakech, with an unobstructed view of the Atlas Mountains. Offered a totally free hand – the architect's dream – Arad has given enthusiastic expression to his personal inclinations: taking as his point of departure the traditional courtyards of the city's houses and riads, whose orientation provides a cooler environment, he has also drawn on historical references, notably the Menara Gardens. The finished house will have small windows to the east, west and south, and larger ones to the north, where the sun does not strike directly. Features including a freshening pool in front of the house, a spectacular view of the mountains behind it, a sand dune that surrounds and soothes, an atrium-style patio and meticulous attention to materials mean that all the senses are appealed to. Work will begin in November **2008** and should conclude in **2010**.

All sorts of other examples could be given, from realisations through to those still at the project stage in the Chalk Farm Road studio. Created with longtime associate Caroline Thorman, the studio continues to surprise with an ambience at once very human —family-like, even— and very professional. This is a lived-in space, a matrix in which Ron Arad keeps a quick, almost paternalistic eye on everything. Here you can watch him play ping-pong with Asa Bruno, one of the directors of Ron Arad Architects, or any of the other and a dozen or so people in their thirties who turn out endless ideas and perform feats of design and architectural derring-do.

Having said all this, no number of examples would let us pin Ron Arad down. Teacher, architect, designer, sculptor? But what does it matter? He's an artist, and that's all.

«Ping Pong Table», Villa UGC, Cannes, 2008

de «Ron Arad Architects» ou avec l'un de ses collaborateurs, du studio de design et d'architecture, où chacun multiplie les idées et réalise des prouesses techniques.

Multiplier les exemples, donc, ne permettraient pas de mieux définir Ron Arad : professeur, architecte, designer, sculpteur ? Qu'importe en fait. Mais artiste, certainement.

Au final la villa est dotée de petites fenêtres à l'est, à l'ouest et au sud et de plus grandes au nord, là où la lumière ne frappe pas directement. Avec une pièce d'eau sur le devant qui confère de la fraicheur, une vue spectaculaire sur les montagnes, une dune de sable qui entoure et adoucit l'ensemble, un patio conçu comme un atrium, une grande attention portée aux matériaux, tous les sens sont sollicités. Les travaux débutent en novembre **2008** et devraient se terminer en **2010**.

On pourrait ainsi multiplier les exemples, aussi bien ceux réalisés que ceux encore en projet dans le studio de Chalk Farm Road. Celui-ci crée avec son associé de toujours Caroline Thorman, surprend encore aujourd'hui par son ambiance à la fois très humaine, familiale même et pourtant très professionnelle. Un lieu habité et une véritable matrice où Ron Arad, d'un œil rapide, supervise tout de façon paternaliste. On peut le voir jouer au ping-pong, avec Asa Bruno, l'un des directeurs

Vloker Albus, Ettore Sottsass,
Cedric Price, *Ron Arad Associates :
One Off Three,* Artemis Architectural
Publications, London, 1993

Raymond Guidot, Olivier Boissière,
Ron Arad, Éditions Dis Voir, 1998

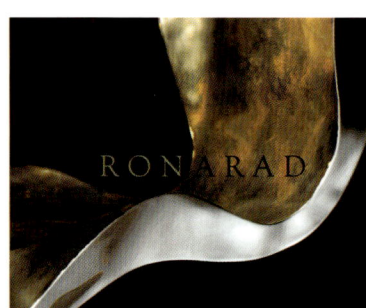

Barry Friedman, Issey Miyake, Reed
Krakoff, Jean Nouvel, Marie-Laure Jousset,
Ron Arad, Barry Friedman Ltd,
New York, 2005

Deyan Sudjic, *Ron Arad,* Laurence King,
London, 1999

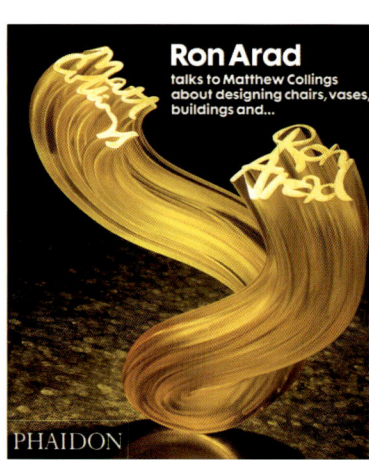

Matthew Collings, *Ron Arad talks
to Matthew Collings About Designing
Chairs, Vases, Buildings and...,*
Phaidon Press, London, 2004

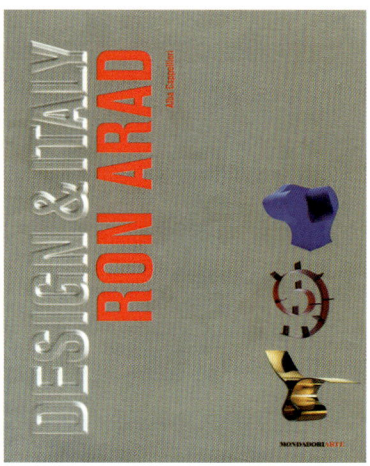

Alba Cappellieri, *Ron Arad* (Design & Italy),
Mondadori Electa, S.p.A., Milan, 2008

SELECTED **BIBLIOGRAPHY**
***BIBLIOGRAPHIE** SÉLECTIVE*

1989
- Deyan Sudjic, *Restless Furniture,* Fourth Estate, London

1990
- Alexander Von Vegesack, *Ron Arad,* Vitra, Germny

1993
- *Ron Arad Associates : One Off Three,* Vloker Albus, Ettore Sottsass, Cedric Price, Artemis Architectural Publications, London

1997
- Volker Albus, *Design Classics : Bookworm,* Form Verlag

1998
- *Ron Arad,* Raymond Guidot, Olivier Boissière, Éditions Dis Voir, Paris

1999
- Deyan Sudjic, *Ron Arad,* Laurence King, London

2004
- Matthew Collings, *Ron Arad talks to Matthew Collings About Designing Chairs, Vases, Buildings and...,* Phaidon Press, London

2005
- Sarah Natkins, Carol Hochman, *Paved with Good Intentions,* Friedman Benda and The Gallery Mourmans, Miami
- Barry Friedman, Issey Miyake, Reed Krakoff, Jean Nouvel, Marie-Laure Jousset, *Ron Arad,* Barry Friedman Ltd, New York

2006
- De Pury & Luxembourg (dir.), *The Dog Barked,* Zurich

2008
- Alba Cappellieri, *Ron Arad* (Design & Italy), Mondadori Electa, S.p.A., Milan

WORK IN PUBLIC **COLLECTIONS**
COLLECTIONS PUBLIQUES

AUSTRALIA
Rohska Museum, Gothenburg
Powerhouse, Sydney

CANADA
Musée des Arts Décoratifs,
Montreal
Musée des Beaux Arts, Montreal
Design Museum, Osaka

ENGLAND
Design Museum, London
Victoria and Albert Museum,
London
Manchester art gallery,
Manchester

FRANCE
Centre national d'art plastique,
Paris
Fond national d'art contemporain,
Paris
Musée des Arts Décoratifs, Paris
Musée national d'art moderne /
Centre Georges-Pompidou, Paris

GERMANY
Neue Pinakotek der Moderne,
Munich
Design Museum, Nürnberg
Landesmuseum Banden-
Württenberg, Stuttgart
Vitra Design Museum,
Weil am Rhein

ISRAEL
Tel Aviv Museum, Tel Aviv

ITALY
Trienale, Milan

NEDERLANDS
Stedelijk Museum of Modern Art,
Amsterdam

SCANDINAVIA
Rohsska Design Museum,
Gothenburg

USA
Museum of Fine Arts, Boston
Museum of Fine Arts, Houston
Metropolitan Museum of Art,
New York
Museum of Modern Art, New York

AWARDS
PRIX ET RÉCOMPENSES

1994
- Designer of the Year, Salon
  du Meuble, Paris

1999
- Design Plus Award, Frankfurt/
  Main, Germany
- Internationaler Designpreis,
  Baden-Württemberg Design
  Center, Stuttgart

2001
- Oribe Art & Design Award,
  Japan
- Gio Ponti International Design
  Award, Denver (Co.)
- Barcelona Primavera
  International
  Award for Design, Barcelona
- Perrier Jouët Selfridges Design
  Prize, Co-winner, London

2002
- Finalist for the 2002 World
  Technology Award for Design
- Royal Designer for Industry (RDI)
  in recognition of his sustained
  excellence in aesthetic and
  efficient
  design for industry
- Fellow of the World Technology
  Network

2004
- Designer of the Year Award,
  Architektur & Wohnen

2005
- Designer of the Year Award,
  FX Magazine

2006
- The Jerusalem Prize for Arts
  and Letters, awarded by Bezalel
  Academy of Arts and Design,
  Jerusalem

SOLO EXHIBITIONS
*EXPOSITIONS **PERSONNELLES***

1990
- "Ron Arad Recent Works", Tel Aviv Museum of Art, Israel

1990-95
- "Sticks and Stones", Vitra Design Museum, Touring Exhibition

1991
- "A Break with Tradition", Rohska Museum, Gothenburg, Sweden

1993
- "Breeding in Captivity", Edward Totah Gallery, London, UK
- "Design in the 20th Century", Grand Palais, Paris, France
- "One Off and Short Runs", Centre for Contemporary Arts: Warsaw, Krakow, Prague

1994
- "L'Esprit du Nomade", Fondation Cartier, Paris, France

1995
- "Ron Arad", Gazi, Athens, Greece
- "The Work of Ron Arad", Museum of Applied Arts, Helsinki, Finland
- "Ron Arad and Ingo Maurer", Triennale, Milan, Italy

1996
- "R.T.W.", Glasgow Festival of Architecture & Design, Scotland
- "Ron Arad and Ingo Maurer", Spazio Krizia, Milan, Italy

1997
- "Ron Arad: New Acquisitions", Montreal Museum of Decorative Arts, Canada
- "Ron Arad", The Powerhouse Museum, Sydney, Australia
- "Ron Arad and Ingo Maurer", Spazio Krizia, Milan, Italy

1998
- "R.T.W.", Gallery of Modern Art, Glasgow, Scotland, UK

2000
- "Not Made By Hand Not Made in China", Galeria Marconi, Milan, Italy
- "Before and After Now", Victoria and Albert Museum, London, UK

2001
- "Delight in Dedark", Galeria Marconi, Milan, Italy

2002
- "Two Floors", Galeria Marconi, Milan, Italy

2003
- "Ron Arad in der Galerie Stefan Vogdt", Galerie der Moderne, Munich, Germany
- "Ron Arad studio Works: 1981-2003", Louisa Guinness Gallery, London, UK
- "Von Mensch zu Mensch", Sparda Bank, Münster, Germany
- "Ron Arad", Galeria Marconi, Milan, Italy
- "Ron Arad", Centre d'Art Santa Monica, Barcelona, Spain

2004
- "Metamorph", Vincenza, Italy
- "Lo-rez-dolores-tabula-rassa", Galeria Marconi, Milan, Italy

2005
- "Paved with Good Intentions", Installation at the Collins Building, Miami, FL. Barry Friedman Ltd.: December 1-10
- "Ron Arad: A Retrospective Exhibition 1981-2004", Barry Friedman Ltd., NY: May 5 – June 24

- "New Works & Installations in Corian". Installation at Phillips, de Pury & Company, Barry Friedman Ltd., New York: May 2 – June 10
- "Ron Arad", Galerie François Laffanour, Paris, september – november 2005
- "Volumes and Voids", Museum of Contemporary Art, Indianapolis, Indiana: November 11 – January 21, 2006

2006
- "THERE IS NO SOLUTION because there is no problem", Installation at 508 West 26th Street, New York, Barry Friedman Ltd.: September 14 – 30
- "Blo-Glo", Dolce & Gabbana, Milan, Italy
- "Blo-Jobs", Gallery Mourmans, Lanaken, Belgium: March
- "The Dog Barked", de Pury & Luxembourg, Zurich, Switzerland

2007
- "Bodyguards", Dolce & Gabana, Milan, Italy

2008
- "Ron Arad", Arums, Paris, May 30 – July 10

FIAC 2007, galerie DOWNTOWN François Laffanour
© Marie Clérin / galerie DOWNTOWN

"Let's play", Galerie Arums, Paris, 2008

"Paved with good intentions", Installation at the Collins Building, Miami,
Gallery Friedman Benda, 2005

"Bodyguards", Dolce & Gabana, Milan, 2007

445

ACKNOWLEDGMENTS / *REMERCIEMENTS*

Nathalie Pasqua, Elsa Lemarignier and Enrico Navarra would like to extend our special thanks to Mr. Ron Arad for giving us the opportunity to produce this monograph, and for his support throughout this adventure. To Mr. Ron Arad, we express our friendship and our deepest gratitude. / *Nathalie Pasqua, Elsa Lemarignier et Enrico Navarra tiennent à remercier tout particulièrement M. Ron Arad qui leur a donné la possibilité de réaliser cette monographie et l'ont soutenue tout au long de cette aventure. Que M. Ron Arad soit assuré de notre amitié et de notre profonde gratitude.*

We wish to express how very much we appreciate Mrs. Caroline Thorman support and kindness, and would like to extend our warm thank. / *Nous souhaitons dire combien nous avons été sensibles au support de Mme Caroline Thorman et à sa gentillesse. Nous tenons à lui exprimer nos profonds remerciements.*

We would like to express our deep and sincere gratitude to Mr. Asa Bruno for his constant and invaluable help. / *Nous sommes particulièrement reconnaissants à M. Asa Bruno pour son aide constante et nous tenions à lui exprimer notre vive reconnaissance pour sa précieuse contribution.*

We would also to extend our gratitude and an expression of sincere friendship to Mr. José Mugrabi without whom the project would not have been possible. / *Nous tenons à dire combien nous avons été sensibles au soutien et à l'amitié à M. José Mugrabi sans qui ce projet n'aurait pas été possible.*

We would also like to thank Mrs. Cynthia Fleury for her essay, which gives us a better understanding of Ron Arad's architecture. Our sincere gratitude goes out to her. / *Nous remercions pour son soutien et son l'amitié Mme Cynthia Fleury, son témoignage nous permet de mieux comprendre l'importance essentielle de ce grand architecte.*

We extend our thanks to Mr. Romain Cole for his interviews and our deep gratitude for the support and friendship of / *Nos remerciements vont également à M. Romain Cole pour ses interviews et notre profonde gratitude pour leur support et leur amitié à :*

Mr. / M. Francesco Clemente
Mr. / M. Gilbert Costes
Mr. / M. Adolpho Guzzini
Mr. / M. François Laffanour
Mr. / M. Ingo Maurer
Mr. / M. Issey Miyake
Mrs. / Mme Patricia Moroso
Mr. / M. Jean Nouvel
Mr. / M. Maurice Ohayon

We also extend our sincere thanks to Mr. Henri-François Debailleux for his biography, which helps us better understand the importance of this great architect. / *Nous remercions également M. Henri François Debailleux pour sa biographie qui nous permet de mieux appréhender l'architecture de Ron Arad.*

We wish to express our acknowledgments to the office of the studio of Ron Arad and the great contribution they have displayed in making this monograph / *Nous tenons à exprimer nos vifs remerciements aux personnes du bureau de Ron Arad et à leur contribution qui a permis la réalisation de cette monographie :*

Mr. / M. Geoff Crowther
Mr. / M. Paul Denton
Mr. / M. Joel Dunmore
Mr. / M. James Foster
Mr. / M. Tom Foulsham
Mr. / M. Paul Gibbons
Mr. / M. Julian Gilhespie
Ms. / Mlle Marta Granda
Mr. / M. Egon Hansen
Ms. / Mlle Clodagh Latimer
Ms. / Mlle Jessica Lawrence
Mr. / M. Paul Madden
Mr. / M. Danny Marks
Ms. / Mlle Lucy Pengilley
Mr. / M. Tuomas Pirinen

We are particularly filled with gratitude for all those who have helped us throughout this endeavor and in our research. To them all, we express our gratitude / *Nous sommes particulièrement reconnaissants à tous ceux qui nous ont aidés tout au long de ce travail et dans nos recherches. Grâce à eux, à leur connaissance et à leur passion, nous avons rassemblé la documentation indispensable à la réalisation de ce livre. Que tous acceptent ici ce témoignage de notre gratitude :*

H.H. Sheikh Saud Al-Thani, Qatar
Mr. / *M.* Nabil Aouad
Mr. / *M.* Marc Benda
Mr. / *M.* Pierpaolo Bernardi
Mr. / *M.* Ben Brown
Mr. / *M.* Jean-Louis Costes
Mr. & Mrs. / *M. & Mme* Hervé Digne
Mr. / *M.* Sergei Gordeev
Mr. / *M.* Barry Friedman
Mr. / *M.* Rafael Jablonka
Mrs. / *Mme* Marie-Laure Jousset
Mr. / *M.* Sami Marziano
Mr. / *M.* Ernest Mourmans
Mrs. / *Mme* Robbie Mourmans
Mr. / *M.* Nobuko Ohara
Mr. / *M.* Maurice Oyahon
Mr. / *M.* Dominique Pedri
Mr. / *M.* Jean-Roch Pedri
Mr. / *M.* J. M. Rouff
Mrs. / *Mme* Nadja Swarovski
Mr. / *M.* Yohji Yamamoto

And Mr. / *Et M.* Raniero Amati
Mr. / *M.* Riho Choja
Mr. / *M.* Philippe Berthé
Mrs. / *Mme* Charlotte Kruk
Mr. / *M.* Philippe Pasqua
Mrs. / *Mme* Silvia Pini
Mr. / *M.* Jean-Marc Rivière
Mrs. / *Mme* Beatrice Tranchant
Mr. / *M.* Georges Tranchant
Mr. / *M.* Sebastien Tranchant
Mr. / *M.* Tsion Tsaidi

We are particularly grateful to thank for the photographs, which give us a flavor of Ron Arad's world / *Nous souhaitons exprimer notre gratitude et nos remerciements à tous les photographes. Leurs témoignages nous éclairent sur l'homme et sur son travail. Que tous acceptent ici nos profonds remerciements :*

Mrs / *Mme* Petra & Mr. / *M.* Erik Hesmerg, Private Residence
Mr. / *M.* Christoph Kicherer
Mr. / *M.* Yael Pincus, Tel Aviv Opera
Mr. / *M.* Simon Tegala, Duomo Hotel
Mr. / *M.* Rafael Vargas, Hotel Puerta America
And Mrs. Véronique Vial for her beautiful portraits. / *Et pour ses très beaux portraits Mme Véronique Vial.*

And also for their precious help / *Et aussi pour leur précieuse aide :*

Mrs. / *Mme* Marie Azan, Galerie Downtown
Mrs. / *Mme* Aurella Corrias, iGuzzini
Mr. / *M.* François Davenay
Mrs. / *Mme* Caroline Edde
Mrs. / *Mme* Stephanie Gabriele, Friedman Benda Gallery
Mrs. / *Mme* Anne-Sophie Gola, Fondation Cartier
Mrs. / *Mme* Elita Jannsen, Gallery Mourmans
Mrs. / *Mme* I. Kumaga, Yohji Yamamoto Inc
Mrs. / *Mme* Marie-Claire Llopès
Mrs. / *Mme* Laura Overall, Maserati GB Ltd
Mrs. / *Mme* Françoise-Claire Prodhon
Mrs. / *Mme* Carmen Villarino, studio Rafael Vargas
Mrs. / *Mme* Hanne Tonger-Erk, Jablonka Galerie

Published by / Édité par
Nathalie Pasqua
Elsa Lemarignier
Enrico Navarra

Galerie Enrico Navarra, Paris
galerie@enriconavarra.com
www.enriconavarra.com
Tel : 33 (0)1 45 61 91 91
Fax : 33 (0)1 45 61 03 23

Emmanuel Barth

Monique Bruguet
Emmanuelle Chapoulie
Céline Colin
Géraldine Pfeffer-Levy
Julien Maeda
Sébastien Moreu
Christine Schreyer
Michaël Street
Jérémie Thomas
Lumir Vallancien

Layout artist / Conception graphique
Slideeffect : Stéphane Lesage, Julien Robic
With the contribution / Avec la participation
d'Armelle Trouche

Editorial conception /
Conception éditoriale
Nathalie Prat-Couadau

Editorial assistants /
Assistants éditoriaux
Lina El Herfi
Léonard Le Bozec

French translation /
Traduction française
Catherine Ianco

English translation /
Traduction anglaise
John Tittensor

Rereading of Texts /
Relecture des textes
Laure Desforges

Photographic Credits Ron Arad
Portraits / Crédits photographiques
Portraits de Ron Arad
Véronique Vial

Photographic Credits /
Crédits photographiques
© Mrs Petra and Mr. Erik Hesmerg,
  Private Residence
© Christoph Kicherer
© Maserati SpA : Maserati Show Room,
  Modena
© Nacasa & Partners Inc.
© Yael Pincus : Tel Aviv Opera, Israel
© Rafael Vargas : Hotel Puerta America,
  Madrid, Spain
© Simon Tegala : Hotel Duomo, Rimini, Italy

Photoengraving / Photogravure
Litho Art New, Turin, Italy / Italie

Printer / Imprimerie
Printed in Italy / Imprimé en Italie

N° ISBN: 978-2-911596-39-1
N° EAN: 9782911596391